한국교육철학회 학술서적 시리즈 1

교육과 지식

한국교육철학회 편

김정래, 서용석, 손종현, 이현민, 장사형,
조용기, 차미란, 홍윤경, 홍은숙

학지사

발간사

2015년 한국교육철학회는 정기적으로 간행하는 학술지『교육철학』 이외에 학술서적을 발간하기로 하였습니다. 본서는 그 첫 작품입니다.

흔히 교육철학을 고리타분하거나 접근하기 쉽지 않다 또는 난해한 공부라고 생각하시는 분들이 적지 않은 세태에 이러한 결정을 하게 된 데에는 나름대로 이유가 있습니다. 철학 서적에 담긴 내용이 일반인들 이 실생활에서 당장 접하는 문제와 동떨어져 있기 때문입니다.

사정이 이런데다 대부분의 교육철학 관련 서적은 강의 교재용으로 만들어져 여러 가지 철학 지식과 정보를 백화점 식으로 소개한 것이거 나, 아니면 저술하는 사람의 철학적 고뇌를 담은 매우 고답적이고 심층 적인 내용을 담고 있습니다. 전자는 책을 펴낸이의 강의 노트에 가까워 해당 강의를 듣는 학생 이외에는 철학적 흥미를 유발하지 못하고, 후자 는 독자들의 접근성을 매우 떨어뜨리는 단점이 있습니다.

한국교육철학회가 기획하고 발간하는 학술서적은 이러한 단점을 보 완하고, 일반인들의 이해와 접근을 용이하게 하면서도 철학적 논의의 틀로 안내하여 지적 흥미를 자아내도록 하고자 하였습니다.

한국교육철학회 학술서적 시리즈 제1권으로 『교육과 지식』이 세상에 나오게 되었습니다. 인식론은 교육철학의 중요한 축을 담당하는 분야입니다. 그러나 이 책의 중요성은 철학 안에서만 찾아지는 것이 아닙니다. '지식과 교육'이 아니라 '교육과 지식'이라는 제하를 가지고 책이 세상에 나오는 것은 철학적 논의가 교육현실 속에서 이루어져야 한다는 당위성 때문입니다. 그리고 현실적으로 그릇되게 팽배해 있는 지식교육에 대한 오해를 불식하고자 하는 의도도 포함되어 있습니다.

이번에 지식교육 관련 권위자 아홉 분을 필자로 모시게 된 것을 매우 기쁘게 생각합니다. 아울러 타산성 없는 철학과 인문학 분야에 해당됨에도 불구하고 이 시리즈 출간을 흔쾌히 수락해 주신 학지사 김진환 사장님의 혜안에 감사드립니다.

앞으로 다른 주제를 가지고 학술서적 발간이 계속 이어질 것임을 약속드리면서, 우리 학회 회원님들과 일반 독자 여러분의 뜨거운 성원과 비판을 기대합니다.

감사합니다.

2017년 1월
한국교육철학회장 김정래

차 례

차 례

제2부 대안적 지식교육론

제3부 지식을 넘어선 교육

제1장 새로운 패러다임의 교육과 지식

김정래 (부산교육대학교)

1. 교육과 지식

많은 사람이 교육을 통하여 배운 지식은 현실생활에 써먹어야 한다고 생각한다. 현실생활에 써먹을 수 없는 지식은 그 가치가 떨어지는 것으로 여긴다. 물론 모든 사람이 이렇게 생각하는 것은 아니지만, 전반적으로 통용되는 상식인 듯하다. 특히 교육정책을 입안하는 사람들이나 위정자들은 교육이 소기의 성과를 거두어야 한다는 생각에 이러한 입장을 견지하는 경향이 강하다.

이러한 생각 이면에는 몇 가지 전제가 깔려 있다. 첫째, 지식이 수단적인 가치를 지닌다는 생각이다. 현실적으로 응용할 수 있거나 성과를 내는 데 도움이 되지 않는 지식은 가치 있는 지식이 아닌 셈이다. 이를 교육학에서는 지식의 도구적 가치 또는 수단적 가치라고 일컬어왔다. 둘째, 지식을 현실에 적용해야 한다는 주장은 이론(theory)이 실제(practice)에 적용되는 틀을 가지고 지식을 파악하는 입장과 상통한다. 이럴 경우, 인간이 영위하는 활동을 이론-실제라는 이분법에 의하여 파악하게 된다. 인간이 영위하는 활동이 이렇게 이분법적으로 파악되어야 하는가에 강한 의문과 여러 가지 논란이 따르지만, 이 이분법은 일상적으로 받아들여지는 경향이 강하다. 이를테면, "그것은 이론적으로 맞지만, 현실적으로 불가능하다"는 표현이나, 'OOO의 이론과 실제'라는 제목을 개론서나 소개서의 표지에서 흔히 볼 수 있는 데서 확인할 수 있다. 셋째, 교육학의 학문적 성격에 관한 문제다. 학교에서 가르치는 지식이 이처럼 수단적 가치에 머무는 것인 한, 이를 탐구대상으로 하는 교육학도 이에 따라 그 성격이 규정된다. 학교에서 가르친 지식을 응용하도록 전제한다는 말은 교육학이 다른 기초 학문의 지식을 원용(援

用)하여 구축된다는 뜻이다. 이른바 교육학의 정체성 논의**❶**와 관련된다. 이에 관한 학문적 논쟁은 다른 교육적 쟁점으로 이어지기도 한다. 이를테면, 교육학과의 소속을 교원양성을 전제로 하는 사범대학에 두어야 하는가, 아니면 일반학문으로 취급해야 하기 때문에 문리과(인문)대학 또는 사회과학대학에 존치시켜야 하는가의 문제를 들 수 있다. 또한 교육학에서 다루어야 할 내용이 실천을 중시하는 교과교육 중심이 되어야 하는가, 아니면 자유교육(liberal education)과 같은 일반교육에 치중해야 하는가를 다루는 문제도 있다. 이처럼 지식의 문제는 교육의 성격과 교육학의 정체성 및 탐구방향의 조타수 역할을 하는 문제로 인식될 만큼 중요하다.

이 책의 제목이 일반적 통념과 달리 『지식과 교육』이 아니라 『교육과 지식』으로 되어 있는 이유는 방금 지적한 것과 같은 교육의 성격 규명과 교육학의 정체성 문제와 관련된다. 반드시 말의 순서에 얽매일 필요는 없지만, '지식과 교육'으로 놓고 보면, 교육은 지식을 응용하거나 이를 통하여 소기의 성과를 내는 활동으로 인식될 가능성이 높다. 조금 조

---

❶ 이에 관한 학문적 논쟁은 오코너(D. J. O' Connor, 1973)와 허스트(P. H. Hirst, 1966)의 논의가 대표적이다. 오코너의 입장은 교육학에서 다루는 교육이론은 엄밀한 의미에서 이론이 아니라는 것이다. 교육이론은 일반과학의 이론을 교육 현장에 적용한 것이므로 '의사(疑似)이론'에 불과하다는 것이다. 따라서 화학과 생물학을 응용하는 의학과 마찬가지로 교육학은 응용과학에 불과하다. 결국 교육학은 물리학이나 수학과 같은 학문적 정체성을 확보하기 어렵다. 이에 반하여 허스트는 교육현장을 설명하는 이론체계가 독자적으로 성립할 수 있다는 것이다. '실제'라고 불리는 교육현장을 설명하는 이론은 물리학과 같은 과학이론과 성격이 같지 않다는 것이다. 그래서 그는 교육이론을 '실제적 이론(practical theory)'이라고 해야 한다고 주장한다. 따라서 교육이론이 실제적 이론인 한, 독자적인 이론체계를 갖는다. 교육학은 응용학문이 아니며 그 나름대로 정체성을 갖는다. 특히 오코너의 입장은 그의 저서 『교육철학입문(*An Introduction to the Philosophy of Education*)』(1957)에서 잘 확인할 수 있다. 그는 여기서 '교육이론'은 엄밀한 의미에 이론이 아니며, 그것이 '이론'이라고 불리는 것은 '의례적 경칭(courtesy title)'에 불과하다고 하였다(1957; 번역본 1982: 131).

악하게 표현하자면, 교육활동은 인식론이나 심리학에서 개발한 지식이론을 교육에 적용하고 이를 통하여 모종의 가시적인 성과를 내었는지 가늠하는 분야로 각인된다. 이러한 관점이 현실적으로 전혀 가치 없다거나 이러한 입장을 배제하자는 것이 아니다. 그렇지만, 교육활동으로 다루어지는 모든 내용이 지식의 적용이나 지식의 이차적 산물이 아니라는 점에서, '지식과 교육'이라는 논제는 전적으로 틀린 것은 아니라 하더라도 적합해 보이지 않는다.

　가르치는 일과 배우는 일을 중심으로 하는 교육활동은 아렌트가 지적한 복합성(plurality)을 지닌 활동이다.❷ 그녀의 생각에 비추어 본다면, 가르치는 일이나 아이들이 교육현장에 배우는 일 등은 수학이나 물리학과 같은 순수이론을 적용하는 것이 아니라는 입장을 지지해준다. 가르치는 일의 특성이나 아이들이 배우는 일 자체가 복잡한 교육 현장을 전제하고 있다. 그렇다면 우리는 '지식과 교육'이라는 사고 패턴보다는 다양하고 복잡하게 전개되는 교육 현장을 토대로 파악되는 지식의 의미를 파악하는 '교육과 지식'의 사고패턴을 따를 필요가 있다. 물론 수학이나 과학과 같은 이론적 지식을 교육현장에 원용하고자 하는 '지식과 교육'의 사고패턴이 '교육과 지식'의 사고패턴 속에 포함된다. 이처럼 지식을 응용하는 영역이 교육활동 속에 존재하는 것은 틀림없는 사실이지만, 교육활동이 전개되는 상황 속에는 여러 가지 사고와 경험의

---

❷ 아렌트는 할 수 있는 인간 활동(*Vita Activa*)을 노동(labour), 작업(work), 행위(action)으로 나누어 생각한다고 보았다(Arendt, 1958). 그러면서 인간 활동이 복합적으로 전개되는 양상을 어느 한 가지 특징으로 제한하여 설명하는 것은 부당하다고 지적한 바 있다. 이를테면 마르크스의 이론은 인간 활동의 의미를 '노동'에 초점을 맞추고 제한적으로 본 결과 다른 측면을 배제하였으며, 헤겔은 관념상 이루어지는 행위에 초점을 맞춘 결과 노동과 작업이 전개되는 측면을 왜곡한 측면이 있다. 이를 토대로 가르치는 일의 의미를 분석한 김정래의 글(2007)은 '교육과 지식'이라는 관점을 파악하는 단초를 제공해 준다.

양상(modes of thoughts and experiences)이 존재하기 때문에 우리는 이를 토대로 하여 교육활동을 파악하고 설명해야 한다. 또한 이러한 설명이 허스트가 주장하는 '실제적 이론'으로 교육학을 구성할 경우, 우리는 교육학의 정체성을 확보할 수 있을 것이다.

교육에서 지식의 '가치'를 고려할 때, 우리가 헤아릴 수 있는 것은 단지 '지식'을 실제 상황에 응용하고 유용하게 써먹을 수 있는가 여부에 국한되지 않는다. 또한 지식의 가치를 사량하는 일은 거기에 포함된 내재적 선의 추구에 한정된다는 전통철학적 논의에 국한되는 것도 아니다. 여러 가지 논의가 가능하다.❸ 그것이 지식을 통한 것이든, 심지어 지식을 넘어서서 교육의 가치를 찾는 경우에도 우리는 지식의 성격을 어떻게 파악하고 있는가를 검토해 보아야 한다. 적어도 지식의 성격과 가치가 이분법적 논의에 국한된 것이 아니라면, 지식이 관련되는 인간 활동의 여러 가지 특성을 살펴볼 필요가 있다.

2. 인간 활동과 지식

앞서 이론-실제의 이분법이 일반인의 통념으로 자리 잡고 있음을 지적한 바 있다. 현실적으로 전혀 쓸모없거나 설명력이 없다는 말은 아니지만, 이러한 통념은 교육활동을 이해하는 데 있어서, 교육의 개념을 파악하는 데 있어서, 그리고 교육학의 성격을 구명하는 데 있어서 적지 않은 오해를 불러일으킨다. 그중의 하나가 이미 오래 전부터 이홍우 교수

---

❸ 그 하나의 사례로서, 지식의 가치를 철학적으로 일목요연하게 논의한 것으로 데겐하트(Degenhardt)의 저서, 『교육과 지식의 가치(*Education and the Value of Knowledge*)』(1982)를 소개할 수 있다.

에 의하여 소개된 '보는 지식'과 '하는 지식'의 구분이다.[4]

앞서 지적한 바와 같이, '보는 일(지식)'과 '하는 일(지식)'은 이론과 실제라는 짝에 상응하는 것으로 널리 받아들여지는 듯하다. 그러나 이 이분법으로는 설명할 수 없는 것이 생긴다.[5] 이홍우는 희랍 시대부터 인식되어 온 인간 활동의 기본 틀인 "테오리아(*theoria*)-프락시스(*praxis*)-포이에시스(*poiesis*)", 즉 '보는 일'-'하는 일'-'만드는 일'의 기본 틀에서 '프락시스(acting)'와 '포이에시스(making)'을 한데 묶어서 '보는 것'과 '하는 것'으로 이분화해 버렸다(이홍우, 1998: 140-141). 즉, '실제'와 '이론'에 해당하는 practice와 theory의 어원을 지적하면서(이홍우, 1998: 144 각주), 프락시스 의미에 포이에시스를 포함시켜 버렸다.[6]

여기서 중요한 논점은 이홍우가 '프락시스'를 실제적 활동, 또는 실제라고 하면서 그 예를 도덕적 상황과 무관한 행위로 국한시켜, 습관적

---

[4] 이홍우(1977; 1992)가 '하는 지식'과 '보는 지식'의 이분법을 사용한 가장 중요한 이유는 자신의 이론인 '목표모형'에 대하여 '내용모형'을 부각시키기 위한 것으로 보인다. 이 이론은 '하는 지식'과 '보는 지식'을 구분함으로써 브루너가 설명하는 구조의 중요성을 부각시키기 위한 것이다. 브루너의 'doing'과 'understanding'은 바로 교과의 기능과 구조를 대비시켜 설명하는 것이다(Bruner, 1960: 29). 여기서 'doing'은 교과를 어떤 용도로 활용할 것인가를 묻는, 즉 교과 또는 지식의 '쓰임새'를 묻는 것이며, 반면에 'understanding'은 지식의 쓰임새에 일차적인 관심을 두지 않고 지식의 구조가 어떤가를 이해하는 것, 즉 지식의 '짜임새'를 묻는 것이다. 인간 활동의 측면에서 교육과정 모형과 교육이론의 성격은 다시 면밀하게 검토할 필요가 있다. 이에 관해서는 김정래(2016a) 참조.

[5] 실제로 본서에 실린 대안적 지식론이나 지식을 넘어선 교육을 주장하는 글들은 플라톤의 이원론적 세계관과 데카르트의 심신이원론을 일차적인 비판의 논거로 삼고 있다는 점에 주목할 필요가 있다.

[6] 이홍우는 그 예로 '보는 것'은 빛의 직진 원리를 아는 것이며, '하는 것'은 퓨즈를 갈아 끼워 넣을 줄 아는 것을 들었다. 하지만 역으로 포이에시스에 프락시스를 포함시키는 경우도 있다. 예컨대, 공공질서를 지키는 일이 사회적 생산성을 높인다고 보고, 프락시스에 해당하는 윤리적 행위를 포이에시스에 해당하는 사회적 효율성이나 생산성의 관점에서 파악하는 것을 들 수 있다. 즉, 이러한 사례들은 이분법으로 해결할 수 없는 인간 활동이 있다는 것을 뜻한다. 무엇보다도, 이러한 이분법은 고대 희랍시대의 계층문화, 유한계층과 생산계층, 또는 자유인과 노예의 이분화된 계층문화에 근거한 것이라는 비판을 면하기 어렵다.

행위를 수반하는 '퓨즈 갈아 끼우는 행위'로 보는 것(이홍우, 1998: 144-147)이다. 그러나 이는 오류를 범하는 것이다. 물론 이처럼 이분법을 강조하는 이유는 '테오리아'에 해당하는 덕목인 '에피스테메(*episteme*)'를 '안목'으로 번역함으로써(이홍우, 1998: 183), 교육상황에서 지식의 논리적 측면을 부각시키고자 한 것으로 판단된다. 이럴 경우, '보다'의 의미는 '생리적인 눈(physiological eye)'을 가지고 보는 것이 아니라 '인지적 눈' 또는 '인지적 안목(cognitive perspectives)'을 가지고 세상을 파악한다는 것을 가리킨다.❼ 그럼에도 불구하고 '하는 것'과 '만드는 것' 사이의 혼동은 여전히 존재한다. 이러한 혼동을 피하기 위하여 아리스토텔레스의 삼분법❽을 살펴볼 필요가 있다.

아리스토텔레스의 이론체계에서 인간 활동은 '보는 일'과 '하는 일', 그리고 '만드는 일'로 구분되며, 각기 이에 상응하는 인간의 능력이 있다. 즉 테오리아는 '보는 일', 프락시스는 '하는 일', 그리고 포이에시스는 '만드는 일'이라고 번역할 수 있다. 그리고 이에 상응하는 능력은 각기 에피스테메, 프로네시스, 그리고 테크네다. 이에 가장 적합하게 상응하는 영어로는 'science', 'prudence', 그리고 'technical skill'이라고 할 수 있다.

이 세 가지 능력의 특징을 간략하게 말하자면 다음과 같다. 에피스테

---

❼ 이 점에서 '본다는 것'을 '이름 붙이다'로 보는 이홍우의 관점(1998: 140)은 타당하다. 즉 '세상을 본다'는 것은 '세상에 이름을 붙이다(naming the world)'는 뜻이다. 세상의 다양한 사물과 실체를 온전하게 파악하고 그에 걸맞게 이름을 붙일 줄 안다는 것은 '교육'을 '의식의 분화' 또는 '마음의 분화'로 파악하는 것이다. 그러나 목하 우리의 관심사인 지식 문제에서 그것이 '명제적 지식' 또는 '보는 것'과 관련된다고 단정할 수는 없다(김정래, 2012).

❽ 출처: 세 가지 활동은 『니코마코스 윤리학』의 제1권에서 소개된 다음 여러 곳에서 언급되어 있다. 그리고 이에 상응하는 능력은 다음과 같이 소개되어 있다. 즉, *episteme*(*N. E.* Book 6-3), *phronesis*(*N. E.* Book 6-5), *techne* (*N. E.* Book 6-4)

메는 '보편적이고 필연적인 실재를 파악하는 능력'이며, 프로네시스는 '옳고 그른 행위 또는 삶에 관하여 숙고하는 덕목'이며, 그리고 테크네는 '무엇인가를 만들어내는 역량'이라고 할 수 있다. 이 세 가지 능력을 오늘날 우리가 통용하는 지식과 각기 관련시켜 볼 수 있다. 에피스테메는 '이론적 지식(theoretical knowledge)'에 관련되며, 프로네시스는 '실제적 지식(practical knowledge)'에 관련된다. 그리고 테크네는 '공작(工作) 지식(craft knowledge)'에 관련된다.

이 세 가지 능력과 이에 관련된 지식은 학교에서 가르치는 교과와 연결시켜 볼 수 있다. 이론적 지식을 다루는 교과는 수학, 과학, 철학을 포함하는 인문이론 등을 들 수 있으며, 실제적 교과는 도덕과, 윤리, 사회교과 등을 들 수 있다. 그리고 공작 지식을 다루는 교과는 실용성을 띤 모든 교과를 가리킨다. 지금까지 소개한 내용을 정리하면 〈표 1-1〉과 같다.

〈표 1-1〉 인간 활동에 상응하는 능력과 지식, 그리고 교과

활동 acitivity	테오리아 *theoria*(seeing)	프락시스 *praxis*(acting)	포이에시스 *poiesis*(making)
능력 capacity	에피스테메 *episteme*(science)	프로네시스 *phronesis*(prudence)	테크네 *techne*(technical skill)
특징	보편적이고 필연적인 실재를 파악하는 능력	옳고 그른 행위 또는 삶에 관하여 숙고하는 덕목	무엇인가를 만들어내는 역량
지식 knowledge	이론적 지식 theoretical knowledge	실제적 지식 practical knowledge	공작 지식 craft knowledge
교과 school subjects	수학, 과학, 철학을 포함한 인문이론	윤리도덕, 사회과교과	기술, 가정, 실업교과

물론 여기서 교과 간의 구분은 상호배타적으로 성립하지 않는다. 교육 현장에서 보면 이들 세 가지 영역은 상호 중복되는 측면이 있다. 수학 교과에 응용의 측면이 없는 것은 아니며, 문학 교과에 실용적 측면이 없는 것도 아니다. 또한 실과 교과는 과학적 지식을 이해하지 않고서 동원될 수 없는 측면도 있다. 이렇게 보면 학교에서 가르치는 지식, 또는 교과에 포함된 지식의 성격은 아리스토텔레스의 삼분법 체계를 넘어서 편재(遍在)되어 있는 것임을 확인할 수 있다. 어떻게 보건 간에 '보는 지식'과 '하는 지식'의 이분법은 학교 현장에서 다루어지는 지식의 의미를 파악하는 데 한계가 있어 보인다.

3. 지식의 새로운 영역

지식의 의미가 실제 상황에 적용되는 것이라는 통념에는 또 다른 전제 또는 믿음이 숨어있다. 실천현장 또는 현실에 지식을 '써먹을 수' 있도록 하려면, 그 지식은 대개의 경우 명제 또는 언어화된 형식을 가지고 있어야 한다. 이 현실적인 통념은 하루아침에 이루어진 것이 아니다. 이를테면 지식을 구성하는 이론적 세계는 고상하고, 행위로 이루어지는 실천의 세계는 차원이 떨어진다는 생각이다.[9] 지식의 영역은 신성한 정신 영역이며, 응용은 육체가 작용하는 현실이라는 주장을 심신이원

---

[9] 교육 상황에서 이러한 이원론적 사고를 근본적으로 비판한 대표적인 인물은 듀이(1916)다. 그리고 본서에 수록된 하이데거의 존재론의 핵심(제5장)이나 햄린의 교육인식론(제7장), 구성주의 인식론의 행위 문제(제8장), 파머의 관계적 지식과 전인적 지식(제10장)의 문제는 모두 이원론적 사고의 함정과 폐해를 극복해야 한다는 논의에 해당한다. 또한 암묵지의 중요성(제6장)과 실천전통에의 입문을 다룬 논의(제9장)도 명제적 지식을 가르치는 일의 무기력함을 배제해야 한다는 논거로 전개된 주장이다.

론에서 그 뿌리를 찾을 수 있다.

실제로 라일(Ryle, 1949)은 심신이원론의 맹점을 단초로 하여 지식의 새로운 영역이 무궁함을 논증한 바 있다. 라일은 이른바 언어화된 이론으로 구성된 지식인 '명제적 지식(knowing-that)'과 행위와 실천을 중심으로 언어화하기 어려운 지식인 '방법적 지식(knowing-how)'으로 구분하여 당시 실증적 사고에 기반을 둔 사고체계에 경종을 울린 바 있다. 주지하는 바와 같이, 라일은 우리에게 잘 알려진 '범주의 오류(category mistake)'를 통하여 심신이원론의 맹점, 그리고 나아가서 이론과 실제의 이분법이 지니는 부당성을 지적하였다. 방법적 지식의 중요성을 설명하기에 앞서 라일은 범주의 오류를 예를 들어 논증하고 있다. 여기서 이를 자세하게 다루기는 어렵지만, 요지는 이러하다. 심신이원론에 따르면 실체를 설명하거나 기술하는 언어가 같은 내용을 설명해야 하는데, 실상은 그렇지 않다. 그래서 그는 발생적 의미를 지칭하는 언어, 'generic words'가 수식하는 대상에 따라 그 의미가 달라진다는 것을 예를 들고 있다. 예컨대, 영어 'rising'은 '밀물이 일다(tide is rising)'과 '희망이 일다(hopes are rising)' 또는 '죽을 때가 이르다(the age of death is rising)'처럼 그 의미가 달라진다(Ryle, 1949: 23). 그가 이러한 예를 드는 이유는 정신적인 현상과 신체적 행동이 이원론적으로 분리될 수 없다는 점을 지적하기 위한 것이다. 이러한 상태에서 한 가지 특징을 가지고 실체를 설명하거나 둘을 혼동하는 경우 우리는 범주의 오류를 범하게 된다는 것이다. 결국 라일은 심신이원론에 의존하게 되면, 얼굴의 찡그림(grimaces)이나 미소(smile) 등에 담긴 비공식적이고 사적인 징표를 무시하게 된다는 것이다(Ryle, 1949: 12). 라일의 이러한 입장을 '철학적 행동주의(philosophical behaviorism)'라고 한다.[10] 이에 따르면 심신이원론의 이분법이 지니는 맹점은 곧 이론과 실제의 이분법에도 그대로 적용된다. 우리는 여기서 암묵적 영역의 가능성을 찾아볼 수 있다.

라일의 공헌에 이어 폴라니(M. Polanyi)는 암묵적 영역의 중요성을 부각시킨 인물이다. 그는 언어화할 수 없는 영역의 특징을 게슈탈트 심리학과 자연과학의 여러 사례를 들어가며 설명하고 있다.[11] 그가 명명한 '명시적 앎(ostensive knowing)'과 '암묵적 앎(tacit knowing)'은 라일의 명제적 지식과 방법적 지식에 각각 상응한다. 무엇보다도 폴라니의 암묵적 영역은 단순히 주관적 성격을 지닌 것에 그치지 않고 누구에게나 공유할 수 없는 특징을 지닌다. 그의 대표적인 저서명이 『개인적 지식 (*Personal Knowledge*)』(1958)인 것을 보면 그 중요성을 가늠할 수 있다.

두 사람이 주장하는 방법적 지식과 암묵적 영역은 앎의 영역에서 언어화할 수 없는 특징이 중요하다는 것을 강조한 것이다. 언어로 표시할 수 없는 역량인 암묵적 지식의 특징은 다음의 다섯 가지다.[12]

① 언어화되지 않는다.
② 전수되지 않는다.
③ 누구나 공유할 수 없다.
④ 주관적이다.

---

[10] 라일이 지적한 철학적 행동주의의 사례는 영어 용법에 한정되지 않는다. 우리말에서도 '짓다'의 경우를 생각해 볼 수 있다. 이 말은 의식주 모든 영역에서 사용된다. '밥을 짓다' [食], '옷을 짓다' [衣], '집을 짓다' [住]에서 뭔가 필요한 것을 만들어내는 동작을 나타내지만, 다른 한편으로 동작에 따라서 변화되는 상이한 의미를 확인할 수 있다. 또 다른 예를 들자면, '글을 짓다'가 이에 해당한다. 따라서 본문의 'rising'처럼 '짓다'라는 generic word만 가지고는 의미를 온전하게 파악할 수 없다. 이 말에 동반되는 행위 또는 활동이 어떤 것인가에 따라 그 의미가 달라진다.

[11] 폴라니의 암묵적 영역 논의는 본서의 제6장 '폴라니의 암묵지와 교육' 참조.

[12] 이 다섯 가지 특징에 관해서는 제6장 219쪽 참조. 이하에서는 '분산된 지식'의 특징만을 언급한다.

⑤ 분산되어 있다.

이 다섯 가지 중 '분산된 지식'을 이해하기 위하여 우리는 하이에크 (F. A. Hayek)의 '국지적 지식(local knowledge)'의 의미를 살펴보아야 한 다.[13] 언어화된 이론의 주된 특징은 많은 사실을 설명해 주는 '제일성 (齊一性, uniformity)'과 가급적 간략한 언어를 통하여 설명해 주는 '경제 성(economy)'이다. 뉴턴의 만유인력 법칙은 간단한 수식으로 표현되는 경제성을 지니면서, 여러 가지 달리 보이는 현상을 한 가지 원인으로 설 명해주는 제일성을 갖는다. 예컨대, 지구와 달이 일정한 거리와 속도를 유지한다는 천문학적 사실과 실의에 빠져 강에 투신자살하는 현상을 똑같이 설명해준다. 이러한 특징은 명제적 지식 또는 형식적 지식이 갖 고 있는 장점이며, 이를 통하여 인류는 과학기술문명을 무한히 발전시 켜 왔다. 그러나 이는 지적 활동의 결과적 측면에 불과하다. 지적 활동 이 일어나는 '현장(practice)'은 보편적으로 통용되는 언어로 설명할 수 없는 다양하고 수많은 요인이 잠재되어 있을 뿐만 아니라 예기치 않은 요인들이 돌출하기도 한다.[14] 그것을 가장 잘 아는 사람은 현장에 참여 한 사람(practitioner)이다. 하이에크는 이들을 '난제를 안고 사는 사람 (muddled head)'이라고 하였다. 사실 모든 창의적 아이디어와 산출물은 보편적 진술로 이루어진 명제와 형식적 지식을 지닌 사람이 아니라 현 장의 국지적 지식을 안고 사는 사람들에 의하여 나온다. 하이에크는 모

---

[13] 하이에크가 고안한 개념인 분산된 지식은 방법적 지식 또는 암묵적 지식이 인위적이거나 자연발생적인 것이 아니라 자생적(spontaneous)이기 때문에 붙여진 이름이다. 인간이 명 시적으로 드러낸 의도처럼 조작되지 않는 특징을 강조한 개념이다. 이를 흔히 '에둘러 가 기 전략' 또는 '우회전략(obliquity)'이라고 한다. 케이(John Kay, 2010) 참조.

[14] 이러한 의미에서 구체적 상황과 관련된 'practice'를 맥킨타이어는 'a practice'라고 하였 고, 이를 홍은숙은 '실천전통'이라고 번역한다. 본서 제9장 참조.

든 사람의 일체 행위와 활동을 '중앙'의 지시에 의하여 기획하고 통제할 수 있다는 망상을 가진 공산주의와 전체주의의 위험성을 경고한다는 취지에서 논의를 전개하였지만, 그의 이론이 교육현장에 시사하는 바 적지 않다. 언어적 진술로 이루어진 국가수준의 교육과정은 그 범위와 한계가 명시되어 있다 하더라도 교육 실천 현장의 교사에 의하여 그 교육적 가치와 의미가 결정된다.[15]

교육 실천 현장에서 비언어적 지식의 중요성은 오우크쇼트(M. Oakeshott)에 의하여 보다 비중 있게 부각된다. 그에게 명제적 지식은 실천 현장에서 그것을 응용하는 수준에서 타당하며, 현장 지식은 언어화하기 어렵다는 점을 지적한다(1962). 그래서 그는 언어화된 지식을 '정보(information)'라고 칭하고, 이와 대비시켜 실천 현장 지식에 요구되는 능력을 '판단(judgement)'이라고 하였다.[16] 오우크쇼트의 실천 현장 지식은 현장에서 요구되는 바를 관망하여 포착할 수 있는 '메타 정보(meta-information)'와 관련된다. 요즈음 지식기반사회 패러다임에서 말하는 '현장 리더'는 바로 이러한 능력을 보유한 사람이다. 오우크쇼트의 구분에 따르면, 이론을 현장에 기계적으로 적용하는 것이 아니라 나름대로 판단력을 요구하는 실천 현장 지식을 말한다. 오우크쇼트의 정보와 판단의 구분에서 '판단'은 일종의 '메타 정보'에 해당한다. 이른바 실천 현장 지식은 메타 활동(meta-activity)을 주도하는 지식이다. 여기서 메타 작업은 일이 진행되는 정해진 루틴을 따라 수행하는 것이 아니라 자기 주도적으로 현장을 파악하고 이를 바탕으로 새로운 것을 창출하려는

---

[15] 그는 이러한 의미 세계를 '자생적 질서(spontaneous order)'라고 하였다. 즉, 지식이 현장과 관련을 맺을 경우에 그 가치를 창출할 수 있기 때문에 '자생적'이라는 수식어를 붙이게 된 것이다.

[16] 여기서 소개한 논의와 맥락이 정확하게 일치하는 것은 아니지만, 본서 제4장은 이러한 논점을 뒷받침해 준다.

시도를 말한다.[17]

실천 현장 지식에서 메타 작업을 주도하는 데에는 사실에 상응하는 개념이나 언어보다 당면한 상황을 총체적으로 파악하고 거기에서 야기되는 난제를 해결하여 문제 상황을 타개하려는 능력이 요구된다. 이러한 맥락에서 언어화되기 이전에 현장 참여자가 갖게 되는 지식을 '선(先)지식(pre-knowledge)'이라고 한다. 비트겐슈타인(L. Wittgenstein)에 따르면, 선지식이라는 의미는 실증적으로 확인할 수 없지만, 우리가 명확하게 인식할 수 있는 언어게임을 파악하는 데 있어서 전제가 되는 능력이다. 비트겐슈타인은 자신의 책 『확실성에 관하여(*On Certainty*)』의 전반에 걸쳐 학습이 명제를 배우는 것이 아니며(§30), 주관적 의미가 확보될 때 확실성을 확보할 수 있으며(§272), 결국 앎의 문제는 명제나 불변하는 사물의 확실성을 파악하는 데 있지 않다는 점(§585)을 논의하고 있다. 역설적이지만 확실성이란 주관적인 것이며, 명제화하기 어렵다는 것이 그의 책 전반에 걸쳐 있는 주장이다.

앞서 언어로 구성하기 어려운 방법적 지식 또는 암묵적 지식의 특징으로, 시간상 전수되지 않으며, 공간적으로 공유할 수 없으며, 실천 현장 참여자에게 국한되어 있다는 것을 지적한 바 있다. 이는 실천 현장의 지식인 또는 교육현장에 몸담고 있는 교사가 끊임없이 탐구하는 과정에 있어야 한다는 것을 뜻한다. 이는 실천 현장이 정해진 시간 안에 정해진 작업을 효율적으로 수행하는 데 그치는 것이 아니라 자신의 업무와 관련하여 자기만의 것을 창출하려고 부단히 노력하는 상황임을 가

---

[17] 이러한 특징을 노나카 이쿠지로(2004: 15)는 '창조적 루틴(creative routine)'이라고 하였다. 이는 무에서 전혀 새로운 것을 만들어낸다는 뜻이 아니다. 작업 현장에서 일이 벌어지는 상황을 항상 전제하여야 하기 때문에 기존에 상식적으로 통용되어온 창의력과는 그 의미가 다르다.

리킨다. 포퍼(K. R. Popper)가 강조하는 '끊임없는 탐구(endless quest)'는 고정된 진리 또는 확증된 진리가 없다는 전제 아래 현장 참여자의 추측과 반박(conjectures and refutations)이 중요하다는 점을 말한다(Popper, 1963). 포퍼에 의하면, 여태까지 우리가 진리로 여겨왔던 지식은 언제든지 반박을 통하여 부정할 수 있다. 우리가 확정된 진리로 믿었던 것을 '본질주의(essentialism)'라고 비판하면서, 통상 '진리'는 현재 잠정적으로 '진리라고 여겨진 것'에 불과하다고 본다. 그에 따르면, 진리를 추구하고자 한다면 '추측과 반박'이 허용되는 '상호주관주의(inter-subjectivism)'를 받아들여야 한다.

포퍼가 말하는 상호주관주의는 언어 이면에 '반박가능성'을 이미 전제하고 있다. 언어 이면에 숨겨진 반박가능성은 그 자체로 명제화된 것이 아니다. 결국 그의 상호주관주의는 지식의 비언어적 특성의 중요성을 드러낸 개념이라고 볼 수 있다.

여기서 추측과 반박을 통한 탐구의 과정이 지니는 특성에 유의할 필요가 있다. 흔히 탐구의 과정은 브루너가 강조하는 '발견학습'의 원리와 동일시하기 쉽다. 물론 이 두 가지가 전혀 무관한 것은 아니지만, 동일한 것으로 간주할 수는 없다. 브루너의 발견학습 원리가 담고 있는 논리는 그 종착점이 확증된 이론이나 법칙의 발견 또는 성취에 초점이 맞추어져 있지만, 포퍼의 탐구 과정은 오히려 정반대 방향, 즉 기존의 이론이나 법칙을 부정하는 반박가능성에 그 초점이 맞추어져 있다.

이상 소개한 비언어적 특징을 지닌 지식을 소개한 여섯 명의 이론은 다음 〈표 1-2〉와 같이 정리해 볼 수 있다.

〈표 1-2〉를 통하여 우리가 확인할 수 있는 것은, 비록 여섯 명의 대가들이 자신의 이론을 전개한 맥락과 강조점이 다르기는 하여도, 그들이 개진한 내용의 이면에 일관되고 정합되게 면면히 흐르는 측면이 있다는

〈표 1-2〉 두 가지 앎의 세계 (Two Worlds of Knowing)

	언어와 형식	비언어와 무형식
라일 (G. Ryle, 1949)	명제적 지식 knowing-that	방법적 지식 knowing-how
폴라니 (M. Polanyi, 1958; 1966)	명시적 앎 ostensive knowing	암묵적 앎 tacit knowing (personal knowledge)
하이에크 (F. Hayek, 1979)	거대공학 social engineering project 권위적 대가 master of subject	국지적 지식 local knowledge 난제를 안고 사는 사람 muddle-headed(muddling)
오우크쇼트 (M. Oakeshott, 1962; 1967)	이론을 응용하는 지식 technical knowledge 정보 information	실천 현장 지식 practical knowledge 판단 judgement
비트겐슈타인 (L. Wittgenstein, 1969)	선지식: 언어 게임을 파악하는 전제가 되는 능력 knowing is being familiar with it as a certain(§272) 'knowledge' and 'certainty' belong to different categories(§308)	
포퍼 (K. R. Popper, 1972; 1963)	본질주의 [essentialism] What is X?: physical object(world)	상호주관주의 [inter-subjectivism] What is it to be X?: tentatively objective world as products of human mind
	끊임없는 탐구: 추측과 반박 [18] conjectures and refutations	

* 출처: 김정래(2016c: 18)

---

[18] 포퍼(1963)의 추측과 반박은 객관의 세계(World Ⅰ: physical world)와 주관의 세계(World Ⅱ: experience and subjective thought)의 이분법을 넘어서 잠정적으로 용인된 진리를 놓고 이루어진다. 이를 포퍼는 인간의 마음에 작용하는 세 번째 세계(World Ⅲ: tentatively objective thought as human mind)라고 하였다.

점이다. 우리는 언어에 의존하여 살고 있지만, 언어 이전의, 또는 언어 이면의 비언어적 영역의 중요성을 간과할 수 없음을 확인할 수 있다. 무엇보다도 우리는 지식의 영역을 이론-실제의 이분법이 아니라 즉, 언어적 지식과 비언어적 지식이 대립, 상충하는 것으로 볼 것이 아니라, 상호 보완하면서 우리의 앎의 세계가 확장되고 심화되는 것으로 보아야 한다는 것을 짐작할 수 있다.

이렇게 보면, 교육에서 다루어야 할 지식의 중요성은 비언어적 지식에 있어 보인다. 그렇게 되면 언어로 전달해야 하는 교사의 노고가 배가되는 것은 둘째 치고, 명제적 지식 또는 명시적 지식의 중요성을 과소평가하기 쉽다. 하지만, 주지하는 바와 같이, 우리가 학교에서 가르치는 교과는 일차적으로 논리적 차원에서 언어화된 구성체이다. 그렇다면 교육상황에서 명제적 지식을 결코 도외시할 수 없다. 그럼에도 불구하고 교육현실은 진보사상의 연장에서 교과의 논리적 측면을 과소평가한 것이 사실이다. 그러나 진보사상의 논거에서 아이들의 심리적 측면을 존중한다고 해서 논리적 측면이 격하되는 것은 아니다.[19] 논리 대 심리의 논의도 중요하지만, 목하 우리가 관심을 가지고 있는 명제적 지식 대 방법적(암묵적) 지식의 구도에서 볼 때, 명제적 지식의 중요성을 그리 쉽게 간과할 수는 없다. 쉐플러는 자신의 책 『지식의 조건』[20]에서 명제적 지식이 성립할 수 있는 조건을 자세하게 검토하면서, 그 중요성을 부각시키고 있다. 그는 자신의 작은 책에서 명제적 지식이 성립하는 조건

---

[19] 아동중심사상을 중심으로 한 진보사상에 대한 비판을 가장 쉽게 이해할 수 있는 논의는 디어든의 저서(Dearden, 1976)다.

[20] Israel Scheffler(1965). *The Conditions of Knowledge*. 김정래 역(2017). 『지식의 조건』. 서울: 학지사. 아울러 명제적 지식의 성립 조건 논의를 비교적 쉽게 우리말로 접할 수 있는 문헌은 이돈희의 저서(1977; 1983)다. 특히 이돈희는 쉐플러 이론을 토대로 지식의 조건으로 방법조건(1983: 253-263)을 추가하여 제시한다. 제6장 각주 **16**을 참조.

으로서 신념, 진리, 증거의 문제를 다루고 이를 입증하는 방법상의 문제를 면밀하게 논의하고 있다. 방법적 지식의 문제와 대립하는 듯해 보이는 명제적 지식의 문제가 결국 비언어적 특징과 관련된다는 점을 확인할 수 있다. 허스트는 누구보다도 명제적 지식의 중요성을 강조한 인물이다. 그는 '지식의 형식' 이론을 통하여 가치 있는 지식의 특징이 언어화된다는 데 있다고 주장한다. 하지만 그는 말년에 가서 이러한 자신의 주장을 대폭 수정하여 명제화될 수 없는 '실제' 또는 '실천'의 중요성을 부각시킨 바 있다.[21] 그러나 그의 전기 이론이 전혀 무의미하다고 판단할 문제는 아니다. 여전히 명제적 지식이 교육의 중요한 축을 차지하고 있는 한, 명제적 지식을 탐구하려는 교육적 노력을 결코 간과할 수는 없다.

어떠한 논거를 삼았든지 간에 '실체' 또는 '실천', 그리고 실존적 상황을 중요시하는 주장들은 교육의 전통적 지식론에 대한 대안이나 지식을 넘어서는 교육을 제시하고 있다. 이와 같이, 앎의 영역에서 야기되는 교과 대 경험의 대립과 상충, 또는 실천 상황을 매개로 한 양자 간의 상호 보완의 세계를 본서 제2장 이하의 글에서 다루어볼 것이다.

4. 지식을 통한 교육, 지식을 넘어선 교육

『교육과 지식』으로 명명된 본서는 크게 세 부분으로 구성되어 있다.

---

[21] 허스트의 '지식의 형식' 이론은 '자유교육과 지식의 본질'(1965)을 통하여 세상에 소개되었으며, 그의 이론은 자신의 논문집 『지식과 교육과정』(1974)에서 일목요연하게 볼 수 있다. 또한 그의 후기 이론은 자신의 정년을 기념하여 그의 후학들이 출간한 『자유교육을 넘어서』(1992)에 담긴 그의 논문에서 찾아볼 수 있다. 허스트의 전기 이론과 관련하여 본서 제3장을, 후기 이론과 관련하여 본서 제9장을 참조.

제 I 부는 교육에서 전통적으로 다루어진 지식 문제를 플라톤, 허스트, 오우크쇼트의 입장을 중심으로 짜졌다. 제 II 부에는 전통적 지식론에 대한 대안으로서 네 가지 주장이 포함되어 있다. 그리고 제III부는 전형적인 틀에서 파악하는 지식을 넘어서 가능한 교육을 논의하고 있다.

플라톤의 지식론을 다룬 홍윤경 교수의 글은 플라톤이 제시한 세 가지 교과의 성격과 가치를 설명하고 있다. 여기서 검토하는 세 가지 교과들은 '무시케(mousike)', '개별 교과', 그리고 '변증법'으로 모두 궁극적인 교육내용인 선(善)의 학습을 위한 것으로서 위계를 이루며 긴밀하게 연결되어 있다. 플라톤적 의미의 '선'은 말 그대로 '좋은 것'을 가리킨다. 플라톤에 의하면, '좋은 것'을 지속적으로 열망하는 존재인 인간은 살아가는 동안 좋은 것을 향한 근원적 욕망인 '에로스(eros)'를 통하여 인간이 배워야 할 최상의 교육내용인 선을 추구한다. 에로스의 대상인 '선'은 일순간의 신비스러운 체험에 의하여 획득되는 것이 아니라, 자신의 경험을 '선'에 부합시키고자 불완전하게나마 자신의 것으로 만드는 학습의 과정을 통하여 파악된다. 그러므로 선의 학습은 특정한 정보들의 문자적 의미를 파악하는 것이 아니라, 선에 부합하는 훌륭한 인격의 실현으로 표현된다.

이렇게 볼 때, 언어와 수학을 비롯하여 오늘날 우리가 가르치고 배우고 대부분의 전통적 교과는 플라톤이 제시했던 세 가지 교과들과 본질상 다르지 않다. 따라서 플라톤 이후로 현재에 이르기까지 가르치고 배우는 교과들은 단순히 오랜 역사를 갖는 고답적인 것으로 간주될 것이 아니라, '좋은 것'을 추구하는 인간의 근원적 열망을 충족시키는 것, 그리고 선에 부합하는 훌륭한 인격의 실현을 가능케 하는 것으로 간주되어야 마땅하다는 것이 홍 교수의 논지다. 이러한 열망을 실천적으로 보여준 위대한 교사가 바로 소크라테스임을 지적하면서, 그가 선을 추구하는 과정에서 인간이 가져야 할 '질문'을 스스로 제기하고, 학습자 역시 그러한 질문을 스스로 품을 수 있도록 우리에게 시현한 점을 들고 있다. 따라서 제2장은 교과의 학습이 훌륭한 인격의 형성과 다르지 않다는 전통적 관점을 보여준다.

허스트의 '지식의 형식(forms of knowledge)' 이론을 다룬 손종현 교수의 글은 명제적 지식의 중요성과 함께 자유교육의 본질을 다루고 있다. 20세기 중반 이후 교육학에서 허스트의 이론만큼 교육과정의 이론과 실천에 전 세계적으로 영향력을 크게 미친 이론은 없다. 그만큼 그의 이론의 기원과 내용과 성격에 대한 이해는 교육학을 공부하는 이들에게는 매우 긴요한 것이다.

우선 제3장은 전통적 지식론의 하나로 이해되고 있는 허스트의 지식형식 이론의 논리적 성격과 이를 근거로 하는 자유교육론을 구체적으로 설명하고 있다. 특히 독자들의 기본적 이해를 위하여, 허스트의 지식론 정립에 있어서 가졌던 문제의식이 무엇인지, 허스트의 지식형식 이론이 어떻게 구성되어 있는지, 그리고 허스트 자신의 지식형식에 근거한 자유교육의 정당화 문제를 다루고 있다. 이와 함께, 허스트의 지식형식 이론이 자유교육에 주는 의미가 무엇인지를 밝히면서, 이것이 특히 대학 교양교육에 주는 시사가 무엇인지를 논의하고 있다. 하지만, 앞서 소개한 바와 같이, 그의 지식론은 전기와 후기의 이론으로 크게 달리하고 있지만, 본서의 구성상 제3장에서는 그의 전기 이론을 다루는데 국한하고 있다.

전통적 지식론의 마지막 아젠다로 선정된 오우크쇼트는 통상적 의미에서 접근하기 쉽지 않은 인물이다. 오우크쇼트의 이론을 전공한 차미란 교수의 글 "오우크쇼트의 '경험의 양상'과 교육"은 그의 저작 『경험과 그 양상(Experience and its Modes)』(1933)에 나타나 있는 '경험의 양상'

이라는 개념을 중심으로 논의하고 있다. 따라서 제4장은 구체적 총체로서의 경험 그 자체와 그것의 추상으로서의 경험의 양상 사이의 관계에 관한 그의 형이상학적 이론을 지식의 근본적 성격과 교과교육의 가치에 관한 교육이론의 관점에서 해석하고 있다.

오우크쇼트의 이론에서 총체로서의 경험 또는 '실재'는 경험적 세계 바깥의 초월적 세계의 존재를 주장하기 위한 것이 아니라, 우리의 지식이나 경험이 의미를 가지기 위해서 받아들일 수밖에 없는 논리적 가정을 밝혀 준다는 데에 그 의의가 있다. 과학, 역사 등의 지식은 총체로서의 경험을 특정한 개념체계에 의하여 드러내는 '경험의 양상'이며, '철학'은 경험의 양상이 가지는 제약과 불완전성을 드러내고 무모순의 경험 그 자체를 추구하는 의지와 열망을 가리킨다. 경험의 양상은 그것이 완전한 것으로 되기 위해서는 총체로서의 경험으로 돌아가야 한다는 점에서 불완전한 경험이지만, 총체로서의 경험 또는 '실재'로 돌아가기 위한 유일한 기반이기도 하다. 지식을 탐구하고 전수하는 교육의 가치는 사실적 수준에서 확인되는 지식의 효용에 의해서가 아니라, 사실적 수준 이면의 논리적 기준으로서의 '실재'에 의하여 정당화된다.

지식의 내재적 가치를 존중한다는 점에서 동일해 보이지만, 오우크쇼트의 이론은 형이상학적 개념으로서의 '실재'에 의존한다는 점에서 실재론자인 피터스(R. S. Peters, 1966)와 허스트(1965)의 이론과 대비된다. 피터스와 허스트뿐만 아니라, 지식과 교육의 형이상학적 차원을 부정한다는 점에서는 한 목소리를 내고 있는 현대 철학 사조에 비추어보면, 오우크쇼트의 이론이 가지는 특이성과 중요성을 찾을 수 있다. 그럼에도 불구하고 교육 실천 현장에서 이러한 형이상학적 차원이 '실제적으로' 어떻게 수용되는지에 대한 논의는 우리의 과제로 남는다.

대안적 지식론을 다룬 첫 번째 글인 서용석 교수의 '하이데거의 존재론과 교육'은 하이데거의 '지향성' 개념을 명료하게 파악하는 데 초점을 맞추고 있다. 이는 하이데거의 교육론이 대안적 교육을 위한 노력의 일환으로 '역량', '성과', '효율성' 등의 이름으로 교육을 계량화하려는 교육적 병폐를 지적하기 위한 것이다.

하이데거는 서양의 근대 인식론과 후설의 현상학에서 발견되는 '지향성' 개념의 특징을 주체-대상의 이원론으로 규정하고, 그것의 기원을 고대 플라톤 철학에서 찾고 있다. 하이데거의 존재론의 핵심적 개념 가운데 하나인 '세계-내-존재' 또는 '현존재'는 일차적으로 이 같이 왜곡된 지향성 개념을 바로잡기 위한 것이지만, 동시에 그것에는 주체-대상 간의 이원론적 거리로 말미암아 초래되는 인간 사고의 위험성을 경계하고 그것에 대안을 마련하기 위한 문제의식이 내포되어 있다. 본래적 의미에서의 지향성 개념에 입각해 볼 때, 엄밀한 의미에서의 사고는 '존재'와 관계하며 차라리 존재와 관계되는 것만이 '사고'라는 이름으로 불릴 수 있다. 그리하여 교육은 인간의 사고를 기르는 활동이라고 볼 때, 하이데거의 존재론은 '존재 망각의 교육'과 '존재 사고의 교육'이라는 두 가지 대립되는 교육의 양상을 제시한다. 하이데거의 교육론은 우리에게 우리가 이 두 가지 교육 간의 정면충돌이 일어나고 있는 문명사적으로 중차대한 시기를 살고 있음을 일깨워준다. 그러나 이와 같은 방식으로 제5장에 담긴 하이데거의 존재론은 결국 교육이 우리의 삶에서 구체적으로 어떻게 이루어질 수 있는가를 검토해야 할 과제로 남는다.

폴라니의 암묵적 지식의 중요성을 다룬 제6장은 전통교육에 대한 대안적 시도로 보는 암묵적 영역이 성립하게 된 배경을 조망한다. 암묵지의 중요성에도 불구하고 교과의 대부분을 차지하는 명제적 지식이 위력을 지니는 것은 교과의 논리적 특성 때문이다. 이에 대한 반론으로 『플라우든 보고서(*Plowden Report*)』를 전범(典範)으로 하는 진보교육은 교수-학습의 심리적 측면을 강조한다. 명제적 지식에 대한 진보교육이 공헌은 오히려 암묵적 영역의 중요성을 은폐하거나 소수자 의견으로 격하해버린 경향이 있다.[22] 왜냐하면 진보교육은 교육을 통하여 '성취' 할 수 있는 측면을 도외시하였기 때문이다. 이러한 논의가 제6장에 소개되어 있다. 폴라니는 암묵적 영역의 중요성을 관찰, 실험 및 설명을 핵심으로 하는 자연과학의 사례를 들어 논증하고 있다.[23]

제6장은 필자 자신이 최근 번역하여 출간한 『암묵적 영역(*Tacit Dimension*)』(1966)을 중심으로 논의하여 그의 방대한 저작을 포괄하지 못하는 단점이 있지만, 암묵지의 발현과 관련되는 주요 개념을 비교적 평이하게 설명함으로써 그 한계를 보완하고 있다. 이를테면, 근접항과 계접항, 초점식과 부발식의 형성, 착화 및 내발화의 개념이 그것이다. 특히 폴라니가 주장하는 한계통제원리는 실증주의와 전체주의가 빠지기 쉬운 인간이 오만과 '거대한 사회공학'의 위험과 연관된다는 점을 지적하고 있다. 이 논점은 앞서 소개한 하이에크의 입장과 일치한다. 무엇보다도 암묵지의 발현과정이 교육 상황에서 탐구절차가 어떠해야 하는지를 예증해 주고 있다. 이를 통하여 흔히 상반된다고 여겨지는 창의 독창성과 권위가 필연적으로 상보적 관계임을 보여준다. 또한 과학이 추구하는 보편성은 '설정된 보편성'이 아니라 '보편적 의도'를 찾는 것이라는 그의 주장은 앞서 소개한 포퍼의 열린 마음이 추구하는 '추측과 반박'의 자세와 상통한다는 점을 염두에 두고 이해할 필요가 있다.

제7장 '햄린의 인식론과 교육'은 지금까지 인식론과 교육과의 관계

---

[22] 이에 상응하여, 『암묵적 영역』의 2010년 수정판 서문에서 센(Amatya Sen)이 지적한 바와 같이, 암묵적 영역의 중요성을 강조한 폴라니 자신이 당시 철학계의 소수자(minority) 취급을 받은 점은 매우 흥미로운 사실이다.

[23] 특히 그의 『자유의 논리(*The Logic of Liberty*)』(1951)는 자연과학의 연구 논리와 자유의 문제를 집중적으로 다루고 있다.

에 대한 새로운 시각을 햄린(D. W. Hamlyn)의 '교육인식론(Educational Epistemology)'을 통하여 보여주고 있다. 햄린을 전공한 장사형 교수는 전통적인 철학적 인식론의 대두 이후 정립된 지식 전달이 교육의 전형적 과제라는 일종의 고정관념을 벗어나, 교육 자체가 인식론적 문제로 파악되어야 한다는 입장을 견지한다. 이는 앞서 지적한 바와 같이 본서가 '지식과 교육'이 아닌 '교육과 지식'의 제하로 구성된 취지와 상통한다. 그 결과, 인식론과 교육 양자의 관계가 지금까지는 인식론 탐구 결과를 교육에 적용하는 관계로 파악하는 관점에서 벗어나, 교육이 인식론적 문제를 논리적으로 가정하고 있다는 햄린의 입장을 소개하고 있다. 특히 지식의 획득과정에 대한 인식론적 탐구를 통해 지식의 본질이 규명될 수 있다고 보는 햄린의 입장은 『지식의 조건』에서 인식론적 질문과 교육학적 질문을 성격상 논리적으로 구분 가능한 서로 다른 것으로 파악하고 있는 쉐플러의 입장과 다소 차이가 있다.

햄린의 교육인식론적 관점은 한 마디로 인식론의 연구결과가 선행되고 그것을 교육에 적용해야 한다는 관점에서 벗어나, 지식의 성격을 규명하고자 하는 인식론적 문제를 지식을 획득하는 교육의 사태에 포함되어 있는 것으로 보고, 그것을 개인의 지식획득 과정에 입각하여 실천적으로 검토하는 것이다. 교육 사태에서, '어떻게 교수와 학습이 가능한가'라는 실제적 질문을 통하여 교육에서 다루어지는 지식과 이해가 어떤 성격을 가지고 있으며, 학습이나 경험을 통한 지식과 이해의 성장이 어떻게 가능한가를 밝히고 있다. 이 과정에서 지식의 성격은 지식획득 과정의 논리적 가정을 분석함으로써 비로소 파악될 수 있으며, 지식의 획득과정은 그러한 성격의 지식을 점차로 개인이 내면화하는 과정으로 설명될 수 있음을 보여 준다. 여기서 지식과 이해의 발생과 성장의 논리적 가정이 지식과 이해의 본질을 이해하게 되는 주요한 토대가 되며, 나아가 그것은 교육을 이해하는 하나의 방법이 될 수 있음을 보여준다.

햄린의 공헌은 지식과 이해의 증진을 위한 이분법적 처방에 있는 것이 아니라 교육에 대한 철학적 인식론적 문제에 대한 실천 논의에 있다. 따라서 햄린의 교육인식론은 교육 현장에서 교수-학습, 그리고 그것에 관련된 개념들의 의미를 보다 분명히 하고 그 논리적 관계를 밝힘으로써, 교수와 학습, 궁극적으로 교육가능성의 논리적 토대를 마련하고자 한 것에서 그 의미를 찾을 수 있다.

제8장은 듀이의 구성주의 인식론의 교육적 함의를 토대로 '비구성과 잘못된 구성'을 다룬 조용기 교수의 글이다. 전통적 지식론의 대안으로 선정된 듀이의 인식론의 요체는 지식은 존재 자체의 모사가 아니라 인간의 필요에 따라 구성된 국지적 '의미'라는 것이다. 따라서 그에게 '관망자적' 맥락독립적인 지식, 보편적이고 객관적인 지식은 불가능하다. 이는 하이에크의 국지적 지식 문제와 맥을 같이 한다. 지식은 구체적인 문제해결의 해답이나 자료로서, 문제해결 상황을 떠나서는 그 존립 자체가 불투명하다. 더욱이 듀이의 인식론은 그의 다른 다양한 논의 주제와 불가분의 관계에 있다. 자연, 도덕, 사회제도, 종교, 예술 등은 모두 실험적 구성의 대상일 뿐 아니라 그런 구성 과정의 한 색깔이다. 도덕과 종교는, 예컨대 전향적(prospective) 실험적 구성에 의해 판정되어야 할 가치일 뿐 아니라, 그런 구성 과정이 정상적으로 작동될 때 배어나올 수밖에 없는 다양한 반향이다.

이 장에서 강조하고자 하는 점은 어떤 교육적 노력을 경주하더라도 문제를 해결하려는 구체적인 상황을 떠나서는 지식을 직접 가르칠 수 없다는 것이다. 직접적 경험을 통하든 책을 통하든, 문제 상황을 외면하고 의미를 직접 전달할 수 있는 길은 없다. 보다 구체적으로 'learning by doing'은 전달하는 대신 직접적 활동을 통해 지식을 습득하게 하라는 말이 아니다. 'doing'을 "통해" 지식을 배우라는 것이 아니라 'doing'을 "위해" 지식을 그 자료로 습득하라는 것이다. 하는 것(doing)은 배우는 것(learning)의 수단이 아니라 목적이라는 것이 구성주의 인식론이 핵심이다. 따라서 아이들에게 '배울 것이 아닌 할 일(something to do, not something to learning)'을 주어야 하며, 습득해야 할 지식이 아니라, 해결에 안달할 문제를 주어야 한다. 이것이 문제해결학습을 통한 구성주의 인식론이 대안적 지식론으로 소개되는 중요한 이유한 이유다.

'실천전통에의 입문'으로 박사학위를 취득하고 이와 관련된 여러 심층적 역작을 낸 홍은숙 교수의 제9장은 허스트의 후기 철학이 논의의 단초가 된다. 이에 앞서 수록된 제3장이 허스트의 전기 이론에 관한 논의이므로, 이 두 개의 장을 대조하여 살펴보는 것은 학문적 흥미를 유발하는 방법일 것이다. 두 말할 나위 없이, 교육을 '실천전통에의 입문'으로 보는 것은 명제적 지식을 가르쳤을 때 야기되는 무기력함을 피하기 위한 것이다. 이 점에서 제9장의 핵심은 허스트의 후기철학이라기보다는 맥킨타이어(A. MacIntyre)의 '실천전통(a practice)' 개념에 있다. 제9장은 실천전통을 통하여 주지주의 교육을 극복하고자 하는 세 가지 유형 및 대안을 제시하고 있다. 하나는 교육내용으로 허스트의 '지식의 형식'을 가르치는 것을 넘어서 실천전통이 포함되어야 한다는 것이며, 다른 하나는 교과의 명제적 요소를 넘어서 실천전통에 담긴 다양한 요소를 가르칠 것, 그리고 또 다른 하나는 교육방법상 이론을 실제에 적용하는 방법이 아니라 실천전통에 참여할 수 있도록 해야 한다는 점이다. 이와 함께 실천전통 교육관에서 '실제적'이라는 개념이 줄 수 있는 오해를 불식해야 한다는 점을 지적하면서, 그 특징을 논증하고 있다. 특히 '합리주의 교육관'과 '공리주의 교육관'에 견주어 실천전통 교육관을 설명함으로써(본서 347쪽 표) 그 특징을 쉽게 파악하도록 배려하고 있다. 실천전통의 중요성에 비추어, 그 확립은 맥킨타이어가 그랬던 것처럼 과거 전통에서 그 근원을 찾을 수밖에 없다. 실천전통 교육관에 담긴 전통의 내재적 가치, 서술 및 서사, 덕의 강조는 이어지는 제10장 파머의 초월적 국면이 중세 이전의 전통에서 그 대안을 찾는 것과 유사하다. 그러나 새로운 패러다임을 수용해야 하는 21세기 교육에서 이와 같은 입장은 교육에서 추구해야 할 가치의 원형(原型, Archetype)으로 삼는 것에 동의할 수 있을지라도 그 전형(典型, Prototype)으로 삼아야 한다는 주장에는 보다 세심한 검토가 따라야 할 것으로 보인다.

본서의 마지막 장으로 파머(Parker Palmer)의 지식 이론을 소개한 이현민 박사의 제10장은 객관주의적 지식론의 대안으로서 자아와 세계가 인격적인 관계 맺음을 통해서 서로 알아가는 '관계적 지식', 그리고 인간의 이성뿐만 아니라 감정과 신체를 포함한 전 존재가 인식의 과정에 함께 관여하는 '전인적 지식'을 다루고 있다.

교육현장의 교사들로부터 주목을 받고 있는 교육운동가인 파머는 일련의 저작과 강연을 통해 교육과 공동체, 리더십, 영성, 사회 개혁에 관한 문제들에 대해서 독특한 대안적 관점을 주창하였다. 그는 데카르트적 이원론에 기초한 인식 주체와 대상의 분리가 인간과 세계 사이에 원래부터 구축되어 있던 공동체적 관계성을 붕괴시켰고, 이러한 이분법적 인식론이 교육의 방식에 그대로 적용되어 현대 교육에서 당면하고 있는 근원적 문제가 되고 있음을 지적하였다. 파머는 계몽주의 시대 이후 서양인들이 의도적으로 도외시해 온 인간 존재의 여러 국면(aspect)들, 지식과 사유의 초월성, 신체적, 정서적, 관계적, 영적인 국면들을 가진 다차원적 인격체 등을 강조함으로써 인간 존재의 초월적, 혹은 영적 국면을 인정하고 복권시켜야 한다고 하였다.

파머의 교육론은 이론적으로 완전한 체계를 갖추고 있지는 않지만 우리가 지금까지 도외시해 왔던, 침묵을 통한 교육, 교육내용이 말하는 것을 듣는 학습, 합의를 통한 학습, 감각과 지성을 넘어서 생명 공동체의 초월적 실재를 느끼는 기도를 통한 교육 등을 새롭게 제안하는 데 그 의의가 있다. 근대 인식론의 한계를 날카롭게 지적한다는 점에서 파머는 포스트모더니즘과 맥락을 같이 하지만, 포스트모더니즘처럼 인식론적 상대주의나 회의주의에 빠지지 않고 고대와 중세의 인식론적 전통을 참조하여 대안을 제시한다. 특히 근대 인식론의 한계를 중세 이전의 전통적 방법을 통해 극복하고자 한 점은 그가 추구하는 교육의 초월적 국면의 또 다른 양상이다. 파머의 저작은 현재의 일반적인 독자들에게 익숙하지 않은 사상을 담고 있을 뿐만 아니라 그의 독특한 어휘와 은유 때문에 초보자가 이해하기에 어려움이 있지만, 이 교수는 파머의 지식론과 교육론을 현재 통용되는 교육학적 틀에 맞추어 재조직하여 진술함으로써 그의 인식론과 교육론의 핵심 사상과 그의 이론의 전모(全貌)를 보다 쉽게 파악할 수 있는 계기를 마련해 놓았다.

5. 새로운 교육 패러다임 속의 지식 논의

지식의 가치를 교육 상황에 적용하는 수단적인 것으로 보는 관점과, 이와 반대로 '보는 지식'을 부각시켜 내재적 가치를 추구하는 관점이 모두 이론-실제 이분법에 근거한 것임을 지적하면서, 본서는 교육이 전개되는 실제 상황이 요구하는 다양한 주장과 이론을 개괄하고자 하였다. 비록 지식의 가치를 실용적인 것에서 찾지 않는다고 해서, 지식을 우리 현실과 동떨어진 형이상학적 기반에서만 추구한다거나 지식의 특성을 추상적인 것에서 찾아야 한다는 주장은 아니다.

인류가 오랜 시간 동안 문명생활을 영위하는 가운데 어떤 방식으로 든지 지식은 이에 크게 기여하여 왔다. 또한 문명의 구성 자체가 지식이 라고 보아도 그리 틀린 견해는 아니다. 따라서 우리는 지식 문제를 문명 패러다임 측면에서 검토해야 할 것이다(김정래, 2016c). 신석기 시대 이 후 인류가 정착생활을 하면서 불을 활용하고, 도구를 발명하고, 농경을 통하여 잉여생산을 함으로써 문자를 고안하고 수준 높은 삶을 영위하 기 시작하였다. 토플러는 이를 제1의 물결이라고 한 바 있지만, 이를 통 하여 설정된 문명을 전통사회 패러다임이라고 칭할 수 있다.

전통사회 패러다임에서도 지식의 증가가 중요한 역할과 기여를 한 것이 사실이지만, 슈밥(Schwab, 2016)의 구분에 따르면 제1차 산업혁명 을 야기한 증기의 발명과 제2차 산업혁명을 야기한 전기의 발명, 화석 연료의 사용, 기계의 발명 등으로 도래한 산업사회 패러다임에서 지식 의 증가는 가히 혁명적이었다. 이른바 산업혁명은 인류의 삶과 문명의 틀을 통째로 바꾸어 놓을 만큼 많은 지식을 양산하였다. 제2의 물결이 도래한 것이다. 이에 따라 교육도 혁명적으로 변신하였다. 보편교육의 이념이 전파되고, 공교육 체제가 정착되었으며, 교사는 '전문직'으로 자리 잡을 수 있었다.

디지털 혁명으로 도래된 지식사회 패러다임은 제3의 물결이 도래함 을 뜻한다. 이 패러다임은 컴퓨터의 활용과 정보화의 집중 현상으로 대 표되는 제3차 산업혁명과 지식 자체의 구축에 관한 패러다임의 변화를 의미하는 제4차 산업혁명으로 나뉜다. 지식사회 패러다임은 우리가 여 태까지 경험해 보지 못했던 상황과 사회상, 그리고 인간상의 변화를 요 구한다. 로봇이나 인공지능(AI)을 통한 삶의 양상이 변혁된다. 현실생활 과 가상현실이 통합되고, 사물만이 아니라 인간의 지능을 제어하는 시 스템이 구축된 것이다. 이러한 모든 변혁의 근저에는 '지식' 문제가 깔려 있다.

그 결과 지식사회 패러다임에서 야기되는 지식은 어쩌면 우리가 여태까지 겪어보지 못한 특징 때문에 '확정적인 언어로 정의할 수 없는 능력'이라고 해야 할 것이다. 앞서 우리가 지식의 새로운 영역이라는 소제목으로 언어화되지 않는 앎의 세계를 개괄한 것은 앞으로 다가올 세계에 요구되는 지식의 성격을 규명하는 토대를 마련하고자 한 것이다. 무엇보다도 이러한 능력은 과거 전통사회 패러다임이나 산업사회 패러다임에서 논의되어 왔고, 가치 있는 것으로 설정된 지식의 본질과 특성이 지식사회 패러다임에 부합하는가 하는 문제는 매우 신중하고 심도 있게 검토할 필요가 있다.

이와 관련시켜 볼 때, 이하 이어지는 아홉 편의 글이 새로운 교육 패러다임 속에서 어떤 의미를 갖는지를 차후 과제로 삼아야 할 것이다. 특히 '고차원적 융합', '집단지성', '창조적 루틴'과 같은 핵심 개념은 그 자체가 모순된 속성을 포함하므로,[24] 과거의 명제적 지식–암묵적 지식의 이분법적 논의를 넘어선다. 그 결과 우리는 패러다임 변혁[25]이 이끌어가는 무한 속도의 변화에 대응하는 논의의 틀로서 새로운 지식 패러다임을 구축해 볼 필요가 있다.

이와 같은 새로운 지식 패러다임에 상응하는 교육 여건은 어떠해야 하는가? 교육을 통하여 추구하는 가치, 즉 교육목적은 과거 지식 패러다임에서 강조하는 명제형, 활동형, 능력형 등의 단순계적 방식으로 파악되지 않는다. 그것은 비선형(non-linear) 변증법적 구조를 띤 메타형으로

---

[24] 이에 관해서는 바라바시(Bararbasi, 2002), 레비(Levy, 1994), 이쿠지로(2004; 2007) 참조.

[25] 패러다임 변혁(paradigm shift)은 당초 쿤(T. Kuhn, 1962)이 주장한 것으로 '정상과학'이라는 개념을 설정하면서 과학의 발전 모델을 설명하기 위한 것이다. 하지만 이는 제4차 산업혁명에서 다루어야 할 지식의 성격을 이해하는 데 가장 주요한 개념 틀이다.

파악된다. 그래서 지식은 '확정적인 언어로 정의할 수 없는 능력'에 상응하는 특징을 지닌다고 한 것이다. 앞으로 지식은 이분법적 구분에 따른 암묵적 특징을 뛰어넘는 또 다른 '초월적 차원에서 파악할 수밖에 없는 암묵적 특징'을 띠게 될 것이다. 이를 굳이 말로 표현하면 지식에는 모순과 패러독스, 그리고 그 실행상 아이러니가 혼재한다는 것이다. 게다가 그것이 우리 생활 전반에 편재(遍在)하면서 우리의 생활만이 아니라 우리의 지식까지도 통제한다는 것이다. 적어도 한 가지 확실한 것은, 과거 산업사회 패러다임에서 구축된 전문직으로 '교사'가 지니는 기존의 전문성과 권위만 가지고 이 편재적이고 탈(脫)논리적인 특징을 포착할 수 없다는 점이다. 요즈음 언론에서 의사, 변호사, 교수와 같은 전문직이 곧 사라질 것이라는 보도를 접하게 되는 것은 바로 이러한 이유에서다. 그 결과 우리에게 새로운 지식 패러다임 탐구 노력이 우리가 수행해야 할 과제로 분명하게 요구되는 것이다. 따라서 이러한 노력은 교육철학자들에 의하여 후속 작업으로 꾸준히 추진되어야 할 것이다.

김정래(2007). "'가르치는 일'의 의미". 이화여자대학교 사범대학 교육연구소,
    교육과학연구, 제38집, 제2호, 1-21.
김정래(2012). "'마음의 분화'의 비언어적 측면". 교육철학, 제48집, 217-245.
김정래(2016a). "교육이론 성격 규명을 위한 교육과정의 세 가지 모형 분석". 교
    육문화연구, 제22권 제4호, 인하대학교 교육연구소. 25-50.
김정래(2016b). "교육 논의에서 '메타 프락시스'의 의미와 구조". 안암교육학
    회, 한국교육학연구, 제22권 제3호, 67-87.
김정래(2016c). 미래 사회가 요구하는 21세기 핵심역량과 한국교육: 구글사가 제시하
    는 미래 인재상을 중심으로. 2015 세계교육정책 인포메이션 6호(CP 2016-
    01-6), 한국교육개발원.
이돈희(1977). 교육철학개론. 서울: 박영사.
이돈희(1983). 교육철학개론. 파주: 교육과학사.
이홍우(1977). 교육과정탐구. 서울: 박영사.
이홍우(1992). 증보교육과정탐구. 파주: 교육과학사.
이홍우(1998). 교육의 목적과 난점. 제6판. 파주: 교육과학사.

노나카 이쿠지로(野中郁次郎)(2004). 1위의 패러다임. 남상진(역). (2005). 경기:
    북스넛.
노나카 이쿠지로(野中郁次郎)(2007). *Think Innovation*. 남상진(역). (2008). 씽
    크이노베이션. 경기: 북스넛.

Arendt, H. (1958). *The Human Condition*. Chicago: University of Chicago
    Press.
Aristotle. The Nicomachean Ethics. Ross, D. (trans.).(1925). Oxford: Oxford
    University Press; *Ethics*. Thompson, J. A. K. (trans.).(1955). Harmonds
    worth: Penguin; *Nicomachean Ethics*. Irwin, T. (trans.).(1985).
    Indianapolis: Hackett; *Nicomachean Ethics*. in: Aritotle Ⅱ. Great Books 9.

Ross, W. D. (trans.).(1952). Chicago: Britannica.

Barabasi, A. L. (2002). *Linked*. 강병남 · 김기훈(역). (2002). 링크. 서울: 동아시아.

Bruner, J. S. (1960). *The Process of Education*. Cambridge, Mass.: Harvard University Press.

Dearden, R. F. (1976). *Problems in Primary Education*. 김정래(역). (2015). 초등교육문제론. 파주: 교육과학사.

Degenhardt, M. A. B. (1982). *Education and the Value of Knowledge*. London: George Allen & Unwin.

Dewey, J. (1916). *Democracy and Education*. New York: Macmillan.

Hayek, F. A. (1979). *Law, Legislation and Liberty*. Chicago: University of Chicago.

Hirst, P. H. (1965). Liberal Education and the Nature of Knowledge, in: his *Knowledge and the Curriculum*. London: Routledge and Kegan Paul. 30-53.

Hirst, P. H. (1966). *Educational Theory*. 이홍우(역). (1980). 교육이론. 파주: 교육과학사. 이돈희 외(1980). 현대교육의 이해. 파주: 교육과학사. 249-281.

Hirst, P. H. (1974). *Knowledge and the Curriculum*. London: Routledge and Kegan Paul.

Hirst, P. H. (1992). *Education, Knowledge and Practices*. in: Barrow, R. & White, P. (eds.). (1993). Beyond Liberal Education. London: Routledge. 184-199.

Kay, J. (2010). *Obliquity*. 정성묵(역). (2010). 우회전략의 힘. 서울: 21세기북스.

Kuhn, T. S. (1962). *The Structure of Scientific Revolution*. Chicago: The University of Chicago Press; 김명자(역). (1999). 과학혁명의 구조. 서울: 까치글방.

Levy, P. (1994). *L'intelligence collective*. 권수경(역). (2004). 집단지성. 서울: 문학과 지성사.

MacIntyre, A. (1981). *After Virtue*. London: Duckworth.

Oakeshott, M. (1933). *Experience and its Modes*. Cambridge: Cambridge University Press.

Oakeshott, M. (1962). Rationalism in Politics. in: his(1991) *Rationalism in Politics and Other Essays*. Indianapolis: Liberty Press.

Oakeshott, M. (1967). Learning and Teaching. in: R. S Peters (ed.)(1967). *The Concept of Education*. London: Routledge and Kegan Paul.

O'Connor, D. J. (1957). *An Introduction to the Philosophy of Education*. London: Routledge and Kegan Paul. 성기산(역). (1982). 교육철학. 서울: 집문당.

O'Connor, D. J. (1973). *The Nature and Scope of Educational Theory*. 이돈희 역(1980). 교육이론의 성격과 과제. 이돈희 외(1980). 현대교육의 이해. 파주: 교육과학사. 283-309.

Peters, R. S. (1966). *Ethics and Education*. 이홍우(역). (1980). 윤리학과 교육. 파주: 교육과학사.

Polanyi, M. (1951). *The Logic of Liberty*. Chicago: University of Chicago Press.

Polanyi, M. (1958). *Personal Knowledge*. Chicago: University of Chicago Press.

Polanyi, M. (1966). *The Tacit Dimension*. Chicago: University of Chicago Press. 김정래(역). (2015). 암묵적 영역. 서울: 박영사.

Popper, K. R. (1963). *Conjectures and Refutation*. London: Routledge and Kegan Paul.

Popper, K. R. (1972). *Objective Knowledge*. Oxford: Clarendon.

Ryle, G. (1949). *The Concept of Mind*. New York: Barnes and Noble.

Scheffler, I. (1965). *The Conditions of Knowledge*. 김정래(역). (2017). 지식의 조건. 서울: 학지사.

Schwab, K. (2016). *The Fourth Industrial Revolution*. 송경진(역). (2016). 클라우스 슈밥의 제4차 산업혁명. 서울: 새로운 현재.

Surowieck, J. (2004). *The Wisdom of Crowds*. 홍대운 · 이창근(공역). 대중의 지혜. 서울: 랜덤하우스 중앙.

제1부

전통적 지식교육론

제2장 플라톤의 교육 내용: '선(善)'을 실현하는 과정

홍윤경 (영남대학교)

1. 교육 내용의 원천: 소크라테스의 '질문하는 일'

다양한 교과들을 배우고 가르치는 과정에서 사람들은 때로 '교육 내용을 배움으로써 얻은 '좋은 것'은 무엇인가?'의 의문을 품게 된다. 그리고 이 의문을 품는 대부분의 사람은, 부(富), 심신의 건강, 좋은 인간관계, 훌륭한 인성 등 좋은 것의 관념을 먼저 가진 상태에서, 교육 내용이 이러한 것들을 소유하는데 얼마나 도움이 되는가에 답하고자 한다. 그러나 플라톤에 의하면 교육 내용을 배워야만 비로소 좋은 것이 무엇인지를 알고 그것을 소유할 수 있다. 물론 이것은 신비스러운 체험에 의하여 일순간 주어지는 것이 아니라, 오랫 동안 교육 내용을 배우는 점진적 과정을 통하여 그것에 일관된 마음을 획득할 때만 실현될 수 있다.

철학의 역사에서 플라톤의 인식론은 이른바 대응설로 규정되어 왔다. 무엇이 참된 판단인가를 묻는 질문에 대하여 대응설은 객관적 실재와 그대로 대응 또는 일치하는 판단 또는 관념을 진리라고 답한다. 플라톤은 감각적 현상 배후에 참된 본질로서 실재하는 이른바 이데아에 대한 인식이 가능하다고 보았고, 그것은 감각이 아닌 이성적 직관에 의해서 이루어질 수 있는 것으로 간주하였다. 실재를 있는 그대로 인식할 때 비로소 우리에게 참된 인식이 가능하다고 설명한다는 점에서 플라톤의 인식론은 '대응설'로 분류될 수 있다(이정호 외, 2014: 228-229). 그러나 플라톤의 인식론의 특징들을 온전히 이해하기 위해서는 반드시 그의 교육이론을 고찰해야 한다. 왜냐하면 플라톤의 대화편 『국가론』에 나타난, 인식에 관한 설명은 '어떻게 하면 정의로운 사람을 길러낼 수 있는가?'라는 교육의 문제를 논의하는 맥락에서 제기되고 전개된 것이기 때문이다.

잘 알려진 플라톤의 『국가론』, 『향연』, 『메논』 등은 소크라테스가 당대의 아테네인들과 주고 받았던 대화를 기록한 것이다. 이 대화의 특징은 소크라테스 특유의 '질문하는 일'에서 찾을 수 있다. 소크라테스는 대화 상대방에게 '정의', '우정', '용기' 등의 덕목들의 의미를 묻고, 상대방이 자신의 대답을 내놓으면, 그 답의 타당성을 검토하기 위하여 또 다른 질문을 제기하는 방식으로 대화를 이어나갔다. 이 과정에서 상대방은 자신의 생각에 들어 있었던 오류를 발견하고 무지를 자각함으로써 지식의 진보를 이루게 된다. 소크라테스는 자신의 대화술을 '산파술'에 비유하고, 자신은, 산모의 출산을 도와주는 산파처럼, 상대방으로 하여금 참된 지식을 낳을 수 있도록 도와주는 지식의 산파라고 말한다(*Theaetetus*, 150c-d). 이 비유는 교육 내용이 교사가 아닌 학습자의 것이라는 점, 그리고 그것을 가능케 하는 결정적인 도움은 질문하는 일이라는 점을 부각시킨다.

그렇다면 소크라테스의 '질문하는 일'을 통하여 전달되는 것은 무엇인가? 이 점은 통상적인 질문과 소크라테스의 질문을 비교함으로서 보다 명료해진다. 전자의 질문은 우리가 갖고 있지 않다고 생각하는 '정보'를 얻고자 할 때 제기된다. 예컨대 가구점 주인에게 묻는 '이 책상의 가격은 얼마인가?'의 질문은 다음의 두 가지를 전제한다. 그것은 첫째, 질문자는 질문을 하기 전에 자신이 모르는 것―또는 자신에게 필요한 정보―이 무엇인지를 스스로 규정할 수 있다는 점, 둘째, 질문자는 자신이 가구점 주인으로부터 답에 해당하는 모종의 '정보'를 얻을 때, 위의 의문이 해소될 수 있다고 믿는다는 점이다. 그리고 대부분의 경우 정보의 획득을 위한 위의 일상적 질문은 해당 분야의 권위자가 답을 제시할 때 어렵지 않게 해소된다.

일상적 질문이 정보를 얻기 위한 질문이라면 소크라테스의 질문은 상대방의 '사고에 관한 질문'이다(홍윤경, 1994: 27-33). 그것은 해당 주제와 관련하여 상대방이 현재 갖고 있는 생각의 타당성을 검토하는 질문이므로 질문을 받는 당사자는 소크라테스의 질문을 자연스럽게 '자신의' 질문으로 받아들이게 되고, 혼자서는 생각할 수 없었던 새로운 질문 그 자체를 학습하게 된다. 더 나아가 다른 누구도 아닌 '자신의' 사고에 관한 질문을 스스로 학습하는 만큼, 이 질문은 해당 분야의 전문가가 제공하는 '정보'를 얻음으로써 해소될 수 없다. 그것은 '자신에게' 설득되고 납득되는 답을 얻을 때 비로소 해소될 수 있다.

소크라테스의 '질문하는 일'은 통념과 대비되는 교육 내용관을 시사한다. 우리는 교육 내용이란 교과서, 가르치는 사람, 백과사전 안에 들어 있는 것, 누구에게나 어디에서나 동일한 객관적인 것이라고 생각한다. 이 통념을 따르면 학습자의 무지는, 당사자가 의식하건 그렇지 않건 간에, 위의 지적 권위에 접할 때 제거될 수 있다. 그러나 '질문하는 일'에 비추어 보면 교육 내용은 교사의 질문을 자신의 질문으로 삼음으로써 자신의 지적 상태를 정확히 인식한 학습자에 의하여 새롭게 출현한다. 그것은 누구에게나 어디에서나 동일한 것이 아니라 학습자 당사자에게 유의미한 것이다. 교육 내용이 학습자 자신에게 유의미하지 않다면, 그것이 누구에게나 어디에서나 동일하다는 말 자체는 의미를 가질 수 없다.

소크라테스는 대화술을 통하여 상대방에게 필요한 '질문'이 무엇인지를 보여주고 그 질문을 당사자의 것으로 만들도록 이끌어준다. 이 경우 학습자는 교사의 도움을 받아 '자신의' 질문을 갖게 되는 셈이다. 물론 이러한 대화가 어느 정도 진행되면 학습자는 교사의 도움 없이도 스스로 자신의 질문을 갖게 될 것이다. 이러한 '자발성'을 부각시키기 위하여 플라톤은 '사고는 마음이 자신과 하는 대화, 즉 자신에게 질문하

고 스스로 대답하는 일이다'라는 점을 강조한다(*Theaetetus*, 190a). 사고
는 스스로 자신에게 필요한 질문을 제기하고 그 답을 탐색하는 것이다.
자신에게 질문하고 대답할 줄 아는 것은 그 자체로서 사고하는 일이며,
이 점 때문에 질문하는 일은 그 무엇보다 중요하다.

소크라테스가 대화를 통하여 스스로 실천했던 '질문하는 일'은 단순
한 호기심과 궁금증을 표출하는 것도 아니고 해당 분야의 전문가가 제
공한 정보를 접함에 따라 쉽게 해소되는 것도 아니다. 자신의 생각을 검
토하기 위하여 스스로 제기하는 질문은 사고 그 자체와 다르지 않다. 이
의미의 질문은 가르치는 일을 구성하는 다수의 행위들, 예컨대 '설명하
기', '연습문제 풀이하기', '예시하기' 등과 동일한 범주에 속하는 것이
아니라 이 모든 행위의 궁극적인 목적, 즉 학습자의 '사고'를 가능케 한
다. 요컨대 플라톤적 의미의 교육 내용은 스스로 질문하고 대답할 줄 아
는 능력이다.

2. 교육 내용으로서의 실재: '에로스'의 대상

플라톤은 대화편 『메논』에서 '회상설'에 입각하여 학습이 어떻게 가
능하며 그것을 통하여 무엇을 배우는지의 문제에 대답한다. 회상설에
의하면 인간의 영혼은 불멸하기 때문에 여러 번 태어났고 이생과 전생
에서 이미 모든 것을 보았다. 따라서 영혼이 덕과 그 밖의 것들에 관한
지식을 회상할 수 있다고 해도 이상하게 생각할 필요는 없다. 회상설에
의하면 이 세상의 만물은 상호 유사성을 띠고 있으며, 영혼은 이미 모든
것을 학습하였기 때문에 지식의 어느 한 부분을 회상한다면 나머지 다
른 부분도 발견하지 못할 이유가 없다(*Meno*, 81c). 유사성을 띤 여러 가

지 사물들 중 어느 하나를 접하면 그 나머지도 자연스럽게 알 수 있듯이, 어느 한 가지를 학습하면 그와 연결된 나머지 모든 것도 학습할 수 있는 것이다. 요컨대 학습은 영혼이 이미 학습한 것을 회상하는 일이며, 교육 내용은 다른 것들과 동떨어진 어느 한 부분이 아니라 서로 연결된 '모든 것'이다.

영혼이 학습한 '모든 것'의 의미는 대화편 『파이드로스』에서 좀 더 분명해진다. 이 대화편에 의하면 영혼은 전생에서 이미 참된 존재를 보았고(249e), 그것을 닮은 지상의 모사품을 통하여 참된 존재를 회상할 수 있다. 지상의 아름다움은 천상의 아름다움의 모사품이며, 영혼은 이 모사품에 접하는 순간 천상의 아름다움을 회상한다(246e). 영혼이 전생에서 본 참된 존재, 즉 실재는 지상의 아름다움의 원형인 천상의 아름다움이다. 『메논』의 회상설, 그리고 위에서 언급한 『파이드로스』의 내용을 종합하면 교육 내용은 지상에 있는 모사품의 원형인 '실재'다.

대화편 『국가론』에서 아름다움의 실재는 다수의 아름다운 것들과 대비되는 아름다움 그 자체, 즉 아름다움의 '형식'으로 표현된다. 아름다움의 실재 또는 형식은 영원히 그리고 모든 면에서 아름다운 것으로 남아 있는데 반해 다수의 아름다운 것들은 상황의 변화에 따라 아름답게도, 추하게도 보인다(*Republic*, 479a). 상황이나 맥락이 변함에 따라 아름다운 사물이 추하게 보인다거나 정의로운 행위가 불의한 행위로 나타날 때 우리는, 추하게 보이는 법이 없는 아름다운 사물, 불의한 행위로 나타나지 않는 정의로운 행위가 존재하는가의 질문을 품게 된다. 그리고 이 때 우리는 아름다움, 정의의 실재 또는 형식이 무엇인지를 찾아보게 된다. '형식'이라는 개념은 현대적인 의미에서의 본질, 법칙, 이상 등과 같은 개념들이 가진 요소들을 모두 결합하고 있다. 그것은 한 사물이 가진 우연적 특질 또는 그 사물로부터 분리 가능한 특징들과 대비되는 것으로서, 한 사물 속에 들어 있으면서 그 사물을 그 사물이게 해주는 가장 주된 성질이나 특징을 말한다(Nettleship, 1989: 154). 즉, 아름다움의 형식은 아름다운 사물을 아름답게 만들어주는 본질, 원리, 법칙 등을 가리킨다. 플라톤은 이러한 '형식'을 '이데아(Idea)'라고 명명한다. 즉, '이데아', '형식', '실재'는 플라톤의 철학에서 동일한 의미를 갖는다. 이데아는 다수의 아름다운 것들이나 좋은 것들과 대비되는 것으로서 각각의 사물에 들어있는, 참으로 존재하는 하나의 형식이다. 다수의 사물은 눈에 보이지만 사고의 대상이 될 수 없는데 반해 이데아는 눈에 보이지 않지만 사고의 대상이 된다(*Republic*, 507b-c).

그렇다면 이데아가 '하나의' 형식이라는 말은 무슨 뜻인가? 대화편 『메논』에서 소크라테스는 대화 상대방인 메논에게 '덕이란 무엇인가?'의 질문을 던지는데 이 질문에 대하여 메논은 '남자의 덕', '여자의 덕', '노인의 덕'이 각각 어떤 것인지를 열거한다. 그러나 소크라테스는 그러한 다수의 덕을 덕으로 만들어 주는 하나의 덕이야말로 탐구의 대상임을 강조하면서 다수의 덕이 아닌 '하나의' 덕을 찾아보자고 제안한다(*Meno*, 71d-72b). 하나의 덕은, 다른 모든 덕을 참으로 좋은 것으로 만들어 주는 덕이다. 하나의 덕은 이를테면 '여자의 덕은 집안 일을 잘 돌보는 것이다'라고 말할 때, '집안 일을 잘 돌보는 것'이 어떤 점에서 덕이 될 수 있는지를 비추어 보는 표준과 같은 것이다. 그것은 '여자의 덕' 뿐만 아니라, '남자의 덕', '노인의 덕', '아이의 덕' 등을 포함한 다른 모든 덕을 참된 덕으로 만들어 준다는 점에서 다수가 아닌 '하나의' 덕으로서 덕의 실재, 형식, 이데아를 가리킨다.

플라톤은, 감각 작용이 보여주는 겉모양과 변화의 이면에 들어 있는 실재의 요소를 찾아낼 수 있는 마음을 가지고 있었고, 이 실재의 요소를 '형식'이라는 이름으로 불렀다. 가장 의미 심장한 참된 무엇, 그 참됨(실재성)을 인간의 마음에 가장 적게 의존하는 어떤 것을 표현하기 위해 플라톤은 이데아라는 희랍어를 선택한 것이다(Nettleship, 1989: 153).❶ 이데아는 인간이 사고를 통하여 추구하는 것이라는 점에서 마음과 분리될 수 없지만, 교육받지 않은 마음, 즉 우연히 얻게 된 감각들과 이미지, 의견들과는 동일시될 수 없다.

교육 내용이 실재라는 플라톤의 생각에 대하여 사람들은 '어떤 상황에서도 변화하지 않는 실재가 과연 존재한다고 말할 수 있는가, 그렇다고 하더라도 만약 그것이 마음과 무관하게 존재한다면 교육의 내용이 될 수 있는가'의 의문을 제기할지 모른다. 아닌게 아니라 플라톤의 인식론은 객관주의적 관점을 대변하는 것으로 비판받아왔다. 이 비판에 따르면 객관주의적 관점은 진리 혹은 실재는 인식주체와 무관하게 '저기', '별도로' 존재하며 인간은 '이성'과 '감각 경험'을 통해 그러한 진리를 거울처럼 투명하게 비추어냄으로써 진리를 획득하는 것으로 설명한다. 그러나 플라톤에 대한 위의 비판에 따르면 진리 혹은 실재 등은 그것을 탐구하는 인간의 활동과 무관하게 독립적으로 존재하는 것이 아니라, 그것을 바라보는 인간의 인식의 틀에 따라 다르게 포착되는 것이므로 객관주의적 관점은 견지될 수 없다(양미경, 2002: 3). 요컨대 위의 비판적 입장에 따르면 인식 주체와 무관한 실재는 존재하지 않고, 존재하지도 않는 것을 교육 내용으로 삼는다는 플라톤의 생각은 넌센스일 수밖에 없다.

물론 플라톤의 인식론에 대해서는 다양한 논의와 비판이 있을 수 있

---

❶ 이데아(Idea) 또는 에이도스(Eidos)는 둘 다 '보다'라는 뜻의 희랍어 동사 '이데인'(Idein)에서 파생된 것인데, 이데아는 보는 행위로서의 '시각'을 의미하고 에이도스는 보는 대상으로서의 이미지, 형식, 형태(Gestalt)에 가까운 것이었다가, 나중에 동의어가 되었다(Friedländer, 1969: 16). '이데아'의 이 어원은, 실재는 육안을 통해서 볼 수 없는 것임에도 불구하고 마치 육안으로 보듯이 확실한 것, 그 실재성을 의심할 수 없는 것임을 시사한다.

다. 그러나 한 가지 분명한 점은, 플라톤적 의미의 실재는 인식 주체인 학습자와 무관하게 존재하는 것이 아니라 오히려 인간의 가장 근원적인 욕망과 직결되어 있다는 점이다. 플라톤은 이 근원적 욕망을 가리켜 '에로스'(Eros)라고 일컫는다. 사랑으로 번역되는 희랍어 '에로스'는 '결핍' 또는 '욕망'으로서의 사랑을 의미한다. 이 의미의 '에로스'는 내가 가지고 있지 않기 때문에 가지고 싶어하는 것, 그것을 가지는 것이 나에게 매우 중요하거나 이익이 된다고 생각하는 경우를 가리킨다(이홍우, 1983: 70). 말하자면 에로스는 좋은 것을 얻기 위한 모든 인간의 욕망이다(Jaeger, 1943: 189). 그것은 좋은 것, 지혜, 아름다움 등의 결핍을 자각하고 그 상태로부터 벗어나려는 근원적인 욕망으로서 모든 인간이 예외없이 가지고 있는 것이다. 그러므로 그것은 좋은 것의 완전한 소유 또는 전적인 결여 중 어느 하나도 아니다. 그것은 좋은 것과 나쁜 것, 지혜와 무지, 아름다움과 추함의 중간에 있다. 에로스는 영원히 결핍과 짝을 이룸에도 불구하고, 소진되지 않는 에너지로 넘쳐난다(Jaeger, 1943: 188).

플라톤은 대화편 『향연』에서 에로스는 상이한 단계를 거쳐 발달하며, 이 발달의 최종 목표는 실재임을 밝히고, 실재는 인간의 가장 근원적인 욕망인 에로스를 충족시키는 것임을 부각시킨다. 그리고 에로스를 충족시키는 과정을 가리켜 사랑의 성역(聖域)에 입문하는 것이라고 표현한다.

'(사랑의 성역)에 입문하려는 사람은 첫째 단계로 일찍부터 육체의 아름다움을 추구해야 합니다. 교사의 가르침이 올바르다면 그는 먼저 하나의 개별적인 육체의 아름다움을 사랑하고 거기서 아름다운 생각을 얻어야 합니다. 그 다음에 그는 한 육체의 아름다움이 다른 육체의 아름다움과 관련되어 있다는 것을 알고 모든 아름다운 육체를 사랑하게 됩니다. 둘째 단계로, 그는 육체의 아름다움은 영혼의 아름다움에 비하면 아무 것도 아니라는 것을 알게 되고, 비록 추한 육체의 껍질 속에 들어 있다 하더라도 아름다운 영혼을 만나면, 그와 사랑에 빠지며 그와의 대화를 통하여 고귀한 성품을 길러야 합니다. 그 다음에는 제도의 아름다움, 그리고 또 그 다음에는 학문의 아름다움으로, 사랑에 대한 그의 시야는 점점 넓어져서, 마침내 눈앞이 밝게 트이며 보편적 미와 직접 대면하게 됩니다. 이것이 미를 추구한 이때까지의 모든 노력의 최종 목표입니다. 그 보편적 미는 육체의 미도, 영혼의 미도, 제도의 미도, 학문의 미도 아닌 미 그 자체로서, 꽃피거나 시들거나 하는 법이 없이, 언제 어디서나 또 누구에게나 변함없는 미입니다. 사람이 도대체 살 가치가 있다면 그것은 오직 이 보편적인 미, 미 그 자체를 보았을 때입니다. 이 때 그 사람은 이때까지 그의 가슴을 조였던 수많은 사랑의 대상이 하등 가치도 없다는 것을 알게 됩니다(이홍우, 1998: 255-256, 재인용).

에로스를 궁극적으로 충족시키는 것은 보편적 미[아름다움] 그 자체다. 이 때의 아름다움 그 자체는 선과 본질상 구분되지 않는다(Jaeger, 1943: 194).[2] 사랑은 단순한 갈망이 아니라 무엇인가를 목표로 삼는다. 즉, 사랑은 의도적 행위로서 아름다움 또는 선이라는 대상을 갖는다. 그것은 육체의 아름다움을 열망하는 데서 출발하지만 그 무엇도 생략되지 않는 단계들을 거쳐 마침내 영원한 '아름다움 그 자체'에 도달하게 되고, 이 때 최고도로 충족된다. 사랑이 목표로 삼았던 것은 아름다움 그 자체인 것이다(Friedländer, 1969: 51-52). 이렇듯 에로스의 경험은 아름다움 그 자체, 즉 이데아를 바라보는 것과 직결된다. 대화편『파이드로스』에 나타나 있듯이 우리는 '지상의 아름다움'을 봄으로써 '천상의 아름다움', 즉 이데아를 상기할 수 있다. 다시 말하면 지상의 아름다움을 향한 사랑은 반드시 이데아의 직관과 연결된다(Friedländer, 1969: 51-52).

---

[2] 이 때의 선은 '에로스는 좋은 것을 얻기 위한 욕망이다'라고 말할 때의 '좋은 것'을 가리킨다.

이상에서 살펴본 에로스의 개념에 비추어 보면 실재는 에로스가 추구하는 가장 아름다운 것, 즉 최상의 선을 가리킨다. 그러므로 실재는 학습자와 무관하게 존재하는 것이 아니라 오히려 학습자의 근원적 욕망을 최고도로 충족시킬 수 있는 최상의 선이다. 그러므로 실재가 교육 내용이 된다는 말은 인간의 결핍감 또는 근원적 욕망은 '최상의 선' 없이 채워질 수 없다는 말로 재진술될 수 있다. 욕망을 가지고 살아갈 수밖에 없는 인간에게 있어서 실재는 한시도 잊어버릴 수 없는 '최상의 선'이다. 물론 실재를 '잊어버릴 수 없다'는 말은 인간이 늘 그것을 의식하고 살아간다는 뜻이 아니라, 근원적 욕망은 그것으로 충족되기 전까지 만족될 수 없다는 뜻으로 해석되어야 한다.

3. '선'의 위계와 '최상의 선'

대화편 『메논』과 『파이드로스』에서 교육 내용으로 제시되었던 실재는 대화편 『향연』에서 인간의 근원적 욕망, 즉 에로스를 충족시켜 주는 '최상의 선'과 동일시된다. 대화편 『국가론』에서 소크라테스는 선의 이데아를 가리켜 올바르고 가치로운 것의 원인이며, 공적인 삶과 사적인 삶에서 합리적으로 행위하려는 사람은 누구나 다 보아야 하는 것이라고 말한다(*Republic*, 517c).❸ 최상의 선, 즉 실재가 근원적 욕망 충족의

---

❸ 앞에서 언급했듯이 이데아는 실재, 형식 등과 동일한 의미를 갖는다. '선의 이데아'는 다수의 선 중에서도 가장 좋은 '최상의 선'의 의미를 갖는다. 대화편 『향연』에서 에로스가 추구하는 아름다움 그 자체는 '최상의 선'에, 그 전까지 열렬히 추구해 왔던 '육체의 아름다움', '제도의 아름다움' 등은 '다수의 선'에 해당하는 것으로 해석될 수 있다. 요컨대 선은 위계를 이루고 있으며, 이 위계의 정점에는 최상의 선, 즉 선의 이데아가 있다. 이하 Ⅲ절의 논의 참조.

대상이자 교육 내용이 된다는 말의 의미를 보다 자세히 살펴보기 위해서는, 인간이 무엇인가를 욕망의 대상으로 삼고 그것을 얻기 위하여 이런 저런 행위를 한다는 단순한 사실에서 출발할 필요가 있다.

사람들이 무엇인가를 욕망의 대상으로 삼는 것은 그것이 자신에게 좋은 것이기 때문에 그렇게 한다. 이를테면 거의 대부분의 사람이 부(富)를 추구한다는 점에서 부는 인간이 욕망의 대상으로 삼고 자신의 것으로 소유하고자 하는 선이다. 그러나 그 누구도 부 그 자체를 위하여 부를 추구한다고 생각하지 않을 것이다. 왜냐하면 부를 추구하는 이유는 그것이 건강, 복지, 여가 선용 등의 또 다른 선에 도움이 된다는 점에서 찾을 수 있기 때문이다. 그리고 부를 추구하는 이유를 건강 등에서 찾는다면, 건강은 그것보다 좋은 상위의 선이라고 보아야 한다.

그런데 '건강'의 경우에도, 건강을 위하여 건강을 추구한다고 말할 수 없다. 건강이라는 선을 얻는다고 할지라도 또 다른 이유—예컨대, 인격의 결함이나 인간관계에서의 갈등— 때문에 건강이 우리를 충분히 만족시키지 못한다면 그것은 우리가 추구하는 궁극적인 선이 될 수 없다. 이때 우리는 건강의 상위에 있는 선이 무엇인지를 묻지 않을 수 없다. 만약 이 질문에 대하여 '행복', '훌륭한 인격' 등의 답이 가능하다면, 건강을 추구하는 동안 진정으로 우리가 원하는 것은 '행복' 등의 상위의 선이라고 보아야 한다. 물론 자신이 현재 추구하는 선과 그것의 상위의 선이 무엇인지는 개인에 따라 달라질 수 있다. 그럼에도 불구하고 한 가지 분명한 것은, 인간행위의 목표가 아무리 빈번하게 바뀌고 아무리 큰 변화를 겪는다 할지라도 인간은 절대적으로 이 순간 속에서 살고 있는 것이 아니라는 것, 인간은 순간을 살면서도 언제나 그 순간 너머의 그 무엇을 생각한다는 점이다(Nettleship, 2010: 222). 요컨대 선과 관련하여 우리는 다음의 두 가지를 지적할 수 있다. 그것은 첫째, 우리가 추구하는 선은 위계를 이루고 있다는 점, 둘째, 우리는 현재 가장 중시하는 선—부, 건강, 행복—을 추구하고 있지만, 엄밀히 말하면 최상의 선이 무엇인지를 알지 못한 채 그렇게 하고 있다는 점이다.

어떤 인간도 정말 완전한 만족감을 가지고 '마침내 나는 선을 소유하게 되었다'고 말할 수 없다. 그럼에도 불구하고, 우리가 추구하는 선을 좋은 것으로 만들어 주는 궁극적 이상이 있다는 점은 부정될 수 없다 (Nettleship, 2010: 230). 이 궁극적 이상으로서의 최상의 선은 그 누구에게도 완전히 알려지거나 경험되지 않았다는 점에서 초월성을 갖지만, 이 초월성은 인간의 경험과 전혀 무관한 신비주의적 성격을 갖지 않는다. 그것은 오히려 우리가 직면하는 특수한 사실, 행위, 가치를 참으로 좋은 것으로 만들어 준다는 점에서 경험과 분리되지 않는다.

한동안 최상의 선으로 여기고 열심히 추구한 것들이 다음 순간 충족감을 주지 못한다면 그것들은 우리가 참으로 원했던 것들이 아니다. 그리고 '참으로 원하는 선'이 존재하지 않는다면, 선을 소유하고자 노력했던 순간들은 의미를 부여받지 못한다. 물론 사람들은 저마다 특정한 상황에서 가장 중시되는 선을 충족시키기 위하여 전력을 다하면서 살아간다. 그러나 현재의 선을 유일무이한 가치로 여기는 사람은 상위의 선이 무엇인지를 고려할 수 없으며, 따라서 상위의 선에 비추어 자신의 삶을 바라볼 수 없다. 이러한 삶은 현재의 선에 충실한 것일지는 모르나 현재의 선에만 집중하는 자신의 삶 전체를 검토할 수 없을뿐더러 현재의 선도 온전히 실현할 수 없다. 예컨대 건강이라는 상위의 선을 해치면서 얻은 부는 온전한 선이 될 수 없다. 이에 반해 현재의 선을 추구하면서도 그것을 상위의 선에 비추어 보는 사람은 자신의 삶을 보다 좋은 것으로 만들고자 하면서 현재의 선 그 자체도 보다 온전히 충족시킬 수 있다. 물론 상위의 선에 관한 지식은 저절로 주어지는 것이 아니라 배움을 통하여 점진적으로 갖추게 되는 것이다. 이렇게 보면 최상의 선은 교육이라는 활동을 매개로 우리의 삶과 가장 밀착되어 있다고 말할 수 있다.

4. '무시케': 선에 관한 상상력

그렇다면 선의 위계의 정점을 차지하는 '최상의 선'을 학습하는 일은 어떻게 가능한가? 플라톤에 의하면 그것은 '무시케(*mousike*)' 교과를 통하여 선에 관한 상상력을 품는 것에서 출발한다. 뮤직(music)의 어원인 '무시케'는 일반적으로 '음악'으로 번역된다. 그러나 이것은 현대적 의미의 음악에 국한되지 않는, 매우 포괄적이고 종합적인 성격을 띤다. [4] 무시케 교육의 목적은 예술, 자연, 그리고 인간의 삶, '어디에서나 영혼을 에워싸고 도는' 선의 무한히 다양한 형식을 식별하고 인식하는 것이다(Nettleship, 2010: 91). [5] 그것은 첫째, 어린이에게 들려주는 이야기에서 시작하여 시를 포함하는 문학과, 둘째, 현대적 의미의 음악, 즉 연주

---

[4] 이 글에서는 무시케 교육과 음악 교육을 별도로 구분하지 않고, 의미상 동일한 용어들로 간주한다.

[5] 여기에 언급된 '선'은 '최상의 선'으로 해석될 수 있다. 네틀쉽은 '최상의 선'이라는 용어를 별도로 사용하지 않지만 '선'과 '최상의 선'을 구별한다. 그의 해석에 의하면 개별 과학의 학습은 특수한 주제들의 '선'을 배우는 것으로서 모든 존재를 지배하는 원리로서의 선에 대한 이해의 첫걸음이 된다(Nettleship, 2010: 266). 특수한 주제들의 '선'과 '모든 존재를 지배하는 원리로서의 선'은 각각 '선'과 '최상의 선'으로 해석된다. 그러나 네틀쉽은 무시케 교육을 논하는 맥락에서는 양자를 구분하지 않는다. 그 이유는, '특수한 선'과 '최상의 선'의 엄밀한 구분은 개별 교과교육 이후부터 유의미하다는 점에서 찾을 수 있다. 무시케 교육의 수준에서는 감각을 매개로 '선'을 상상할 수 있도록 선의 '예'와 '유형'을 제시하는 방식으로 이루어진다. 그리고 예와 유형을 통한 상상력을 갖춤으로써 얻는 것은 '특수한 선'과 '최상의 선' 중의 어느 한쪽으로 분류될 수 있는 것이 아니라 두 가지를 포괄하는 '선'에 대한 직감이다.

와 노래, 그리고 셋째, (일반적인 의미에서의) 조형예술로 이루어진다 (Nettleship, 2010: 89). 이러한 것들은 주로 관념들이 감각적인 형식으로 구체화된 것들이다. 개별적인 인간의 인격과 행적이 시에 묘사되기도 하고, 음악에 암시되기도 하며, 그림과 조각에 표현되기도 한다 (Nettleship, 1989: 136).

어린아이에게 들려주는 이야기는 사실이 아닌 허구이지만, 이 허구에도 진리가 들어 있다는 것이 플라톤의 생각이었다. 플라톤의 최종적인 판단 기준이 되는 것은 그러한 이야기들이 가진 도덕적 가치다. 따라서 만약 그 이야기들이 정말 인간의 삶과 됨됨이에 결정적으로 중요한 아이디어들을 포함하는 것으로 보인다면 그는 그 이야기들을 버리지 않는다(Nettleship, 2010: 68): 도덕적 가치, 인간의 삶과 됨됨이에 결정적으로 중요한 아이디어들은 앞에서 언급했던 '최상의 선'과 본질상 다르지 않다. 말하자면 최상의 선이 구현된 이야기를 접하도록 함으로써 그것을 상상하고, 그것에 친숙해지도록 하는 것이 무시케 교육의 목적이다.

좋은 이야기는 인물들의 행동과 사건들을 나열하는 것이 아니라 표면에 드러난 행위나 사건들 이면에 들어 있는 의미를 상상하도록 만들어 준다. 이야기가 되려면 의미를 빚어내는 특별한 종합이 필요하다. 사건들의 장황한 나열은 흥미진진한 이야기를 만들어내지 못한다. 반면 아주 짧은 이야기라도 고도의 서사적 흥미를 자아낼 수 있다(한병철, 2013: 33). 짧고 단순함에도 불구하고 그 속에 인간의 삶과 됨됨이에 중요한 아이디어를 담고 있는 이야기, 행위나 사건, 인물의 성격 등이 '선'을 구심점으로 조화롭게 배열된 이야기는 독자들로 하여금 그것을 상상하고 친밀하게 여기도록 안내한다.

플라톤은 당대의 희랍인들에게 막대한 교육적 영향력을 미쳤던 호메로스의 신화를 비판함으로써 '선'을 상상한다는 것이 어떤 것인지를 보여준다. 플라톤에 의하면 신들을 마치 인간들처럼 취급하여 복수와 싸움을 일삼는 존재들로 그리는 것은 신적 본성에 관한 올바른 묘사가 아니다(*Republic*, 377d-378e). 지식과 덕, 성품을 비롯한 모든 능력에 있어서 인간을 능가하는 신적 존재를 인간에게조차 비난 받는 존재로 묘사하는 이야기는 선에 관한 상상력을 불러 일으키지 못한다. 또한 신은 사사로운 목적을 위하여 변형되거나 남을 속이는 존재로 묘사되어서도 안된다(*Republic*, 380d). 왜냐하면 유기체에서든 인공 제품에서든, 또는 인간의 영혼에서든, 무엇인가 외적인 힘에 의해서 쉽사리 변화하는 성질이 발견된다는 것은 그 물체나 생체 또는 영혼이 열등하거나 허약한 존재임을 보여주는 보편적 증상이기 때문이다. 플라톤은 신적 존재, 곧 절대선의 존재 내부에는 최소한의 변덕성도 있을 수 없다고 생각한다 (Nettleship, 1989: 71).

플라톤은 신이 곧 '진리'라는 원리를 정하고 이 원리에 포함된 두 가지 의미를 다음과 같이 제시한다. 그것은 첫째, 신은 변화할 수 없으며, 둘째, 신은 거짓말을 할 수 없다는 원리로 표현된다(Nettleship, 2010: 96). 현대인들에게 위의 원리는 창작의 자유를 침해하는 독단으로 보일 것이다. 그러나 위의 두 가지 원리는 아이들이 알아들을 수 있는 이야기의 형식으로 선을 표현하는 일, 즉 창작 활동의 교육적 원리를 요약한 것일 뿐 창작을 규제하기 위한 사전 지침이 아니다. 또한 이러한 원리에 맞게 창작된 이야기는 특정한 교훈을 전면에 내세우지 않는다. 교훈을 제시한다는 것은 독자에게 무엇인가를 일러주려는 의도 하에 그 내용에 해당하는 것을 요약하여 명시화하는 것이다. 그리고 이런 식으로 요약된 교훈을 배운다는 것은 한 두 마디의 명제들로 추상된 교훈의 문자적 의미를 파악하는 것에 불과하다. 이에 반해 이야기가 불러일으키는 '선'

을 상상하는 것은 인간의 삶과 됨됨이에 중요한 아이디어에 관한 직감을 품게 되는 것이다. 좋은 이야기를 들을 때 아이들이 배우는 것은, '추상적인' 명제들로서의 교훈이 아니라 선에 관한 직감이다. 좋은 이야기로 구성된 무시케 교과를 배운다는 것은 아름답고 건강한 환경에서 자라나는 것을 의미한다. 그리고 이런 환경 속에서 자라는 청소년들은 그 본래의 우아하고 균형잡힌 거조(擧措)와 품성을 갖추게 될 뿐만 아니라, 이 세상에 존재하는 만물에 들어 있는 아름다운 것과 나쁜 것에 관한 본능적인 직감을 갖추게 된다(Nettleship, 1989: 101).

그렇다면 이러한 직감을 가지는 것은 어떤 중요성을 가지고 있는가? 음악교육을 제대로 받은 사람은 잘못 만들어지거나 자라난 것들 속에는 아름다움이 생략되거나 결핍되어 있다는 것을 재빨리 지각하고, 그러한 것들을 틀림없이 싫어할 것이다. 그는 아름다운 것들을 찬양하고 그것에 기쁨을 느끼며 자신의 영혼 안에 그것들을 받아들여 자라나게 함으로써 그 자신도 아름답고 선하게 될 것이다. 그는 아직 어려서 이유를 파악할 수 없을 때부터 추한 것을 부정하고 미워한다(*Republic*, 402a). 다시 말하여 그는 감각을 통하여 접하는 모든 것 속에서 아름다운 것을 올바르게 식별하고 그것을 진정으로 사랑하는 마음을 품게 된다.

무시케 교과는 인간의 삶과 됨됨이에 결정적으로 중요한 아이디어들을 구현한 '이미지들'로 이루어진다. 이러한 아이디어들은 인간이 추구하는 선, 그리고 소크라테스가 대화를 통하여 탐구하고자 한 용기, 지혜, 우정 등의 영혼의 덕과 다르지 않다. 플라톤에 의하면 영혼의 덕은 언어나 몸짓 등의 이미지들로 표현될 수 있다. 이를테면 고난에 직면한 용감한 영혼의 몸짓이나 어조는 비겁한 영혼의 그것과 같을 수 없다는 것이다(Nettleship, 1989: 107). 다시 말해서 어조나 몸짓 등의 이미지들은 영혼의 덕과 그 부재의 반영일 수밖에 없다는 것이 플라톤의 생각이었다. 용감한 영혼이 구현된 이미지들은 복수와 싸움, 질투 등을 일삼는 비겁한 영혼의 그것들과 구분되며, 전자의 이미지들은 선에 대한 직감을 품도록 이끌지만 후자의 이미지들은 그럴 수 없는 것이다. 무시케 교과는 전자의 이미지들로 이루어져 있으며, 이 교과의 학습은 영혼의 덕을 표현한 '좋은 이미지들'을 접함으로써 선이 무엇인지를 직감하고, 이로 인하여 삶의 무수한 사실들과 행위들 속에서도 좋은 것과 그 반대의 것을 분별할 수 있도록 한다.

플라톤에 의하면 무시케 교과를 구성하는 시와 예술은 영혼에게 올바른 때 올바른 것을 행하고 말할 수 있는 본능적인 능력과 다른 사람들의 행실과 말에서 옳고 그른 것을 본능적으로 지각하는 힘을 갖춘 사람 됨됨이를 가르쳐 준다. 이 때 본능적이라는 말의 뜻은 영혼이 음악 교육의 내용을 자신의 일부로 의식한다는 뜻이다. 이것은 비반성적인 것으로서의 변덕성, 불안정성을 의미하지 않는다. 이 의미에서의 본능적 지각은 오히려 음악 교육의 내용을 자신의 일부로 의식할 만큼, 스스로 깨닫지 못하는 사이에 됨됨이를 형성했다는 의미이며, 그 만큼 됨됨이의 깊이와 견실성이 보증될 수 있다는 것을 의미한다(Nettleship, 1989: 131). 올바른 것을 행하고 말할 수 있는 '본능적인' 능력은 최상의 선에 대한 직감을 심어준 무시케 교육으로 인하여 가능한 것이다. 요컨대 무시케 교육은 선에 대한 상상력을 불러일으키며 그것에 대한 직감을 심어줌으로써 이성이 충분히 발달하지 않은 어린 시절부터 지속적으로 선을 추구할 수 있는 마음의 토양을 만들어 준다.

무시케 교육은 정서와 감정, 태도와 가치관, 분별력과 행위의 교육을 포괄한다. 무시케 교육을 잘 받은 사람에게 있어서는 정서와 판단의 불일치, 판단과 행위의 괴리가 생기지 않는다. 그는 자신이 옳은 것으로 분별한 행위를 진심으로 사랑하며, 올바르지 못하거나 추한 것을 싫어하게 된다. 그의 마음의 모든 측면은 좋음과 아름다움을 지향한다. 그는 일상의 삶에서 부딪히는 다양한 사물과 사람, 상황들 속에서 좋은 것과 그렇지 못한 것을 올바르게 분별하며, 그에 상응하는 정서를 품고, 분별력과 정서에 일관된 행위를 할 수 있다. 요컨대 무시케 교육은 판단력과 정서, 태도와 동기, 행위 등이 선을 중심으로 합일된 사람을 길러낸다.

5. 개별 교과: 선에 관한 사고

무시케 교육은 최상의 선을 상상하도록 이끌어 줌으로써 그에 부합하는 정서와 태도를 품을 수 있도록 해준다. 그러나 이것은 최상의 선에 관한 교육으로서 충분하지 않다. 왜냐하면 무시케 교육은 감각을 통하여 파악 가능한 선의 유형을 보여주었으나 그것이 어떤 점에서 좋은지는 보여주지 않기 때문이다. 그것은 이를테면 용기, 절제, 정의 등의 예와 유형은 보여주었으나 그런 것들이 '어떤 점에서 좋은지'는 말해주지 않는다(Nettelship, 1989: 138). 훌륭한 신화는 선에 관한 상상력을 불러 일으킬 수 있지만, 그 속에 나타난 신적 본성이 정확히 '어떤 점에서' 선을 예시하는지를 '설명'할 수 없다. 이처럼 선의 의미가 불분명한 것으로 남는 한 그것에 관한 충분한 학습이 이루어졌다고 말할 수 없다.

이에 반해 무시케 교육 이후에 가르쳐야 할 개별 교과들은 무시케 교육의 미완된 부분을 보완하고 선을 보다 확고하게 소유하려는 노력의 결정체다. 무시케 교과는 감각을 매개로 '선'을 상상하도록 하지만, '감각'을 통하여 무엇인가를 인식하는 것은 여전히 불완전하다. 플라톤은 '손가락의 비유'에 의거하여 이 점을 설명한다. 동일한 손가락은 어느 손가락과 비교되는가에 따라 때로는 큰 것으로, 때로는 작은 것으로 지각된다. 또한 감각은 동일한 손가락을 딱딱한 것으로 보고하기도 하고, 부드러운 것으로 보고하기도 한다. 이 때 영혼은 자신에게 지각된 딱딱함과 관련하여 무슨 말을 해야 할지 모른다(*Republic*, 524a). 한 순간 '딱딱하게' 느껴졌던 동일한 손가락이 다음 순간 그와 정반대되는 '부드러운' 느낌을 준다면, 조금 전에 느꼈던 '딱딱함'이 무엇인지 전혀 알 수 없게 된다는 것이다. 요컨대 감각은 사물에 관하여 확실하게 알려주는 바가 없다는 결함을 가지고 있다.

감각경험이 일으킨 모순의 지각은 마음으로 하여금 감각이 알려주는 이런 성질들은 각각 무엇인가라는 질문을 생각하게 만든다(Nettleship, 2010: 262). 특수한 대상들이 우리가 생각했던 것처럼 고정되고 영원한 것이 아니라 환경에 따라 그 속성들을 달리한다는 것을 알게 되었을 때 마음은 자신에게 확실한 것으로 느껴졌던 '딱딱함'이란 과연 무엇인가의 질문을 품게 된다(Nettleship, 2010: 246). 감각경험뿐만 아니라 우리가 옳은 생각으로 여겼던 것들이 상황의 변화에 따라 옳지 않은 것으로 밝혀질 때 우리는 그릇됨과 혼동되지 않는 옳음이 과연 무엇인가를 물을 수밖에 없다. 이러한 물음이 요구하는 것은 상황의 변화에도 불구하고 변하지 않는 옳음 그 자체에 관한 지식이다. 어떤 사물이든지 간에, 그것에 관한 지식을 갖는다는 것은 변하지 않고 동일하게 유지되는 사물 그 자체를 안다는 것이다. 플라톤적 의미의 지식 또는 과학은 동일하게 유지되는 사물 그 자체에 관한 지식이다.❻ 요컨대 개별 과학은 감각경험을 비롯하여 우리가 우연히 받아들이게 된 의견이 일으키는 모순을 벗어나려는 과학자들의 탐구에 그 기원을 두고 있다. 개별 과학의 학습

---

❻ 오늘날과 달리 플라톤 당대에는 수학과 자연과학이 분화되어 있지 않았다. 당시에는 오늘

이란 과학자들이 수행했던 지적 탐구를 학습자 편에서 스스로 해 봄으로써 자신의 감각경험과 의견이 일으키는 모순 안에서 질서를 찾고자 하는 노력이다.

이를테면 수학자는 종이 위에 그려진 삼각형, 즉 '가시적' 삼각형을 활용하여 삼각형의 성질에 관한 이런 저런 추론을 하지만, 정작 그가 기준으로 삼는 것은 이 '가시적' 삼각형이 아니다. '가시적' 삼각형은 감각경험에 의해 파악된, 불완전한 것이기 때문에 그것은 올바른 추론의 기준이 될 수 없다. 이에 반해 '가지적' 삼각형은 감각이 아닌 사고를 통해 파악하는 '완전한' 삼각형이다. 이것을 기준으로 삼지 않고서는 무엇인가를 삼각형으로 규정하고, 그것의 특징을 다른 도형과 비교하는 일, 즉 수학적 추론은 전혀 불가능하다(Nettleship, 1989: 151). 이 점에서 가지적 삼각형, 즉 삼각형의 형식은 삼각형의 원리이며 삼각형을 그것답게 만들어 주는 존재의 원인, 실재, 즉 삼각형의 '선'이다. 수학을 비롯한 개별 과학을 공부하는 것은 특수한 주제들—예컨대 삼각형이라는 성질—의 '선'을 학습하는 것이다. 그리고 각각의 개별 과학은 존재의 특수한 분야, 종류, 또는 형식들을 다루기 때문에 궁극적으로 모든 존재를 지배하는 원리로서 선[7]에 대한 이해의 첫걸음이 된다(Nettleship, 2010: 266).

그런데 한 가지 특수한 분야, 종류, 형식을 공부하는 것은 최상의 선

날 우리가 아는 여러 가지 개별 과학이 없었고 그 대신 대수, 기하, 천문학, 화성학 같은 것이 있을 뿐이었다. 이들은 모두 수학적 원리로 구성된 학문이라는 점에서 넓은 의미의 '수학', 즉 'mathematical sciences'로 불리었다(Nettleship, 1989: 150-151). 그러므로 플라톤적 의미의 개별 교과들을 구성하는 것은 수학적 원리로 구성된 개별 과학들이다. 플라톤적 의미의 지식, 즉 'science'는 오늘날의 자연과학과 동일시될 수 없으므로 오해를 피하기 위하여 자연과학 대신 '과학'으로 번역하였다. 물론 'science'를 '학문'으로 번역하는 방법도 있지만, '학문'은 오늘날의 인문학과 사회과학 등을 포괄하는 용어이므로 플라톤적 의미의 'mathematical sciences'와 부합하지 않는다.

에 관한 공부의 출발점에 불과하다. 인간이 자신의 선이 무엇인지를 알기 위해서는 자신을 둘러싼 자연세계와 인공물의 세계, 그리고 자신이 속한 사회의 선을 알아야 한다. 왜냐하면 인간은 자연물과 인공물, 타인들, 그리고 공동체와 단절된 존재가 아니기 때문이다. 사물에 대한 감각경험에서 아무런 모순도 느끼지 못하는 사람, 즉 자신이 접하는 인공물과 사회의 현상, 제도, 인간관계 등의 원리에 관한 탐구에 전혀 무관심한 사람은 자신의 선을 추구할 수도, 알 수도 없다. 요컨대 인간이 자신의 선을 학습한다는 것은, 자신과 관계를 맺고 있는 모든 것의 선을 탐구함으로써 선들이 위계를 이루는 전체 안에서 자신이 차지하는 위치를 온전하게 파악하는 것을 의미한다.

플라톤에 의하면 인간이 자신의 선을 알기 위해서는 자신을 한 부분으로 삼는 이 세계 전체의 선을 알아야 한다. 플라톤은 인간이 우주에 존재하는 최상의 존재라고 생각하지 않았고, 따라서 우주가 인간을 위하여 만들어졌다고 생각하지 않았다(Nettleship, 2010: 224). 인간에게 삶을 산다는 것은 사물의 섭리 속에서, 자신이 그 한 구성원인 사회 속에서, 인간성 속에서, 그리고 세계 속에서 자신의 위치를 깨달아야 한다는 것을 뜻한다. 이렇게 자신의 위치를 보게 되면, 인간은 자신의 존재를 어떻게 최선으로 실현할 수 있는지, 자신이 하고 있는 일을 어떻게 최선으로 다할 수 있는지를 깨닫게 될 것이다(Nettleship, 2010: 229).

모든 사람은 알고 보면 세계와 사회의, 그리고 궁극적으로 코스모스(cosmos)—즉 가지적 질서가 다스리는 우주 전체—의 한 요소다.[8] 따라서 삶을 지배하는 목적, 인간이 삶을 통해서 추구하는 선은 보다 광대한 목적, 궁극적으로 세계의 질서라는 목적 또는 선에 도움을 주는 정도 만

---

[7] 이것은 특수한 주제들의 '선'과 구분되는 '최상의 선'이다.

[8] 희랍어에서 '코스모스'는 질서와 아름다움을 의미한다(Cornford, 1932: 67).

큼 선한 것이 된다. 미술작품이든 선박이든 개인의 삶이든, 질서와 구조를 갖춘 하나의 전체로서의 만물은 모두 코스모스, 즉 하나의 소우주를 이루고 있고, 따라서 총체로서의 세계도, 만약 우리가 그것을 볼 수만 있다면, 코스모스다(Nettelship, 2010: 228). 그러므로 개별 교과는 총체로서의 세계를 알고, 그에 비추어 자신의 선을 실현하기 위한 출발점이다.

따라서 플라톤은 수학의 가치가 '원활한 상거래의 수단'에 있다는 생각을 비판한다. 수학을 비롯한 개별 과학의 목적은 세계 전체의 가지적 질서를 이해함으로써 그 속에 위치한 자신의 선을 이해하는 것이다. 이 교육을 위해서는 실재, 그리고 실재의 가장 밝은 부분, 이른바 선을 관조하기까지 영혼 전체를 전환해야 한다(*Republic*, 518c).❾ 수학은 그 성격상 상거래에 활용될 만큼만 공부하고 그만 둘 수 있는 것이 아니라, 영혼 전체의 전환을 위하여 그 성격에 부합하는 방식으로 충실하게 공부해야 할 교과다.

6. 변증법: 선과 마음의 합일

개별 교과는 감각경험이 일으키는 모순의 지각을 통하여 변하지 않는 선을 추구함으로써 보다 확고하게 선을 소유하기 위한 것이지만 최상의 선에 관한 학습은 개별 교과의 학습에서 완결되지 않는다. 그 이유는, 무시케 교과처럼 수학에도 여전히 불완전성이 들어 있다는 점에서 찾을 수 있다. 플라톤에 의하면 수학으로 대표되는 개별 교과는 고유한 '가설'에 의존한다. 이를테면 수학자는 '홀수', '짝수' 등의 개념을 자

---

❾ 이 때의 '선'은 앞에서 언급한 '선의 이데아', 즉 최상의 선을 의미한다.

명한 것으로 간주하고 그것을 받아들인 후에 그로부터 탐구를 진행한다. 이 때 '홀수' 등의 개념은 수학자가 의존하는 '가설'에 해당한다. 그러나 위의 개념들을 당연시한다는 것은 '가설' 그 자체의 타당성에 관한 의문을 품지 않는다는 뜻이며, 이것은 '가설'의 토대가 설명되지 않는다는 것을 의미한다. 이때까지 별다른 검토 없이 옳은 것으로 받아들여 온 가설이 과연 타당한 것인가의 의문이 해소되지 않는 한, 지식의 이상은 충족되지 않은 것이다(Nettleship, 2010: 251).

변증법은 개별 교과를 성립시키는 가설조차 탐구의 대상으로 삼음으로써 설명되지 않은 것을 남겨두지 않으려고 하는 교과 또는 학문의 이상이다. 그것은 지성의 최종 단계로서 인간의 마음 안에서 실현한다는 것이 불가능한, 순수한 이상이다. 그럼에도 불구하고 그것은 인간이 자신의 선을 추구하기 위해서 최종적 목표로 삼아야 할 것이 무엇인지를 보여준다(Nettleship, 2010: 251). 자신의 지적 상태를 검토하기 위하여 질문하고 대답하는 일을 지속함으로써 이루는 점진적인 진보는, 소크라테스가 탁월하게 보여주었듯이, 누구에게나 가능하다. 그리고 이것이 가능하다면 이 과정을 완결 짓는 최상의 학문으로서의 변증법은 있어야 마땅한 교과인 것이다.

플라톤적 의미의 변증법의 토대가 된 것은 소크라테스의 '대화술'이다. 소크라테스의 대화하는 생활습관이 탐구의 방법으로 진술된 것, 이것이 우리가 플라톤으로부터 얻게 되는 변증법의 의미다(Nettleship, 2010: 274-275). 대화술은 대화 상대방의 생각을 따르면 어떤 모순이 생기는지를 드러냄으로써 상대방으로 하여금 스스로 자신의 생각의 결함을 자각하도록 이끄는 일이었다. 개별 교과의 '가설'의 타당성을 검토하는 교과로서의 변증법은 대화술의 이러한 특징의 구현체이다. 그러므로 대화술은 논쟁을 위한 수단이나 기법으로 간주되어서는 안된다. 플라톤은 청년들이 처음으로 논쟁의 맛을 보면 그것을 마치 운동 경기로 잘못 취급하여 상대방을 반박하는 데 사용한다고 지적하고, 이는 이때까지 참으로 받아들여 온 모든 것에 대한 급격한 불신을 낳는다고 경고한다 (*Republic*, 539b). 이 말은 변증법이 논쟁의 승리를 위하여 어디에서나, 누구에게나 활용될 수 있는 수단이 아니라는 뜻이다. 논쟁술은 논쟁에서의 승리에만 관심이 있기 때문에 상대방으로 하여금 자신의 생각을 무조건 방어하도록 만든다. 이에 반해 변증법은 대화 상대방의 인격을 성장시키는 것과 긴밀하게 연결되어 있다. 자신의 생각을 있는 그대로 표현하고 그것을 허심탄회하게 검토하는 과정은, 검토되지 않은 생각들로 이루어진 이때까지의 자신의 삶 전체를 반성하도록 안내하고 선을 추구하는 삶으로 이끌어 준다.

플라톤은 이 의미의 변증법을 '영혼에 씌어진 이야기'라고 표현하고, '글로 씌어진 이야기'와 대비시킨다. '글로 씌어진 이야기'는 그것을 들을 만한 사람과 듣기에 적합하지 않은 사람에게 각각 어떻게 말해야 하는지 알지 못한다. 또한 그것은 자신이 잘못 설명되고 부당하게 오해를 받을 때 항상 자신의 부모, 즉 글의 저자로부터 도움을 받아야 한다. 이를테면 다른 사람들이 글의 의미에 관하여 물을 때 글 자체는 그 물음에 답할 수 없다. 이에 반해 '영혼에 씌어진 이야기'는 누구에게 말해야 할지, 누구에게 침묵해야 할지도 알고 있고 다른 사람이 이야기의 의미를 오해할 때 스스로 자신을 변호할 수 있다(*Phaedrus*, 275d-276b). '글로 씌어진 이야기'가 영혼과 분리될 수 있다면 '영혼에 씌어진 이야기'로서의 변증법은 자신을 스스로 변호할 수 있다는 점에서 영혼, 즉 인격과 동일시될 수 있다. 요컨대 변증법은 논쟁의 수단이나 기법도 아니고, 영혼이 들어 있지 않은 죽은 문자도 아니다. 소크라테스의 대화하는 생활 습관이 대화 상대방의 삶을 검토하게 하듯이 변증법은 그것을 배우는 사람의 인격을 성장시키며, 그 자체로서 인격과 분리되지 않는 교과다. 어느 누구도 선을 완전히 소유했다고 말할 수 없듯이 유한성에 갇힌 인간이 이상적인 교과로서의 변증법을 완벽하게 학습하는 일은 불가능하다. 그러나 그러한 이상은 대화하는 생활습관으로 실천될 때 불완전하게나마 실현될 수 있다는 것이 플라톤의 생각이었다.

이때까지 고찰한 플라톤적 교육 내용의 성격에 암시되어 있듯이 인간은 교과를 배우기 전에는 선이 무엇인지 알 수도 없고, 그것을 자신의 것으로 소유할 수도 없다. 그러나 인간은 선을 추구할 수밖에 없는 근원적 욕망을 가지고 있기 때문에 교과를 배움으로써 불완전하게나마 선을 실현할 수 있다. '무시케', '개별 교과', '변증법'은, 그 양상은 다르지만, 선에 접하도록 해준다는 점에서 연결되어 있고, 자신의 삶에 선을 실현한다는 목적 하에 점진적인 계열을 이루고 있다. 플라톤적 의미의 교과는 선의 유형에 접하도록 함으로써 선에 관한 상상력을 품고(무시케 교과), 자신이 경험하는 모든 것을 그것답게 만드는 선을 앎으로써 자신의 선을 추구하며(개별 교과), 그 노력을 완결 짓고자 하는(변증법) 과정으로 구성된다. 그러므로 선을 배우는 것은 마음과 무관한 객관적 실재에 접하는 신비스러운 체험이 아니다. 그것은 마음을 좋은 것으로 만들지 않고서는 실현될 수 없는 과정이다.

교육 내용을 선을 실현하는 과정으로 보면 플라톤의 인식론이 갖는 시사점을 보다 정확히 이해할 수 있다. 서두에서 언급했듯이, 플라톤은 참된 인식이 실재와 대응하는 판단을 통하여 가능하다고 설명한다는 점에서 대응설의 원조격으로 간주되어 왔다. 그러나 플라톤이 말하는 참된 인식은 인간의 경험과 전혀 무관한, 신비스러운 직관 같은 것이 아니다. 그것은 무시케 교과를 통하여 올바른 분별력과 정서, 태도를 갖추며, 감각 현상을 보다 정확하게 이해하고자 하는 개별 교과교육을 거쳐 이때까지의 배움을 완결 짓고자 하는 변증법 교육으로 이루어진다. 그것은 특별한 직관 능력을 갖춘 사람에게나 가능한 체험이 아니라 위의 교과학습을 통하여 자신의 선을 실현하고자 하는 모든 사람에게 가능한 것이다.

또한 인식의 대상으로서의 실재도 인간에게 알려질 수 없는 신비스러운 실체로 간주되면 안된다. 대화 상대방들과 함께 '정의'나 '용기' 등의 본질을 탐구하는 소크라테스의 대화는, 정의로운 '행위'로 알고 있던 것이 상황의 변화에 따라 불의가 될 수도 있다는 점을 드러내는 일, 즉 삶의 사실들이 일으키는 모순을 인식하는 일이었다. 물론 대화는 그 모순 때문에 좌절하는 것이 아니라 그것을 해소한 보다 좋은 삶을 탐구하는 일이었고, 이 일을 함에 있어서 소크라테스는 삶의 사실들을 '정의', '용기' 등의 이데아에 부단히 비추어 봄으로써 상대방도 그와 동일한 일을 하도록 독려하였다. 그러므로 이데아는 삶의 사실들에서 모순을 발견할 수 밖에 없는 우리가 보다 나은 선택을 탐색할 때 작용하는 기준으로 이해되어야 한다.

대화를 통하여 '정의란 무엇인가?'의 질문에 대한 답을 찾으려는 노력은 '정의'에 관한 완벽한 설명의 체계를 찾으려는 것이 아니라, 대화에 참여하는 당사자로 하여금 자신의 삶의 사실들을 검토함으로써 자신의 삶을 보다 정의로운 것으로 만들 수 있도록 도와주는 과정이었다. 삶의 사실들이 일으키는 모순에도 불구하고 좋은 삶을 실현하기 위한 노력이 있는 한 삶의 이상은 부정될 수 없다. 그러므로 플라톤적 의미의 실재는 자신의 선을 탐구하고 자신의 삶을 좋은 것으로 만들고자 하는 노력, 즉 교육이 있는 한 부정될 수 없는 것이다. 그것은 좋은 삶에 관한 참된 인식이 이루어지는 만큼 불완전하게나마 실현되는 삶의 이상이다.

1. 플라톤 대화편

최명관(1981). 플라톤의 대화. 서울: 종로서적.
박종현(1997). 국가·정체. 서울: 서광사.

The Collected Dialogues of Plato. (eds.), E. Hamilton and H. Cairns (1961). New Jersey: Princeton University Press.
The Republic. trans., G. M. A. Grube(1974). Indianapolis: Hackett Publishing Company.
The Republic. trans., D. Lee(1974). New York: Penguin Books.
Phaedrus and Letters VII and VIII. (trans.). W. Hamilton(1973). New York: Penguin Books.
Plato: Complete Works. (ed.), J. M. Cooper(1997). Indianapolis: Hackett Publishing Company.

2. 관련문헌

양미경(2002). "교육과정의 성격에 대한 구성주의 관점의 시사", 한국교육과정학회, 교육과정연구, 제20집, No. 1, 1-26.
이정호 외(2014). 철학의 이해. 서울: 한국방송통신대학교출판부.
이홍우(1983). "사랑으로서의 교육: 플라톤 饗宴 考", 金判英 回甲記念 論文集. 서울: 동아출판사, 69-93.
이홍우(1998). 교육의 목적과 난점. 파주: 교육과학사.
이홍우(2006). 지식의 구조와 교과. 파주: 교육과학사.
이홍우(2010). 증보 교육과정탐구. 서울: 박영사.
한병철, 김태환(공역)(2013). 시간의 향기: 머무름의 기술. 서울: 문학과 지성사.
홍윤경(1994). 질문하는 일과 가르치는 일: 논리적 분석. 서울대학교, 석사학위 논문.

홍윤경(2006). 플라톤 변증법의 교육학적 해석. 서울대학교, 박사학위 논문.

Boyd, W. (1952). *The History of Western Education.* London: Adam & Charles Black. 이홍우 · 박재문 · 유한구(공역). (1994). 서양교육사. 파주: 교육과학사.

Broudy, H. S. (1994). *Enlightened Cherishing: An Essay on Aesthetic Education.* Urbana and Chicago: University of Illinois Press.

Cornford, F. M. (1932). *Before and After Socrates.* Cambridge: Cambridge University Press.

Friedländer, P. (1969). *Plato: An Introduction.* (trans.). H. Meyerhoff, New Jersey: Princeton University Press.

Grube, G. M. A. (1935). *Plato's Thought.* London: Methuen & Co. Ltd

Jaeger, W. (1943). *Paideia: The Ideals of Greek Culture.* vol. Ⅱ. trans., G. Highet, New York: Oxford University Press.

Nettleship, R. L. (1925). *Lectures on the Republic of Plato.* London: Macmillan and Co. Limited, 김안중 · 홍윤경(공역). (2010). 플라톤의 국가론 강의. 파주: 교육과학사.

Nettleship, R. L. (1935). *The Theory of Education in Plato's 'Republic.'* London: Oxford University Press, 김안중(역). (1989). 플라톤의 교육론. 서울: 서광사.

Scolnicov, S. (1988). *Plato's Metaphysics of Education.* London: New York: Routledge.

Urmson, J. O. (1990). *The Greek Philosophical Vocabulary.* London: Duckworth.

제3장 허스트의 지식형식론과 자유교육

손종현 (대구가톨릭대학교)

1. 서 론

이 연구의 목적은 허스트의 초기 지식론, 특히 지식형식론과 자유교육의 개념적 연관을 분명히 하고자 하는 것이다. 그의 자유교육론은 그의 지식형식론에 의해 규정되는 바, 이 연구는 그의 지식형식론과 자유교육의 개념적 연관을 분명하게 밝히고자 하는 것이다.

지식과 교육의 연관을 논의할 때 생략할 수 없는 이론가 중의 한 사람이 바로 허스트(P. H. Hirst)다. 그는 1927년 허더즈필드(Huddersfield)에서 출생하여 캠브리지대학을 졸업하였으며, 옥스퍼드대학, 런던대학, 캠브리지대학의 교수를 역임했다. 주지하듯이, 그는 교육에 있어서 학문(discipline)의 가치와 중요성을 체계적으로 정당화하였고, 지식형식론에 기초하여 주지주의 교육관을 제도화하였다(Martin, 1981: 43). 그는 1960년대 이후 30여 년간 영미 교육철학계를 지배해 왔으며, 우리나라 교육학계에도 큰 영향을 미쳤다. 특히 그의 지식형식론에 근거한 자유교육 개념은 전 세계적으로 교육이념과 교육과정에 큰 영향을 끼쳤다(이효정, 2010; 유재용, 2000). 그는 인간 경험의 명백한 특징에 따른 지식형식론을 주장하는 바, 그의 지식형식론 자체가 인식론적 함의의 중요성과 함께 학교의 교육과정 이론과 실천에 시사하는 바가 매우 크다. 이런 연유로 연구자는 자유교육의 이론적 토대로서 허스트의 지식형식론을 개관하는 데 관심을 가지고 있다. 본 연구의 주요 내용은 다음과 같다.

첫째, 일차적으로 지식론의 지성사에서 그의 이론적 문제의식이 무엇인지를 밝힌다.

둘째, 그의 지식형식론 자체에 대한 개념적 윤곽을 분명히 드러내고자 한다.

셋째, 지식형식론과의 연관 위에서 그의 자유교육론을 규명하고자 한다.

이 연구에서는 그의 전기 이론을 다루고 있다. '사회적 실제'로 표상되는 그의 후기 이론은 이 저서의 다른 학자에게 넘겨둔다. 이 연구는 허스트의 주요 저서와 논문을 주요 분석 대상으로 삼아 이루어진다. 특히 전기 이론의 핵심 내용을 담고 있는 그의 저서 『Knowledge and the Curriculum』(1974)을 중요하게 분석한다. 특히 이 저서의 3장과 6장은 그의 지식형식론을 논의하고 있는 주요 논문이다. 이 저서와 논문은 지식론과 자유교육론 분야에서는 가히 '잊혀진 고전'이라 할 수 있기에, 여기서 그 내용을 주요 분석대상으로 삼는다.

2. 허스트의 문제의식

자유교육과 지식형식론을 둘러싼 허스트의 이론적 문제의식이 무엇이었는지에 대해 논의한다. 그 문제의식은 교육이론의 지성사에 대한 참여방식에서 나온 것이다. 이를 논의한다.

1) 당대 지식론의 지형

(1) 듀이와 실용주의❶의 지식론에 대한 비판: 경험론이 아닌 교육적 실재론

1950~1960년대 당대는 미국의 실용주의와 진보주의 사조가 서구사

---

❶ 프래그머티즘(pragmatism)은 19세기 후반 미국을 중심으로 발달한 사조로서, 퍼스(Peirce, 1839~1914)에 의해 이론적 체계가 마련되고, 제임스(James, 1842~1910)에 의해 대중화

회 철학과 교육문화를 지배하고 있었다. 그것에 대해 허스트는 유럽대륙의 교육적 실재론의 관점에서 대응할 자세를 갖추고 있었다(한혜정, 2001: 164).

허스트가 보기에 듀이는 자신의 관점과는 반대되는 기치를 내걸고 있기에, 듀이의 교육론을 비판하면서 그는 새로운 지식론을 내놓지 않으면 세상의 교육질서가 깨어진다고 생각했다.

> "자유교육은 어떤 철학적 근거 위에서 강하게 부정되어 왔다. 이를테면 듀이와 실용주의자에 의해 거부되었다. 그러나 교육의 역사상에서 결정적인 시점에서는 이 개념은 항상 되살아났다"(Hirst, 1974: 32).

듀이와 실용주의는 형이상학적 실재를 부정한다. 그들이 보기에 모든 사물은 끊임없이 유동적이며 운동하고 변화한다. 그런 점에서 듀이는 상대주의적 진리관을 견지한다. 세상은 변하고 사람도 변하며 지식도 변한다. 진리는 언제나 상황적인 적합성에 의해 증명된다. '앎'이란 실험적인 것이며, 문제해결과정에서 획득되는 것이다. 사람들은 상식적 관심을 다루어 공동으로 서로의 경험을 함께하면서 지식을 만들어 가는 것이다. 그 진리와 지식은 삶의 문제(문제상황)를 해결하는데 도구이어야 한다.

듀이는 진보주의의 완성자다. 사유와 지식의 측면에서 '진보주의'란 지나간 것을 후회하지 않고 가까운 미래에 대해 숙고하는 것이다. 이 숙

되었으며, 듀이(Dewey, 1859~1952)에 의해 철학적 위치를 확보했다. 듀이는 실용주의의 완성자다. 프래그머티즘은 실용주의 · 도구주의 · 실험주의 등으로 번역된다. 프래그머티즘은 형이상학적 측면에서 절대적인 것 · 선험적 원리 · 불변의 자연법칙을 거부하고, 상대적인 것 · 경험적 원리 · 지속적인 변화를 강조한다. 그들에게 진리란 문제를 해결하기 위해 적용되는 하나의 가정으로서 잠정적이고 가설적인 것이다.

고가 오늘 '나'의 삶을 이끈다. 이렇게 사는 것이 인간 삶이고 행동방식이다. 무슨 이즘(ism)에 따르는 것이 아니다. 선택을 고민하는 것이 인간 삶이다. 학생도 교사도 스스로가 선택상황 속에 들어가는 것이다. 선택상황은 곧 문제상황(problematic)이다. 지나간 것은 다만 자원이고 참고자료일 뿐이다. 언제나 상황이 진전되는 것이고, 인간은 행동하는 사람, 선택하는 사람, 실천하는 사람이다. 죽을 때까지 문제를 해결하는 것이다. 문제해결책, 그것이 지식이다. 그것이 문제해결의 자원이 되면 좋은 지식으로 승인된다.

듀이는 지식생산의 가능성을 주장하고 승인하고 있다. 보통 일상을 살아가는 사람들에 대해 철학하고 있다. 경험을 갈무리해서 지식을 형성해 가는 삶이, 험난한 세상에서 영원히 살아있는 삶의 기반이 된다. 지식을 갈무리하는 경험(교육적 경험)을 시키는 것, 끊임없이 사고를 만들어낼 수 있는 정신력과 체력을 키워가는 것, 그것이 교육이다. 듀이에게는 경험을 통한 의미의 형성이 곧 교육이다. '행함으로써 배운다'(learning by doing)는 것이 인식론상으로 참이다. 그러기에 듀이에게는 교육의 목적이 따로 있을 수 없다. 교육목적은 따로 있는 것이 아니라 성장, 경험의 성장, 지성의 확장, 그 개념 속에 이미 붙박여 있다.

듀이에게 인간의 건강한 정신, 생존의 근거는 자기 흥미를 갖는 것이고, 그것을 추구하는 것에서 나온다. 문제상황을 스스로 만들어 내고, 그 문제상황을 타협해서 해결하지 않고 흥미를 추구하면서 해결한다. 그래서 '삶의 주체' 교육론이다(손종현, 2015). 그리고 교육은 아동의 사적 관심을 공적 관심사로 바꾸고 이를 완성하는 것이다. 삶에서 형성한 지식이 지성으로 전화한다. 내가 좋아하는 것(사적 이해관계)을 하면서 함께 살아가는 것(공적 관심사), 이것이 조화를 이루도록 하는 것이 민주주의이고 사회정의다.

허스트에게는 듀이식의 '경험', '성장', '흥미', '필요'는 교육원리 혹은 교육목표로서 타당하지 않다. 왜냐하면 인류의 공적 문화유산으로서의 지식체계와 무관하다는 것, 듀이적 개념이 포괄적이고 명료하지 못하다는 것, 그리고 그것이 사회적 맥락에 의한 것이기 때문이다.

(2) 지식사회학의 도전: 사회적 구성물이 아닌 공적 · 간주간적 지식체계의 개념화

당대는 사회적 인식론으로서 지식사회학이 풍미하고 있었고, 또 교육과정에 대한 지식사회학적 접근이 활발하게 전개되고 있었다. 이러한 당대의 지적 지형 속에서 허스트는 자신의 지식론을 통해 지식의 보편성과 안정성을 이론적으로 옹호할 필요를 느끼고 있었다.

주지하듯이, 지식사회학은 인간의 사유와 지식을 사회적 맥락에서 연구하는 사회학의 한 영역을 말한다. 지식사회학 분야에서는 두 가지 경향이 상종하면서 끊임없이 교차되어 왔다. "그것은, 즉 사고의 정치적 요소 혹은 흔히 '이데올로기'라고 불리우는 것에 대한 연구가 그 하나이며, 사고의 사회적 요소, 즉 현실에 대한 제한된 심상을 형성함에 있어서 삶의 사회적 토대가 미치는 영향에 대한 탐구가 그 하나다"(Werner Stark, 1987: 5). 지식사회학은, 인간의 전체 의식구조는 사회의 제조건에 의하여 규정된다는 가정에서 출발한다. 지식사회학은 사유와 지식의 사회적 결정성과 진리의 역사적 상대성을 승인한다(임영일, 1983). 그래서 지식사회학에서는 절대적 진리를 인정하지 않으며, 과도하게 표현하면 사회적 존재기반의 수만큼 진리의 수가 존재한다는 견해를 가지고 있다. 지식사회학에서는 지식의 모든 도식이 전적으로 사회적으로 상대적으로 구성된다는 입장을 가지고 있다. 요컨대 지식은 사회적 구성물이며, 정치경제적 · 사회문화적 조건과 그 힘에 의해 결정된다는 관점을 가지고 있다.

이런 관점을 가진 지식사회학자들은 근본적으로 구별되는 지식의 범주(categories, kinds, forms, areas) 같은 것은 존재하지 않는다는 견해를 가지고 있다. 교육과정 사회학에 관심을 가진 학자들도 이 입장에 동조하고 있다(Hirst, 1974: 138-139). 이런 지식사회학적 관점에 바탕을 둔 교육적 급진론자들은 (피터스를 포함하여) 허스트를 자유주의 세계관을 대변하는 인물로 보는 동시에 자유주의 교육철학자라고 전제하고, 분석철학적 방법론과 지식관을 비판하였다. 또 허스트의 교육관은 특정 지배집단의 이데올로기를 합법화하고 정당화한다고 비판하였다(이병승, 1990: 63).

지식사회학의 이론적 지형 속에서, 허스트는 실재론적 인식론을 지지하였다. 그는 실재론적 인식론의 관점에서 다음과 같이 주장한다.

① 객관적인 세계가 있다.
② 우리 (평범한) 인간은 세계와 우리 자신에 대한 지식을 얻을 수 있다.
③ 정확한 지식은 실재를 나타내고 정확하게 그 세계를 반영한다.
④ 참된 지식의 명제들이 진실이라면 그 명제들의 진리는 정당화될 수 있다.

실재론의 관점에서 보면, 우리의 정신·지식의 구조·세계 자체 사이에는 '자연스러운 조화'가 있다. 이 조화를 깨트리는 논리는 위험하다.

허스트는 지식 그 자체가 가지는 내재적 가치에 입각하여 지식의 형식이론을 전개하고자 하였다.[2] 그는 자유교육에 대한 정의방식을 약정하고 이를 정당화함으로써 교육현상과 지식 자체를 바라보는 신실재론적 관점을 정당화하고자 했다.

급진주의자들의 눈에는, 허스트 같은 영국 교육철학자들은 이데올로기의 문제를 무시하고 있으며 그들 자신들의 연구가 이데올로기를 반영하고 있다는 사실을 모르고 있다는 것이다.**❸** 이런 비판에 대해, 그는 철학자가 해야 할 업무는 세계를 창조하는 것도 아니고 예언하는 것도 아니라고 보았다. 허스트의 철학과 철학자에 대한 태도는 그가 저술한 저서에서 일관되게 나타나고 있다. 피터스와 함께 그는 다음과 같이 요약했다.

> "철학이 해야 할 중요한 업무는 예언하는 것도 아니며 세계를 변혁시키는 것도 아니다. 그것은 오히려 우리가 처한 곤경을 적절한 안목(眼目)을 가지고 이해하고, 존재하는 사물들을 변화시키거나 유지시키는데 필요한 타당한 이유가 무엇인지를 파악하는 일이다"(Hirst & Peters, 1976: 131).

허스트는 '교육'의 개념과 교육철학의 본래 기능을 분석철학적으로 탐구한다고 생각했을 뿐 아니라 자신의 연구가 왜곡된 이데올로기가

---

❷ 지식사회학자들이 가지는 지식 개념에 대한 염려가 허스트의 저서 전편에 흐르고 있다. "(지식의) 가치는 그 사회의 소수 집단의 이익을 반영하는 가치일 수 있고 또 가끔 그 가치이기도 하다. 그 가치는 성격상 종교적이며 정치적이며 혹은 공리주의적일 수 있다"(Hirst, 1974: 32). 그에게는 상대적 가변적 수단적 지식의 가치를 말하는 지식사회학자들의 논리를 넘어, 불변적 안정적 목적적 지식의 가치를 어떻게 확보할 것인가가 그의 이론적 문제거리였다.

❸ 지식사회학자 사럽(Sarup)은 피터스와 허스트의 지식관, 즉 내재적으로 가치가 있는 내용을 담고 있는 특정한 지식의 형식들이 다른 영역의 지식보다 우월하다는 견해를 자본주의 사회내의 학교 교사들이 아무런 의심없이 당연한 것으로 여기고 있음을 지적한다. 피터스와 허스트가 퍼트린 지식관은 지식 자체를 실체화시켰을 뿐 아니라 근본적으로 보수적이고 엘리트주의적인 것으로 수동적인 학습자를 낳게 된다고 보았다. 나아가 그들의 교육과 정론은 현재와 같은 교육을 제도화하고 있으며 지배집단의 논리를 대변해 주고 있다고 비판한다. 사럽은 이같은 지식관이 근본적인 교육의 변화, 더 나아가 정치적인 변화를 저지하는 집단의 이익에 봉사하는 이데올로기로 작용할 수 있다고 비난한다(Sarup, 1978: 61; 이병승, 1990: 73에서 재인용).

아니라는 것을 증명하고자 했다. 그가 제시했던 교육 내용, 즉 '가치 있는 교과 교육활동'과 지식형식론 역시 진실을 담보한 학문적 보편성을 담보한다고 굳게 믿고 있었다.

2) 자유교육론의 재천명: '조화로운 구조'의 재구성

허스트는 『자유교육과 지식의 본질(liberal education and the nature of knowledge)』(1965)에서 자유교육을 재천명, 재해석, 재개념화 하고자 하였다. 재천명과 재해석을 위한 비판적 분석의 방편으로, 그는 희랍의 자유교육론과 미국 하버드위원회의 자유교육론과 영국 걸벤키안재단의 자유교육론에 대해 비판적으로 검토하면서 자신의 자유교육론을 제시한다.

(1) 희랍의 자유교육론 비판

허스트는 교양교육과 관련하여 '세계이해 패러다임'을 주창한다.[4] 그의 관점에서는 교양교육은 세계를 이해하고 이를 바탕으로 자신의 삶을 형성하는 힘을 키우는 것이다. 허스트가 볼 때 교양교육의 목적은 합리적 마음을 발달시키는 것인데, 희랍의 자유교육론이 지향하는 문화전승 혹은 자아실현의 교육형태가 아닌 '세계 이해의 교육형태'를 통해 도달 가능한 것이다.

그는 세계, 지식, 인간의 정신, 좋은 삶, 그리고 이들 상호간의 이론적 관계에 대한 철학적 가정들을 희랍시대 자유교육론자와는 다르게 개념

---

[4] 데니콜라(DeNicola)는 교양교육의 유형에 대해 문화전승, 자아실현, 세계이해, 세계참여, 학습기술 등 다섯 가지 패러다임으로 유형화한다(DeNicola, 2015). 그의 관점에 따르면, 허스트의 이론은 세계이해 패러다임 유형에 분속된다.

화 하고 있다. 희랍시대의 아리스토텔레스류의 형이상학적 실재론에 근거하여 교양교육을 개념화하면, (다른 지식론적 원리체계를 반영할 뿐만 아니라) 교양교육의 목표의 방향을 세계이해하기에서 문화전승 혹은 자아실현으로 교육목적을 왜곡시킬 가능성이 있다고 비판한다. 허스트는 기본적으로 자유교육은 세계를 이해하는 것이지, 문화유산을 전승하는 것이 아니라는 관점을 취한다. 자유교육이 자아실현에 경도되는 것이 아니어야 함은 물론이다.

허스트는 「자유교육과 지식의 본질」 논문에서 '형이상학적 (인식론적) 실재론의 학설을 신봉하지 않는 사람들이 희랍의 자유교육론을 수긍하고 이를 합리적으로 설명할 수 있을까' 하는 의문을 이론적으로 제기한다. 그에 의하면, 만약 희랍의 자유교육론이 가정하고 있는 정신과 실재와 지식 간의 관련성을 의문시한다면, 희랍의 자유교육은 두 가지 문제점을 노출하게 된다. 그 하나는 자유교육의 정의(定義)에 대한 것이고, 다른 하나는 그것의 정당화(正當化)에 대한 것이다. 허스트는 이렇게 말한다.

> "지식의 추구에 있어서의 자유교육은 정신에 외재적인 것, 즉 실재의 구조와 패턴에 따라 정신의 발달을 추구하는 것이다. 그러나 만약 정신, 지식, 실재 간의 관계에 대해 어떤 심각한 의문이 제기된다면, 전체의 조화로운 구조는 붕괴되기 쉽다. 첫째로, 불가피하게 정의의 문제가 제기된다. 오로지 지식에 의해서만 정의되는 자유교육은, 지식이 반드시 정신을 바람직한 방식으로 발달시켜 좋은 삶(good life)을 증진시킨다고 생각되는 한, 받아들여질 수 있다. 그러나 지식의 기능에 대해 의문이 생긴다면, 자유교육은 자유교육이 지향하는 정신의 특질과 도덕적 덕을 명백히 진술하도록 다시 정의되어야 하지 않겠는가? 그런데 만약 지식이 실재의 이해로서 간주되지 않고 단지 경험의 이해로서 간주된다면, 교육에 패턴과 질서를 부여하는 조화로운 위계적인 지식의 체계를 대신하는 것은 무엇일까? 둘째로, 정당화의 문제도 마찬

가지로 심각한 문제다. 왜냐하면 만약 지식이 더 이상 어떤 실재에 근거를 두고 있다고 생각되지 않거나, 혹은 정신과 좋은 삶에 대한 지식의 의미가 의문시된다면, 지식에 의해서만 정의되는 교육을 어떻게 정당화할 수 있는 가?"(Hirst, 1965: 33).

허스트는 정신, 지식, 실재 간에 추정되는 논리적 관계를 "조화로운 구조"로 묘사하였다. 그 조화로운 구조는 명확한 것인데, 그의 논리를 빌리면 그 구조는 이런 것이다. '좋은 삶은 세계 이해하기를 필요로 한다. 인간의 정신은 특히 배우고 이해하도록 준비가 되어 있다. 이해할 수 있는 지식의 유형은 세계의 구조와 일치한다. 그리고 교육과정의 구조는 실재의 구조를 반영해야 한다.' 허스트는 지식의 분화가 확립되었다고 생각하는데, 누군가가 이 구조 혹은 가정들을 함부로 변경한다면, "모든 조화로운 구조가 붕괴될 것 같다"고 불길하게 언급하였다 (DeNicola, 2015: 133-134).

그렇다면 자유교육을 정의하고 그것을 정당화하는 근거를 갖기 위해서 정신과 지식과 실재와 같은 주요 개념에 대한, 더 나아가 자유교육에 대한 개념의 재구성 혹은 재천명을 필요로 한다(DeNicola, 2015: 134). 여기에서 허스트의 전략은 자유교육론에 대해 재천명하고 재해석할 것을 제안하는 것이다. 그래서 그는 다음과 같이 자신의 반론을 내놓는다.

"교육은 개인의 발달을 지향하는 의도적이고 목적적인 활동으로서, 반드시 가치의 고려를 포함한다. 어디서 이러한 가치가 발견되는가? 그 가치의 내용은 무엇이어야 하는가? 그 가치가 어떻게 정당화되는가? ……(중략)…… 그리이스시대 이래로, 그 궁극적 근거는 인간이 성취해 온 다양한 지식의 형식이라는 인식에 거듭 놓여져 왔다. 교육의 정의와 정당화가 지식 자체의 본질과 중요성에 근거를 둔 그런 자유교육의 요구가 증가되어 왔다. 그 정의와 정당화가 아동의 역성(기호)이나 사회의 요구 혹은 정치가의 변덕에 기초해 있지는 않다. 간단히 말해서 이러한 요구의 배경은, 그리이스인들이 생각한 바대로의 여러 지식의 형식을 소개하고 추구하는 7자유학과에서의 교육의 발달에서부터다"(Hirst, 1974: 32).

이 반론에서 허스트는 역사적으로 축적되어 온 공적 문화유산으로서의 지식형식(지식체계)을 긍정하기에 이른다. 물론 희랍시대 자유교육론의 한계에 직면하여, 미국 하버드위원회 보고서와 영국 걸벤키안재단 보고서는 다른 방식으로 자유교육을 규정하려고 시도하였다. 이 양자에 대해 허스트 자신은 어떤 관점을 가지고 있는지 여기서 검토한다.

(2) 하버드위원회 보고서의 자유교육론 비판

하버드위원회 보고서는 1945년 2차 세계대전 중 하버드대학 총장 코넌트(James B. Conant)의 위촉에 의해 구성된 하버드위원회에 의해 만들어진 것이다(신득렬, 1983, 235). 이 보고서("자유사회에서의 일반교육", 1945)는 자유교육이 산출해야 하는 마음의 특질의 관점에서 자유교육을 정의하려고 시도하였다. 하버드위원회가 자유교육의 목표로서 제시하는 정신능력은 효과적으로 사고하는 능력, 의사를 소통하는 능력, 적절한 판단을 하는 능력, 가치를 분별하는 능력이다(Hirst, 1974: 34). 이 경우 효과적 사고능력은 논리적 사고, 관계적 사고, 상상적 사고를 포함한다.[6] 그런데 허스트가 보기에, 하버드위원회의 이런 이론화에 몇 가지 오류가 있다. 비판의 요지는 다음과 같이 요약할 수 있다.

첫째, 자유교육을 정신능력(mental ability)과 직접적으로 연관짓고 지

---

[6] '효과적인 사고'란, 첫째, 논리적 사고, 즉 전제로부터 건전한 결론을 끄집어내는 능력을 의미한다고 보았다. 둘째, 효과적인 사고란 여러 분야 간의 관련을 짓는 사고를 의미하며, 셋째, 상상적 사고를 의미한다. 이들 세 가지 사고를 하버드위원회는 자연과학, 사회과학, 인문학과 각각 관련이 있다고 말했다.

식의 형식과는 별개의 것으로 명세화 하는 것은 명백하게 잘못이다. 지식과 지식형식이 가지고 있는 공적 특징에 대한 충분한 설명 없이는 자유교육을 적절하게 정의할 수 없다. 지식형식의 공적 특징들은 정신능력보다 논리적으로 우선하며 이 정신능력은 지식형식에 비해 이차적이고 파생적이다. 그런데 이 보고서는 네 가지의 정신능력을 지식(지식형식)과의 관련성 없이 별개의 것으로 제시하고 있는데 이는 분명히 잘못이다.

둘째, 이 네 가지 능력을 설명하는 데 사용되는 용어가 포괄적이고 일반적인 것이어서 그 용어의 잘못된 사용은 사실상 아주 다른 성취들을 잘못되게 통합하는데 기여한다. 지나치게 일반적 용어인 정신능력에는 그것들을 판단하는 다양한 공적 준거가 존재할 수 있기 때문에, 완전히 상이한 성취들을 부당하게 하나로 통합해 버릴 수 있다.

셋째, 그렇지 않다는 주장에도 불구하고, 이러한 용어 사용법은 진술한 종류의 일반적인 단일의 능력들을 계발하는 것이 가능하다는 인상을 낳는다. 이를테면 이러한 용어들 때문에 형식도야론, 즉 일반적이고 통합적인 능력 개발이 가능하다는 인상을 줄 수 있다는 것이다.

넷째, 이러한 용어를 사용하여 자유교육의 성격을 규정하는 것은 자유교육을 오도할 경향성이 크다. 왜냐하면 자유교육이 마음의 발달뿐만 아니라 정서적인 도덕적인 성격발달의 측면까지도 관련되도록 자유교육의 개념을 확대하는 경향성이 있기 때문이다. 이런 방식으로 개념을 확대하게 되면, 자유교육이 보다 포괄적이고 일반화된 교육의 개념이 되도록 만들어버린다. 자유교육이 지식의 추구라는 관점에서 직접적으로 정의되는 개념이기를 포기하게 되면, 일반적인 교육을 정당화함으로써 자유교육이 정당화될 수 없게 되는 법이다(Hirst, 1974: 38).

허스트에 의하면, 하버드위원회의 관점과 같이 자유교육에 대해 지식형식과는 독립적으로 정신능력의 입장에서 직접적으로 특징지을 수 있다는 생각은 잘못된 것이다. 무엇보다 이 보고서는 지식형식과 마음의 특질 사이의 관계를 분명하게 설명하지 못하고 있다. 또 이 보고서가 주장하는 마음의 특질은 '각 지식 형식의 영상(image)'에 불과하다. 이와 같은 방식으로 허스트는 이 보고서 전편에 나오는 개념들이 애매하고 모호하다고 지적했다. 특히 이 보고서는 자유교육의 개념을 지나치게 확대 해석함으로써 지식의 추구라는 자유교육 본래의 개념(정의와 정당화)을 모호하게 만들었다고 비판했다.

(3) 걸벤키안재단 보고서의 자유교육론 비판

영국의 걸벤키안재단 보고서(Gulbenkian Foundation Report)는 『대학 예비학교에서의 예술과 과학(Art and Science sides in the Sixth Form)』(1960)을 말한다. 허스트는 이 보고서에 대해 비판적으로 고찰하고 있다.

이 보고서에서 페터슨(A.D.C. Peterson)은, 지식이라는 용어를 직접적으로 사용하고 있지 않으나, 하버드위원회의 보고서보다 자유교육을 그 정신에 근접되게 규정하고 있다(유재봉, 2004: 5). 페터슨은 자유교육의 개념이 정보에 의하여 정의되어서는 안 된다는 점에 관심두면서, '지식'이라는 용어의 직접적인 사용을 피하면서, 자유교육 개념을 '몇 가지 사고양식(modes of thinking) 속에서 지성을 계발하는' 교육으로 규정하고 있다(Hirst, 1974: 122-123). 이 경우 주요 사고양식이란 논리적 사고양식, 경험적 사고양식, 도덕적 사고양식, 심미적 사고양식을 말한다(Hirst, 1974: 39). 이 네 가지 사고양식은 각각 서로 다른 네 가지 정신발달의 형식을 표현한다(Hirst, 1974: 122-123). 문제는 이 네 가지 사고양식이 자유교육의 개념과 어떻게 연관되는가 하는 점이다.

이 보고서는 네 가지 정신활동의 형식이 각 지식의 영역들을 특징짓는 공적 특성들에 의해서만 구별될 수 있다는 점을 분명히 드러내지 못하고 있다. 네 가지 정신활동의 형식은 각 정신활동이 의존하고 있는 지식의 공적 특성에 의해 구별될 수 있고 또한 구별할 수 있어야 한다. 다시 말해 논리적, 경험적, 도덕적, 심미적 사고양식은 각각의 독특한 개념, 표현 방식, 진위를 판별하는 기준을 가지며, 그러한 공적 기준에 의해 구분될 수 있어야 한다. 그렇게 되어야, 교육의 개념은 비로소 지식의 형식에 의해 결정되는 마음의 발달을 가져오는 교육이 될 수 있으며, 이러한 교육의 개념은 전통적 자유교육의 정신을 계승한 것으로 볼 수 있다(유재봉, 2004: 5).

사고의 양식이란 문구는 정신활동의 형식을 직접적으로 가리키며, 페터슨은 사고의 양식이라는 문구를 사용하는 대안으로 '인간경험의 양식', '정신적 경험의 범주', '판단의 형태'이라 했다. 허스트는 걸벤키안재단 보고서의 아이디어에 나타난 '사고양식' 대신에 직접 '지식의 형식'이라는 용어를 사용하여, 자유교육을 보다 정확하게 그리고 객관적으로 규정하고자 하였다.

3) 이론적 근거로서 지식형식론 정립

허스트의 관점은, 고대 그리스의 자유교육론을 계승하지만 그 시대의 형이상학적 실재론에 더 이상 근거하지 않고도 자유교육을 어떻게 정당화 할 수 있는가 하는 것이다. 하버드위원회 보고서가 주장하는 네 가지 정신능력이나 걸벤키안재단 보고서가 주창하는 네 가지 사고양식은 지식의 형식과는 무관하게 제시되고 있다. 그에 의하면 자유교육을 지식형식의 관점에서 규정하게 되면, 형이상학적 인식론적 실재론의 가정 없이 자유교육을 규정하는 것이 가능하다. 그리하여 허스트는 형이상학에 대한 부정적 관점을 가지고 있는 현대철학의 사조에 따라 '실재'라는 형이상학적 가정 없이, 마음과 지식(형식)만의 관련성으로 자유교육을 근거지우려 하였다.

자유교육은 근본적으로 마음의 발달로 규정되어야 하며, 마음과 지식 간의 논리적 관련성도 설명되어야 한다. 그리하여 허스트는 자유교육을 '지식 그 자체에 의해 범위와 내용이 결정되며, 그리하여 마음의 계발에 관심을 가지는 교육'으로 규정하였다.

이 논문에서 언급한 논의에서, 허스트의 전략은 자유교육에 대한 재천명과 재해석을 제안하는 것이다. 그에 의하면, 교육과 교육과정은 지식(학문 분야) 그 자체의 구조에 기초해야만 한다. 자유교육은 정신을 발달시키기 위해 필요한 지식 그 자체의 범위에 의해 정의된다(DeNicola, 2015: 134). 그는 이것을 어떻게 정의하고 정당화할 수 있을까를 문제 삼는다. 경험론을 넘어서고 지식사회학적 관점도 넘어설 수 있는 지식론을 정립한다. 여기서 지식형식론을 정초하기에 이른다.

3. 허스트의 지식형식론

허스트는 자유교육 이념을 정초지우는 자신의 지식형식론을 정립한다. 여기서 그가 개념화한 지식과 정신, 지식과 명제, 지식형식의 유형, 지식형식의 특징을 중심으로 그의 지식형식론을 논의한다.

1) 지식과 정신

(1) 마음을 위한 지식의 중요성: 이성의 발달

인간의 마음(mind, 정신)은 인간의 본질이다. 마음의 발달에 지식은 매우 중요하다. "정신의 바로 그 본질 때문에, 지식의 성취는 정신을 만족시키고 충만하게 한다. 지식에 의해 정신은 정신 그 자체의 적절한 목적을 얻는다. 지식의 추구는 정신의 선의 추구이며, 그러므로 훌륭한 삶에서의 본질적 요소다"(Hirst, 1974: 30). 지식을 획득한다는 것은 선한 정신 그 자체를 획득하는 것일 뿐 아니라 훌륭한 삶의 수단이 된다. 인간의 정신은 지식에 의해 형성된다(Hirst, 1974: 30).

지식의 이성적 추구는 속박 받지 않는 정신의 발달을 보장한다. 허스트에 의하면, "마음의 가장 기본적인 측면에 있어서, 지식의 획득이 필수적으로 정신의 발달이라는 것이다. 즉, 인간의 합리적 정신의 발달이 수반된다는 것이다"(Hirst, 1974: 39). 지식은 이성적 정신을 구성하는 기본적 요소다. 이 지식이 이성을 성립시킨다. 인간의 마음(정신)의 작용으로서 이성은 특수한 방법으로 지식을 획득하는 능력이다. 지식에 의해, 이것에 따라, 정신의 발달이 일어난다. 이런 점에서, 지식은 인간의 이성적 정신의 산물이자 동시에 이것을 형성하는 기본 요소다.

(2) 지식과 실재 간의 관련성: 대응에 의한 진리 인식

허스트에게 지식은 무엇인가? 지식은 세계 내에 존재하는 객관적 실재에 대응하는 진명제이고 그것에 대한 앎이다. 허스트에 의하면, "정신이 객관적 실재에 대응함으로써 그 자신의 만족과 선을 얻을 때 지식은 획득된다"(Hirst, 1974: 33). 지식은 객관적이고 이미 존재하며 인간 밖에 존재하는 무엇이다.

허스트는 정신 발달은 객관적 실재에 상응하는 지식에 의한다는 희랍시대의 지식론에 동의한다. 그는 "이성을 올바르게 사용하면 정신은 사물의 근본적인 본질을 알게 되며, 무엇이 궁극적으로 실재적이며 불변적인지를 이해할 수 있다. 결과적으로 인간은 거짓의 현상과 의심스러운 의견과 신념들에 의해 더 이상 살아야 할 필요가 없다. 인간의 모든 경험, 삶과 사고는 궁극적 진리와 궁극적 실재에 대응하는 지식에 의해 형상과 전망을 부여받을 수 있다"(Hirst, 1974: 31-32)고 설명한다. 그에 의하면, 지식은 실재에 대응하는 것이며, 경험·삶·사고는 지식에 의해 확신과 전망을 부여받으며, 이 지식에 의해 인간의 삶은 올바른 방향으로 나아가게 된다.

(3) 이성과 경험(사고) 형식의 관련성: 세계를 보는 지적 안목의 획득

허스트는 인간의 이성(정신작용)이 개념적 구성과 관련된 기능임을 암시한다. 이성은 개념화를 통해 분절된 경험을 형성케 하는 주체적 작용인(作用因)이다. 허스트에게는 "합리적 정신을 갖는다는 것은 개념적 도식의 형식 아래 구조화된 경험을 가진다는 것을 내포한다"(Hirst, 1974: 39).

허스트에 의하면, 지식 획득은 인간의 (개념적) 언어를 통해 가능하다. 인간은 (개념적) 언어를 사용하여, 그리고 언어의 논리적 조작을 통해 ① 경험을 분해하고 예시하고 통합하며, ② 경험을 형성하고 그것을 구조화하며, ③ 경험을 조작하고, 주형하고, 명제로 진술한다(Hirst, 1974: 69-83).❻

---

❻ 허스트에게 있어서 "언어는 진화하며 발달하므로 지식의 형식도 유전한다. 그에 의하면, "언어는 우리의 삶의 형식과 관련되는 공적인 언어에 의한 개념적 도식의 발달의 문제다"(Hirst, 1974: 93).

허스트가 지식을 추구하는 것 그래서 구조화된 경험을 갖는 것을 강조하는 이유는, 이것을 통하여 세계를 보고 경험하는 지적 안목을 획득한다고 믿기 때문이다. "지식을 획득한다는 것은 아주 특수한 방식으로 구조화되고 조직되고 의미있게 만들어진 경험을 알게 되는 것이다. 지식을 획득한다는 것은 이전에 알지 못하던 방식으로 세계를 보고 경험하는 방법을 배우는 것이며 그리하여 더욱 완전한 의미에서 마음을 갖게 되는 것이다. …… 마음을 갖는다는 것은 기본적으로 여러 가지 개념적 계획을 통하여 형성된 경험을 갖는다는 것이다"(Hirst, 1974: 40).

허스트에 따르면, 이성의 발달은 공적인 인간경험의 형성이라는 것에 따라서 일어나며, 이것에 의해 지식이 획득된다. 허스트에게는 이성적 정신을 소유한다는 것은 분명히 "어떤 개념적 구조의 형태 아래 구성된 경험을 가진다는 것을 함축한다"(Hirst, 1974: 93). 그 결과 우리는 그 삶의 형태의 어떤 면과 관련해서 삶을 객관적으로 판단할 수 있다. 경험은 개념적 구조 안에 형성되고 그 구조는 객관성을 가지기 때문에 경험의 이해는 가능하다.

(4) 정신의 발달과 경험형식의 관련성: 지식형식의 실재

정신의 발달은 경험(사고)의 형식에 의해 개발된다. 허스트에게는 정신작용인 이성 개념은 범주와 관련된다. 그러나 그의 범주는 칸트(Kant)의 선험적 범주도 아니며, 플라톤의 이데아의 세계를 형성하는 원형적인 범주도 아니다(Hirst, 1974: 92 참조). 허스트가 의미하는 범주 개념은 '형식' 개념이다. 인간의 이성(정신작용)은 범주, 즉 형식을 이해하고 형성하는 것과 관련되는 능력이다(최선영, 1983: 63 참조).

지식의 형식은 다양한 인간생활의 경험의 형식을 기술하고 설명하는 것으로서, 인간경험의 방식과 이해방식을 독립적으로 분류한 것이다.

이런 점에서 지식의 형식은 경험의 형식이다. 허스트에 의하면, 인간경험을 이해하는 복잡한 형식으로서 지식의 형식이 실재한다.[7] 그 형식은 개념, 논리적 구조, 그리고 진리기준을 그 특성으로 가지는데, 각 지식의 형식은 그 형식 내의 개념이나 논리성이 서로 교환이 될 수 없는 특징을 가진다. 이런 개념화는 그의 지식형식론을 예비한다.

2) 지식과 명제

(1) 지식의 영역과 종류

지식을 규정하는 세계의 범위는 인간을 둘러싼 세계에 대한 것이다. 여기서 지식의 대상으로서의 세계란 인간, 사회, 자연, 예술, 종교, 수리 등을 포함한다. 지식의 영역은 세계에 대한 진명제의 영역이며(Hirst, 1974: 84), 참인 명제나 진술의 영역에 관한 것이다. 이 경우 지식의 목적은 진명제다.

주지하듯이, 지식에는 세 종류가 있다.[8] 명제적 지식, 방법적 지식,

---

[7] 허스트가 지식이라는 개념을 사용할 때 그것은 단순한 정보의 집적을 뜻하는 것은 아니다. 지식은 인간이 그들 자신과 세계를 보는 개념체계, 상징체계 또는 개념적 도식을 포함한다. 그는 희랍시대의 자유교육이 지니는 지식과 정신과의 "조화"를 인정하면서, 지식과 형이상학적 실재 간의 개념적 연관에 대한 논의 없이도 자유교육을 근거지우는 자신의 지식형식론을 구성한다. 한 마디로 인간 정신의 발달은 세계에 대한 이해방식(지식형식)과 평행하여 일어난다는 것을 승인하고 있다.

[8] 지식의 종류를 세 가지로 개념화하는 것은 라일(Ryle)의 지식론에서 발견된다. 우리가 무엇을 안다고 할 때, 명제의 참값을 알고, 사물을 어떻게 할 줄 알며, 또 그 사람 그 장소에 관해 안다는 것을 포함한다. ① 명제적 지식에 있어서 지식의 목적은 진명제이며, ② 과정적 지식에 있어서 지식의 목적은 실제적으로 실천적인 것이다. ③ 직접적 대상에 관한 지식의 목적은 사실이나 상황의 파악이다. 라일의 말로는 명제적 지식은 지식의 인지적 창고를 뜻하며, 과정적 지식은 기술의 조작과 관련되는 것으로 실천적 이행을 뜻한다(Ryle, 1970: 27-31).

친숙에 의한 지식이 그것이다. 일반적으로 우리가 무엇을 안다고 할 때 크게 세 가지로 그 지식의 종류를 분류할 수 있음을, 허스트도 인정한다 (Hirst, 1974: 154).

① 무엇이라는 것을 안다(know that): 명제적 지식 혹은 참의 진술로서 표현된 지식
② 방법을 안다(know how): '과정적' 지식
③ 직접적 대상에 관한 지식(knowledge - the direct object): 사람을 안다는 것과 같은 지식

허스트가 관심을 가지는 지식은 명제적 지식(propositional knowledge)이다. "내가 '지식'이라는 어휘를 사용할 경우 우리는 2+2=4가 된다, 혹은 물은 100℃에서 끓는다는 것을 안다고 말하는 정확한 기능을 뜻한다"(Hirst, 1974: 154). 허스트가 사용하는 지식 개념은 어떤 의식이나 현재 경험의 양상과는 관련되지 않는다. 또 장차 알게 될 경험이나, 보고 사고하는 양상의 지식이나, 그것들과의 친숙성에서 오는 지식과도 관련되지 않는다(Hirst, 1974: 153). 그의 지식의 정의는 주로 명제적 지식에 대한 것이다. 따라서 주관적이며 체험적인 앎, 예컨대 러셀(Russell)이 말하는 '친숙에 의한 지식'(knowledge by acquaintance)과는 대조된다. 허스트의 지식은 명제적 지식을 의미하는 것으로서, 지식의 영역은 진명제의 영역 내에 있다(정호표, 1987: 271).

(2) 지식의 가치

허스트는 주로 명제적 지식에 대해 언급하고 있으며, 방법적 지식과 친숙에 의해 획득되는 지식은 등한시한다. 허스트는 (피터스와 함께) 지

식의 가치에 대한 정당화 논의 가운데 지적이고 이론적인 지식이 방법적 지식보다 우선하며, 추상적인 지식이 실제적인 지식보다 더 가치가 있으므로 그것을 가르쳐야 한다고 주장한다(이병승, 1990: 73).

허스트는 지식은 그 자체 내에 본질적인 가치를 갖는 것으로 보았다.[9] 본질적 가치는 내재적 가치에 다름 아니다. 내재적 가치는 그 대상 사물 속에 붙박여 있는 가치를 말한다. 이는 어떤 대상이 다른 것의 수단이기 때문에가 아니라, 그 자체가 목적이기 때문에 가지게 되는 가치, 목적적 가치를 말한다.

지식은 그런 내재적 가치, 본질적 가치를 가진다. 그 지식은 내재적 가치를 가지기 때문에 그 자체를 알고 이해하고 계승해야 한다. 그래서 이것은 가르쳐야 하는 것이다. 허스트와 피터스의 접근법에 의하면 교육과정에 포함되는 이론적인 지식이란 내재적으로 가치있는 것으로 정당화되는 것이기 때문에 학습되고 익혀져야 할 무엇이다(이병승, 1990: 73).

3) 지식형식의 유형

앞서 밝힌 대로, 허스트의 지식 개념은 ① 진명제(true proposition. true statement)에 대한 것이며, ② 세상을 보거나 경험하는 방식(mode of knowledge and experience)에 대한 것이며, ③ 지식은 그 형식(form)에 차이가 있다는 것이다. 여기서 세 번째의 지식형식론이 그의 이론의 백미

---

[9] 데겐하르트(Degenhardt, 1994)에 따르면, 지식의 내재적 가치에 대한 이론이 몇 가지 있다. 직관주의자의 이론, 자연주의 정당화이론, 지식의 본질에 의거한 해답들, 종교적 해당 등이 그것인데, 허스트의 논리는 플라톤과 함께 지식의 본질에 의거한 입장에 서 있다고 분류하고 있다.

다. 그는 지식형식론을 정립하여 '자유교육론'을 재천명, 재구성하고
있다. 여기서 그의 지식형식론을 약술한다.

(1) 지식형식의 의미

허스트는 지식형식에 대해 다양한 분면에서 정의한다. 먼저, 지식형
식은 바로 참인 명제의 체계다. 지식의 형식들은 개념들로 구성된 명제
들이며, 그 개념들은 지식형식 내에서 체계를 형성하며 개념체계를 성
립시킨다. 지식형식은 진으로 판명된 명제들의 분류체계다(Hirst, 1974:
84). 지식의 형식들이 진 명제의 분류에 의하여 구분되며, 명제는 그러
한 명제 속에 적용된 '개념'들의 특징에 의하여 구분된다(김대현, 1992:
17-18).

허스트에게 지식형식은 인간이 성취해 온 경험을 이해하는 복잡한
방식으로 정의된다(Hirst, 1974: 38). 그는 인간의 경험의 어떤 명백한 특
징에 따라 지식의 형식이 구성된다고 간주한다. 그 분류는 경험을 이해
하는 다양한 양식의 구분들로 볼 수 있다.

허스트에게 지식형식은 공적 상징을 사용하여 인간의 경험을 구조화
하는 특정한 방식이다(Hirst, 1974: 44). 지식의 형식이란 인간의 경험이
공인된 상징체계를 중심으로 구조화되어 명제의 형식으로 진술된다.

> "지식의 형식이란 수용된 공적인 상징들을 중심으로 우리의 경험이 조직
> 되는 뚜렷한 방식을 의미한다. 상징들은 공적인 의미를 지니기 때문에, 상징
> 들의 사용이 경험에 비추어 어긋나는지를 어떤 방식으로 검증될 수 있고, 그
> 래서 일련의 검증된 상징적 표현이 점진적으로 발달하게 된다. 이런 방식으
> 로 경험은 상징들의 사용을 확장하고 정교화함으로써 더욱더 세밀하게 검증
> 되어지며, 이것에 의해 개인의 사적인 경험이 보다 완전하게 구조화 되고 보
> 다 완전하게 이해되는 것이 가능하게 된다"(Hirst, 1974: 44).

허스트에게 지식형식은 인간경험의 개념적 분절이다. "지식형식은 경험 자체가 인간에게 이해될 수 있게 하는 기본적 분절이며, 그 지식의 형식은 정신의 근본적 성취다"(Hirst, 1974: 40). 동시에 그 지식형식은 객관적 판단의 형식이며 담론의 형식이기도 하다(Hirst, 1974: 95).

지식형식은 분화되고 창조되는 것이다. 인간은 처음에는 아주 조잡하고 미분화된 개념구조에 의해 세계를 막연하게 파악할 수밖에 없었다. 그러나 차츰 상이한 측면을 파악하는 상이한 언어 또는 개념과 방법이 발전되고 그것이 체계화됨으로써 오늘날의 인간은 고도로 분화된 사고의 형식 또는 지식의 형식을 가지게 된 것이다.❿ 이와 같이 지식의 형식이란 인간의 경험이 공인된 상징체계를 중심으로 구조화된 것임을 의미한다.

(2) 지식형식의 분류준거

허스트에게 지식의 영역은 근본적으로 뚜렷하고 환원할 수 없는 수많은 범주(category)로 구성되어 있다. 지식은 인간의 공적 전통에 따라 몇 가지 개념체계 또는 분화된 학문의 형식으로 구분된다. 이를테면 지식의 형식은 여러 가지 요소로 인해 서로 구별되는 바, 그 지식은 그 형식에 있어서 차이가 있다. 지식형식 간의 차이점을 발견할 수 있게 하는 세 가지 요소는 명제가 사용되는 개념, 논리적 구조, 그리고 명제가 사정될 수 있는 진리준거다(Hirst, 1974: 85). 허스트는 지식형식의 분류준거를 다음과 같이 자세하게 설명한다(Hirst, 1974: 44).

---

❿ 그것이 학문(discipline)을 성립시키고 학문체계를 구성하게 되었다. 그 학문체계는 비교적 안정화되어 왔다. 지적 전통으로서 그 구조를 깨면 혼란이 온다고 보고 있다.

① 각 지식의 형식은 그 형식의 성격에 독특한 어떤 중심개념을 내포하고 있다. 예컨대, 중력·가속도·수소·광합성은 경험과학의 특징적인 개념이고, 수·적분·행렬은 수학의 개념이며, 신·죄·예정설은 종교의 개념이며, 의무·선과 악은 도덕적 지식의 중심개념이다.

② 어떤 하나의 주어진 지식의 형식 내에는, (매우 복잡한 방식이지만) 어떤 경험의 양상을 나타내는 각각의 개념들은 경험이 이해될 수 있는 가능한 관계의 망(조직)을 형성한다. 그 결과로, 그 형식은 하나의 명확한 논리적 구조를 가진다. 예컨대, 역학의 용어와 진술들은 어떤 엄격하게 제한된 방식으로 의미있게 관련될 수 있으며, 역사적 설명에 있어서도 이와 마찬가지다.

③ 각 형식의 독특한 용어와 논리에 의하여, 각각의 형식은 비록 간접적이라 하더라도 이런저런 방식으로 경험을 증명할 수 있는 표현이나 진술방식을 가진다. ······(중략)······ 각 형식은 그 형식에 독특한 특수한 준거에 따라 경험을 검증할 수 있는 명백한 표현방식을 가진다.

④ 각 형식들은 경험을 탐구하고 그 형식의 분명한 표현을 검증하기 위한 특수한 기법과 기술을 개발해 왔다. 예컨대, 과학과 문예의 기법을 들 수 있다. 그 결과 우리가 지금 가지고 있는 예술과 과학에서 가지고 있는 상징적으로 표현된 모든 지식을 축적해 왔다.

앞에서 보는 것처럼, 지식형식의 분류기준으로서 '논리적으로 필수적인 요소'(logically necessary features)가 있다. 이를테면 ① 지식의 형식마다 독특한 개념이 있다, ② 지식은 독특한 논리적 개념적 구조가 있다, ③ 지식의 진리검증방법에서 독특하게 차이가 있다, ④ 지식은 탐구하는 독특한 기술이 있다는 것이다. 허스트는 나중에 ④의 준거를 생략하고 세 가지만 채용하였다. 허스트는 이 세 가지 요소에 근거하여 지식을 분류함으로써 지식형식의 특징에 대한 논의를 전개하였다.

(3) 지식형식의 분류

허스트는 자신이 설정한 3~4가지 준거에 의거하여 지식형식을 분류하였다. 자신이 제시한 7~8개의 지식형식에 대한 논의에서, 자신의 설명의 부적절성을 인정하고 논쟁의 여지가 많은 지식형식에 대한 수정 논의를 전개해 왔다. 연대별로 관점의 전환을 보이고 있는데, 이를 약술한다.

● 1965년 분류

허스트는 "자유교육과 지식의 본질"에서 그는 상기한 네 가지 준거에 의거하여 지식형식을 여덟 가지로 분류하였다. 물론 상기한 네 가지 준거에 의하여 학문을 구분짓는 경계선은 현재 우리가 알고 있는 지식의 전체를 구별 지을 만큼 명확하지도 충분하지도 않다는 것을 분명히 하고 있다(김대현, 1992: 21).

- 수학
- 자연과학
- 인문과학
- 역사
- 종교
- 문학과 예술
- 철학

- 도덕적 지식

● 1970년 분류

1970년에 출판한 저서에서 허스트는 일곱 가지로 지식형식을 분류하였다. 여기서 그는 인간의 지식 전체를 제한된 수의 형식들로 구별하는 방법에 관해 궁극적이고 만족스러운 사색을 하기는 어렵다는 점을 인정하고 있다(Degenhardt, 1994: 86). 피터스와 함께 쓴 『교육의 논리(The Logic of Education)』(1970: 63-64)에서 수정 제시한 지식형식의 목록은 다음과 같다(Degenhardt, 1994: 86-88).

- 형식논리학과 수학: 진리는 일반적이고 추상적인 종류의 관계들을 구별하는 개념들을 포함한다. 여기에서 공리체계 안에서 추론할 수 있는 가능성은 진리의 특수한 증거다.
- 자연과학: 이러한 학문들은 감각에 의거한 관찰이란 증거에 의한 최종분석에서 지지되거나 거부되는 진리에 관심을 기울인다.
- 우리 자신과 타인의 마음에 관한 지각과 이해(인문과학): 비록 우리가 다른 사람들의 정신적인 상태에 관해 어떻게 판단을 내릴 수 있는 것인지는 결코 분명하지 않지만, 분명히 그것은 물리과학에서처럼 단순한 관찰의 문제가 아니다. 이러한 이해의 형식은 대인관계뿐만 아니라 역사학, 심리학, 그리고 사회학에서 명백하게 존재하는 것이다.
- 도덕적 판단과 자각: 비록 도덕적인 판단의 객관성은 논란의 여지가 있는 것이지만, 이것은 '마땅히 해야 한다', '그른', 그리고 '책임'과 같은 개념들로 표현되는 확연하게 구분되는 지식의 형식이다.
- 객관적인 미적 경험의 양식: 이것은 언어뿐만 아니라 어조, 모양,

그리고 색깔과 같은 다른 상징적인 표현의 형식들을 포함한다.
- 종교적 주장: 이것은 다른 종류의 판단처럼 분명하지 않다. 그래서 그것의 객관적인 근거가 있는지의 여부에 관해 활발하게 논의하고 있다.
- 철학적 이해: 이것은 '이차적인(second order)' 개념들을 포함하고 있다. 철학은 다른 지식의 형식들에 관한 합리적인 근거들을 이해하고자 하는 지식의 형식이다.

● 1974년 분류

허스트는 "지식형식의 재고찰"(1974)에서 지식의 형식을 다음과 같이 재분류했다.

- 형식논리학과 수학
- 자연과학
- 우리 자신과 타인의 마음상태에 관한 지식
- 도덕적 지식
- 문학과 예술
- 종교
- 철학

1974년 논문의 내용에 나타난 분류형태는 1970년의 주장과 별로 다르지 않다. 다만 문학과 예술, 종교, 도덕적 지식이 각기 개별적인 지식형식의 하나라는 점을 새삼 강조하고, 사회과학과 역사 대신에 '우리 자신과 타인의 마음상태에 관한 지식'이 추가된 근거를 제시하고 있다(김대현, 1992: 23). "허스트에 의하면 사회과학과 역사는 관찰 가능한 현상을 물리적 인과관계로 설명할 뿐 아니라, 의도, 의지, 희망, 신념 등 정신적(mental) 상태를 나타내는 개념에 의거하여 인간의 행위를 설명하려 하기 때문에 하나의 단일한 지식형식으로 보기 어렵다는 것이다. 따라서 사회과학과 역사를 지식형식의 목록에서 삭제하고 물리적 세계의 진리와 관련된 또 하나의 지식형식으로서 우리 자신과 타인의 마음상태에 관한 지식이라는 형식이 있다고 주장했다"(김대현, 1992: 23).

물론 지식의 형식은 고정된 것이 아니라 변화 발전하며, 그 맥락에서 새로운 것이 추가될 수 있다. 모든 것이 변화의 맥락 내에 존재하는 한 변하지 않는 형식이란 없다. "쿤(Kuhn)은 과학의 지식에 있어서 새로운 패러다임은 생겨나고 그것이 새로운 지식이 되려면 과학의 공동사회에서 논쟁되고 동의되어야 한다고 '과학혁명의 구조'에서 밝히고 있다"(최선영, 1983: 63-64). 쿤은 과학지식이 변화하는 것처럼 형식도 변화하며 또 새로운 형식이 생겨난다고 설명한다. 이런 쿤의 인식에 버금가는 방식으로, 허스트 자신도 지식의 형식이 결코 절대적이거나 영원하지 않다는 것을 인정하고 있다. 어떤 형식의 지식이든 영원히 지속되는 것은 없으며, 형식은 항상 변하고 또 새로운 형식은 창조된다(최선영, 1983: 71).

(4) 도덕 · 종교 · 예술의 지식형식성

허스트는 1974년에 발표한 논문 "지식형식의 재고찰"에서 도덕, 종교, 예술의 지식형식에 대한 개진된 의견을 제시했다(Hirst, 1974: 88-90). 여기서 허스트는 이 세 학문(discipline)이 각각 하나의 지식형식임을 분명히 하고자 했다. 물론 이들 학문이 하나의 지식형식을 구성하는가의 문제도 자신이 제시한 세 가지 준거, 즉 중심개념, 논리적 구조, 진리검증방법의 준거를 가지느냐의 여부에 달려 있다(Hirst, 1974: 87).

허스트는 도덕을 하나의 지식형식으로 인정한다. 도덕은 하나의 지식의 분야이고(Hirst, 1974: 46), "도덕적 지식은 인간이 실제적인 사태에서 무엇을 해야 하는가의 도리에 관한 문제에 답하는데 관련된 하나의 명백한 지식형식이다"(Hirst, 1974: 46). 도덕적 지식은 예컨대, 당위, 선, 악 등의 핵심개념을 가지고 있는 하나의 지식의 형식이다. 허스트는 도덕적 진술이 명제적 진술이며, 비록 객관적 판단과 공적 합의와 그 합의를 위한 진리준거를 명확하지는 않지만 갖추고 있음을 논증한다.

> "(도덕적 개념은) 의도, 의지, 희망 등의 견지에서 인간행위의 설명과 관계된 것으로 평가될 수 있으므로, 자연과학의 개념, 논리적 구조, 명제의 권리준거와는 다르고 그것들로 환원될 수 없으므로 하나의 지식의 형식이라 할 수 있다"(Hirst, 1974: 88).

도덕적 지식은 상호간에 복잡한 관련을 맺고 또 특유한 구조를 창조하는 다른 종류의 개념과 관련된다(Hirst, 1974: 90). "도덕적 지식의 명제는 자연세계의 특징을 나타내는 개념을 사용하고, 도덕적 논의는 과학적 논의가 사용하는 동일한 연역적 논리를 사용한다"(Hirst, 1974: 89). 요컨대 도덕적 판단의 객관성에는 논란의 여지가 있지만 독특한 개념과 논리, 검증방법을 가진 하나의 지식의 형식이다.

허스트는 종교를 하나의 지식형식으로 인정한다. 그는 종교를 지식의 독특한 전형을 제공하는 인지적인 영역으로 생각한다. 그는 종교적 지식의 형식이 있을 수 있는가에 대해 고민하며, 종교적 신념이 논리적으로 독특한 영역을 차지하는가에 대해 의심한다(Hirst, 1974: 88). 그에 의하면, 종교는 신·죄·예정 등의 핵심적 개념을 가지고 있고, 독특한 진리검증의 방법을 가진 하나의 명제체계다(Hirst, 1974: 88).

"종교가 인지적인 것인 한, 종교의 명제는 하나 혹은 그 이상의 다른 지식의 형식으로 전적으로 환원될 수 없는 것으로 이해되어야 하며, 적어도 부분적으로 독특한 지식의 한 형식 그 자체로서 이해되어야 한다. 환원불가능하고 독특한 명제적 의미의 형식에 대한 주장은 적어도 이러한 종류의 명제가 참임이 알려지는 것을 필요로 한다. 그렇다면 독특한 지식의 형식이 있다면 독특한 의미의 형식이 있을 수 있다"(Hirst, 1974: 89).

허스트에 의하면, 종교가 인지적인 것이라고 주장할 수 있으며, 따라서 그것은 독특한 지식의 한 형식에 속해 있으며, 그 명제적 의미의 독특한 형식은 환원될 수 없으므로 종교는 하나의 독자적인 형식이라고 본다.

허스트는 예술도 지식형식의 세 가지 조건을 만족하는 하나의 지식형식으로 인정한다. 허스트는 이렇게 말한다. "예술이 하나의 지식의 형식으로 정당화되느냐의 여부는 예술작품 그 자체가 관련된 객관적 검증의 준거를 가진 명제의 특징과 필적하는 특징을 가지느냐의 여부에 달려있다"(Hirst, 1974: 87). 그에 의하면, 예술도 과학이나 수학에서처럼 합리적이고 인지적인 지식으로 인정된다. 예술에 있어서의 지식은 과학이나 수학과 같이 명료하고 정확하지는 않지만, 예술이 지니는 독자적인 진리준거는 불가피하다고 생각한다. 그는 예술작품 그 자체를 진리의 진술과 같은 것이라고 본다(Hirst, 1974: 87).

허스트는 예술은 언어라고 본다(Hirst, 1974: 52). 예술작품은 상징적으로 표현되며, 그 자체가 어떤 의미를 나타낸다. "우리가 회화나 시, 오페라, 조각, 소설, 무용 등의 예술에 대하여 논의하는 경우, 관찰할 수 있는 예술의 특징은 상징으로 나타나고 의미를 가진다는 것이다. 또 그 특징은 과학적 진술을 할 때 사용하는 언어나 문장처럼 예술적 진술을 나타내거나 진위를 판단할 수 있도록 나타난다. 그것은 마치 일상생활에서 경험을 진술할 때 사용하는 언어의 형태처럼 공적인 평가를 받기 위해서 표현되고 있다는 것이다"(Hirst, 1974: 152). 예술비평에 대한 언어들은 예술의 명제적 진술에 바탕을 둔 것이다. 여기서 그는 예술작품의 특수성에 의해 전통적으로 사용하던 '명제'라는 단어 대신에 '진술'이라는 어휘를 사용한다(Hirst, 1974: 53). "예술적 진술은 과학적 진술 혹은 수학적 진술이나, 역사적 진술 혹은 도덕적 진술과 평행한다"(Hirst, 1974: 153). 허스트에게는 예술작품은 다른 방법으로는 의사소통할 수 없는 예술적 진술을 (진리검증방법으로) 가지는 것이다. 이런 점에서 예술적 지식은 다른 지식의 형태의 기초일 수 있는 하나의 지식형식이다(Hirst, 1974: 153).

4) 지식형식의 특징

(1) 환원불가능성

허스트는 7가지 지식형식과 관련하여 상호간의 환원불가능성(irreducibility)을 주장한다. 앞서 언급한 바와 같이, 지식의 형식은 수용된 공적인 상징들을 중심으로 인간의 경험이 조직되는 뚜렷한 방식을 의미한다. 이 경험이 명제와 진술의 형식으로 분지(分枝)해서 발달하여 각각의 지식형식을 구성한다. 허스트는 논리적 특성에 있어서 상이한 여러 지식형식으로 구별될 수 있으며, 이것이 상호 환원불가능하다는 것을 다음과 같이 말한다.

> "인간의 지식의 영역은 논리적으로 뚜렷한 많은 '형식'으로 분화되어 있는 것으로 보일 수 있다는 것이었으며, 그러한 형식 중 어떤 형식도 특성상 단순히 혹은 서로 결합해서 어떤 다른 형식으로 환원될 수 없다는 것이었다. 이러한 상호 환원불가능성의 속성을 설명하기 위해, 나는 가끔 논리적으로

'뚜렷한(distinct)', '자율적인(autonomous)', '독립적인(independent)', '독특한(unique)', '기본적인(fundamental)' 등의 용어를 사용해 왔으며, 지식 내에서의 '범주적 구분(categorial divisions)에 관해 언급해 왔다"(Hirst, 1974: 84).

앞서 논의한 7개의 지식형식은 각각의 개념적 성질, 즉 중심개념, 논리적 구조, 진리검증방법이라는 세 가지 준거에 따라 구분된 것이다. 인간의 지식영역은 논리적으로 뚜렷한 많은 형식으로 분화되어 있으며(Hirst, 1974: 84), 그러한 형식 중 어떤 형식은 특성상 다른 형식으로 환원될 수 없다는 특징을 가지고 있다(Hirst, 1974: 25-26).

(2) 상호연관성

한편 허스트에게는 각 지식의 형식이 개념이나 논리적 규칙을 공유하지 않으면서 각각이 상호 독립적이지만, 그 지식형식은 상호 연관되어 있다는 것을 주목한다(Hirst, 1974: 89). 지식형식 간의 상호연관성에 대한 그의 견해는 그의 관점의 변화와 더불어 구체화되었다. 먼저 "자유교육과 지식의 본질"(1965)에서 '지식의 형식' 이외에 '지식의 영역'(fields of knowledge)으로도 분류될 수 있음을 말하고 있다. 크게 자연과학, 인문과학, 사회과학으로 나눌 수 있는데, 이 하나의 지식형식은 다시 하위영역으로 나눌 수 있다. 예컨대, 자연과학의 지식형식을 물리학, 화학, 생물학 등으로 구분할 수 있다. 또 어떤 하나의 지식형식에 속하는 하위 형식들의 통합도 가능하다. 예를 들어 개념과 진리준거가 동일한 여러 학문(sciences), 즉 물리학, 화학, 생물학 등은 자연과학이라는 지식형식 내에서 통합성(unification 혹은 integration)을 이룬다(Hirst, 1974: 137).

그의 저서 『교육의 논리(The Logic of Education)』(1970)에서는 개별 지식형식의 고유성과 함께 지식형식 간의 상호연관성이 본격적으로 논의되고 있다. 예컨대 물리적 세계에 대한 우리의 이해는 수학적 지식에 많이 의존하며, 어떤 종교적 주장은 역사적 진리를 전제로 하고, 또 다른 종교적 지식은 도덕적 이해를 필요로 한다는 등의 논의를 전개하고 있다. "지식형식의 재고찰"(1974)에서 그는 "지식형식 간의 논리적 위계성에 관한 견해를 소개한 다음 자신의 견해를 개진하고 있다. 허스트는 지식형식 간에 존재하는 논리적 위계성, 예컨대 논리 수학적 지식은 자연과학 지식의 전제가 되고, 또한 자연과학적 지식은 다시 인간에 대한 지식의 전제가 되며, 이러한 위계성은 계속 도덕, 종교, 예술, 철학적 지식의 순으로 확대할 수 있을 것이라고 한다. 물론 지식형식 간의 논리적 위계성의 주장은 아직 하나의 가정일 뿐이며, 상기한 몇 가지 사실을 제외한 지식형식 간의 상호연관성은 아직 분명치 않음을 말하고 있다(김대현, 1992: 29-30).

(3) 객관성과 이해가능성

허스트는 지식형식의 분류방식에 대한 자신의 제안이 자의적이거나 임의적인 것이 아니며 또한 계급 이데올로기에 의해 착색된 것은 더욱 아니라는 점을 입증하기 위해 노력했다(김대현, 1992: 24). 여기서 지식 및 지식형식의 객관성과 이해가능성이 쟁점으로 떠오른다.

허스트에 의하면, 명제의 객관화와 지식의 객관성은 경험을 검증하는 공적인 준거에 의해 가능하며, 이해가능성은 용어 사용에 대한 공인된 준거가 인지되기 때문에 가능하다.

"같은 방식으로 상징들을 사용하는 방법을 학습함으로써 동일한 개념적 도식을 공유하는 공통적인 방식으로, 인간은 외적 세계와 그들 자신의 개인적인 마음의 상태를 이해할 수 있게 된다. 결코 준거가 명백하게 표현되지는 않는다 하더라도, 용어 사용에 대한 공인된 준거가 인지되기 때문에 이해의 객관화가 가능한 것이다. 게다가 경험에서 도출된 상징들은 후속하는 경험들을 검증하는데 사용될 수 있으므로, 어떤 주장의 진위 여부와 타당성 여부를 검증할 수 있는 것이다"(Hirst, 1974: 39-40).

허스트에 의하면, 경험으로부터 유래한 상징, 즉 개념은 계속적으로 경험을 검토하고 진위에 대한 검증을 가능하게 만들고, 경험의 재구성과 객관화를 성립시킨다. "물론 개념의 共有만으로는 우리가 뜻하는 客觀性이 충분한 것이 아니다. 이들 개념과 관련해서 경험되고, 인식되고, 이해될 것을 요구하는 객관적 檢討가 있어야 한다"(Hirst & Peters, 1990: 140-141). 이 경우, 지식(경험)의 객관성은 공적인 언어와 공적인 준거와 절차에 의해서 이루어진다. 허스트에 의하면 "상징들은 공적인 의미를 지니기 때문에, 상징의 사용이 경험에 비추어 어긋나는지를 어떤 방식으로 검증할 수 있고, 그래서 일련의 검증된 상징적 표현이 점진적으로 발달하게 된다. 이런 방식으로 경험은 상징들의 사용을 확장하고 정교화 함으로써 더욱더 세밀하게 검증되어지며, 이것에 의해 개인의 사적인 경험이 보다 완전하게 구조화되고 보다 완전하게 이해되는 것이 가능하다"(Hirst, 1974: 44). 여기서 상징은 언어를 의미하며 개념을 지칭한다. 인간은 처음에는 아주 조잡하고 미분화된 개념구조에 의해 세계를 막연하게 파악하지만, 언어와 개념을 체계화함으로써 분화된 사고의 형식과 개념구조를 가지게 된다(Peters, 1969: 62).

피터스(1970)에 의하면, 의식의 대상은 공적인 세계 안에 있는 대상이며, 그 대상은 개인이 입문되는 공적 언어에 의하여 서로 분간되며 분화된다. 언어를 배우는 것과 시공간에 있는 대상을 발견하는 것은 동시에 진행되는 과정이다(Peters, 1970: 63). 인간은 공적인 언어, 상징, 개념을 가지고 체계화함으로써 경험의 객관화와 지식의 객관화가 가능하다. 피터스의 말을 빌려 "공적 전통에 대한 공적인 절차"(Peters, 1970: 64 참조)를 통해 가능하다. 요컨대 인간은 공적인 준거라는 보편적인 방법에 의해 자기 자신과 외부 세계를 이해한다. 인간은 공적인 준거를 (상징을) 배움으로써 개념체계를 동일하게 이해할 수 있는 것이며, 명제의 진리값을 동일하게 검증할 수 있다.

허스트에 의하면, "인간이 지식의 전 영역을 가질 수 있는 것은 검증을 사용함에 의해서다. 상징적인 표현을 공식화하고 검증하는 것이 인간으로 하여금 더욱 복잡한 관계와 더욱 세련된 변별을 위해 그의 경험을 면밀히 검토하게 만든다. 이런 상징적 표현의 공식화와 검증이 인간이 개발해 온 상징적 체계 속에서 공적인 공유를 위해 고정되고 지지된다"(Hirst, 1974: 40). 그에 의하면, 지식형식의 객관성과 이해가능성은 변화의 상황내에 존재하여 맥락에 따라 규정되며 사회적이며 역사적 진화의 산물이다. 허스트에게는 이성 자체가 진화하는 실체다. 이성은 (궁극적인 실재와 불변성이라는 이성의 고전적 개념에 반해서) 변화의 맥락 안에 있으며 또 변화의 산물이다. 이 점에서 선험을 주장하는 칸트와 다르다. "인간의 감각장치와 마찬가지로, 언어발달에 대한 인간의 능력은 하나의 진화론적 산물이다. 이와 유사하게, 물리적이건 사회적이건 인간이 생존하는 환경은 변화의 산물이다. 비록 각각 다른 요소들에 대한 변화의 시간의 범위는 매우 다양하지만, 모든 것은 유전(流轉)을 계속한다. 이성의 개념이나 이해가능성, 객관성이라는 개념조차도 이러한 상황 내에 존재한다"(Hirst, 1974: 93). 허스트에게 지식은 상징과 언어에 의해 개념화되고, 공유되고, 공적으론 합의되고, 공적 절차에 의해 검증된다. 그래서 지식은 상호주관적이며, 상호주관적인 만큼 그것은 객관성을 담보하며, 객관성을 담보하는 만큼 이해가능성을 보증한다.

4. 허스트의 자유교육론

이제, 이 장에서 허스트의 자유교육론을 논의한다. 그가 자유교육을 어떻게 정의하고 정당화하는가, 자유교육을 어떻게 설계하고 실행해야 하는가에 대한 논의를 중심으로 논의한다.

1) 자유교육의 정의와 지향

전통적으로 교육사·교육철학에서 자유교육은 교육의 이상적인 형태 혹은 본질적인 양식으로 이해해 왔다. 자유교육의 기원과 의미가 매우 다양하기 때문에 그 개념을 명확하게 정의하는 것은 어려운 문제다. 이런 지형에서 허스트는 자유교육을 어떻게 개념화하고 있는가?

교육과 자유교육을 정의할 때, 소극적인 방식으로 규정하는 피터스와는 달리, 허스트는 이를 약정적으로 구별하고 적극적으로 정의하고자 한다. 허스트에게 자유교육은 어떤 수준에서든 교육의 논의에서 중심을 이루는 핵심 개념이다. 그것은 지식 그 자체의 본질에 기초한 교육이며, 그렇기 때문에 그는 그것에 대해 적극적으로 개념화 하고자 한다 (Hirst, 1974: 30).

허스트는 지식의 형식에로 입문시키는 것을 교육으로 보며, 이것을 자유교육이라고 부른다. 그에게는 자유교육이 실제적인 의미에서 궁극적인 교육의 형식이다. 그것은 자유교육이 지식 자체에 기반을 두는 교육원리를 담보하기 때문이다. 자유교육은 지식 그 자체에 의해 범위와 내용이 결정되며, 정신의 발달에 목적을 둔다. 물론 자유교육을 예컨대 전문교육이나 체육교육, 성격 훈련과 의도적으로 구분한다(Hirst, 1974: 51). 허스트는 다음과 같이 자유교육을 정의한다.

> "자유교육은 많은 다른 방식으로 경험의 이해를 획득하는 것이다. 이 말은 자유교육이 비판적 훈련과 학문(discipline)을 통해 사실뿐만 아니라 복잡한 개념적 체계와 다른 형태의 추론과 판단의 기술과 기법을 획득하는 것을 의미한다"(Hirst, 1974: 47).

허스트의 관점에서 자유교육의 목적은 합리적 마음을 발달시키는 것 혹은 합리성을 계발하는 것이고, 이를 통해 좋은 삶(good life)을 향유케 하는 것이다. 이 목적은 지식의 형식에 입문시킴으로써 가능하다.

> "자유교육은 어떤 지식의 형식을 자유로이 취하든, 합리적인 지식 내에서 마음의 발달과 직접적으로 관련되는 교육이다. 자유교육이 지식에서 그 마음 자신의 선을 획득하도록 마음을 자유롭게 하는 것이라는 기능의 원리에 따른다는 점에서, 본래의 개념과 유사하다. 각각의 경우에 자유교육은 합리적인 지식의 본질에 의해 필수적으로 부과되는 한계 이상의 것을 알게 하는 하나의 교육의 형식이며, 그 교육 자체에 의해 모든 인간사를 최종적으로 해결하는 최고의 법정을 인간 내부에 개발시키는 식의 교육이다"(Hirst, 1974: 42-43).

이 진술에서 보듯이, 지식의 형식에 입문함으로써 개념과 논리적 구조와 진리검증준거에 충분하게 입문시키고, 그것을 바탕으로 다른 학문분야에 걸쳐 개념과 진리검증준거를 일반화 할 수 있게 하는 것이다. 이를 통해 세계를 이해하는 지적 안목을 형성하는 것이 자유교육의 목적이다.

자유교육의 지향은 지식의 형식에 입문함으로써 여러 학문영역에 걸쳐 자유롭게 사고할 수 있는 자유인을 키우는 것이다. 구체적으로는 대상세계를 이해할 수 있는 지적 안목을 키우는 것이다. 한 분야에 특수한 전문가를 키우는 것이 아님은 물론이다. 그는 자유교육의 지향에 대해 다음과 같이 말한다.

> "자유교육을 통해 추구하는 바는, 첫째 어떤 사람이 특수한 경우에 개념이나 논리, 준거를 추구함으로써 학문이 '작용하는'(work) 명확한 방식을 알게 해주는 그 학문의 개념과 논리와 준거에 충분하게 몰입시키는 것이며, 둘째, 그의 경험이 이러한 명확한 방식으로 넓게 구조화되도록 학문의 전 범위에 걸쳐 개념과 논리와 준거를 충분하게 일반화할 수 있도록 하는 데 있다. 사물을 어떤 방식으로 볼 수 있게 하는 것이 바로 자유교육이 목표하는 바이며, 실제로 식별될 수 있는 모든 특수한 세목을 이해(해결)하는 능력은 아니다"(Hirst, 1974: 42-43).

허스트는 자유교육의 성과(outcome)에 대해 ① 경험을 이해하는 일련의 사려 깊은 방식을 획득하고, ② 다양한 분야에 대한 명료하고 세련된 경험의 분화의 성장을 산출하는 것으로 이해한다(Hirst, 1974: 52).

2) 자유교육의 정당화

허스트는 '지식 그 자체의 본질'에 근거하여 자유교육을 적극적으로 개념화하고 이를 정당화한다. 허스트에 의하면, 자유교육은 이제 희랍시대의 형이상학적 인식론에 의거하지 않고 지식의 본질에 대한 인식에서 정당화되어야 한다.

> "만약 자유교육이 묘사하는 교육이 자유교육의 존재이유의 일부가 되는

궁극적인 의의를 갖는 것이라면, 자유교육 개념에 대한 정당화는 매우 본질적인 것이다. 그러나 이제는 이 정당화는 지식의 본질에 관해 이미 언급해 온 내용에서 도출되어야 하며, 지식과 실재 간의 관련성에 대한 형이상학적 학설에 더 이상 의지해서는 안 된다"(Hirst, 1965: 41).

허스트에 있어서 자유교육은 실재에 대한 형이상학적 이론 없이도 정당화된다. 신득렬(1983)의 언표처럼, 교양교육은 자기정당화(self-justifying)되는 것이다. "자유교육은 합리적인 지식 안에서 정신을 개발하는 교육이다. ……(중략)…… 그리하여 그에게 있어 자유교육은 사회적으로 바람직하다고 생각되기 때문에 정당화되는 것이 아니라 지식의 형식 그 자체에 의해 정당화되는 것이다"(신득렬, 1983: 243). 이와 같이 어떤 지식형식이든지 간에 합리적 지식 안에서 정신을 개발하는 것이 자유교육이며, 그것은 그 자체로서 정당한 것으로 승인된다.

허스트에 의하면, 자유교육은 그 자체로 정당화된다. 왜냐하면 자유교육 자체가 교육과 지식의 공적 준거를 만족시키고 따라서 객관성과 이해가능성을 담보하기 때문에, 자유교육이 오류와 환상으로부터 마음을 자유롭게 하기 때문에, 지식형식의 추구가 '좋은 삶'을 이끌기 때문에, 여러 가지 지식형식의 입문이 도덕적 이해와 도덕적 삶을 이끌기 때문이다.

"자유교육의 개념은 형이상학적 실재론의 지원을 받지 않고서도 본래의 자유교육과 같은 객관성을 가진다. 왜냐하면 진위, 선악, 정사를 구별하는데 공적인 준거가 있어야 한다는 것은 그 자체로서 지식의 필수적인 특징이 되기 때문이다. 바로 이러한 공적인 준거가 존재한다는 것이 지식에 객관성을 부여하고 이것이 그 다음에는 자유교육의 개념에 객관성을 부여한다. 이와 평행하는 또 다른 정당화의 형식이 문제로 남아 있다. 자유교육의 개념은 오류와 환상으로부터 마음을 자유롭게 하는 교육의 개념으로서의 라벨을 계속

보장한다. 더 나아가, 좋은 삶(good life)은 그 자체가 하나의 특수한 합리적 지식의 형식의 추구에 의해 결정된다고 간주될 때, 합리적 지식의 형식의 추구라는 이유가 제공됨으로써 남아 있는 문제가 정당화되는 것이며, 이것이 자유교육의 하나의 필수적인 부분으로 보인다. 그리고 모든 다른 형식의 지식이 그들 나름대로 도덕적 이해에 기여한다고 할 때, 하나의 전체로서의 그 개념은 도덕적 삶을 위한 지식의 중요성의 의미에서 한번 더 정당화를 부여받는다"(Hirst, 1974: 43).

한편, 허스트는 피터스와 마찬가지로 선험적 논의**⓫**에 의하여 지식의 가치, 지식형식의 가치를 논의함으로써 자유교육을 정당화한다. 그는 선험적 논의 방식에 의존하여 '합리성을 추구하는 것이 어찌하여 가치로운가'를 정당화한다. 그에 의하면, '어떤 활동 형식의 정당화를 요청한다는 것은 사실상 그 사람이 이미 합리적 지식을 추구하는데 헌신하고 있는 경우에만 의미를 갖는다. 그러므로 합리적 지식 추구 그 자체를 정당화하라는 요청은 그가 정당화하려는 것에 어떤 형태이든 간에 헌신하고 있음을 논리적으로 가정하고 있다. 그래서 그것은 정당화되는 것이다(Hirst, 1965: 126).

허스트는 학생과 사회의 부적절한 요구, 그리고 정치가의 변덕에 굴복하지 않고, 지식의 본질과 그 중요성으로부터 자유교육을 정당화하고자 했다. 이것은 신득렬(1983)의 언표대로 교육의 내재적 목적과 너무나도 잘 어울리는 것이다.

"현대의 학교교육 과정은 지나치게 사회의 가치관을 반영함으로써 이데올

⓫ 피터스는 '논리적 가정에 의한 논의'(argument by presupposition) 방식, 즉 어떤 질문 그 자체에 들어 있는 논리적 가정을 드러냄으로써 정당화하는 방식인 소위 '선험적 논의'(transcendental argument)를 사용한다.

로기화 해버렸다는 것을 생각하면 허스트의 이론은 더욱 강조되어야 할 것
으로 보인다. 교육 내용의 가치는 사회가 결정하는 것이 아니라 지식의 형식
이 결정한다는 주장은 교육 내용을 이데올로기화로부터, 독재주의자의 횡포
로부터 학교를 보호할 수 있는 길이다"(신득렬. 1983: 175).

이런 개념을 확장하며, 형이상학적 또는 인식론적 원리에 의거하지
않고도 자유교육을 겨냥하는 교육과정은 정당화될 수 있다. 교육목표와
교육과정 그 자체가 자유교육 개념에 비추어 타당하기 때문에 정당화된
다. 이러한 자유교육을 어떻게 계획하며 실제적으로 사용할 수 있을 것
인가? 자유인의 형성이란 다양한 지식형식의 개념구조 속에서 합리적으
로 사고하고 행동함으로써 달성된다. 그것은 잡다한 정보와 기술로서 실
현되는 것이 아니다. 자유교육을 위한 교육과정은 기본적인 지식의 형식
들을 학생들에게 입문시키는 것에서 시작된다.

3) 자유교육의 설계와 실행

(1) 교육과정목표 설정

교육과정목표 설정은 교육과정을 기획할 때 가장 중요하게 고려해야
하는 사항이다. 그는 교육과정목표는 지식형식론을 참조체제로 삼아
구성되어야 한다고 주장한다. 그는 교육과정목표가 지식과 무관하게
설정되거나 잘못된 지식관에 기초하고 있다고 비판하며, 자신의 지식
론에 비추어 교육과정목표의 성격을 규명하려고 했다(김대현, 1992: 32).

교육(과정)의 가장 핵심적인 목표는 합리적 사고를 개발하는 것이다
(Hirst, 1974: 22). 교육과정목표는 지식형식에 입문함으로써 개념(체계)
과 논리적 구조와 진리검증방법에 충분하게 입문하는 것이다. 이 입문
을 통해 인간은 다양한 학문분야 간을 걸쳐 자유롭게 사고할 수 있는 능

력을 키운 '교육받은 사람'이 되는 것이다. 지식형식의 입문을 통해 자유로운 사고의 자유를 획득케 하는 것이 그 목표다.

> "어떤 것을 정합적으로 생산적으로 사고할 수 있는 능력은 제한된 범위의 개념을 지속적으로 항상적으로 사용하는 것을 포함한다. 교육받은 사람은 매우 다양한 형식의 사고와 반응을 할 수 있는 것이지만, 명확하고 상이한 유형의 숙고를 할 수 있으며, 어떤 특정한 상황의 제 양상 간의 차별성과 연관성을 파악할 수 있으며, 의지에 따라 어떤 특정 범주 안에서 사고를 계속할 수 있다. 이런 사고의 조작(operation)이 반드시 자의식적인 것은 아니다. 사고의 자유는 규칙의 지배를 받는 개념구조 안에 있다. 이런 구조 바깥의 자유는 일반적으로 비합리적으로 될 자유일 뿐이다. 문제는 이런 구조 안에 있는 자유를 위해 교육하는 것이다"(Hirst, 1974: 146).

교육과정통합의 목표로서 탐구, 상상력, 비판적 사고를 개발하는 것도 마음의 활동이나 특질로서가 아니라 지식형식에의 입문에 비추어 파악할 수 있다(Hirst, 1974: 143). 교육과정목표는 합리성을 개발하는 데에 있다. 합리성의 개발은 여러 가지 지식형식에의 입문과 평행하는 관계에 있다.

(2) 교육과정 구성

허스트에게 '교육과정'이란 학생들이 학습에 의해 어떤 특정한 목적이나 목표에 도달할 수 있도록 설계된 제 활동들의 프로그램을 지칭한다(Hirst, 1974: 2). 간단히 말해 학생들로 하여금 학습에 의하여 (명시된) 목표를 성취할 수 있게 하기 위한 일련의 활동계획을 말한다. 그는 교육과정 개념 그 자체가 내포하고 있는 3가지 요소, 즉 목표·내용·방법은 합리적인 교육과정을 계획하는데 필수적인 요소라고 보았다(Hirst, 1974: 3). 여기서 그는 오직 목표와 관련된 의도적인 활동이 교육과정임을 분명히 한다.

지식과 지식형식이 갖는 내재적 가치 때문에 가르쳐야 한다는 것이 자유교육의 기본정신이다(신득렬, 1983: 241). 허스트에 의하면, 자유교육은 지식형식 그 자체에의 입문을 통한 교육인 바, 지식형식에로의 입문을 겨냥하는 방식으로 자유교육은 설계될 수 있다(Hirst, 1974: 49). 그의 논리에 의하면, 교육과정 구성 원리는 다음과 같다.

첫째, 자유교육의 개념에 적합한 교육과정(교과 혹은 프로그램)을 개발·선택·실행해야 한다. 현재 수립되어 있는 많은 코스가 (철학적으로 심리학적으로) 타당한지에 대해 비판적으로 재검토해야 한다. 현재로서는 매우 미흡한데, 지식형식에 의거하여 자유교육에 접근할 수 있는 프로그램을 구성해야 한다.

둘째, 교육과정은 큰 틀에서 지식형식, 즉 학문(discipline)으로 구성되어야 한다.❿ "교수요목과 교육과정은 단순히 정보와 상호 분리된 기술에 의해서만 구성될 수 없다. 교수요목과 교육과정은 학생으로 하여금 가능한 한 각각의 기본적인 지식의 형식, 즉 각각의 여러 학문의 상호 관련된 양상에 입문하도록 구성되어야 한다. 또 하나의 전체로서 적어도 어떤 정도로 지식의 범위를 망라하도록 구성되어야 한다"(Hirst, 1974: 47).

셋째, 특정 교과의 학술적 사고의 형식을 키우기 위해 거기에 더 적합한 전형적인 교과 혹은 교재(프로그램)를 교육내용으로 삼아야 한다. "다양한 학과의 어떤 부분이 자유교육의 목적에 가장 적합한지는 여기

---

❿ "의심의 여지없이 우리가 이런 형식들을 디시플린이라 지칭하는 이유는, 그 형식들이 명백한 토론과 강의의 세계에서 이런 종류의 특별한 훈련을 요구하며, 복잡한 준거에 따라 고도로 비판적인 기준의 개발을 필요로 하며, 특수한 방식으로 경험을 고찰하게 함을 포함하기 때문이다. 이 형식들은 실로 마음을 형성시키는 디시플린이다"(Hirst, 1974: 45).

서 정밀하게 논의될 수 없다. 단지 철학적 근거 위에서, 예컨대 과학의 몇 가지 하위분야가 다른 과목에 비해 과학적 사고의 전형(典型)으로서 더욱 만족스러운 것처럼 보인다는 것은 명백하다. 물리학의 많은 부분이 말하자면 식물학보다는 아마도 더욱 종합적이고 논리의 성격에 있어서 더 명료하고, 잘 발달된 자연과학의 전형적인 분야다. 만약 그렇다고 한다면, 물리학의 하위영역이 모든 다른 것과 마찬가지로 과학적 지식에의 입문으로서 더 잘 기능할 수 있다"(Hirst, 1974: 48).

넷째, 모든 교과가 '지식의 형식'에 따라 구성될 필요는 없지만, 교육과정은 각 '지식의 형식'의 대표적인 범례(대표적 본보기)들로 구성되어야 한다. "모든 다양한 지식 형식의 범례의 공부로 구성되어야 한다. 이러한 공부는 순수한 통찰을 부여하도록 충분하게 상술되고 지지될 것이며, 그래서 학생들이 이러한 관점에서 개념이나 논리나 준거를 다른 지식 영역에 정확하게 사용하면서 사고하게 할 것이다"(Hirst, 1974: 49).

다섯째, 특수한 학문(discipline)의 공부에 기초하는 자유교육의 프로그램에 있어서, 각각 다른 영역의 본보기가 물론 선택되어야 한다. 이 선택은 자유교육이 목표하는 것을 한결같이 유지시키는데 있어야 한다 (Hirst, 1974: 48).

여섯째, 교육과정 구성은 교사와 학생들이 수행할 수 있도록 해야 하며, 학생의 능력이나 관심에 대해 고려함이 마땅하다. "어떤 학과이든지 간에, 설계에 있어서 모든 다른 학과는 사실상 동일하지 않으며, 코스(course)의 내용에 대한 의사결정이 학생을 위해 설계될 경우 학생의 능력이나 관심에 대한 주의 깊은 고려 없이 이루어질 수 없다"(Hirst, 1974: 50). 물론 하나의 지식형식을 공부하는 데 있어서 다양한 방법을 허용해야 한다.

4) 대학 교양교육에의 시사

허스트의 지식형식론이 많은 문제점을 그 자체 내에 내포하고 있지만 그것이 '대학 교양교육'에 대해 시사하는 바가 크다. 그 지식형식론이 대학 교양교육의 목적이 무엇이며, 교양교육과정은 어떻게 구성되어야 하며, 어떻게 가르쳐야 하는가에 대해 중요한 참조체제(reference)를 제공하기 때문이다. 특히 왜 그 교과목을 가르쳐야 하는가에 대한 이론적 근거를 제공하고, 또 그것에 대한 정당화를 제공하고 있다.

교양이란 무엇이며 교양교육은 또 무엇인가?[13] 대학 교양교육으로 무엇을 가르쳐야 하는가? 교양교육의 초점은 자아의 가능성 그 내부에 있는 것이 아니라 이 세계의 실상 그 외부에 있다. 세계는 인식대상으로서 인간의 탐구(정신적 개입)를 기다리고 있다. 세계를 이해하는 것은 그것 자체로, 자신의 방식으로 세계를 완전히 이해하려고 노력하는 것이다. 이는 그저 이론에 대한 사실들이 아니라, 지식의 형식과 진리탐구 방법론에 대한 이해의 확대로부터 가능하다.

> "대상세계는 인간의 정신적 개입을 기다리는 형태로 존재한다. 대상세계는 인간, 사회, 자연, 수리, 예술 등의 다양한 분야에 걸쳐 있다. 사람은 왜 대상세계에 대해 질문을 제기하고 대답을 찾아가는 학문 활동에 참가하게 될까? 그것은 대상물에 대한 '정신적 개입'이라는 인간의 조건 때문에 그러하다. 여기서 '정신적 개입'이란 대상세계에 대한 지적 호기심과 내적 희열감의 운동을 말하며, 이것이 작용하여 과학적 탐구를 추동한다. 이런 점에서 정신적 개입이란 대상세계의 실재에 대한 논리적·과학적 조작 능력을 발휘한다는 것이다"(손종현 외, 2014: 218-219).

---

[13] 교양이란 무엇인가? 연구자는 교양이란 앎을 갈무리하는 일상의 삶, 행을 이끄는 '안목'으로서의 앎, 삶을 통제하는 힘을 가진 앎 등으로 정의한다. 교양교육이란 앎이 행을 통제하는 삶의 방식을 이끄는 교육이라고 정의한다(손종현, 2014: 313-316).

이런 개념화에 접근할 수 있는 교양교육 논리가 있다면, 그것은 허스트의 논리가 최적이다. 허스트의 관점을 반영하여 진술하면, "인류가 지금까지 축적해온 '지식의 형식'에 입문시킴으로써 대상세계(인간, 자연, 사회, 수리, 예술)에 대한 이론적 학술적 '눈'을 경험하게 한다. 허스트의 주장대로, 인류가 공적 문화유산으로 축적해 놓은 '지식의 형식' (사고의 형식)을 경험시킨다. 각 '지식의 형식'이 내축하고 있는 기본 개념과 개념체계 그리고 진리검증 방법론을 가르친다. 그래서 교양교육의 결과로서 인문학의 눈, 사회과학의 눈, 자연과학의 눈, 수리의 눈, 예술의 눈을 형성케 한다"(손종현, 2014: 319).

허스트는 교양교육의 기초를 매우 체계적인 지식에 두라고 주장한다. 이는 허스트가 핵심적으로 주장하는 견해다. 허스트는 이성적 정신을 발달시키기 위해 학습자로 하여금 지식의 형식에 입문하도록 해야 한다고 주장했다. 앞에서 말했듯이, 그는 지식의 형식을 수학, 물질과학 (physical sciences), 인간과학(human sciences), 역사, 종교, 문학과 미술 (literature and the fine arts), 철학 등으로 분류하였다. 각 지식의 형식은 저마다 서로 다른 독특한 개념과 개념체계 그리고 더 이상 다른 것으로 환원할 수 없는 진리검증 방법론을 가지고 있다(손종현 외, 2014: 215-216). 그 지식의 형식에 입문시킴으로써 합리적 정신을 개발할 수 있고 동시에 세계에 대한 다방면의 이해가 가능하다.

허스트의 관점에서 보면, (피터스와 마찬가지로) 지식의 형식은 인류가 오랜 역사기간 동안 공적 문화유산으로 축적해 놓은 것이며, 그것에 입문할 때 '교육받은 사람'(educated man)이 될 수 있다.[14] '교양교육을 받

---

[14] 허스트에 따르면, 전인(全人)의 발달을 위해서는 다양한 지식의 형식을 배우고 다양한 사고방식과 전체적인 전망을 가져야 한다. 따라서 어느 하나의 지식의 형식에 치우쳐서는 안 되며, 지식의 형식 하나하나에 입문됨으로써 '교육받은 사람'이 될 수 있다(신득렬, 1983:

은 사람'에 대한 비전은 세계에 대한 폭넓은 지식을 가지고 있고 우리 삶에 영향을 끼치는 힘을 이해하고 있으며 인간의 곤경과 전망을 완전히 이해하는 사람이다. 게다가 그는 협소하지 않은 '광범위한' 지적 능력을 가진 사람이며, 다양한 관점을 취할 수 있는 유연한 정신 능력을 가진 사람이다. 이런 사람은 해야 할 일을 할 때, 이런 장점들을 활용해 좋은 삶을 경작하게 된다(DeNicola, 2015: 135).

교양교육은 논리적으로나 역사적으로 특수한 전문가 人才를 키우는 교육이 아님은 분명하다. 교양교육은 학문영역을 넘나드는 자유로운 사고의 능력, 유연하게 생각하는 능력을 가진 人材를 키우는 교육이다. 人才가 아닌 人材❶는 효과적으로 구성된 교양교육과정과 교양교과목의 코스웍 이수를 통해 키워지는 법이다. 자유로운 사고의 능력을 신장하는 교양교육과정과 교양교과목을 통해 인간사회가 요구하는 지성적 윤리적 소양을 갖춘 人文的 人材를 양성할 수 있다. 이 어법에 허스트의 지식형식론이 가장 잘 기능할 수 있다.

175; Peters, 1969: 60-74).

❶ 人才가 아닌 人材는 여러 지식의 형식, 인류가 축적해 온 공적 문화유산에 입문함으로써 이론적 학술적 사고의 능력을 숙성한 사람으로 키워진다. 이 경우 "이론적 학술적 사고의 능력을 숙성한다는 것은 대상세계에 대한 정신적 개입을 수월하게 한다는 것이고, 그래서 개념적 언어를 세련시키고, 이것으로 대상세계를 조작적으로 개념적으로 사고하고 이를 표현한다는 것이다. 이 경우 이론적 학술적 사고란 분과학문의 지식체계 혹은 탐구방법에 대한 관심이 아니라, 인간과 자연과 사회를 삶의 문제로 받아들이고, 각각의 현상 속에 들어 있는 법칙과 원리를 개념화, 이론화, 체계화한다는 것이다. 이는 결국 과학화하는 인간 정신(지식과 문화를 창조하는 힘)에 대해 성찰한다는 것을 함축한다"(손종현 외, 2014: 219).

5. 결 론

허스트는 자유교육 개념의 재천명과 정당화를 제안하는 바, 이를 지식의 본질에 대한 재인식에서 접근하고 있다. 그는 형이상학적 인식론을 넘어서서 지식 자체의 본질과 의의를 강조하는 신실재론적 인식론(교육적 실재론)을 전개했다. 지금까지 논의한 그의 지식형식론과 자유교육론을 요약하면 다음과 같다.

첫째, 허스트는 듀이와 실용주의의 지식론, 지식사회학의 사회적 지식론이 지배력을 행사하는 지적 지형 속에 놓여 있었다. 그는 이 지형에 대응하여 자신의 실재론적 인식론을 이론화하고자 했다. 실재론의 관점에서 보면, 우리의 정신 · 지식의 구조 · 세계 자체 사이에는 '자연스러운 조화'가 있다. 이 조화를 깨트리는 논리는 위험하다.

둘째, 허스트의 지식론의 근거는 정신발달과 지식형식의 동일성에 있다. 그에게는 정신은 인간의 특징이며, 정신작용은 이성능력이다. 이성은 지식을 획득하는 능력이며, 지식의 획득이 정신발달을 수반한다. 인간정신은 개념적 도식을 통한 인식을 성립시킨다. 인간의 이성은 범주, 즉 형식을 이해하고 형성하는 능력이다. 합리적 정신을 갖는다는 것은 개념적 도식의 형식 아래 구조화된 경험을 갖는다는 것이다. 지식은 경험의 형식화로 해석되고, 지식의 형식은 경험을 이해하는 기본적 분절이며, 정신의 근본적 성취다. 정신의 발달은 지식의 형식을 학습함에 따라 일어나며, 이를 통해 이성적 정신을 소유한다.

셋째, 허스트의 지식의 형식은 명제의 형식이며, 지식체계는 진명제의 체계다. 그가 주안을 두는 지식은 환원불가능한 명제적 지식이다. 명제적 지식은 상호간에 관련을 갖지만 각기 전적으로 독립되며, 서로 개념이나 논리적 규칙을 환원할 수 없다. 명제적 지식(지식 검증의 형식)을 구별하고 특징짓는 세 가지 요소는 명제의 중심개념, 논리적 구조, 진리 준거다. 이를테면 각 형식은 그 형식에 독특한 중심개념을 내포하며, 각 형식은 다른 형식의 개념체계와 논리적으로 독립하는 논리적 구조를 가지며, 각 형식은 독특한 진리검증의 준거를 가지며 각 형식의 개념과 명제를 타당화할 수 있다는 것이다. 허스트는 이 분석에 기초하여 수학, 자연과학, 인간과학, 역사, 종교, 문학과 예술, 철학 등의 7가지 지식형식으로 나누고 있다. 지식의 형식은 이 세 가지 요소에 따라 구분되며, 각 형식은 다른 형식으론 환원될 수 없다. 그러면서 각 지식의 형식은 고정된 것이 아니며, 새로운 지식의 형식이 창조될 수 있다. 객관성과 이해가능성은 공적인 언어와 공적인 준거에 의한 검증을 통해 성립한다. 인간은 상징과 언어를 사용함으로써 대상세계에 대한 참(명제, 지식)을 인식하고 소통하고 공유하고 검증할 수 있으며, 또 같은 개념과 구조를 이해할 수 있으며 그 결과 이해의 객관화가 가능하다.

넷째, 허스트에 의하면 자유교육은 지식형식에 입문시키는 교육이다. 자유교육의 목적은 합리적 마음을 발달시키는 것이며 좋은 삶을 향유케 하는 것이다. 자유교육의 지향은 지식형식에 입문함으로써 여러 학문영역에 걸쳐 자유롭게 사고할 수 있는 자유인을 키우는 것이다. 이 자유교육은 형이상학적 이론 없이도 그 자체로 정당화된다. 자유교육 개념과 그 교육활동은 그 자체로 정당화된다. 자유교육은 오류와 환상으로부터 마음을 자유롭게 하는 교육으로서 그 지위를 유지하며, 인간의 행위를 그릇된 것에서 해방시키고 도덕적 삶을 이끌기 때문에 정당화된다. 이 지식형식론은 대학 교양교육의 이론적 준거가 되기에 충분하다. 무엇을 어떻게 가르쳐서 교양능력을 키울 것인가를 직접적으로 시사해 준다.

피터스는 누군가가 허스트의 지식의 형식에 대한 대안을 제시하거나 아니면 그 스스로가 여러 비판을 견뎌낼 수 있을 만큼 이론적 근거를 마련할 것을 제안한다(Peters, 1983). 피터스는 다음과 같이 말한다. "교육과정의 기초인 '지식의 형식들'을 수정하거나 대안을 마련할 필요가 있다. 누군가가 교육과정의 철학적인 기초인 허스트의 '지식의 형식들'이란 제안을 대신할 수 있는 확실한 대안을 마련해야만 할 것이다. 그렇지 않으면 그는 타당하고 중요한 반대들에 맞설 수 있도록 자신의 이론을 보다 상세하게 제시해야만 할 것이다. 만일 그런 이론이 하나도 없다면 중핵교육과정 등에 관한 오늘날의 논의는 매우 이상하게 될 것이다. 새로 고안된 것과 사회학적인 사색의 천국이 될 것이다"(Hirst, 1988: 80). 허스트는 피터스의 요청에 부응하여, 주지주의 교육관의 이론적 비판에 대한 학술적 대응으로서 자신의 교육이론을 대폭 수정하였다. 그는 "교육, 지식, 그리고 실제"라는 논문에서 교육을 지식과 관련하여 파악하지 않고 '사회적 실제'와 관련하여 파악하였다. 그는 이론적 이성에 대비한 '실천적 이성'의 실재성(reality)에 대해 집중하면서, '사회적 실제'를 중심으로 하는 교육문제를 제기하게 되었다(이효성, 2010: 14-15). 이 부분에 대한 논의는 '사회적 실제' 연구자에게 넘겨둔다.

참고문헌

김대현(1992). Hirst 교육과정 이론의 해석과 비판. 부산대학교, 박사학위논문.

박영환(1987). Dewey와 Hirst의 지식론과 교육. 경북대학교, 박사학위논문.

손종현(2014). "대학 교양교육의 재개념화: 人材교육적 관점에서". 열린교육연구, 22(2), 307-329.

손종현(2015). "人材교육체제의 이론적 논거: Dewey의 '삶의 주체' 교육론을 중심으로". 학습자중심교과교육연구, 15(7), 269-298.

손종현 · 이경숙 · 이명옥(2014). "'사회과학적사고와표현' 교과목 코스웍 개발". 사고와 표현, 7(2), 211-253.

신득렬(1983). 교육철학. 서울: 학문사.

유재봉(2000). "교육철학의 새로운 패러다임: 사회적 실제에의 입문으로서의 교육". 교육학 연구, 38(3), 235-253.

유재봉(2000). "피터스와 허스트의 교육사상 비교: '교육'과 '자유교육'의 관련성을 중심으로". 한국교육사학, 22(2), 139-156.

유재봉(2001). "허스트의 '사회적 실제에 기반을 둔 교육': 교육 내용관을 중심으로". 교육철학, 25, 73-89.

유재봉(2002). 현대교육철학 탐구: 자유교육에 대한 비판 및 대안 탐색. 파주: 교육과학사.

유재봉(2004). "허스트의 자유교육론에 대한 대안적 논의 탐색". 교육과정평가연구, 7(2), 1-24.

유재봉(2006). "허스트의 실천적 이성과 교육". 교육철학, 36, 65-82.

이병승(1990). "Peters와 Hirst의 教育哲學의 可能性과 限界에 관한 硏究". 교육철학, 8, 62-79.

이효성(2010). 허스트의 자유교육론과 대학교육. 전남대학교 대학원, 석사학위논문.

정호표(1987). 교육의 역사 · 철학적 기초. 서울: 형설출판사.

최선영(1983). 자유교양교육의 철학적 고찰-서구의 네 사상가를 중심으로-. 고려대학교, 박사학위논문.

최원형(2008). "폴 허스트의 '사회적 실제'와 존 듀이의 '기본적 삶의 활동' 개념 비교". 교육과정 연구, 26(4), 103-119.

한혜정(2001). "허스트(P. H. Hirst)의 '사회적 실제'의 개념이 교육과정연구에 주는 시사: 리오따르(J. F. Lyotard)의 지식의 정당화논의에 의거한 고찰". 한국교육, 28(2), 163-181.

홍은숙(1999). 지식과 교육. 파주: 교육과학사.

홍은숙(2004). "교육의 준거점으로서의 "사회적 실제" 개념의 재음미". 교육철학, 32, 217-238.

홍은숙(2004). "자유교육 전통의 역사적 고찰: 자유교육의 새로운 방향 모색". 교육과정 연구, 22(4), 1-25.

Broudy, H. S., Smith, B. O., & Burnett, J. R. (1969). *Education and the Uses of Knowledge, Theory of knowledge and Problem of Education, Vandelberg*. D. (ed.). Chicago: University of Illinois Pres.

Degenhardt, M. A. B. (1988). 교육과 지식의 가치. 성기산(역). (1994). 서울: 문음사.

DeNicola, D. R. (2012). 배움과 행복. 손종현·강이철·김규원·김부태·이경숙(공역). (2015). 파주: 양서원.

Dewey, J. (1916/1966). *Democracy and Education*. New York: Free Press.

Diorio, J. A. (1977). "Knowledge, Truth and Power in the Curriculum". *Educational Theory, 27*(2), 103-110.

Harvard University(1950). *General education in a free society: report of the Harvard committee*. Cambridge. Massachusetts: Harvard University Press.

Hirst, P. H. (1978). *Liberal Education and the Nature of knowledge, in Philosophy of Education*, Richard S. Peters(ed.). London: Oxford University Press.

Hirst, P. H., & Peters, R. S. (1970). *The Logic of Education*. New York: Humanities Press.

Hirst, P. H., & Peters, R. S. (1970). 교육의 재음미. 문인원·김재범·최희선·노종희(공역). (1990). 서울: 배영사.

Hirst, P. H., & Peters, R. S. (1870). 교육의 의미와 논리. 이병승(역). (2016). 서울: 박영story.

Hirst, P. H. (1974). *Knowledge and the Curriculum*. London: Rontledge and Kegan Paul.

Hirst, P. H. (1978). *The Higher Learning in America*. London: Yale University Press.

Hirst, P. H. (1966). 교육이론과 그 기초학문들. 최원형 · 성기산 · 이장용 · 한관일 · 정학주(공역). (1988). 서울: 문음사.

Hirst, P. H. (1993). Education, knowledge and practices, In R. Barrow & P. White(eds.), *Beyond Liberal Education: Essays in honour of P. H. Hirst*. London: Routledge & Kegan Paul.

Katz, J. J. (1981). Innate Ideas, Block, 2(ed), *Reading in Philosophy of Psychology*, Vol2, Cambridge: Harvard university Press.

Kimball, B. A. (1986). *Orators & Philosophers: A history of the ideal of liberal education*. New York: Teachers College Press.

Martin, J. R. (1981). Needed: A new paradigm for liberal education. J. Soltis, (ed.). *Philosophy and Education NSSE Yearbook*. chicago: The National Society for the Study of Education. 37–59.

Muir, J. R. (1998). "The history of educational ideas and the credibility of philosophy of education". *Educational Philosophy and Theory*, *30*(1), 7–26.

Peters, R. S. (1969). Education as Initiation, Theory of knowledge and Problems of Education, Vandelberg. D. (ed) Chicago: University of Illinois Press.

Peters, R. S. (1970). *Ethics and Education*, London: George Allan and Unwin. LTD.

Ryle, G. (1970). *The Concept of Man*. New York: Barnes & Moble, Inc.

Sarup, M. (1978). Marxism and Education. Henley: RKP을 인용한 이병승 (1990). Peters와 Hirst의 教育哲學의 可能性과 限界에 관한 硏究. 교육철학, 8, 62–79.

Werner Stark(1960). 지식사회학. 임영일(역). (1987). 서울: 한길사.

제4장 오우크쇼트의 '경험의 양상'과 교육

차미란 (춘천교육대학교)

서양 학계에서 오우크쇼트는 현대 영국의 정치철학, 특히 보수주의 정치철학의 계보를 잇는 대표적인 학자로 알려져 있다. '밀과 버크 이래 가장 위대한 영국의 정치철학자'라든가 '금세기 최고의 독창적 정치철학자'라는 표현(Auspitz, 1991: 351)은 단지 한 사상가의 영전에 바쳐진 추모와 찬사의 표현에 그치는 것이 아니라, 서양 학계에서 오우크쇼트의 위치를 비교적 정확하게 기술한 것이라고 볼 수 있다. 오우크쇼트가 정치철학자로서의 명성을 얻게 된 데는 아마 『정치에서의 합리주의(*Rationalism in Politics and Other Essays*)』의 출간이 결정적인 계기가 되었을 것이다. 그러나 오우크쇼트의 저작이 오로지 정치철학 분야에 한정되어 있는 것은 아니며, 그의 학문적 관심은 형이상학, 역사, 도덕, 종교, 교육 등 대단히 폭넓게 펼쳐져 있다. 특히, 오우크쇼트의 박사학위 논문이면서 공식적인 첫 저작인 『경험과 그 양상(*Experience and its Modes*)』[1]은 관념론의 관점에서 철학, 과학, 역사 등 다양한 지식의 성격과 의미에 대한 형이상학적 설명을 시도한 것으로서, 브래들리의 『외양과 실재(*Appearance and Reality*)』를 이어받아 영국의 관념론 철학을 완성한 기념비적 저작으로 일컬어지고 있다. 이하에서는 오우크쇼트의 『경험과 그 양상』을 중심으로 하여, 지식의 성격에 관한 그의 이론, 그리고 그것에서 시사되는 교육의 정당화 논의에 대하여 살펴보고자 한다.[2]

---

[1] Michael Oakeshott(1933), *Experience and its Modes*, Cambridge University Press. 이하에서 인용되는 페이지는 이 책의 페이지를 가리킨다.

[2] 이 글은 필자의 박사학위 논문을 저서로 펴낸 『오우크쇼트의 교육이론』(2003) 중에서 오우크쇼트의 형이상학 이론을 교육이론의 관점에서 해석한 제3장의 논의를 본 저서의 주제에 맞게 보완한 것임을 밝혀둔다.

1. 지식의 성격: 경험과 그 양상

1) 경험의 양상

오우크쇼트의 『경험과 그 양상』이 다루는 표면상의 주제는 '철학'의 이념이다. 철학의 이념에 관한 그 책의 논의는 인간의 경험이 의미를 가지기 위한 궁극적 근거는 무엇이며, 그 근거에 비추어 파악되는 지식의 성격은 무엇인가를 밝히는 데에 목적이 있다. 구체적인 것과 추상적인 것의 대비, 즉 구체적 총체로서의 경험 그 자체와 그것의 추상으로서의 경험의 양상 사이의 대비는 이 문제에 대한 오우크쇼트의 해명을 이해하는 결정적인 관건이 된다. 오우크쇼트의 용어로 '경험의 양상'은 여러 분야의 지식에 해당한다는 점에서, 총체로서의 경험과 그 양상에 관한 오우크쇼트의 설명은 지식의 성격에 관한 이론적 설명으로 해석될 수 있다.

오우크쇼트가 『경험과 그 양상』에서 경험의 양상에 해당하는 대표적 사례로 들고 있는 것은 역사, 과학, 실제 등이다(p. 84). 이것은 역사적 경험, 과학적 경험, 실제적 경험 등은 경험 그 자체가 아니라, 경험이 특정한 양상으로 드러난 것, 즉 경험의 양상이라는 뜻을 나타낸다. 각각의 양상은 오로지 그것에만 해당되는 특정한 가정과 개념에 의하여 서로 구분되며, 양상으로 드러나는 경험은 경험 그 자체를 드러내는 것이 아니라, 특정한 가정과 개념에 의하여 추상된 또는 '양상화된' 경험을 드러낸다. 다시 말하여, 경험의 양상은 구체적 경험 그 자체가 아니라 '경험의 추상' 또는 '추상적 경험'이다. 경험의 양상이 경험 그 자체를 온전히 드러내지 못하고 특정한 가정과 개념에 의하여 포착되는 것만을 드러낸다는 것은 곧 경험이 그 자체의 성격을 완전히 실현하지 못하고 특정한 지점에 억류되어 있다는 것을 뜻한다. 오우크쇼트가 그 책에서 경험의 양상을 가리켜 경험의 '억류'❸ 또는 '억류된' 경험이라고 부르는 것은 이 때문이다. 역사, 과학, 실제 등의 경험의 양상이 추상적 경험 또는 억류된 경험이라면, 그것에 대비되는 경험 그 자체, 추상되지도 억류되지도 않은 경험 그 자체는 '구체적 경험' 또는 '총체로서의 경험' (p. 48)이다. 그리하여, 역사, 과학, 실제 등을 기술하기 위하여 사용되는, 경험의 '양상' '추상' '억류' 등의 표현은 모두, 구체적 총체로서의 경험 그 자체와의 대비, 그리고 그 대비에 의하여 드러나는 불완전성을 설명하기 위한 것이라고 말할 수 있다. 요컨대, 경험의 양상은 구체적 총체로서의 경험을 드러내는 것이 아니라, 특정한 가정과 개념에 의하여 추상 또는 억류되어 있는 경험을 드러낼 뿐이며, 이 점에서 그것은 '불완전한' 경험이다.

이와 같이, 『경험과 그 양상』에서 제시되는 역사, 과학, 실제 등에 관한 설명은 그 각각의 성격을 서로 별개의 이론적 관심사로 논의하기 위한 것이 아니라, 하나의 공통된 관심사, 즉 그 각각이 '경험의 양상'으로서 가지는 공통된 성격을 드러내는 데에 그 목적이 있다. 예컨대 그 책에서 '과학'의 성격이 논의되는 것은 하나의 독자적 학문 체제로의 과학의 성격 그 자체를 드러내기 위한 것이 아니라, 과학이 '경험의 한 양상'으로서 가지는 성격을 밝히기 위한 것이며, 경험의 양상으로서의 과학의 성격을 밝힌다는 것은 곧 그 경험의 양상에 내포되어 있는 불완

---

❸ 또는 '중도 정지'(arrest). 이 용어의 번역으로서의 '억류'의 의미에 관해서는 이돈희, 『교육적 경험의 이해』(1993), pp. 44-49 참조. 이 책에서 저자는 오우크쇼트의 『경험과 그 양상』에 나타나 있는 이론과 그 책에서 저자가 다루는 '경험'의 개념을 교육적 경험의 원리라는 관점에서 해석하고 있다.

전성과 결함을 설명한다는 뜻이다.❹ 다시 말하여, 오우크쇼트의 『경험과 그 양상』에서 역사, 과학, 실제 등이 논의되는 것은 그것이 추상되어 나온 구체적 총체로서의 경험 그 자체에 비추어 그 각각에 들어 있는 불완전성을 드러내는 데에 그 목적이 있으며, 경험의 양상에 들어 있는 불완전성을 드러낸다는 것은 각각의 경험의 양상은 무엇에서 추상되어 나온 것이며 그것이 완전한 것으로 되려고 하면 무엇으로 돌아가야 하는가를 밝힌다는 뜻이다. 물론, 경험의 양상은 구체적 총체로서의 경험에서 추상되어 나온 것이며, 따라서 그것이 완전한 것으로 되려고 하면 구체적 총체로서의 경험으로 다시 돌아가야 한다. 이와 같이 『경험과 그 양상』의 설명체계에서 '추상되어 나온다'라든가 '다시 돌아간다'는 단어는 경험의 양상에 내포되어 있는 불완전성을 드러내는 데에, 또는 보다 일반적으로 말하여, 구체적 총체로서의 경험과 그 양상 사이의 관계를 규정하는 데에 핵심적 용어로 사용되고 있다. 그러나 여기에서 '나온다'든가 '돌아간다'는 단어는 통상적 의미와는 구분되는 특별한 의미를 가지고 있는 만큼, 그것에 관해서는 약간 자세히 설명할 필요가 있다.

역사, 과학, 실제 등의 경험의 양상은 구체적 총체로서의 경험에서 '추상되어 나온' 경험이라고 할 때 이 말은 구체적 총체로서의 경험이 먼저 있고 그것에서 추상되어 나온 것이 경험의 양상이라는 것을 말하는 것처럼 생각된다. 그리고 여기에서 '먼저 있다'는 것은 시간상의 우선을 뜻하는 것으로 해석된다. 즉, 구체적 총체로서의 경험이 경험의 양상에 시간상 선행하여 존재하고 그것에서 경험의 양상이 생겨난다는

---

❹ 물론, '과학'이라는 경험의 양상은 오로지 그것에만 해당되는 특정한 개념과 범주에 의하여 다른 양상과 구분되는 것인 만큼, 과학이 경험의 한 양상으로서 가지는 성격을 밝히다 보면 과학이 다른 양상과 구분되는 그 자체의 특징은 저절로 드러난다고 보아야 한다.

것이다. 이와 같은 해석은 '나온다'라든가 '먼저 있다'라는 단어를 그야말로 통상적 의미 그대로 받아들이는 경우에 해당한다. 물론, 경험의 양상이 구체적 총체로서의 경험에서 추상되어 나온 경험, 즉 특정한 가정과 범주에 의하여 '추상된 이후의' 경험이라면, 구체적 총체로서의 경험 그 자체는 그와 같은 양상으로 '추상되기 이전의' 경험이라고 말할 수 있다. 그러나 여기에서 '이전'과 '이후'는 시간상의 선후를 뜻하는 것이 아니다.

만약 구체적 총체로서의 경험이 경험의 양상에 시간상 우선하여 존재하는 것이라면, 이것은 곧 구체적 총체로서의 경험이 경험의 양상과 사실상으로 분리된 별도의 실체로서 존재한다는 뜻이 되며, 따라서 그것은 사실적 증거에 의하여 확인가능한 것으로 된다. 구체적 총체로서의 경험을 경험의 양상의 '인과적 원인'이나 '발생적 원천'으로 간주하는 것이 바로 이런 경우에 해당한다(p. 39, p. 73). 그러나 오우크쇼트에 의하면, 이것은 '논리적 순서'와 '발생적 순서'를 혼동하는 데서 빚어지는 그릇된 관점이다. 구체적 총체로서의 경험이 경험의 양상에 우선하여 있다고 할 때 여기서 '우선'이라는 것은 시간상의 우선을 뜻하는 것이 아니라 '논리상의 우선'(p. 79)을 뜻하기 때문이다. 다시 말하면, 구체적 총체로서의 경험이 있다는 것은 역사, 과학, 실제 등의 추상적 경험이 있다는 사실로 말미암아 받아들일 수밖에 없는 논리적 가정이다. 경험의 양상이 구체적 총체로서의 경험으로부터 '추상되어 나온' 것이라고 할 때, 이 말은 구체적 총체로서의 경험이 경험의 양상에 시간상으로 앞서서 그것과 별개로 존재하고 그것에서 경험의 양상이 생겨난다는 뜻이 아니라, 구체적 총체로서의 경험은 추상적 경험으로서의 경험의 양상에 논리상 우선한다는 것, 경험의 양상은 구체적 총체로서의 경험이 있다는 것을 인정하지 않는 한, 의미를 가질 수 없다는 뜻을 나타낸다.

역사, 과학, 실제 등의 경험의 양상은 구체적 총체로서의 경험을 온전히 드러내지 못하는 불완전한 경험인 만큼, 그것이 완전한 것으로 되려고 하면 구체적 경험으로 '다시 돌아가야 한다'고 할 때, 여기서 '돌아간다'는 단어 또한 그것을 통상적 의미 그대로 해석할 가능성이 있다. 이 경우에 구체적 총체로서의 경험은 경험의 양상이 궁극적으로 도달해야 할 시간상의 또는 역사상의 종착점을 뜻하게 된다. 구체적 총체로서의 경험을 한 개인이나 인류 종족 전체의 경험의 발달 과정에서 최종적으로 도달해야 할 상태, 또는 어떤 경험의 양상이든 그 양상이 역사적 발전 과정을 통하여 궁극적으로 실현해야 할 목적으로 간주하는 관점이 여기에 해당한다(p. 35). 그러나 오우크쇼트에 의하면, 이것은 '논리적 발전'과 '역사적 발전'을 혼동하는 데서 빚어지는 그릇된 견해다. 물론, 경험의 양상은 궁극적으로 구체적 경험의 실현을 목적으로 삼는다고 말할 수 있지만, 여기서 '목적'은 역사상의 종착점으로서의 목적이 아닌, 특별한 의미에서의 목적, 즉 '논리상의 목적'(p. 82)을 의미한다. 경험의 양상이 실현하고자 하는 논리상의 목적은 사실적으로 확인되는 시간상의 특정한 지점을 가리키는 것이 아니라, 일체의 추상적 경험이 '경험'으로서 의미를 가지기 위해서는 반드시 만족시키지 않으면 안 되는 '논리적 준거'(p. 35, p. 349)를 가리킨다. 그리하여 역사, 과학, 실제 등의 경험의 양상이 구체적 경험으로 '돌아가야 한다'는 것은 경험의 양상이 구체적 경험의 상태에 실지로 도달해야 한다는 뜻이 아니라, 경험의 양상은 경험의 논리적 준거를 만족시키지 못하는 한, 불완전한 경험에 머무를 수밖에 없다는 것, 경험의 양상이 추구하는 논리적 발전은 경험의 논리적 준거를 완전히 만족시키는 상태, 즉 구체적 총체로서의 경험을 그 목적으로 한다는 것을 뜻한다.

이렇게 보면, 구체적 총체로서의 경험은 경험의 양상에 '논리상 우선'하며, 그와 동시에 경험의 양상이 추구하는 '논리상의 목적'이기도 하다. 그리하여 구체적 총체로서의 경험은 경험의 양상이 의미를 가지기 위해서는 그것에 논리상 의존할 수밖에 없는 '출발점'이면서, 그와 동시에 경험의 양상이 그 논리적 발전 과정에서 궁극적으로 도달해야 할 '종착점'이 된다. 물론, 구체적 총체로서의 경험이 경험의 양상의 출발점이면서 그와 동시에 종착점이라는 이 말에서 출발점과 종착점은 '시간상의' 출발점과 종착점이 아니라, '논리상의' 출발점과 종착점을 의미한다. 구체적 총체로서의 경험을 경험의 양상의 발생적 원천으로 간주하는 관점과 역사적 목적으로 간주하는 관점은 구체적 총체로서의 경험을 각각 경험의 양상의 '시간상의 출발점'과 '시간상의 종착점'으로 파악하는 것에 해당한다. 시간상의 출발점인 것이 그와 동시에 시간상의 종착점이기도 하다는 것은 있을 수 없다는 점에서, 만약 누군가가 그 두 관점을 동시에 주장한다면 그 사람은 모순을 저지른다고 보아야 할 것이다. 구체적 총체로서의 경험이 경험의 양상의 출발점이면서 그와 동시에 종착점이 된다는 오우크쇼트의 주장이 표면상 모순을 저지르는 것처럼 보인다면, 그것은 그 주장에서의 출발점과 종착점을 논리상의 의미가 아닌 시간상의 의미로, 오우크쇼트 자신의 표현을 빌어 말하면, '논리적 순서를 발생적 순서로' 또는 '논리적 발전을 역사적 발전'으로 그릇되게 해석하기 때문이다. 그렇다면 발생적 순서가 아닌 논리적 순서, 역사적 발전이 아닌 논리적 발전이라는 것은 정확하게 무엇을 의미하는가? 어째서 시간상의 의미가 아닌 논리상의 의미에서는 경험의 양상의 출발점인 것이 그와 동시에 종착점이라고 말할 수 있는가?

위의 문제에 대답하기 위해서는 구체적 총체로서의 경험을 '발생적 원천'으로 보는 관점과 '역사적 목적'으로 보는 관점의 공통점은 무엇이며, 그 두 관점과 대비되는 오우크쇼트의 관점의 특이성은 무엇인가를 살펴볼 필요가 있다. 구체적 총체로서의 경험을 경험의 양상의 발생적 원천으로 간주하는 관점과 역사적 목적으로 간주하는 관점은 구체적 총체로서의 경험을 경험의 양상의 '출발점'으로 간주하는가 아니면 '종착점'으로 간주하는가 하는 차이가 있을 뿐, 구체적 총체로서의 경험과 그 양상 사이의 관계를 시간상의 선후관계로 파악한다는 점에서는 차이가 없다. 시간상의 선후관계라는 것은 '사실'의 수준에서 성립하는 관계인 만큼, 이 경우에 구체적 총체로서의 경험은 그 양상과 마찬가지로 '사실'의 수준에 속하는 것으로 파악된다고 말할 수 있다. 사실의 수준에서 출발점과 종착점은 시간상으로 분리되어 있으며, 시간상의 과정에는 출발점에서 종착점으로 향하는 한 가지 방향이 있을 뿐이므로, 어느 것의 출발점인 것이 그와 동시에 그 동일한 것의 종착점이기도 하다는 것은 있을 수 없다. 구체적 총체로서의 경험을 경험의 양상의 발생적 원천 또는 역사적 목적으로 간주하는 관점은, 구체적 총체로서의 경험을 사실의 수준에 속하는 것으로 파악한다는 점에서 공통점을 가지며, 이와 같이 파악하는 한, 구체적 총체로서의 경험이 경험의 양상의 출발점이면서 그와 동시에 종착점이기도 하다는 주장은 도저히 성립할 수 없는 것으로 된다.

그러나 구체적 총체로서의 경험은 경험의 양상의 '논리적 가정'이면서 그와 동시에 '논리적 목적'이라는 오우크쇼트의 주장에서 구체적 총체로서의 경험은 그 양상과 동일한 수준에 속하는 것이 아니다. 즉, 구체적 총체로서의 경험은 경험의 양상과 마찬가지로 '사실'의 수준에 속하는 것이 아니다. 구체적 총체로서의 경험이 경험의 양상의 논리적 가정이라든가 논리적 목적이라는 말은 구체적 총체로서의 경험이 있다는 것은 사실적 증거에 의하여 확인할 수 있는 것이 아니라는 것, 구체적 총체로서의 경험을 추구한다는 것은 시간상의 순서와는 무관하다는 뜻

을 나타낸다. 과학, 역사, 실제 등의 경험의 양상은 그것의 존재를 사실
적 증거에 의하여 확인할 수 있으며 그 각각의 양상을 추구하는 행위는
시간상의 순서를 따라 일어날 수밖에 없다는 점에서 '사실'의 수준에 속
한다고 볼 수 있지만, 구체적 총체로서의 경험은 그렇지 않다. 구체적
총체로서의 경험은 그것이 존재하는 방식에 있어서 경험의 양상과 동일
하지 않으며, 경험의 양상과는 달리, 언어적 표현이나 개념적 인식의 대
상이 되지 않는다. 한 마디로 말하여 구체적 총체로서의 경험은 경험의
양상으로 '표현되기 이전'의 경험으로서, 그것은 경험의 양상과 '수준'
또는 '차원'을 달리 한다.

　구체적 총체로서의 경험은 경험의 양상과 수준을 달리 한다고 할
때, 구체적 총체로서의 경험이 속하는 수준을 경험의 양상이 속하는
수준과 구분하기 위하여 이름을 붙이자면 그것은 '논리'의 수준(또는
'형이상학'의 수준)이라는 이름으로 불릴 수 있을 것이다. 논리의 수준
에서 출발점과 종착점은 사실의 수준에서와는 달리, 그 사이에 시간상
의 간극이 존재하지 않는다. 오우크쇼트가 말하는 경험의 양상의 '논
리적 발전'이라는 것은, 출발점과 종착점이 시간상 분리되어 있는 '사
실의 수준'에서의 발전이 아니라, 출발점과 종착점이 개념상 관련되어
있는 '논리의 수준'에서의 발전을 의미한다. 그리하여 구체적 총체로
서의 경험은 경험의 양상의 논리적 출발점이라고 할 때 그 '출발점'은
경험의 양상에 시간상 우선하여 주어진 것이 아니라, 경험의 양상으로
부터 추론되어 나온 것이며, 경험의 양상은 구체적 총체로서의 경험을
그 논리적 목적, 즉 '종착점'으로 삼는다고 할 때, 그 논리적 종착점은
경험의 양상의 논리적 '출발점'과 다른 것이 아니다. 구체적 총체로서
의 경험이 경험의 양상에 우선하는 출발점이면서 그와 동시에 경험의
양상이 궁극적으로 도달하고자 하는 종착점이 되는 것은 구체적 총체

로서의 경험은 그 양상과 수준을 달리 한다는 데서 따라나오는 당연한 귀결이다.❺

　　요컨대, 오우크쇼트의『경험과 그 양상』에서 제시되는 설명체계는 '사실의 수준과는 구분되는 논리의 수준이 있다'는 것을 기본 전제로 삼고 있으며, 구체적 총체로서의 경험과 그 양상 사이의 관계에 관한 그 책의 설명은 그 두 수준 사이의 대비와 관련에 기반을 두고 있다고 말할 수 있다. 즉, 경험의 양상이 나타내는 불완전성과 구체적 총체로서의 경험이 나타내는 완전성은 각각 '사실의 수준'이 나타내는 불완전성과 '논리의 수준'이 나타내는 완전성 사이의 대비로 해석될 수 있으며, 경험의 양상이 구체적 경험의 실현을 논리상의 목적으로 삼는다는 것은 곧 논리의 수준에서 파악되는 경험이 사실의 수준에서 파악되는 경험의 '준거' 또는 '기준'이 된다는 뜻으로 해석될 수 있다. 이와 같이 오우크쇼트의『경험과 그 양상』은 사실의 수준 이면에 그것과는 구분되는 논리의 수준이 있다는 것을 논의의 기본 전제 또는 출발점으로 삼고 있

❺ 여기서 한 가지 결코 간과되어서는 안 되는 것은, 구체적 총체로서의 경험과 그 양상은 각각이 속하는 수준에 있어서는 명백히 구분되지만, 그렇다고 하여 그 두 수준이 사실상 분리되어 있는 것은 아니라는 점이다. 그 두 수준이 사실상 분리되어 있다고 보는 것은 구체적 총체로서의 경험이 사실상의 실체로서 존재한다고 보는 것이며, 이 경우에 구체적 총체로서의 경험은 경험의 양상과 마찬가지로 사실의 수준에 속하는 것으로 되기 때문이다. 이 점에서 구체적 총체로서의 경험과 그 양상은 불교의 용어로 '비일비이'(非一非異)라고 표현되는 것, 즉 동일한 것도 아니요 상이한 것도 아니라는 파라독스적 관계에 있다고 말할 수 있다. 구체적 총체로서의 경험과 그 양상 사이의 이 파라독스적 관계는 오우크쇼트의 형이상학에서 사실의 수준과 논리의 수준은 중층(重層)의 아래위를 이루고 있는 것으로 파악된다는 데서 논리적으로 따라 나온다. 여기서 그 두 개의 수준이 중층의 아래위를 이루고 있다는 것은 곧, 구체적 총체로서의 경험은 경험의 양상에 논리적으로 앞서는 '기준'이라는 것, 경험의 양상은 그 논리적 기준의 사실적 표현이라는 것을 뜻한다. 오우크쇼트의 이론에 들어 있는 이 중층구조의 아이디어야말로 그의 형이상학과 정치철학을 일관된 교육이론으로 해석할 수 있는 가장 중요한 근거가 된다. 중층구조의 아이디어에 관해서는 이홍우,『대승기신론통석』(2006),『성리학의 교육이론』(증보)(2014) 참조.

지만, 그것은 또한 그 논의가 입증하고자 하는 최종 결론 또는 종착점이라고도 말할 수 있다. 구체적 총체로서의 경험과 그 양상의 관계에 관한 그 책의 설명은 결국, 어째서 사실의 수준과는 구분되는 논리의 수준이 있다는 것을 인정해야 하는가, 그것을 인정하지 않으면 어떤 오류에 빠지게 되는가를 보이는 데에 그 목적이 있기 때문이다.

2) 총체로서의 경험

이상에서 고찰한 바와 같이, 경험의 양상이 의존하는 논리적 준거, 또는 경험의 양상이 지향하는 논리적 목적은 구체적 총체로서의 경험 그 자체다. 경험의 양상에는, 그것이 특정한 가정과 개념에 의하여 파악되는 것만을 드러내는 추상적 경험이라는 바로 그 점으로 말미암아, 추상되지 않은 '구체적 경험', 특정한 가정과 개념에 의하여 파악되는 것만이 아닌 '있는 것 전부' 또는 '총체'로서의 경험이 논리적으로 가정되어 있다. 오우크쇼트가 『경험과 그 양상』 II장에서 경험의 성격 또는 개념적 준거를 전체성, 전일성, 정합성, 단일성, 완전성, 총체성 등의 용어로 설명하는 것은 이 때문이다. 그와 같은 준거를 만족시키지 않는 한, 그것은 결코 '경험'이라고 불릴 수 없으며, 역사, 과학 등이 '경험의 양상'인 것은 그와 같은 준거를 불완전하게나마 만족시키고 있다는 것을 의미한다. 경험의 준거를 완전히 만족시키는 경험, 즉 완전한 정합성과 단일성을 갖추고 있는 경험은 구체적 경험, 총체로서의 경험이다. 그렇다면 총체로서의 경험이 가지는 완전성과 경험의 양상이 나타내는 불완전성은 단순히 경험의 준거를 얼마나 만족시키는가의 문제, 즉 '정도'의 차이에 불과한 것인가? 결코 그렇지 않다. 그 양자 사이에는 앞에서 사용한 용어로 '논리의 수준'과 '사실의 수준'의 차이에 해당하는 근본적 차이가 있다.

구체적 총체로서의 경험과 그 양상이 동일한 수준에 속하는 것이 아니라는 것은 구체적 총체로서의 경험이 어떤 것인가는 역사, 과학 등의 경험의 양상이 어떤 것인가를 설명하는 것과 동일한 방식으로 설명될 수 없다는 것을 뜻한다. 즉, 구체적 총체로서의 경험이 어떤 것인가 하는 것은 '구체적 총체로서의 경험은 이런이런 것이다'라는 식으로 적극적으로 규정될 수 있는 것이 아니다. 그렇게 규정하는 순간, 그 규정으로 파악되지 않는 것은 부정되거나 사상되며, 이것은 곧 구체적 총체로서의 경험을 부분적으로, 추상적으로 파악하는 것이 되기 때문이다. 한 마디로 말하여 구체적 총체로서의 경험 그 자체는 언어적 설명 또는 개념적 인식의 대상이 되지 않는다.❻ 이것이 바로 구체적 총체로서의 경험은 경험의 양상과 그 수준 또는 차원을 달리 한다는 말이 나타내는 가장 중요한 의미다. 물론, 『경험과 그 양상』에서 오우크쇼트는 구체적 총체로서의 경험이 어떤 것인가를 언어적 설명에 의하여 규정하고 있으며, 이 점에서 그는 언어적 설명이 불가능한 대상을 언어로 설명하고자 하는 것이 아닌가 하는 의문이 들지 모른다. 이 의문은 타당한 의문이다. 그러나 구체적 총체로서의 경험이라는 것은 언어적 설명의 대상이 되지 않는다는 것을 분명히 하는 것 그 자체도 언어적 설명에 의존하지 않을 수 없으며, 이른바 형이상학적 설명의 가장 중요한 특징은 언어적 설명의 대상이 되지 않는 바로 그것을 설명의 대상으로 삼는다는 데에 있

---

❻ 이 점에서 구체적 총체로서의 경험은 불교에서 말하는 '진여' (眞如)(참으로 그러한 것)와 같다고 말할 수 있다. 『대승기신론』에 의하면, '참으로 그러한 것' 이라는 말조차도 무엇인가의 양상을 기술하는 것이며 '참으로 그러한 것' 에는 그와 같이 기술될 수 있는 양상이 없다. 그리하여 '참으로 그러한 것' 이라는 말은 '말할 수 없는 것을 말하는 것' 이며, '말로써 말을 없애려는 것' 과 같다(言眞如者 亦無有相 謂言說之極 因言遣言). 이홍우, 『대승기신론통석』(2006), pp. 325-326.

다.『경험과 그 양상』에서 구체적 총체로서의 경험과 동의어로 사용되고 있는 두 가지 용어, 즉 '세계'와 '실재'는 오우크쇼트가 그 책에서 제시하는 형이상학적 설명이 어떤 것인가를 이해하는 데에 중요한 단서가 된다.

『경험과 그 양상』에서 오우크쇼트는 그 책에서 자신이 말하는 '경험'이라는 것은 종래 형이상학에서 사용되어 온 개념으로서의 '세계' 또는 '실재'와 다른 것이 아니라고 주장한다. 오우크쇼트에 의하면, '세계'라든가 '실재'를 경험 바깥에 있는, 또는 경험을 초월하여 있는 것으로 간주하는 종래의 형이상학적 견해는 옳지 않다.❼ 오우크쇼트에 있어서 '세계' 또는 '실재'라는 용어는 '경험' 그 자체의 특징을 기술하는, '경험'의 또 다른 이름에 불과하다. 따라서 오우크쇼트가 역사, 과학, 실제 등을 '경험의 양상'이라는 이름으로 지칭할 때 여기서의 경험이라는 것은 '세계' 또는 '실재'와 구별되는 것으로서의 '경험'이 아니

---

❼ 경험과 세계, 또는 경험과 실재를 엄격하게 구별하는 형이상학적 관점을 일컬어 '실재론' (Realism)이라고 부를 수 있을 것이다. 오우크쇼트는『경험과 그 양상』의 서문에서 자신이 그 책에서 제시하고자 하는 철학적 관점은 '관념론'(Idealism)이라는 애매한 용어로 지칭되는 입장과 상당한 유사성을 가지고 있으며, 관념론의 대표적 저서로 알려져 있는 헤겔의『정신현상학(*Phänomenologie des Geistes*)』과 브래들리의『외양과 실재(*Appearance and Reality*)』에서 많은 영향을 받았다고 말하고 있다(p. 6). 그러나 오우크쇼트가 말하고 있는 바 그대로, '관념론'이라든가 '실재론'이라는 명칭은 그 뜻이 결코 분명한 것이 아니며, 해석 여하에 따라서는 하나의 명칭이 전혀 상반된 뜻을 나타내기도 한다. 이하의 고찰에서 드러날 바와 같이, 오우크쇼트의 '관념론'이 '실재론'에 반대되는 것이라고 할 때 이 경우의 '실재론'은 경험과 실재를 사실상 분리된 것으로 간주하는 관점, 또는 경험을 초월하는 외부 세계 또는 실재 세계가 사실상의 실체로 존재한다고 보는 관점을 가리킨다. 그러나 오우크쇼트가 이런 뜻에서의 실재론에 반대한다고 하여, 현대의 일부 철학사조에서와 같이, 형이상학적 개념으로서의 '실재'(Reality) 그 자체를 부정하는 것은 결코 아니다. 아마 여기에 오우크쇼트의 교육이론과 현대의 지배적인 교육철학 사조, 특히 바로 오우크쇼트의 이론에서 직접적인 영향을 받은 것으로 알려진 피터스와 허스트의 교육철학 사이의 중요한 차이가 있을 것이다. 이하 2절의 논의 참조.

라, '세계' 또는 '실재'와 동의어로서의 '경험'을 뜻한다. 경험의 양상
으로서의 역사, 과학, 실제 등은 곧 세계의 양상 또는 실재의 양상인 것
이다. 이와 같이 '세계'와 '실재'라는 용어를 '경험'의 다른 이름으로
간주하는 오우크쇼트의 입장은 경험과 세계, 또는 경험과 실재를 엄격
하게 구별하는 종래의 형이상학적 관점과는 근본적 차이를 나타내는
것인 만큼, 여기에 대해서는 약간의 자세한 설명을 덧붙일 필요가 있다.

경험과 세계, 또는 경험과 실재를 구별하지 않고, '세계'와 '실재'라
는 용어를 '경험'과 동의어로 사용하는 것에 대하여 제기될 수 있는 한
가지 즉각적인 반론은, 세계 또는 실재는 경험의 '대상'이지 경험 그 자
체는 아니라는 주장일 것이다. 아닌 게 아니라, 종래 형이상학에서 이른
바 '외부 세계'라든가 '객관적 세계'라는 용어는 인간의 경험 바깥에 따
로 떨어져 있는 세계, 또는 인간이 그것을 어떤 식으로 경험하는가와는
무관하게 그 자체로서 존재하는 세계라는 뜻으로 사용되어 왔다. '실재
의 세계' 또는 간단히 '실재'라는 용어 또한, 인간의 경험을 초월하여
존재하는 '있는 그대로의' 세계, 인간의 경험으로는 그것에 도저히 다
다를 수 없는 궁극적 세계라는 뜻을 나타내고 있다. 그러나 오우크쇼트
가 보기에, 이와 같이 '세계'를 인간의 경험 바깥에 존재하는 객관적 대
상으로 간주한다든가, '실재'를 인간의 경험이 도저히 다다를 수 없는
초월적 세계로 간주하는 것은 모두, '경험'을 온전한 '총체'로서가 아닌
총체의 한 부분이나 측면으로 취급하는 데서 빚어지는 그릇된 견해다.
오우크쇼트에 의하면, 경험과 그 대상을 별도의 실체로 취급하는 것은
'[개념상의] 구분을 [사실상의] 분리로 격상하는 것'(p. 10)에 해당하며, 이
것은 명백한 오류다. 경험과 분리되어 있는 외부 대상, 외부 대상과 분
리되어 있는 경험은 실지로는 존재하지 않는 허구 또는 '순전한 추상'
(p. 9)에 불과하기 때문이다.

물론, '경험'이라는 용어는 그 어법상 반드시 목적어를 수반하며, 그 목적어에 해당하는 것은 경험의 '주체'와는 구별되는 것으로서의 경험의 '대상'에 해당한다고 말할 수 있다. 그러나 이와 같이 경험의 주체와 대상이 구별되는 것은 오직 개념상의 분석에 의한 것일 뿐, 실지로 있는 '구체적인' 경험에서는 주체와 분리된 대상, 대상과 분리된 주체라는 것은 있을 수 없다. 만약 경험의 대상이—그것을 '세계'라고 부르든 '실재'라고 부르든—그야말로 경험 바깥의 객관적 대상, 즉 경험과 사실상 분리되어 있는 별도의 실체로 존재하는 것이라면, 이 경우에 이른바 경험의 '주체' 또한 그 대상과 분리되어 있는 별도의 실체로 있어야 할 것이다. 이것은 곧 그 대상을 경험의 내용으로 삼기 전까지의 '주체'는 그 마음 속에 아무런 내용물을 가지고 있지 않은 '텅 빈' 상태로 있어야 한다는 것을 뜻한다. 그러나 도대체 '경험'이라는 것이 일어난다고 하면, 그와 같이 텅 빈 상태의 마음이라는 것은 있을 수 없다. 즉, '경험'이 있다면 그것은 반드시 주체와 대상의 결합 또는 '경험하는 것'과 '경험되는 것'의 결합으로 있을 수밖에 없다. 경험에서 그 주체와 대상을 구분하는 것은 경험이 일어나는 과정을 분석적으로 설명하기 위하여 취해지는 불가피한 조치일지는 모르지만, 경험의 주체와 대상은 경험에 들어 있는 분리불가능한 두 측면—이른바 '주관적 측면'과 '객관적 측면'—을 지칭하는 것에 불과하며, 실지로 일어나는 경험에는 그 두 측면이 반드시 함께 들어 있다. '경험'은 '경험하는 것과 경험되는 것을 포괄하는 구체적 전체'(p. 9)라는 말은 바로 이 점을 나타낸다.

'경험'은 곧 '관념의 세계'(world of ideas)(p. 27)라는 오우크쇼트의 규정은 이와 같이 '세계' 또는 '실재'와 그 실체에 있어서 동일한 것으로서의 '경험'이라는 것이 정확히 어떤 것인가를 이해하는 데에 결정적인 관건이 된다. 우선, 오우크쇼트가 말하는 '경험'은 이른바 '이성' 또는

'판단'과는 구별되는 순전한 감각 경험을 뜻하는 것이 아니다. 뿐만 아니라, '경험'은 그 하위 요소나 부분으로 분리될 수 없는 총체인 만큼, 경험은 이른바 감각, 지각, 의지, 직관, 감정, 사고 등의 하위 요소로 분할될 수 있는 것이 아니며, 그런 것들이 경험의 상이한 발달 단계를 나타내는 것도 아니다. '경험'은, 그것이 '지각'이든 '의지'이든 '정서'이든, 경험하는 것과 경험되는 것을 포괄하는 구체적인 총체이며, 이런 뜻에서의 경험에는 반드시 '사고' 또는 '판단'이 들어 있기 때문이다. 오히려 어느 편인가 하면, '경험은 그 자체가 곧 사고다'(p. 10). 즉, 우리가 무엇인가를 경험한다는 것은 곧 우리에게 그 무엇인가에 관한 사고 작용이 일어난다는 뜻이며, 우리에게 무엇인가 경험되는 것이 있다는 것은 곧 우리가 그 무엇인가를 사고의 내용으로 삼는다는 뜻이다. 그리하여 우리가 경험하는 것으로서 '사고' 아닌 것이 없고, 우리에게 경험되는 것으로서 '사고' 아닌 것이 없다. 경험의 대상으로서의 '세계'라는 것은 이와 같이 우리의 사고 또는 관념에 들어 올 수 있는 모든 것을 뭉뚱그려서 부르는 이름이다. 오우크쇼트가 말하는 '관념의 세계'는 있을 수 있는 여러 세계 중에서 특별히 '관념'으로 이루어지는 세계를 지칭하는 것이 아니다. 우리가 '세계'라고 부르는 것은 '우리의 관념에 들어 올 수 있는 모든 것'을 가리키며, 만약 우리가 '세계'라고 부르는 그런 것이 존재한다면 그것은 오직 '우리의 관념에 들어 올 수 있는 모든 것'으로서 존재한다.

이렇게 볼 때, 역사, 과학, 실제 등이 구체적 경험에 미치지 못하는 불완전한 경험을 나타낸다는 것은, 그것이 총체로서의 '경험'('세계' 또는 '실재')을 온전히 드러내지 못하고, 특정한 가정이나 범주에 의하여 제약되어 있는 경험(세계 또는 실재)을 드러내는 데에 그친다는 것을 뜻한다. 그러나 이것만으로는 양상화된 경험 또는 경험의 양상이 어째서 구체적 경험에 비하여 불완전한 것이며, 그 불완전성의 정확한 의미는 무엇인가 하는 것이 충분히 밝혀졌다고 보기 어렵다. 앞에서 고찰한 바와 같이, 오우크쇼트의 『경험과 그 양상』에서 경험의 양상이 나타내는 불완전성은 그것이 구체적 총체로서의 경험 그 자체가 아니라 경험의 '추상' 또는 '억류'를 나타낸다는 점과 관련하여 설명되며, 역사, 과학, 실제 등의 경험의 양상은 그것이 사실의 수준에 속하는 것인 한, '추상'이라든가 '억류'라는 용어로 표현되는 불완전성에서 결코 벗어날 수 없다. 결국, 경험의 양상이 나타내는 불완전성은 그것이 사실의 수준에 속하는 것이라는 데에서 기인한다고 할 때, 그 불완전성의 정확한 의미가 무엇인가 하는 것은 사실의 수준이라는 것이 어떤 것이며, 그것이 나타내는 특징은 무엇인가 하는 점에 비추어 설명되지 않으면 안 된다. 이 점을 설명하기 위해서는 먼저 오우크쇼트가 경험의 양상의 불완전성을 설명하기 위하여 사용하는 용어 중에서 특히 '추상'이라는 용어가 정확히 무슨 뜻인가 하는 것을 알아 볼 필요가 있다.

'추상적인 것'은 그 짝인 '구체적인 것', 즉 일체의 것이 하나로 응축되어 온전한 총체를 이루고 있는 것과 대비되어, 그 구체적인 것에서 무엇인가가 뽑혀 나온 것을 가리킨다. 물론, 여기서 '뽑혀 나온 것'이라는 말은 비유적인 표현이다. 그 표현은 마치 뽑혀 나오기 전의 온전한 무엇인가가 먼저 주어져 있고 그것에서 무엇인가가 뽑혀 나온다는 연상을 불러일으키지만, 사실은 그렇지 않다. 이 점은 앞에서 구체적 경험과 추상적 경험의 관계를 말할 때 이미 언급한 바 있다. 즉, 우리가 무엇인가 경험을 가진다고 할 때 우리에게 먼저 주어져 있는 것은 역사, 과학, 실제 등으로 대표되는 여러 경험의 양상이며, 우리가 무엇인가에 관하여 생각을 하고 말을 한다는 것은 곧 그런 여러 양상 중의 한 가지에 속하는 개념이나 언어적 표현을 사용하여 생각하고 말한다는 뜻이다. 그러나 그런 양상은 그것이 '양상'으로서의 성격을 가지는 한, 구체적 경험 그 자체에 비하여 무엇인가가 결여되어 있다고 말할 수 있다.

물론, 여기서 경험의 양상이 온전한 총체로서의 구체적 경험에 비하여 무엇인가가 '결여되어' 있다는 것은 그 양상이 세계 또는 실재의 오직 한 '부분'이나 '측면'을 드러낸다는 뜻이 아니다. 경험의 양상이 드러내는 것은 세계 또는 실재의 한 부분이나 측면이 아닌 그 전체이며, 다만 그 전체를 특정한 가정과 범주에 의하여 '추상하여' 드러낼 뿐이다. 예컨대 '역사'는 오직 그 양상에서 파악되는 세계를 드러내는 만큼 거기에는 '과학' 또는 '실제'의 양상에서 파악되는 세계는 들어 있지 않다. 이 점에서 역사의 양상이 드러내는 세계는 세계 그 자체가 아니라 세계의 한 양상이며, 이것은 구체적 총체로서의 경험 그 자체 또는 세계 그 자체에 비하면 무엇인가가 '결여되어' 있는 상태라고 말할 수 있다. 그러나 그렇다고 하여 역사, 과학, 실제 등 여러 경험의 양상을 종합하면 총체로서의 구체적 경험이 되는 것도 아니요, 그 양상들 사이에 총체로서의 구체적 경험에 도달하는 모종의 '위계'가 있는 것도 아니다(p. 324). 경험의 양상을 구체적 경험의 한 부분이나 단계로 간주하는 견해에는 총체로서의 경험이 경험의 양상과 마찬가지로 사실의 수준에 속한다는 생각이 가정되어 있으며, 그 가정이 그릇된 것인 한, 경험의 양상이 나타내는 불완전성을 '부분'이나 '단계'라는 용어에 의하여 설명하는 것은 옳지 않다.

구체적 총체로서의 경험의 관점에서 볼 때 경험의 양상은 총체로서의 경험을 특정한 시각에서 드러내는 불완전한 '추상', 또는 부단히 완전한 만족의 상태를 추구하는 경험을 고정된 한 지점에서 묶어두는 '억류'의 상태에 있다. 경험의 논리적 발전이라는 것은 경험이 그와 같은 추상이나 억류의 상태에서 벗어나서, 특정한 가정이나 범주에 의하여 추상 또는 억류되지 않은 구체적 총체로서의 경험(세계 또는 실재)에 도달하는 것을 의미한다. 물론, 여기서 '발전'이라든가 '도달'이라는 것은 사실의 수준이 아닌 논리의 수준에서 일어나는 과정이며, 정확히 말하면, 사실의 수준에서 논리의 수준으로 나아가는 과정이라고 보아야 한다. 사실의 수준에 속하는 것으로서의 경험의 양상은 구체적 경험(세계 또는 실재)을 특정한 가정과 범주에 의한 개념적 인식 또는 그 개념적 인식의 결과로서의 언어적 표현에 의존하여 드러내는 것임에 비하여, 논리의 수준에 속하는 것으로서의 구체적 경험 그 자체(세계 또는 실재)는 개념적 인식이나 언어적 표현에 의하여 드러나기 '이전의' 있는 것 전부를 가리키는 것인 만큼, 경험의 양상이 추구하는 논리적 발전은 경험의 양상이 '양상'으로서의 성격을 상실할 때 비로소 성취될 수 있다. 이것은 곧, 만약 경험의 한 양상이 경험의 양상으로서의 불완전성과 결함에서 벗어나고자 한다면, 그것은 경험의 한 특이한 '양상'으로서의 독자성을 포기하지 않고서는 결코 실현될 수 없다는 것을 뜻한다. 결국, 하나의 양상은 '양상'으로서의 성격을 유지하는 한, 경험 그 자체의 성격을 스스로 부정할 수밖에 없으며, '경험'으로서의 성격을 완전히 실현하려고 하는 한, 양상 그 자체의 성격을 포기할 수밖에 없다. 이러한 이중의 '자기모순'(p. 80)은 과학적 경험이든 역사적 경험이든 실제적 경험이든 일체의 경험의 양상에 필연적으로 내포되어 있다.

그리하여, 경험의 양상은 구체적 총체로서의 경험과 '항구적 긴장' (p. 79)의 관계에 놓여 있다. 즉, 총체로서의 경험은 특정한 양상에 속하는 개념이나 명제로 표현 또는 '추상'되지 않고서는 스스로를 드러낼 수 없으며, 경험의 특정한 양상 또는 특정한 시점에서의 '억류'는 그러한 추상의 충동이 실현된 상태를 가리킨다. 그러나 또한 경험의 양상에는 경험의 준거를 완전히 만족시킴으로써 온전한 총체를 실현하고자 하는 논리적 충동이 들어 있으며, 이것은 경험의 양상에 내포되어 있는 자기모순과 불완전성을 지양하려는 추진력으로 발휘된다. 이와 같이 경험에는 한편으로 부단히 양상으로 표현되어 나오려는 충동과, 또 한편으로 그와 같은 양상으로 표현되기 이전의 원래의 것으로 돌아가고자 하는 충동이 있다. 즉, 경험이 있다면 거기에는 반드시, 구체적인 것에서 추상적인 것으로의, 그리고 이와는 반대로, 추상적인 것에서 구체적인 것으로의 두 가지 상반된 방향의 운동이 있다고 말할 수 있다(p. 70). 물론, 그 두 가지 상반된 방향의 운동 또는 충동을 동시에 만족시킨다는 것은 논리적으로 불가능하다. 경험의 양상에 내포되어 있는 자기모순은 결국, 경험에 이와 같은 두 가지 상반되는 방향의 충동이 있다는 점에서 비롯된다. 즉, 구체적 총체로서의 경험 그 자체는 특정한 양상이라는 '외적 표현'에 의존하지 않고서는 스스로를 드러낼 수 없지만, 그런 외적 표현 또는 양상 이면에는 우리의 생각에 들어 올 수 있는 모든 것을 특정한 개념이나 명제로 표현되기 이전의 무정형의 상태로 한꺼번에 응축하고 있는 '내적 응축'으로서의 총체가 반드시 가정되어 있다. 따라서 경험의 양상은 그것이 완전한 경험으로 되기 위해서는 그러한 내적 응축으로서의 총체 그대로를 온전히 드러내지 않으면 안 된다. 그러나 경험의 양상이 스스로의 외적 표현을 무모순의 완전한 개념 체계로 만들려고 하면 할수록 내적 응축으로서의 총체 그 자체와의 거리는 점점 더 멀어질 뿐이다.

2. 교육의 정당화: '철학'의 이념

1) 철학적 경험

오우크쇼트가 『경험과 그 양상』에서 제시하는 형이상학적 설명의 기본 전제이자 최종 결론은 '사실의 수준 이면에 그것의 기준으로서의 논리의 수준이 있다'는 명제로 요약될 수 있다. 물론, 구체적 총체로서의 경험은 사실의 수준에 속하는 지식이나 경험과 사실상 분리되어 있는 것이 아니라, 그 이면에 가정되어 있는 것이며, 따라서 그런 지식과 경험이 없다면 그 기준에 접근하는 것 자체가 불가능하다. 오우크쇼트가 말하는 '철학적 경험'이라는 것은 사실의 수준에 속하는 지식과 경험을 기반으로 하여, 그 이면에 가정되어 있는 기준을 드러내려는 노력을 가리키며, 그 노력을 통하여 궁극적으로 알아내어야 할 것은 인간이 추구하는 지식과 경험의 불완전성이다. 오우크쇼트에 의하면, 그 불완전성을 인정하지 않는 것, 이것이야말로 과학, 역사 등 일체의 인간 지식이 '경험의 양상'에 머무를 수밖에 없는 이유이면서, '경험의 양상'으로서 저지를 수밖에 없는 오류이기도 하다. 그 오류는 '구체적 총체로서의 경험'이라는 용어로 표현되는 논리의 수준 또는 형이상학적 수준을 인정하지 않는 데서 생긴다. 사실의 수준 이면에 그것의 기준으로서의 논리의 수준이 있다는 것을 인정하지 않는 한, 역사적 지식이나 과학적 지식 등 사실의 수준에 속하는 인간 지식을 완전한 지식, 절대적 지식으로 간주하는 오류에서 벗어나기 어렵다. 철학 또는 '철학적 경험'에 관한 오우크쇼트의 설명은 바로 이 점을 분명히 보이기 위한 것이다.

오우크쇼트의 『경험과 그 양상』에서 논의되는 '철학'은 통상적 의미의 철학, 즉 과학이나 역사와 마찬가지로 하나의 독립된 학문 분야를 이루고 있는 것으로서의 철학이 아니라, 그것과는 구분되는 특별한 의미에서의 철학이며, 그 책의 한 가지 중요한 목적은 바로 철학의 그 특별한 의미가 무엇인지를 밝히는 데에 있다. 이와 같이, 오우크쇼트의 『경험과 그 양상』은 철학의 의미를 밝히는 데에 그 목적이 있다고 말하였지만, 철학이 무엇인가 하는 것은 그 책의 서문 첫머리에 명백한 정의의 형태로 제시되어 있다. 그 정의에 의하면, 철학은 '전제하는 가정도 유보하는 단서도 없는, 일체의 억류나 양상화도 없는 경험'(p. 2), 또는 '아무런 단서도 억류도 없는, 부수적이고 부분적이고 추상적인 것에 의한 방해와 혼란을 당하지 않는, 철두철미 비판적인 경험'(p. 3)이다. 이 서문에서 저자는 철학에 관한 이 정의에서 따라나오는 중요한 함의들을 찾아내는 것이 그 책의 목적이라고 말한다. 이 말만으로 보면, 철학에 관한 그 정의는 그 책의 본문에서 제시하게 될 본격적인 설명에 앞서서 먼저 받아들이지 않으면 안 되는, 논의의 출발점이라고 보아야 할 것이다. 그러나 과연 철학에 관한 그 정의가 단순히 논의상의 출발점에 불과한 것인가 하는 데는 의문의 여지가 있다.

우선, 철학에 관한 그 정의가 그야말로 장차의 논의를 위한 '출발점'이라면, 그 정의는 적어도 정상적인 지력을 가진 보통의 독자의 경우에 별도의 설명 없이 받아들일 수 있는 것이어야 한다. 그러나 철학은 '아무런 단서도 억류도 없는, 부수적이고 부분적이고 추상적인 것에 의한 방해와 혼란을 당하지 않는, 철두철미 비판적인 경험'이라는 정의는 여기에 해당되지 않는다. 그 정의를 별도의 설명 없이 이해할 수 있는 사람은 아마 거의 없을 것이며, 그 정의를 철학에 관한 대표적인 '정의'로 받아들일 수 있는 사람은 더욱 없을 것이다. 도대체 그 정의를 처음 대하는 독자에게는 '아무런 단서도 억류도 없는'이라든가, '부수적이고 부분적이고 추상적인 것에 의한 방해와 혼란을 당하지 않는'이라는 말 자체가 도무지 이해되지 않는 것이다.

물론, '아무런 단서도 억류도 없는'이라든가, '부수적이고 부분적이고 추상적인 것에 의한 방해와 혼란을 당하지 않는'이라는 말이 무슨 뜻인가 하는 것은 『경험과 그 양상』의 본문에서 자세히 설명된다. 특히, 본문 II장의 마지막 절과 IV장 결론의 마지막 절은 오로지 철학의 개념 그 자체에 관한 설명에 할애되어 있다. 그리하여, 아마 『경험과 그 양상』의 본문을 세밀하게 읽은 독자라면 그 책의 서문에 나와 있는 철학의 정의를 이해할 수 있을지 모른다. 결국, 『경험과 그 양상』의 서문에 나와 있는 철학의 정의는 표면상으로는 논의의 출발점으로 제시되어 있지만, 『경험과 그 양상』의 논의 전체가 그것에 의존하고 있다는 뜻에서의 '출발점'이라고 보기는 어려우며, 오히려 그것은 오우크쇼트가 그 책 전체를 통하여 제시하고자 하는 이론적 관점에서 따라나오는 마지막 결론, 또는 그 결론의 최종 요약으로 보아야 한다. 이것은 곧, 『경험과 그 양상』의 서문에 나와 있는 정의를 이해하는 것은 그 책 전체의 설명을 이해하는 것이며, 그 정의를 이해하기 위해서는 그 책에 제시되어 있는 설명 전체를 이해해야 한다는 것을 뜻한다.

위에서 언급한 바와 같이, 그 책의 본문 일부와 결론에는 철학의 개념 그 자체에 관한 본격적인 설명이 제시되어 있다. 그러나 그것을 제외한 본문의 대부분은 철학에 관한 설명이 아니라 역사, 과학, 실제 등, 이른바 '비철학적 경험'에 관한 설명으로 채워져 있다. 만약 이 부분에서 다루어지는 문제가, 예컨대 '역사는 무엇인가'에 관한 것이라면, 이것은 철학의 이념에 관한 논의와 무관하게 그 자체로서 독자적인 이론적 관심사가 될 수 있을 것이며, 이 점은 과학, 실제 등의 경우도 마찬가지다. 그러나 『경험과 그 양상』의 설명 체계에서 역사, 과학, 실제 등의 비철학적 경험에 관한 설명은 결코 철학의 이념에 관한 설명과 무관한 것이 아니며, 오히려 어느 편인가 하면, 철학의 이념이 무엇인가 하는 것은 그와 같은 비철학적 경험에 관한 설명에 의존하고 있다고 말해야 한다. 이와 같이, 오우크쇼트가 『경험과 그 양상』에서 제시하는 철학의 이념은 그 책에서 제시되는 역사, 과학, 실제 등으로 양상화된 경험, 즉 경험의 다양한 양상에 관한 설명을 통하여 밝혀지며 그것에서 추론된다.

이렇게 볼 때, 『경험과 그 양상』의 서문에 제시된 철학의 정의, 즉 철학은 '아무런 단서도 억류도 없는, 부수적이고 부분적이고 추상적인 것에 의한 방해와 혼란을 당하지 않는, 철두철미 비판적인 경험'이라는 정의가 무슨 뜻인가 하는 것은 경험의 양상에 관한 앞 절의 고찰에 의하여 이미 다소간은 밝혀졌다고 말할 수 있을 것이다. 이 정의에서 '억류'라든가 '추상'이라는 용어는 경험의 양상이 나타내는 불완전성을 지칭하는 것인 만큼, 철학이 '아무런 단서도 억류도 없는, 부수적이고 부분적이고 추상적인 것에 의한 방해와 혼란을 당하지 않는 경험'이라는 말은 철학적 경험은 경험의 양상에 수반되는 제약과 불완전성에서 벗어나 있다는 의미로 해석된다. 철학적 경험은 경험의 양상에 대비되는 완전한 경험, 즉 구체적 총체로서의 경험이 가지는 특징을 그대로 가지고 있는 경험이다. 철학적 경험은 '경험의 한 종류나 양상이 아니라 구체적 경험 그 자체'라든가(p. 351), 철학적 경험은 '경험의 양상의 논리적 종착점일 뿐만 아니라 그 출발점'(p. 350)이라는 오우크쇼트의 말은 바로 이 점을 나타내고 있다. 물론, 오우크쇼트가 말하는 구체적 총체로서의 경험은 사실의 수준과는 대비되는 논리의 수준에 속하는 것인 만큼, 철학적 경험이 구체적 총체로서의 경험이라면 이런 의미의 철학적 경험은 사실의 수준이 아닌 논리의 수준에 속하는 것이라고 보지 않으면 안 된다. 그러나 통상적 의미에서의 철학, 즉 학문의 한 분야로서의 철학이 논리의 수준에 속하는 것으로서의 철학적 경험에 부합하지 않는다는 것은 분명하다. 철학을 학문의 한 분야로 파악한다는 것은 곧 철학을 과학, 역사 등과 마찬가지로 경험의 한 양상으로 파악한다는 뜻이며, 이 경우에 철학적 경험이라는 것은 논리의 수준이 아닌 사실의 수준에서의 철학적 경험을 가리키기 때문이다. 그렇다면, 과연 사실의 수준이 아닌 논리의 수준에 속하는 것으로서의 철학적 경험이라는 것은 어떤 것인가?

이 질문에 답하는 데는, 여기서 '논리의 수준'과 '사실의 수준'이라는 용어가 원래 무엇을 설명하기 위하여 사용된 용어인가를 분명히 하는 것이 도움이 된다. 그 용어는 원래는 구체적 총체로서의 경험과 그 양상의 차이와 관련을 설명하기 위하여 사용된 것으로서, 이 점을 염두에 두면, 논리의 수준에 속하는 것으로서의 철학적 경험과 사실의 수준에 속하는 것으로서의 철학적 경험 사이에는 구체적 총체로서의 경험과 그 양상 사이에 성립하는 차이와 관련이 그대로 적용된다고 말할 수 있기 때문이다. 즉, 논리의 수준에서의 철학적 경험은 사실의 수준에서의 철학적 경험과 사실상 분리되어 있는 별개의 실체가 아니라, 사실의 수준에서의 철학적 경험에서 논리적으로 추론되어 나온 것으로서, 사실의 수준에서의 철학적 경험이 의미를 가지기 위해서는 받아들이지 않으면 안 되는 논리적 가정이면서, 그와 동시에 사실의 수준에서의 철학적 경험이 궁극적으로 도달하고자 하는 논리적 목적을 가리킨다고 볼 수 있다. 이것은 곧 『경험과 그 양상』에서 오우크쇼트가 말하는 '철학적 경험'은 통상적 의미의 철학, 즉 역사, 과학 등과 구별되어 '철학'이라는 이름으로 이루어지는 학문적 활동과 전연 무관한 것이 아니라는 것을 뜻하는 만큼, 과연 사실의 수준에서 이루어지는 하나의 학문적 활동으로서의 철학이 역사, 과학 등과 구분되는 고유의 특징이 무엇인가 하는 것이 중요한 문제로 대두된다. 오우크쇼트는『경험과 그 양상』
에서 이 문제를 직접적으로 다루고 있지는 않지만, 그 책의 서문에 제시
되어 있는 철학의 정의는 결국, 사실의 수준에서 '철학'이라는 이름으
로 이루어지는 학문적 활동의 특징에서 추론되어 나온 것이라고 보지
않으면 안 된다. 이 점을 분명히 하기 위해서는 그 철학의 정의로 다시
돌아갈 필요가 있다.

　『경험과 그 양상』의 서문에 제시되어 있는 철학의 정의에 의하면, 철
학은 '아무런 단서도 억류도 없는, 부수적이고 부분적이고 추상적인 것
에 의한 방해와 혼란을 당하지 않는, 철두철미 비판적인 경험'이다. 이
정의에서 '철두철미 비판적인 경험'이라는 규정은 그 앞부분, 즉 '아무
런 단서도 억류도 없는, 부수적이고 부분적이고 추상적인 것에 의한 방
해와 혼란을 당하지 않는' 경험이라는 규정과는 성격상 차이가 있다고
볼 수 있다. 아무런 단서도 억류도 없다든가, 부수적이고 부분적이고 추
상적인 것에 의한 방해와 혼란을 당하지 않는다는 것은 구체적 총체로
서의 경험이 가지는 특징을 기술한 것이라면, 이와는 달리, '철두철미
비판적인 경험'이라는 규정은 어째서 철학이 그와 같은 특징을 가지게
되는가를 기술하고 있기 때문이다. 즉, '철두철미 비판적인 경험'이라
는 규정은 철학의 어떤 점이 철학으로 하여금 구체적 총체로서의 경험
이 가지는 특징을 갖추도록 해 주는가에 관한 대답을 나타내고 있다. 이
점을 존중하여 철학의 정의를 재진술한다면, 철학은 '철두철미한 비
판'에 의하여 '아무런 단서도 억류도 없는, 부수적이고 부분적이고 추
상적인 것에 의한 방해와 혼란을 당하지 않게 된 경험'이라고 정의될 수
있다.

　비록 '철두철미한'이라는 단서가 붙어 있기는 하지만, 오우크쇼트가
'비판'이라는 용어로 표현한 철학적 경험의 특징은 통상적 의미에서의

철학과 무관한 것이 아니다. 사실의 수준에서 '철학'이라는 이름으로 이루어지는 학문적 활동이 하는 일 또한, 비록 '철두철미한' 것은 아니라 하더라도, '비판'이라는 용어로 표현되는 바로 그 일이기 때문이다. 그리하여, 사실의 수준에서 철학이 역사, 과학 등과 구분되는 근거가 '비판'이라는 용어로 표현되는 특유의 지적 노력에 있다면, 논리의 수준에서의 철학적 경험이라는 것은 그 특유의 지적 노력의 완전한 경지를 의미한다고 볼 수 있다. 물론, 사실의 수준에서의 철학적 경험은 논리의 수준에서의 철학적 경험 그 자체가 아니라, 그것의 불완전한 표현이다. 그러나 논리의 수준에 속하는 철학적 경험은 사실의 수준에서의 철학적 경험과 사실상 분리되어 있는 것이 아니며, 이 점에서 사실의 수준에서의 철학적 경험은 논리의 수준에서의 철학적 경험에 접근하는 유일한 통로가 된다고 말할 수 있다. 결국, 오우크쇼트가 말하는 철학적 경험이라는 것은 한편으로는 논리의 수준에 속하는 구체적 총체로서의 경험 그 자체와 다른 것이 아니면서, 다른 한편으로는 사실의 수준에 속하는 철학적 경험과도 다른 것이 아니라고 말할 수 있다. 이렇게 보면, 철학이 역사, 과학 등의 경험의 양상과 구별되는 점은 경험의 양상이 아닌 구체적 경험 그 자체라는 데에 있다기보다는, 경험의 양상이면서 또한 양상이 아니라는 데에 있다고 말하는 것이 보다 정확하다(조영태, 1998: 109). 요컨대 만약 '철학'이라는 이름의 학문적 활동이 역사, 과학 등과는 달리 구체적 총체로서의 경험을 온전하게 드러낼 수 있다면 그것은 '철두철미한 비판'이라는 철학의 정신에 충실할 때 비로소 가능하다. 그러나 과연 철학이 하는 일로서의 '철두철미한 비판'이라는 것이 어떤 것이며, 그것이 어떻게 하여 구체적 총체로서의 경험을 드러내는 방법이 되는가 하는 것은 별도로 따져 보아야 한다.

우선, 한 가지 분명한 것은 철학이 하는 '철두철미한 비판'은 경험의 양상을 그 대상으로 한다는 점이다. 이것은 구체적 총체로서의 경험과 그 양상은 결코 사실상 분리되어 존재하는 것이 아니라는 점, 사실상 또는 시간상의 순서로 보아 우리에게 먼저 주어져 있는 것은 구체적 총체로서의 경험이 아니라 경험의 양상이라는 점을 염두에 두면 지극히 당연하다. 즉, 구체적 총체로서의 경험이 논리의 수준에 속하는 것인 한, 구체적 총체로서의 경험이 무엇인가 하는 것은 그 자체로서는 결코 밝혀질 수 없으며, 오로지 경험의 양상이 속하는 사실의 수준을 출발점으로 하여 '그 이면에 붙박혀 있는' 논리적 가정을 드러냄으로써 비로소 밝혀진다. 철학이 하는 '철두철미한 비판'이라는 것은 경험의 양상에 논리적 가정으로 들어 있는 경험의 개념적 준거를 추론해 내고 그 추론된 준거에 비추어 경험의 양상이 가지는 제약과 불완전성을 드러내는 일 이외에 다른 것일 수 없다. 이 일은 곧 경험이 스스로를 비판의 대상으로 삼는 것이라는 점에서 철학이 하는 비판은 자기 자신에 대한 자기 의식적 비판, 즉 '자기비판'이다(p. 82). 오우크쇼트가 『경험과 그 양상』에서 경험의 양상을 대상으로 하여 그 제약과 불완전성을 드러내는 일을 한다고 할 때 오우크쇼트는 역사도 과학도 아닌, 바로 '철학'이 하는 그 일을 하고 있다.

『경험과 그 양상』에서 역사, 과학, 실제 등의 경험의 양상에 관한 설명은 그 각각이 경험의 양상으로서 가지는 제약과 불완전성을 밝히는 데에 그 의의가 있다는 점에 대해서는 앞 절에서 이미 다룬 바 있다. 그 제약과 불완전성은 경험의 양상에 공통적으로 가정되어 있는 경험의 성격과 준거에 비추어 볼 때 비로소 드러난다는 점을 염두에 두면, 그 설명의 궁극적 의의는 경험의 양상에 논리적 가정으로 들어 있는 경험의 개념적 준거 그 자체를 드러내는 데에 있다고 말할 수 있다. 즉, 경험 그 자체의 성격 또는 개념적 준거가 무엇인가 하는 것은 경험의 양상과 무

관한 별도의 철학적 설명에 의해서가 아니라, 경험의 양상에 들어 있는
논리적 가정에 관한 분석과 추론에 의해서 드러나며, 그 일을 하는 것이
바로 '철학'이다. 이와 같이 『경험과 그 양상』에서 경험의 양상에 관한
설명은, 그 설명에 의하여 철학적 경험의 의미가 밝혀진다는 점에서뿐
만 아니라, 그 설명 자체가 그 책에서 제시되는 철학의 이념에 부합하는
구체적 예시를 보여 주고 있다는 점에서 철학의 이념과 긴밀한 관련을
맺고 있다.

2) 지식의 불완전성

『경험과 그 양상』의 설명 체계에서 철학의 이념이 무엇인가 하는 것
은 역사, 과학, 실제 등의 경험의 양상이 가지는 제약과 불완전성에 관
한 설명 없이는 밝혀지지 않는다. 경험의 양상은 구체적 총체로서의 경
험 그 자체가 아니라 경험의 추상이며, 일체의 경험의 양상에는 자기모
순이 필연적으로 내포되어 있다. 경험의 양상에 내포되어 있는 그 불완
전성과 자기모순은 경험의 양상이 사실의 수준에 속하는 것인 한, 결코
벗어날 수 없는 것이며, 구체적 총체로서의 경험이 나타내는 무모순의
완전성은 그것이 논리의 수준에 속하는 것인 한, 사실의 수준에서는 결
코 실현될 수 없다. 이것은 사실의 수준 이면에 그것의 기준으로서의 논
리의 수준이 있다는 것을 받아들이는 한, 불가피하게 따라나오는 결론
이다. 만약 특정한 경험의 양상이 스스로의 불완전성을 부정하고 완전
한 경험 또는 완전한 지식으로 자임하고 나선다면 그것은 결국, 구체적
인 것과 추상적인 것을 혼동한다는 점에서 '논점 혼동'(*ignoratio
elenchi*)의 오류❽를 저지르는 것이다(p. 5, p. 353). 사실의 수준과는 구분
되는 논리의 수준이 있다는 것을 부정하는 한, 그 오류에서 벗어난다는

것은 불가능하다. 과학이 그 어떤 지식보다도 맹위를 떨치고 있는 현대
의 상황에서, 경험의 양상이 저지르는 오류에 빠질 위험이 가장 큰 것은
아마 '과학' 의 경우일 것이다. 이하에서는 과학의 경우를 예로 들어, 어
째서 과학적 경험이 구체적 총체로서의 경험 그 자체가 아니라 경험의
불완전한 추상이며, 과학적 지식에 내포되어 있는 자기모순은 어떤 것
인가를 설명하여 보겠다.

우선, 과학적 경험 또는 간단히 '과학' 으로 불리는 경험의 양상은
'경험' 이 가지는 일반적 성격을 그대로 가지고 있다. 즉, 과학은 다수의
관념 또는 사고가 일정한 체계를 이루고 있는 하나의 '관념 세계' 이며,
있는 그대로의 사실과 사물에 관하여 말하고자 하는 세계, 즉 실재를 드
러내고자 하는 세계이다(p. 169). 과학적 지식이라는 것은 순전한 감각
이나 지각의 산물이 아니라, 과학적 성격을 가진 특정한 사고와 개념의
체계이며, 그것은 가시적인 현상 이면의 실재를 드러내는 데에 그 목적
이 있다. 이와 같이 과학적 지식이 과학적 개념의 체계라는 것은, 19세
기 식의 소박한 '자연주의', 즉 우리의 경험이나 인식과는 무관하게 존
재하면서, 이른바 '과학적 방법'에 의하여 발견되기를 기다리고 있는
실재의 세계가 따로 있다는 믿음을 신봉하는 사람이 아니라면 누구든
지 받아들일 수 있다. 그러나 오우크쇼트에 의하면, 19세기와는 달리

---

❽ 『경험과 그 양상』에서의 설명에 의하면, 이 '논점 혼동' 의 오류는 구체적인 것과 추상적인
것의 차이를 올바르게 인식하지 못하는 경우뿐만 아니라, 추상적인 것과 추상적인 것 사이
의 관계, 즉 경험의 양상 상호간의 관계를 그릇되게 파악하는 경우에도 마찬가지로 해당된
다(p. 5). 예컨대 역사와 과학은 각각 독자적인 개념 체계를 이루고 있는 경험의 상이한 양
상으로서 어느 하나가 다른 하나에 의하여 지배되거나 대치될 수 있는 것이 아니라는 점에
서, 역사를 과학으로 대치하고자 하는 '실증주의' 나 과학을 역사로 대치하고자 하는 '역사
주의' 는 모두 그와 같은 논점 혼동의 오류를 저지른다고 말할 수 있다. 과학과 실재, 역사
와 실재의 경우도 마찬가지다.

오늘날에는 과학적 지식에서의 이른바 '주관적 요소'의 존재가 공공연히 인정되고 있기는 하지만, 19세기의 자연주의에 들어 있던 경험과 실재의 구별은 오늘날 '주관적 요소'와 '객관적 요소'의 구별로 그 모습을 바꾸었을 뿐, 실지로 존재하는 '객관적 사물'과 그것에 대응하는 것으로의 '주관적 관념'을 구별하는 이원론적 사고는 여전히 남아 있다 (p. 174). 과학에서 그 탐구 대상과 탐구 방법을 엄격히 구별하는 사고방식은 바로 이와 같은 이원론적 사고방식에 기초를 두고 있는 것이다.

그리하여, 오늘날 이른바 자연과학의 분야에서 '자연'이라는 것은 과학적 탐구의 '대상'으로서의 객관적 사물 세계를 가리키는 것으로, 그리고 그런 자연 세계에 관한 객관적 지식은 과학자 자신의 주관적 관념과 편견을 가능한 한 배제하도록 특별히 고안된 탐구의 '방법'에 의하여 얻어지는 것으로 간주되고 있다. 과학적 방법은 탐구 대상에 대한 사적 감정이나 편견, 특히 일상적 상식과 실제적 관심에서 벗어나서 탐구자들 사이의 객관적 이해와 완전한 의사소통을 이루는 데에 그 목적이 있다. 과학에서 그와 같은 객관적 이해와 의사소통을 가능하게 하는 수단은 바로 대상의 '수량화' 또는 '양적 측정'이다. 과학은 수량화가 가능한 몇 가지 개념(예컨대, '질량', '속도', '체적' 등등)을 기초로 하여 그 개념들 상호간의 긴밀한 관련 체계로 이루어진 하나의 동질적 세계이며, 과학에서의 '가설검증'의 방법은 그러한 동질적 개념체계를 보다 전일한 것으로 만드는 데에 활용된다.

요컨대, 과학은 '수량화'의 방법에 의하여 '자연'을 탐구하는 경험 세계다. 그러나 과학에서 그 탐구 대상과 탐구 방법은, 경험에서 그 경험되는 대상과 경험되는 방식이 분리될 수 없는 것과 마찬가지로, 결코 분리될 수 있는 것이 아니며, 다만 과학적 경험이라는 한 가지 동일한 경험에 들어 있는 두 측면을 나타낼 뿐이다(p. 175, pp. 190-1). 다시 말하여, 과학의 탐구 대상으로서의 '자연'은 '우리가 잠에서 깨어나 눈을 뜰 때에 우리 앞에 펼쳐져 있는 세계'(pp. 209-210)가 아니라, 과학적 개념과 탐구 방법에 의하여 규정된 세계이며, 과학적 방법, 즉 '수량화'의 방법에 의하여 탐구되는 것인 한, 그 대상이 인간이든 사회이든 그것은 '자연'에 해당한다. 이 점에서 과학의 탐구 대상으로서의 '자연'은 인간 또는 사회의 영역과 별도로 있는, 실재의 한 부분을 가리키는 것이 아니라, 실재의 세계 전체를 포괄한다. 이와 같이 과학은 실재의 세계 전체를 포괄하면서 그 세계의 참모습을 드러내고자 하는, 그 자체로서 독자적인 체계와 정합성을 갖춘 하나의 관념 세계이다. 그러나 과연 과학적 경험은 구체적 총체 또는 궁극적 실재로서의 경험 그 자체이며, 과학적 지식은 무모순의 완전한 정합성을 갖춘 절대적, 궁극적 지식인가?

물론, 위의 질문은 현재의 과학적 지식이 이룩한 또는 앞으로 이룩할 발전의 수준에 비추어 대답될 것이 아니다(p. 213). 그 대답은 과학적 지식이 현재 어떤 상태에 있으며 장차 어떤 상태로 발전할 것인가와는 무관하게, 과학적 지식 또는 과학적 경험의 성격 그 자체에서 찾아져야 한다. 앞에서 고찰한 바와 같이, 과학적 경험을 그 밖의 경험 세계와 구별짓는 원리, 즉 과학적 경험의 독자성과 정합성을 보장하는 것은 '양적 측정' 또는 간단히 '양(量)'의 범주이다. 그러나 과학적 경험을 경험 그 자체와 구별짓는 것 또한 바로 그 범주이다. 즉, 과학적 경험의 세계는 실재의 세계 그 자체가 아니라, '양(量)의 상하(相下)에서 파악된 세계' (*sub specie quantitatis*)(p. 214)이다. 과학적 경험이 '과학'으로서 가지는 미덕은, 실재 또는 총체 그 자체의 관점에서는 불완전한 추상이 가지는 결함으로 파악된다. 물론, 과학은 세계의 한 부분이 아닌 '총체'로서의 세계, 현상의 세계가 아닌 '실재'의 세계를 드러내고자 하며, 과학적 개념의 동질적 체계로서의 과학적 경험은 그 바깥의 기준에 의존하지 않는 자기충족적 관념 세계로서의 정합성과 통일성을 갖추고 있다. 그러나 구체적 총체로서의 경험 그 자체의 관점에서 볼 때 과학적 경험은 '자기모순'의 상태에 있다. 그 자기모순은 총체로서의 경험과 그 양상 사이의 항구적 긴장, 또는 경험의 양상이 그 양상의 수준에서 드러내는 '외적 표현'과 그 외적 표현 이면에 감추어져 있는 '내적 응축'으로서의 총체 사이의 갈등에서 비롯된다(pp. 214-215).

과학적 경험은 세계에 관한 객관적 이해와 완전한 의사소통을 그 외적 특징으로 삼고 있다. 즉, 과학적 경험은 반드시 '과학'으로서의 성격에 부합하는 모종의 개념이나 명제로 표현되어 있으며, 그것은 총체로서의 세계를 '양(量)의 범주에서' 파악하여 드러내는 데에 목적이 있다. 그러나 과학적 경험의 그와 같은 표면적 목적 이면에는, '경험' 그 자체의 목적, 즉 총체적 경험으로서의 완전한 정합성과 단일성을 절대적으로 실현하고자 하는 시도가 필연적으로 들어 있다. 다만 그 시도는 과학적 경험의 표면적 목적—양의 범주에 의하여 세계를 드러내려는 목적—에 가리워져 있을 뿐이다. 그리하여, 한편으로, 과학은 총체로서의 세계를 있는 그대로 드러내는 것이 아니라 양의 범주에서 파악되는 세계를 드러낸다는 점에서 총체의 불완전한 추상을 나타내지만, 또 한편으로 과학은, 그것이 경험으로서의 성격을 포기하지 않는 한, 그 어떤 추상과 억류도 허용하지 않는 완전한 총체로서의 경험 또는 그와 동일한 의미에서의 '실재'의 세계를 드러내고자 한다. 과학적 경험의 이면에 들어 있는 그러한 내적 목적을 표면화할 경우에, 과학은 '양의 상하에서 파악되는 세계'를 총체로서의 세계 그 자체 또는 실재 그 자체로 인정하지 않으면 안 되는 형편에 있다. 그러나 이것은 총체로서의 경험의 관점에서 볼 때 명백한 자기모순이다.

구체적 총체의 관점에서 볼 때 과학은 총체로서의 세계를 특정한 시각에서 드러내는 불완전한 추상, 또는 부단히 완전한 만족의 상태를 추구하는 경험을 고정된 한 지점에서 묶어두는 억류의 상태에 있다. 그런 만큼, 과학이 '양의 상하에서 파악되는 세계'를 총체로서의 세계 그 자체 또는 실재 그 자체로 간주하면서, 스스로를 구체적 경험 그 자체로 자임하는 것은 결코 용납되지 않는다. 만약 과학이 구체적 총체로서의 경험 그 자체의 목적을 절대적으로 실현하고자 한다면, 과학은 세계를 양의 범주에서 파악한다는 과학 그 자체의 목적을 포기하지 않으면 안 된다. 결국, 과학적 경험은 '과학'으로서의 성격을 유지하는 한, 경험 그 자체의 목적을 부정할 수밖에 없으며, '경험'으로서의 성격을 표명하는 한, 과학 그 자체의 목적을 포기할 수밖에 없다. 즉, 과학적 경험이 궁극적으로 실현하고자 하는 경험 그 자체의 목적은 '자기소멸'(p. 80) 없이는 성취될 수 없다.

오우크쇼트에 의하면, 경험의 양상에 내포되어 있는 불완전성과 자기모순은 과학뿐만 아니라, 역사, 실제 등 일체의 경험의 양상에 그대로 해당된다. 다만, 과학이 '양의 상하에서 파악되는 세계'를 드러낸다면, 역사는 '과거의 상하에서 파악되는 세계'(*sub specie praeteritorum*)를, 실제는 '의도의 상하에서 파악되는 세계'(*sub specie voluntatis*)를 드러 낸다는 점에서 차이가 있을 뿐이다. 이와는 달리, '철학' 또는 '철학적 경험'은 경험의 양상에 내포되어 있는 불완전성과 자기모순을 극복한 경험, 그리하여 무모순의 완전한 정합성을 실현한 경험이다. 즉, '경험이 일체의 추상적인 것과 불완전한 것에 의한 제약에서 벗어남으로써, 경험의 완전한 실현을 방해하는 일체의 장애물로부터 자유롭게 될 때' 그 경험은 철학적 경험으로 된다(p. 346). 이런 뜻에서의 철학적 경험은 추상적 경험이 아니라 구체적 경험이며, 불완전한 경험이 아니라 완전한 경험이다.

물론, '철학'이라는 이름으로 이루어지는 지적 활동 또는 지식 체계 모두가 그 경지에 도달하는 것은 아니며, 어느 편인가 하면 그 경지에 실지로 도달한 철학자나 철학적 지식은 없다고 보아야 한다. 그럼에도 불구하고 특정한 활동이나 지식을 '철학적' 활동 또는 '철학적' 지식이 라는 이름으로 부를 수 있다면, 그 자격은 누군가에 의하여 실지로 이룩 된 성취에 의해서가 아니라, '완전한 정합성을 갖춘 경험의 세계 이외 에는 다른 어떤 것에도 만족하지 않으려는 결의'(p. 347)에 의해서 부여 된다. 여기에 철학적 경험이 다른 모든 추상적 경험과 구별되는 근거가 있다. 즉, 과학, 역사 등의 경험의 양상에서는 경험의 목적이 완전한 실 현을 이루지 못한 채 그 이면에 감추어져 있는 반면에, 철학은 경험 그 자체의 목적을 표면으로 드러내어 절대적으로 실현하고자 하는 의지와 결단을 표명하고 실천한다.

앞 절에서 고찰한 바와 같이, 철학적 경험이 일체의 추상적인 것과 불완전한 것에 의한 제약, 경험의 목적의 완전한 실현을 방해하는 일체 의 장애물로부터 자유롭게 되는 것은 '철두철미한 비판'(p. 347)에 의하 여 가능하다. 그러나 철학의 철두철미한 비판이라는 것은 그 성취여부 를 사실의 수준에서 확인할 수 있는 것이 아니며, 따라서 오우크쇼트가 말하는 '철학적 경험'이라는 경지는 사실상으로 실현되어야 할 목적, 또는 '적극적 성취'의 대상이 아니다. 이것은 구체적 총체로서의 경험 이 역사상의 목적이나 적극적 성취의 대상이 아닌 것과 꼭 마찬가지다. 우리가 무엇인가를 적극적으로 성취할 수 있다면 그것은 오직 경험의 양상의 수준에서이며, 다만 구체적 총체로서의 경험은 우리가 그 양상 의 수준에서 성취하는 지식의 불완전성을 비추어 보는 '소극적 기준'이 될 뿐이다. 사실의 수준과는 구분되는 논리의 수준이라는 것이 사실상 의 실체로 존재하는 것이 아닌 한, 논리의 수준이 사실의 수준의 기준이 된다고 할 때 그 '기준'이라는 것은 오로지 그것에 도달할 수 없다는 점으로 말미암아 그 존재가 확인되는 소극적 기준으로 이해되지 않으면 안 된다.

이와 같은 의미에서의 '철학'은 그 단어의 희랍어 어원 *philosophia*의 의미 그대로 '애지'(愛知), 즉 진정한 지식에 이르고자 하는 간절한 열망을 뜻한다고 보아야 할 것이다. 한 사람이 그와 같은 열망을 가지고 평생을 살아가는 경우에 그것은 특정한 삶의 자세로 표현될 수밖에 없다. 즉, 일체의 추상적인 것과 불완전한 것에 의한 제약으로부터 벗어나려는 의지, 완전한 정합성을 갖춘 경험의 세계 이외에는 다른 어떤 것에도 만족하지 않겠다는 결단, 그 의지와 결단을 실현하기 위한 노력으로서의 철두철미한 자기비판은 일상적 삶의 영위에 만족하는 상식인의 삶의 자세와는 구분되는 특별한 삶의 자세로 나타난다. 우리의 일상적 삶은 추상적 경험, 특히 실제적 경험에 의존하여 그것을 활용하면서 이루어지는 것인 만큼, 추상적 경험에 만족하지 않고 구체적 총체로서의 경험 또는 실재 그 자체를 추구하는 '철학'은 일상적 삶 또는 실제적 경험의 관점에서는 삶의 영위와는 무관한 '일시적인 기분의 전환'(p. 2, p. 83, p. 356)으로 간주될 수밖에 없다. 이 점에서, 철학의 정신은 '삶의 고양이 아닌 삶의 부정'(p. 355)에 있다고 말해도 과언이 아니다. 철학에 관한 오우크쇼트의 이러한 관점은, '철학자는 죽음을 연습하는 사람'이라는 말에 들어 있는 소크라테스의 정신을 거의 그대로 이어 받고 있다.

3) 교육의 가치

이상에서 논의한 '철학'의 이념, 그리고 경험의 양상의 불완전성에 관한 오우크쇼트의 설명은 지식의 성격과 그 논리적 기준을 밝혀준다는 점에서, 다양한 분야의 지식을 그 내용으로 삼는 교육의 이념과 가치, 그리고 그 교육이 추구하는 궁극적 경지에 관한 중요한 시사를 담고 있다고 말할 수 있다. 오우크쇼트가 『경험과 그 양상』에서 제시하는 이론에 의하면, 철학적 경험이 추구하는 구체적 총체로서의 경험 또는 '실재'는 경험의 양상과 별도로 존재하는 실체를 지칭하는 것이 아니라, 경험의 양상 이면에 붙박혀 있는 논리적 기준이다. 그의 이론에서 '실재'의 개념은 우리의 지식이나 경험과는 무관한 초월적 세계의 존재를 주장하기 위한 것이 아니라, 우리의 지식이나 경험이 의미를 가지기 위해서는 받아들일 수밖에 없는 논리적 가정이 무엇인가를 밝혀 준다는 데에 그 중요한 의의가 있다. 만약 이런 뜻에서의 실재, 즉 지식과 경험의 논리적 기준으로서의 실재를 인정하지 않는다면, 그것은 곧 학교의 교과를 이루는 여러 분야의 학문적 지식이 가지는 가치, 그런 지식을 탐구하고 그것을 다음 세대에 전수하는 일로서의 교육이 가지는 의미를 인정하지 않거나, 설령 인정한다 하더라도 그 의미와 가치의 근거를 엉뚱한 데서 찾는다는 것을 뜻한다. 오우크쇼트의 형이상학 이론이 전통적 학교교육, 또는 서양적 용어로 '자유교육'의 가치를 가장 궁극적인 수준에서 정당화한다는 것은 바로 이런 뜻에서이다.[9]

교육의 내용을 이루는 여러 분야의 학문적 지식은, 『경험과 그 양상』에 제시되어 있는 오우크쇼트의 형이상학 이론을 따라서 말하면, 총체로서의 경험, 또는 그것과 동의어로서의 '실재'를 특정한 개념체계에

---

[9] 오우크쇼트는 '교육철학자' 라는 호칭이 그다지 어색하지 않을 정도로, 교육에 관한 다수의 본격적인 논문과 강연문을 집필하였다. 풀러가 편집하고 서문을 붙인 선집 *The Voice of Liberal Learning: Michael Oakeshott on Education* (1989)에는 오우크쇼트가 교육을 주제로 하여 쓴 다수의 논문과 강연문이 수록되어 있다. 이 책이 주로 학교교육 또는 '자유교육' 을 주제로 한 오우크쇼트의 글을 모아놓은 것이라면, 오우크쇼트의 정치이론을 대표한다고 볼 수 있는 *Rationalism in Politics and Other Essays* (1962)는 정치교육론과 도덕

의하여 표현하는 다양한 '양상'(modes 또는 modifications)이다. 경험의 다양한 양상은 그 각각이 의존하고 있는 개념체계에 의하여 서로 구분되지만, 그것은 모두 총체로서의 실재를 드러내려는 노력을 나타낸다는 점에서 동일한 의미와 가치를 가진다. 오우크쇼트가 그 책에서 규명하고자 한 '철학'의 이념은 경험의 양상, 즉 교육의 내용을 이루는 다양한 지식이 가지는 이 동일한 의미와 가치, 경험의 양상으로서의 다양한 지식에 필연적으로 수반되는 불완전성과 모순, 불완전한 지식에 만족하지 않고 총체로서의 경험 그 자체 또는 실재를 추구하는 정신이 어떤 것인지를 밝히기 위한 것이다.

이상의 고찰에서 드러난 바와 같이, 총체로서의 경험과 그 양상에 관한 오우크쇼트의 형이상학 이론은 지식의 성격을 사실의 수준에서 규명하는 것에는 심각한 결함과 위험이 있다는 것, 지식의 의미와 가치는 사실의 수준과 구분되는 논리의 수준에서 밝혀져야 한다는 것을 분명히 보여주고 있다. 이 점에서, 경험과 그 양상에 관한 오우크쇼트의 이론이 다양한 분야의 지식을 그 내용으로 삼는 교육의 의미와 가치에 대한 정당화 논의로 해석될 수 있다는 점에 대해서는 의문이 여지가 없다. 오우크쇼트의 형이상학 이론을 교육의 정당화 논의로 해석함으로써 드러나게 되는 가장 중요한 요점은, 지식을 추구하는 인간 경험의 궁극적 경지는 지식의 불완전성을 깨닫는 데에 있다는 것, 학문적 지식의 전수를 목적으로 삼는 교육의 가치는 사실적 수준에서 확인되는 결과나 효용이 아니라, 지식과 경험의 이면에 그 논리적 가정으로 들어 있는 소극적 기

교육론을 그 핵심적인 부분으로 포함하고 있다. 『경험과 그 양상』에 표명되어 있는 오우크쇼트의 형이상학적 견해와 그의 정치이론 사이에는 사상적 일관성이 있는가, 오우크쇼트의 형이상학적 관점과 정치이론이 그의 교육론을 일관된 교육이론으로 정립하는 데에 어떤 기여를 할 수 있는가에 관해서는 차미란, 『오우크쇼트의 교육이론』(2003) 참조.

준으로서의 '실재'에 의하여 정당화된다는 것이다.

오우크쇼트의 『경험과 그 양상』을 교육이론의 관점에서 해석하고자 한 이 글의 논지에 따르면, 교육이 추구하는 궁극적 경지는 바로 인간 지식의 불완전성에 관한 자각으로서의 '철학'의 경지에 있으며, 교육받은 사람의 삶의 자세는 '철학자'의 삶의 자세와 다르지 않다고 말할 수 있다. 물론, 교육의 과정에서 우리가 실지로 할 수 있는 것, 적극적 성취의 대상으로 삼을 수 있는 것은 과학, 역사 등등의 지식을 공부하는 것뿐이며, 그 지식의 불완전성을 인식하기 위하여 별도의 '지식'을 배워야 하는 것은 아니다. 오우크쇼트적 의미에서의 '철학'은 과학, 역사 등과 병렬적 위치에서 하나의 독립된 지식의 분야로 교수되거나 학습될 수 있는 것이 아니라, 그런 여러 교과의 공부 이면에 가정되어 있는 소극적 기준이기 때문이다. 과학, 역사 등의 지식은 그것이 완전한 것으로 되기 위해서는 구체적 총체 그 자체로 돌아가야 하는 불완전한 지식이지만, 그 불완전한 지식이 없다면 총체에로 돌아가는 길 또한 있을 수 없다. 그런 불완전한 지식은 구체적 총체로서의 경험 그 자체, 또는 그것과 동일한 의미로서의 '실재'로 돌아가는 데에 우리가 의존할 수 있는 유일한 기반이다. 그럼에도 불구하고 여전히 교육의 목적은 불완전한 지식에서 벗어나는 데 있다고 말할 수 있는 것은, 그 '실재'로 돌아가는 길이 '양상'과는 반대 방향을 향하고 있기 때문이다. '철학'은 그 반대 방향을 향하여 돌아서려는 노력을 나타내며, 자유교육의 전통이 추구하는 '자유' 또는 오류에 대한 예속으로부터의 '해방'의 정신은 그 철학의 이념이 곧 자유교육의 이념이라는 것을 분명하게 보여 주고 있다. 자유교육이 그 철학의 이념을 일상적 삶으로부터 벗어나서 지식을 탐구하고 전수하는 학교교육의 형태로 구현하고 있다면, 철학의 이념은 자유교육적 전통의 이면에 들어 있는 논리적 기준이 무엇인지를 밝혀냄으로써 교육이 추구하는 궁극적 경지와 고전적 이상을 상기시켜 준다.

현대의 자유교육 이론을 대표하는 피터스와 허스트의 교육철학이 오우크쇼트의 철학에서 영향을 받아 성립되었다는 점에 대해서는 그들 자신이 공식적으로 언명한 바 있으며, 오우크쇼트의 저서 중에서도 특히『경험과 그 양상』이 큰 영향을 미친 것으로 알려져 있다.❿ 피터스와 허스트의 교육철학에서 자유교육의 내용을 규정하는 개념으로서의 '지식의 형식'(forms of knowledge)이 오우크쇼트의 '경험의 양상'(modes of experience)과 긴밀한 유사성을 나타내고 있다는 것은 누가 보더라도 명백하다. 이와 같이『경험과 그 양상』에서의 '경험의 양상'과 자유교육의 내용으로서의 '지식의 형식'이 긴밀한 유사성을 나타낸다면, 이것은 그 책에서의 '철학'의 이념을 자유교육의 이념과 관련지어 해석하고자 했던 이 글의 관점에 타당성을 부여하는 한 가지 근거로 간주될 수 있을 것이다. 그러나 과연 피터스와 허스트의 교육철학이 오우크쇼트의『경험과 그 양상』에 함의되어 있는 교육이론을 정확하고 충실하게 이어받았는지에 대해서는 본격적으로 검토해 볼 필요가 있다.

피터스와 허스트의 이론에 의존하지 않더라도,『경험과 그 양상』에서 경험의 양상으로 제시되어 있는 역사, 과학 등이 교육의 내용으로서의 여러 분야의 지식을 대표한다는 것은 분명하다. 물론, 그 책에서의 '경험의 양상'이 교육의 내용으로서의 여러 학문적 교과와 모든 면에서

---

❿ 피터스는 허스트의 저서인 *Knowledge and the Curriculum*(1974)의 편집자 서문에서 '지식의 형식'에 관한 허스트의 이론에 영향을 미친 저서로서, R. G. Collingwood의 *Speculum Mentis*, John MacMurray의 *Interpreting the Universe*, Louis A. Reid의 *Ways of Knowledge and Experience* 등과 함께, 오우크쇼트의 *Experience and its Modes*를 들고 있다.

일치하는가 하는 데는 의문의 여지가 있다. 『경험과 그 양상』에서 경험의 양상의 대표적 사례로 제시되어 있는 것 중에서 '실제적 경험' 또는 간단히 '실제'라는 용어로 불리는 것은 역사, 과학 등과는 달리 학문적 지식에 해당한다고 보기 어렵기 때문이다.⓫ 뿐만 아니라, 피터스와 허스트의 교육철학, 심지어 오우크쇼트 자신의 여러 교육논문에서 철학은 자유교육의 내용을 이루는 하나의 교과로서, 과학, 역사 등과 동등한 지위를 가지는 것에 비하여, 오우크쇼트의 『경험과 그 양상』에서 '철학'은 과학, 역사 등과는 구분되는 특별한 위치에 있는 것으로 설명되어 있다는 점을 생각해 보면, 철학의 이념에 관한 그 책의 설명을 과연 교육의 의미와 가치에 관한 정당화 논의로 해석할 수 있는가 하는 의문이 들지 모른다. 그러나 오우크쇼트의 『경험과 그 양상』에 제시되어 있는 이론을 교육이론과는 아무런 관련이 없는 형이상학적 설명으로 간주한다면, 그것은 그 이론이 가지는 가장 중대한 의의를 놓치는 셈이 된다.

오우크쇼트의 『경험과 그 양상』에 제시되어 있는 형이상학적 논의가 교육이론의 관점에서 가지는 의의는 단순히 그 책에서 다루어지는 여

⓫ 피터스와 허스트가 7가지 '지식의 형식', 또는 '지식과 경험의 양식'(modes of knowledge and experience)에 포함시키고 있는 '도덕적 판단'과 '종교적 주장'은 오우크쇼트가 말하는 경험의 양상 중에서 '실제적 경험'에 상응한다는 해석이 있을 수 있다. 이 경우에, '실제적 경험'이라는 양상은 지식 또는 학문과 전연 무관한 것이 아니라, 이른바 '분화된 개념구조'의 한 가지 표현 방식으로서 지식 또는 학문의 한 분야를 이루는 것으로 간주된다. 그러나 오우크쇼트에 있어서 '실제적 경험'은 과학, 역사 등과 마찬가지로 특정한 가정과 범주에 의하여 세계를 파악하는 '관념의 세계'라는 점에서, 분화된 개념구조의 한 표현 또는 지식의 한 양식이 아니라고는 할 수 없지만, 과학, 역사 등과 마찬가지로 학문적 지식 또는 '이론적 지식'으로서의 성격을 가진다고는 보기 어렵다. 특히, 오우크쇼트적 의미에서의 '철학'은 실제적 경험의 제약으로부터 벗어나는 것, 즉 실제로부터의 탈피(또는 '자유')를 그 주된 특징으로 삼고 있으며, 그것은 과학, 역사 등이 이론적 지식으로서 갖추어야 할 공통된 성격이기도 하다. 이 점에서, 실제적 경험을 학문 또는 이론적 지식의 한 양식으로 간주하는 것은 타당하지 않다고 보아야 한다.

러 '경험의 양상'이 교육을 통하여 전달되는 내용, 피터스와 허스트의 교육철학에서 '지식의 형식'이라는 용어로 지칭되고 있는 교육 내용에 해당한다는 데에 있는 것이 아니라, 그 내용을 통하여 추구되는 교육의 이념 또는 가치가 무엇인가를 밝혀 준다는 데에 있다. 앞에서 언급한 바와 같이, 총체로서의 경험과 그 양상에 관한 오우크쇼트의 이론에서 가장 중요한 요점은, 총체로서의 경험 또는 '실재'가 있다는 것은 우리의 경험과 지식이 의미를 가지기 위해서는 받아들일 수밖에 없는 논리적 가정이라는 것, 이런 의미에서의 '실재'는 사실의 수준에서 성취되는 경험과 지식의 불완전성을 비추어보는 소극적 기준이 된다는 것이다.

피터스와 허스트의 교육철학은 교육의 내용을 이루는 다양한 지식의 가치를 실제적 논의의 논리적 가정을 드러내는 방식으로, 또는 간단히 이른바 '선험적 논의'에 의하여 정당화하고자 하며, 사실의 수준과는 구분되는 논리적 수준에서의 정당화 논의를 정립하고자 한다는 점에서 오우크쇼트의 형이상학 이론과 일관된 것처럼 보인다. 그러나 오우크쇼트의 관점과는 달리, 피터스와 허스트의 정당화 논의에서 형이상학적 차원은 철저히 배제되어 있으며, 자유교육에 대한 그들의 정당화 논의는 형이상학적 개념으로서의 '실재'에 의존하지 않는 정당화라는 것을 가장 중요한 특징으로 내세우고 있다(P. H. Hirst, 1965; R. S. Peters, 1966). 아마도 그 이유는 그들이 따르는 현대의 철학사조가 견지하는 관점, 철학적 논의에서 형이상학을 배제하고자 한 '분석철학' 또는 '개념 분석'의 관점에서 찾아질 수 있을 것이다.

그러나 피터스와 허스트의 교육철학에서와 같이, '실재'에 관한 형이상학적 논의를 회피하고, 지식과 경험의 논리적 기준으로서의 '실재'를 인정하지 않는 것은, 지식의 성격과 의미는 어떻게 설명될 수 있으며 교육의 이념과 가치는 어떻게 정당화될 수 있는가에 관하여 오우크쇼트의 이론이 제시하는 가장 핵심적인 견해를 외면하고 묵살함으로써,『경험과 그 양상』에서의 오우크쇼트의 형이상학적 논의가 교육이론의 관점에서 가지고 있는 가장 중요한 의의를 도외시하는 것이라고 말할 수 있다. 오우크쇼트의 교육이론은 '경험의 양상'에 관한 그의 형이상학 이론을 인간의 경험과 지식의 논리적 기준으로서의 '실재'와 그 불완전한 표현이라는 관점에서 해석하고, 그가 확립하고자 하는 '철학'의 이념을 소크라테스 이후 오늘날에 이르기까지 교육이 추구해 온 고전적 이상, 즉 실재에 접근하고자 하는 간절한 열망이면서 동시에 지식의 불완전성에 대한 깨달음의 경지를 나타내는 '애지'(愛知)의 의미에 비추어 파악함으로써 비로소 온전하게 이해된다. 피터스와 허스트의 교육철학뿐만 아니라, 지식과 교육의 형이상학적 차원을 부정한다는 점에서는 단일한 목소리를 내는 현대의 교육철학 사조와 대비되어, 현대의 교육이론으로서 오우크쇼트의 이론이 가지는 특이성과 고전적 의의가 바로 여기에 있다.

참고문헌

이돈희(1993). 교육적 경험의 이해. 파주: 교육과학사.

이홍우(2006). 대승기신론통석. 서울: 김영사.

이홍우(2014). 성리학의 교육이론(증보). 파주: 교육과학사.

조영태(1998). 교육 내용의 두 측면: 이해와 활동. 교육과정철학 총서 3. 서울: 성경재.

차미란(2003). 오우크쇼트의 교육이론. 교육과정철학 총서 9. 서울: 성경재.

Auspitz, J. L. (1991). "Michael Oakeshott: 1901-1990", *American Scholar, 60*, 351-370.

Bradley, F. H. (1914). *Appearance and Reality.* Oxford University Press.

Grant, R. (1990). *Thinkers of Our Time: Oakeshott*, The Claridge Press.

Hirst, P. H. (1965). "Liberal Education and the Nature of Knowledge", R. D. Archambault (ed.). *Philosophical Analysis and Education, Routledge and Kegan Paul.*

Hirst, P. H. (1974). *Knowledge and the Curriculum*, Routledge and Kegan Paul.

Oakeshott, Michael(1933). *Experience and its Modes*, Cambridge University Press.

Oakeshott, Michael(1962). *Rationalism in Politics and Other Essays*, Methuen.

Oakeshott, Michael(1989). *The Voice of Liberal Learning: Michael Oakeshott on Education*, T. Fuller (ed.). Yale University Press.

Oakeshott, Michael(1991). *Rationalism in Politics and Other Essays* (new and expanded edition), T. Fuller (ed.). Liberty Press.

Peters, R. S. (1965). "Education as Initiation", R. D. Archambault (ed.). *Philosophical Analysis and Education*, Routledge and Kegan Paul, 113-140.

Peters, R. S. (1966). *Ethics and Education*, George Allen and Unwin, 이홍우

(역). (1981). 윤리학과 교육. 조영태(역). (수정판)(2003). 파주: 교육과학사.

Peters, R. S. (1981). "Michael Oakeshott's Philosophy of Education", *Essays on Educators*, George Allen and Unwin, 89–109.

제2부

대안적 지식교육론

제5장 교육내용으로서의 과학과 사고: 하이데거의 교육이론

서용석 (전남대학교)

1. 서 론
2. '세계-내-존재'로서의 인간
3. 진리와 존재와 교육
4. 교육내용: 과학과 사고
5. 교육받은 인간으로서의 시인

1. 서 론

하이데거(1889~1976)는 지난 20세기를 대표하는 탁월한 철학자 가운데 한 명으로 인정받고 있으며, 그 사상적 영향력에 있어서 타의 추종을 불허하는 20세기의 최고의 사상가로 손꼽히고 있다. 하이데거가 철두철미 존재의 사상가라는 점은 우리에게 익히 알려져 있다. 그의 사상을 관통하는 단 하나의 초점은 이른바 '존재물음'(Seinsfrage, the question of being)으로서 이것은 '존재한다는 것의 의미는 무엇인가'라는 질문에 관한 탐색이다. 우리에게 '존재'라는 용어는 고답적이고 사변적인 분위기를 강하게 자아낸다. 이 때문에 전문적인 철학의 영역을 넘어서 존재물음이 발휘하는 영향력은 극히 제한적일 수밖에 없지 않겠는가 하는 의구심이 들기도 한다. 그러나 존재물음에 관한 하이데거의 탐구는 그야말로 근본적이고 집요하며, 존재물음이야말로 인간의 삶에서 가장 중요한 문제임을 보여주고 있다. 인간의 삶에서 가장 근본적인 물음을 가장 심층적인 수준까지 파고들 때 그것은 그 밖의 다른 모든 중요한 문제로 자연스럽게 연결될 수 있는 것이다.

인간을 올바로 형성하는 일로서 교육 또한 하이데거의 사상이 갖는 이러한 광범한 영향력의 범위에 당연히 포함된다. 비록 하이데거는 교육을 직접적인 주제로 하는 본격적인 저작을 내놓은 적이 없지만, 그의 몇몇 주요 저술에는 교육에 관한 산발적인 언급이 종종 눈에 띈다. 그러나 이러한 발언들, 그리고 나아가 보다 일반적으로 하이데거의 사상으로부터 도출되는 교육적 메시지는 단순히 철학의 문제를 그와 별도로 존재하는 교육의 영역에 적용한 결과로 간주되어서는 안 된다. 존재물음은 올바른 삶을 살고자 하는 인간의 실천적 관심과 결코 별개의 것일 수 없다는 것이 하이데거 존재론의 근저에 흐르는 핵심적인 문제의식이다. 이렇게 볼 때 교육에 관한 하이데거의 발언 속에서 우리가 확인하게 되는 것은 그의 존재론의 골자와 다른 것일 수 없다. 하이데거 존재론의 논지는 그대로 교육에 관한 그의 관점을 이루며, 다만 교육적 논의의 맥락에서는 그의 존재론 본래의 실천적 의미가 보다 선명하게 부각되고 있을 뿐이다.

이 점을 염두에 둘 때, 하이데거의 교육론으로 우리를 안내해 주는 적절한 출발점으로 삼을 수 있는 발언은 다음과 같은 것이다. "지향성 개념을 더욱 근본적으로 다시 이해하는 일, 교육의 과업은 전적으로 이 문제와 관계된다"(Heidegger, 1945; 2002: 30). 하이데거의 이 발언의 의미를 자세히 살펴보는 일은 잠시 뒤로 미루더라도 표면에 드러나 있는 두 가지 사항은 당장 확인할 수 있다. 하나는 하이데거가 '지향성'이라는 개념을 매우 중요한 것으로 취급하면서 그것이 지금까지 이해되어 온 방식에 대하여 강력한 이의를 제기하고자 한다는 것이요, 다른 하나는 지향성 개념에 관한 새로운 이해가 교육의 본질에 무엇인가 근본적인 변화를 요구한다고 본다는 점이다. 교육은 무엇인가를 가르치고 배우는 활동인 만큼, 그것의 핵심은 바로 가르치고 배우는 '내용'에 있다고 할 수 있다. 이 점에서 우리는 하이데거가 제시하는 새로운 지향성 개념으로부터 교육내용에 관한 모종의 통찰을 기대해볼 수 있을 것이다. 하이데거 존재론은 과학과 테크놀로지로 특징지어지는 현대 기술문명에 대한 날카로운 비판의 선봉으로 여겨지기도 한다. 현대 기술문명 속에서 이루어지고 있는 이 시대의 교육에 대하여 하이데거가 가지고 있는 우려와 기대가 무엇인가 하는 것 또한 교육내용의 문제로 귀착될 것이다.

2. '세계-내-존재'로서의 인간

'지향성'(Intentionalität, intentionality)이라는 용어는 교육학에서는 아주 드물게 보는 용어지만 철학, 특히 현상학에서는 결코 빼놓을 수 없는 용어다. 그 용어의 사용은 하이데거의 스승이자 현상학의 아버지로 알려진 후설(1859~1938), 그리고 후설의 스승인 브렌타노(1838~1917)에게로 거슬러 올라가며, 하이데거에 따르면 현상학은 다시 이 용어를 중세 스콜라철학에서 이어받고 있다(Heidegger, 1975; 1982: 58). 다른 경우에서와 마찬가지로, 한 용어가 이와 같이 오랜 시간에 걸쳐 사용된 것일 때 그것에서 하나의 고정된 의미를 찾기를 기대하는 것은 거의 불가능하다. '지향성'이라는 용어를 문제 삼을 때 하이데거가 주목하는 것은 이 가운데에서 후설의 현상학적 전통에서 이해된 의미다. 물론, 하이데거가 궁극적으로 겨냥하는 것은 보다 큰 사상적 전통이다. 하이데거는 후설적 의미에서의 지향성 개념에서 발견되는 문제가 데카르트를 위시한 서양 근대 인식론에서는 더욱 분명한 형태로 확인된다고 보고 있다. 더 나아가 그는 그 문제의 단초가 서양 철학의 본격적인 출발을 알리는 플라톤의 형이상학에 배태되어 있음을 선언하는 데 주저하지 않는다. 요컨대, 하이데거에 의하면 일체의 서양의 철학적 전통이 지향성 개념이라는 하나의 근본 문제에 응축되어 있다(Heidegger, 1978; 1984: 132).

하이데거는 후설 현상학의 지향성 개념은 적어도 그 출발에 있어서는 인간의 의식 또는 마음이 갖는 본질적 특징을 적절하게 포착해내는 것이었다고 평가한다. 인간의 마음은 무엇인가를 보거나 상상하거나 욕구하는 등의 온갖 다양한 '행위'를 끊임없이 수행하고 있다. 또는 보다 정확히 말하자면, 오직 그와 같은 행위를 수행하는 상태로만 존재할 수 있는 것이 바로 인간의 마음이다. 마음이 수행하는 이 모든 행위는 언제나 그것이 관계하는 대상을 가진다. 지각과 상상과 욕구는 반드시 무엇에 '관한' 지각이며 상상이고 욕구인 것이다. '지향성'은 이처럼 인간의 마음이 본질적으로 '무엇을 향함'이라는 구조적 특징을 가진다는 것을 가리키는 용어다.

얼른 보면 인간의 마음이 이러한 지향성의 구조를 갖는다는 사실은 그다지 놀라운 것이 아닐뿐더러 그것이 도대체 어떤 심각한 문제를 제기하는 것인지조차 불분명하다. 그러나 당연한 것으로 받아들여지는 이 지향성의 의미는 자칫 치명적으로 잘못된 방향으로 해석될 소지가 있다. 마음이 무엇을 향하기 위해서는 먼저 마음이 그 자체의 영역에 존재하면서 대상과 관계하기 위한 순간에 비로소 그 영역의 바깥으로 나오게 된다는 식의 생각이 바로 그것이다. 이 생각은 인간의 마음과 세계(또는 대상)의 존재방식에 관한 특정한 이해를 나타내고 있다. 이 견해에 따르면 인간의 마음과 세계는 마치 사실상 분리되어 있는 두 개의 실체와 같으며, 인간의 인식과 경험은 이 두 개의 실체 사이에서 일어나는 인과적 작용으로 설명된다. 하이데거에 의하면, 서양 근대 인식론에서 거의 예외 없이 등장하는 '주체-대상'의 개념쌍은 바로 이러한 사고방식을 반영한다. 근대 인식론은 인간의 지각 행위를 주체와 마주 서 있는 대상에 의하여 촉발된 감각자료에 마음의 작용이 가해지는 것으로 설명하는 전형적인 형태를 취하고 있다.

'우리의 마음이 무엇인가를 인식하는 것은 도대체 어떻게 가능한가' 하는 것은 인간만이 제기할 수 있는 숭고한 물음이라고 할 수 있다. 그리고 이러한 인식 행위를 설명하기 위한 방편으로 주체-대상의 용어를 동원하는 것은 어쩌면 불가피한 일이라고 보아야 할 것이다. 그러나 '무엇을 향함'이라는 지향성의 구조 속에서 논리적 관련을 맺고 있던 두 항을 근대 인식론에서와 같이 각각 주체와 대상으로 분리시키는 것은 명백한 오류다. 단적인 예로서, 내 앞에 놓여 있는 컵을 컵으로 지각하는 일은 마음과 세계에 관한 근대 인식론적 가정에 입각해서는 결코 설명될 수 없다. 물론, 정상적인 시각을 가진 사람의 눈이라면 컵으로부터 반사되어 나오는 빛깔과 모양 등의 시각자료를 받아들일 것이다. 그러나 이러한 시각자료를 아무리 종합한다고 하더라도 결코 인간 사회에서 사용되는 '도구로서의 컵'을 지각 해낼 수는 없다. 이를 위해서는 단순한 감각자료 이상으로, 컵을 도구로서 적절히 사용하는 인간의 사회적 삶에 관한 이해가 필수적으로 요구되기 때문이다.

그러나 이러한 명백한 불합리에도 불구하고, 주체-대상의 인식론적 가정은 서양의 근대 철학에서 광범한 호소력을 가지게 되었다. 그리하여 근대 인식론은 한편으로, 인간의 마음 바깥의 실체로 상정되는 세계의 존재를 과연 실지로 입증할 수 있는가 하는 난제를 떠안게 되었고 다른 한편으로는, 대상과 관계 맺기에 앞서 인간의 마음에 갖추어져 있는 원초적 사고능력으로서의 '생각하는 나'의 존재를 확신하게 되었다. 그러나 하이데거는 철학이 스스로 그 같은 증명의 책임을 떠안은 것은 결코 명예로운 일이 아니요 오히려 '철학의 스캔들'이라고 평가하고 있다. 이것은 이제껏 그 증명에 성공을 거둔 철학자가 없었기 때문이 아니라, 지금까지 철학이 그러한 증명을 응당 필요한 것으로 받아들이고 또 계속해서 시도해 왔기 때문이다(Heidegger, 1927; 1962: 249). 마찬가지로, 데카르트의 '코기토'(cogito)로 대표되는 인식론적 주체에 대해서도 하이데거는 비판적이다. 하이데거는 '순수자아' 또는 '관념화된 절대주체'는 실지로 존재하지 않는 '가공된 관념'에 불과하다고 단언한다(Heidegger, 1927; 1962: 272). 도대체 인간의 마음이 조금도 무엇에 관계하지 않고 철저히 그 내면의 영역에 고립된 채로 사고하면서 존재할 수 있다는 것은 논리적으로 받아들여질 수 없다.

결국 지향성 개념 속에서 하이데거가 찾아낸 중대한 존재론적·인식론적 결함은 보다 일반적인 철학의 용어로 말하여 '이원론'의 오류라고 할 수 있다. 그리고 하이데거에 따르면 후설은 그의 지향성 개념을 불행히도 이 오류를 향한 방향으로 이끌어 나갔다. 흔히 '판단중지' 또는 '괄호치기' 등의 용어로 번역되는 후설의 '에포케'(epoche)는 '무엇을 향함'이라는 마음의 구조에서 마음과 관련을 맺고 있는 대상을 점차 지워나가기 위한 방법론적 도구를 가리킨다. 후설의 현상학은 매우 복잡한 발전과 변형의 단계를 거친 것으로 악명 높다. 그러나 하이데거에 의하면, 이 도구를 활용한 결과로 후설의 현상학에서 최종적으로 남게 되는 것은 결국 세계와 동떨어져 있으면서 그 자체의 힘으로 사고하는 순수자아다. 하이데거는 후설의 지향성 개념의 이 같은 불행한 변화를 '지향성 개념의 잘못된 주관화'라고 부른다(Heidegger, 1975; 1982: 65).

물론, 세계와 단절된 의식의 공간에 갇힌 주체라 하더라도 그것을 세계와 관계 맺게 할 수 있는 이론적 가능성은 남아있다. 그 가능성은 바로 주체의 사고하는 능력으로부터 비롯되는 것으로서, 주체는 스스로 빚어낸 '사고의 내용'에 의탁하여 바깥의 세계와 관계를 맺는다. 이제 '사고'는 상호 분리 독립되어 있는 주체와 대상을 매개하는 중요한 기능을 수행하게 되며, 인간의 마음이 세계를 인식하는 근원적인 통로로 간주된다. 주체는 세계로부터 떨어져 나온 만큼 철저히 '관찰자'로서의 지위에 머물며, 관찰자로서의 주체가 외부 대상에 대하여 생산해내는 사고는 철저히 인지적인 성격의 것이 된다. 그리하여 하이데거는 후설의 지향성 개념에 대하여 다음과 같이 말한다. "후설은 지향성의 기본적 구조를 순수 정신작용($\nu o \eta \sigma \iota \varsigma$, 노에시스)으로 그려내고 있다. 그리하여 일체의 지향성은 일차적으로 인지적 지향이며, 인간의 마음이 대상과 관계하는 그 밖의 다른 지향의 양상들은 바로 이 인지적 지향 위에서만 가능한 것이 된다"(Heidegger, 1978; 1984: 134).

순수 사유라는 정신작용을 기초로, 마음과 세계 사이에 일어나는 모든 교섭을 설명하려는 후설 현상학의 이러한 관점은 데카르트로 대표되는 근대 인식론을 거의 그대로 연상시킨다. 앞서 언급한 바와 같이, 하이데거가 '지향성 개념을 더욱 근본적으로 다시 이해하는 일'의 중요성을 강조하는 것은 이렇게 거듭되는 그릇된 철학의 시도를 원천적으로 차단하기 위해서이다. 지향성 개념을 다시 올바로 이해하는 일은 후설의 지향성 개념의 출발점으로 되돌아감으로써 가능하다. 그리하여 인간의 마음은 언제나 대상과 관계한 채로 존재한다는 사실, 마찬가지로 인간의 마음과 유리되어 그 자체로 존재하는 세계를 상정하는 것은 오류라는 사실을 분명히 하는 것이 중요하다. 이것은 마음이 수행하는 인지적 인식의 가능성을 부정하기 위한 것이 아니다. 하이데거의 관심은 그 같은 인식이 가능하기 위해서 반드시 요청되는 그것의 존재론적 토대를 회복하는 데 있다. 데카르트에게 자아는 사고하기 때문에 존재할 수 있는 것으로 생각되었지만(cogito sum), 하이데거는 그 순서가 뒤바뀌어야 한다고 역설한다. 그리하여 먼저 주장되어야 하는 것은 '내가 존재한다'는 사실이며, 마음이 향유하는 관찰자적 인지 작용은 이 사실을 기반으로 하여 가능한 것이 된다(Heidegger, 1927; 1962: 254).

물론, 여기서 '내가 존재한다'는 것은 주체-대상의 이원론적 도식에서와 같은 의미로 이해되어서는 안 된다. 인간의 마음은 언제나 세계 속에서 이러저러한 대상들과 관계하면서 존재할 수밖에 없으며, 따라서 내가 존재한다는 것은 '세계 안에 있다'는 의미로 이해되어야 한다. 그리고 다시, '세계 안에 있다'는 말에서 '안에 있음'은 공간적인 의미로 이해되어서는 안 된다. 세계와 인간은 마치 어항과 그 속에 들어있는 물고기 같은 관계가 아니다. 물고기는 어항 속에 들어 있지만 이 둘은 여전히 분리되어 존재하는 별개의 실체다. '세계 안에 있다'는 말은 세계에 직접 몸담고 참여하고 있는 '행위자'로서의 인간의 존재 방식을 가리킨다. 그리하여 하이데거 존재론에서 인간의 존재 방식은 전통적으로 인식론적 주체를 가리키는 데 동원되었던 '마음'이나 '의식'이라는 용어보다는 '세계-내-존재'라는 완전히 새로운 용어로 규정된다.

그러나 여전히 '세계-내-존재'라는 용어는 그 용어의 구조상, 단지 세계와 인간 존재 간의 '연결' 또는 '결합'을 강조하기 위한 것으로 간주될 소지가 있다. 이 위험에서 완전히 벗어나기 위해서는 그 용어에 들어 있는 줄표(—)의 의미를 연결이 아니라 '단일성'으로 이해해야 한다. 즉, '세계-내-존재'라는 용어는 인간 존재가 없이는 세계가 존재할 수 없으며, 그 역도 마찬가지라는 것, 따라서 세계는 곧 인간 존재이며 인간 존재는 곧 세계라는 것을 나타낸다. 물론 여기서 '세계'는 이 세상에 존재하는 모든 사물과 사람의 물리적 집합체를 가리키는 것이 아니다. 만약 그러한 의미에서의 세계라면 그것이 나의 존재와 동일하다는 말은 이해되기 어렵다. 인간이 다른 사물들과 관계하기 위해서는 해당 사물에 알맞은 관계맺음의 방식에 들어서지 않으면 안 된다. 예컨대, 못을 박기 위한 도구로서 망치는 그것을 그와 같은 용도로 사용하는 인간의 일련의 행위 방식을 통해서만 망치로 이해될 수 있다. 각기 사물에 알맞은 인간의 행위 방식들, 그리고 그 행위 방식을 통해서 이해된 사물들의 의미는 서로 복잡하게 얽힌 총체를 이룬다. 세계는 바로 이 의미 연관의 총체를 가리킨다. 인간의 삶은 단지 물리적 공간이 아니라 이 같은 의미 연관의 총체 속에서 영위된다. 누군가가 자신을 제화공으로 이해하고 있다면 그것은 그가 제화공으로서의 세계에 거주하고 있기 때문이다. 이 점에서 그는 곧 그가 살고 있는 세계다.

세계가 이런 것이라고 한다면, 세계-내-존재로서의 인간은 '세계를 형성'하고 '발생'하도록 하는 존재론적 소명을 가진다고 말할 수 있다 (Heidegger, 1996; 1998: 123). 또한 인간은 세계를 구성하는 여러 사물과 적합한 관계를 맺음으로써 그것들이 스스로를 이러저러한 모습으로 개시하도록 하는 역할을 수행한다. 요컨대, 하이데거 존재론에서 세계-내-존재로서의 인간은 감추어져 있었던 무엇인가가 열어 밝혀지는 '장소'로 규정된다. '현존재'(Dasein)라는 하이데거 존재론의 또 다른 용어는 이 점을 보다 직접적으로 드러내어 준다. 인간은 세계와 모든 사물이 열어 밝혀지는 바로 '거기'(Da, there)에 서 있는 존재자라는 것이다. 인간은 어떠한 존재인가? 하이데거에 따르면 '세계-내-존재'와 '현존재'는 이 질문에 대한 가장 근원적인 존재론적 답변이 된다.

3. 진리와 존재와 교육

이상의 논의를 통하여 드러난 한 가지 중요한 포인트는 다음과 같다. 주체-대상의 이원론에 입각해서는 인간의 인식이 설명될 수 없으며, 전통적으로 인간의 마음이 세계를 인식하는 근원적인 통로로 간주되어 왔던 인지적·개념적 이해는 세계-내-존재라는 인간의 존재 방식 위에서만 성립할 수 있는 파생적인 것이라는 점이다. 앞서 잠시 언급한 바와 같이, 하이데거는 근대 인식론과 후설의 현상학에서 발견되는 이러한 난점과 오해의 기원을 플라톤의 형이상학에서 찾기에 이른다. 물론, 플라톤의 형이상학과 근대 철학 사이에는 상당한 시간적 간극이 놓여 있는 만큼, 후자에 대한 하이데거의 비판이 전자를 대상으로 그대로 되풀이 되는 것은 아니다. 플라톤의 형이상학에서 하이데거는 장차 서양 철학의 전체적인 흐름의 방향을 결정짓는 한 가지 중대한 계기를 찾아낸다. 이 사건이 중대한 까닭은 그것이 곧 존재 그리고 교육과 직결되는 것이기 때문이다.

『국가론』 제7권에 실려 있는 '동굴의 비유'는 플라톤의 형이상학에서 일반적으로 널리 읽히는 대목 가운데 하나다. 하이데거 역시 이 동굴의 비유에 주목한다. 잘 알려져 있듯이, 동굴의 비유는 어렸을 때부터 사지와 목을 결박당한 채 어두운 동굴 속에서 오직 그림자만을 보도록 허락된 죄수들 가운데 한 명이 오랜 구속의 상태에서 벗어나 마침내 동굴 밖의 세상을 경험하게 되는 과정에 관한 이야기다. 동굴 밖 세상, 특히 태양은 플라톤 형이상학의 핵심 개념인 '이데아'(ἰδέα)를 상징하며, 동굴 밖을 향한 죄수의 여정은 조금씩 이데아에 가까워지는 과정이라는 것이 이 이야기에 관한 일반적인 해석이다. 그러나 하이데거는 겉으로 말해진 것들 속에 말해지지 않은 채 들어 있는 것이야말로 한 사상가의 이론을 보여주는 것이라고 믿는다(Heidegger, 1996; 1998: 155). 동굴의 비유에서 말해지지 않은 사건, 그러나 사상가로서의 플라톤이 누구인가를 정확히 보여주는 사건, 하이데거에 따르면 그것은 바로 '진리'의 본질의 변화다.

무엇이 변화되었다는 것을 알 수 있기 위해서는 그것의 변화 이후의 모습뿐만 아니라 변화 이전의 모습 또한 확인할 수 있어야 한다. 하이데거에 따르면, 동굴의 비유에는 플라톤의 형이상학을 거치며 변화를 겪기 전에 진리가 본래 무엇이었는가를 짐작할 수 있는 단서가 들어 있다. 그림자밖에 볼 수 없었던 상태에 있던 죄수는 결박에서 풀려나 동굴 안의 실물들 그리고 동굴 밖의 세계와 태양을 차례대로 경험하게 된다. 플라톤은 그림자보다 실물이 '더 참된' 것이라고 말하며 태양은 '가장 참된' 것이라고 말한다. 여기서 '참'으로 번역된 그리스어는 '알레테이

아'($\alpha\lambda\eta\theta\varepsilon\iota\alpha$)다. 주지하다시피 그리스어 '알파'($\alpha$)는 결핍 또는 결여를 나타내는 접두사이며, 따라서 알레테이아는 레테($\lambda\eta\theta\varepsilon$)의 반대 의미를 가지게 된다. 그리고 레테는 그리스 신화에 나오는 '망각의 강'을 가리킨다. 그리하여 하이데거가 '알레테이아'의 의미로 내세우는 것은 망각과 어둠과 은폐에 붙잡혀 있었던 것을 빼앗아 옴, 또는 은폐의 상태를 찢고 밖으로 나옴, 한마디로 '탈은폐'다. 하이데거는 바로 '탈은폐'가 오늘날 진리로 번역되는 알레테이아의 본래적 의미였다고 말한다.

그러나 하이데거에 의하면 동굴의 비유는 진리의 개념을 이와 같이 이해하는 것을 쉽게 허락하지 않는다. 그것은 바로 동굴의 비유에 플라톤의 형이상학이 가정되어 있기 때문이며, 이 형이상학의 체계 내에서 알레테이아는 그 자체의 힘만으로는 설 수 없는 개념이 되어버리기 때문이다. 플라톤의 형이상학에 비춰볼 때 동굴 안의 세계와 동굴 밖의 세계 특히 태양은 존재론적 위계를 달리한다. 동굴 안의 세계는 외양의 세계이며 동굴 밖의 세계는 실재의 세계, 이데아의 세계다. 그리고 전자는 후자로 인하여 성립되며, 후자는 전자의 원인이 된다. 오직 그림자밖에 볼 수 없었던 영혼의 맹목 상태에 머물러 있던 죄수에게 실물과 동굴 밖의 사물이 단계적으로 탈은폐되지만 이것은 전적으로 태양으로 상징되는 이데아 덕분에 가능한 것이다. 그리고 나중의 단계에서 경험되는 것이 이전 단계의 그것보다 더 참된 것이라고 말할 수 있는 이유 역시 나중의 단계로 갈수록 이데아가 더욱 순수한 형태로 구현되기 때문이다. 결국, 이데아라는 플라톤적 개념으로 말미암아 알레테이아는 이데아에 종속적인 것이 되고 만다. 하이데거의 비유를 빌자면, 알레테이아가 이데아의 멍에 아래 놓이게 된 것이다(Heidegger, 1996; 1998: 176).

물론, 사물의 배후에 이데아가 놓여 있다고 하더라도 저절로 사물이 인간에게 스스로의 모습을 드러내는 것은 아니다. 어둠에 익숙해졌던 죄수의 눈이 밝은 세상으로 나올 때 겪었던 고통이 말해주듯이 인간에게는 사물의 모습을 제대로 포착하기 위한 특별한 노력이 요구된다. 그리고 이 노력은 다름 아닌 사물의 이면에 들어있는 이데아를 올바로 '보는' 일이다. 물론, 플라톤 형이상학의 용어로서의 이데아는 육안으로는 보이지 않는 초감성적인 것이다. 그러나 하이데거는 이 점을 인정하면서도 일상적 그리스어로서의 이데아는 본래 '보이는 모양'을 의미하였다는 사실을 환기시킨다. '보이는 모양'이되, 육안으로는 보이지 않는 것을 볼 수 있기 위해서는 인간의 마음에 이데아에 대응되는 순수한 정신 능력을 상정하지 않으면 안 된다. 하이데거는 플라톤이 말하는 엄밀한 의미에서의 이성, 즉 '누스'(νοῦς)가 바로 그러한 지각 능력에 해당된다고 말한다(Heidegger, 1988; 2002: 38). 이제 플라톤의 형이상학에서 이데아만큼이나 중요한 것으로 부각되는 것은 이데아를 바라보는 인간의 이성적 지각의 '정확성'이다. 지각의 내용이 그 대상에 면밀히 대응되는 그런 것일 때 그것은 정확한 것, 옳은 것이 된다. 그리하여 플라톤에게 있어서 진리의 본질은 더 이상 탈은폐가 아니라 대상을 지각하고 사고하고 또 그것에 관하여 진술하는 인간 행위의 정확함으로 새롭게 규정된다.

이것이 바로 하이데거가 동굴의 비유에서 읽어내는 말해지지 않은 중대 사건의 개략적 내용이다. 그리고 하이데거에 의하면 이 사건은 앞의 2절의 논의에서 드러난 바 있는, 근대 인식론과 후설 현상학이 공유하고 있는 신념—인지적 사고야말로 마음의 원초적 인식능력이라는 신념—이 어떻게 생겨나게 되었는가를 보여주고 있다. 이미 확인한 바와 같이, 플라톤의 형이상학에 의하면 어떤 대상에 관하여 안다는 것은, 엄밀히 말하여, 그 대상의 이면에 들어 있는 이데아를 본다는 것을 뜻한다. '이데아를 보는 것', 하이데거는 바로 여기에 인식론적 주체가 관찰자로서 수행하는 인지적·개념적 사고가 예고되어 있다고 생각한다. 물론, '이데아'는 엄밀한 형이상학적 용어인 만큼, 그것을 단순히 일반적인 '관념'(idea)이나 '개념'(concept)과 같은 것으로 간주해서는 안 될 것이다. 이 점은 플라톤의 사상을 충실히 이해하려고 한다면 반드시 염두에 두어야 하는 대단히 중요한 사실이다. 그러나 동굴의 비유 그리고 그 밖의 플라톤의 저작에서 이데아는, 비록 인간으로서는 완전한 성공을 거두기가 불가능한 것이기는 해도, 인간이 보아야 하는 무엇으로 제시되어 있다. 그리고 볼 수 있는 대상으로 설명되는 한 그것은 결국 존재하는 것, 즉 '존재자'(Seiende, entity)가 될 수밖에 없다. 비록 아무리 외양의 세계와 구분되어 실재의 세계, 영원의 세계, 신적 세계를 가리키는 것으로 설명된다고 하더라도, 존재하는 무엇으로 규정될 수 있다면 그것은 존재자로서의 지위를 가질 뿐이다. 존재하는 모든 것을 망라하며 그것들 간의 위계를 보여주는 거대한 그림이 있다고 하자. 이 그림에서 가장 높은 자리를 차지하는 존재자라 하더라도 그것이 존재자라는 사실에는 변함이 없는 것이다. 하이데거가 육체의 눈이 아닌 영혼의 눈으로 이데아를 본다는 플라톤식의 표현에서 근대 인식론의 관찰자로서의 주체를 미리 내다보는 것은 바로 이러한 이유에서다.

이데아가 결국 존재자로서의 지위를 가지게 된다는 이 같은 사실은, 말해지지 않은 중대 사건에 들어 있는 또 하나의 중요한 측면으로 연결된다. 외양의 세계의 현상들과 마찬가지로 이데아 또한 하나의 존재자라고 한다면, 플라톤의 형이상학에서 '존재'를 찾는 것은 불가능한 일이 되고 만다. 말할 필요도 없이, 존재론에서 '존재'(Sein, being)는 단연 핵심적인 개념으로서, 존재가 빠진 존재론은 엄밀히 말하여 존재론으로 성립할 수 없다. 비록 존재론이라는 이름으로 불린다 하더라도 그것은 오직 존재자만을 말할 뿐 존재는 망각한 이름뿐인 존재론인 것이다.

하이데거는 플라톤에서 출발한 서양 철학의 역사를 '존재 망각'의 역사로 규정한다.

존재는 존재자와 관련되면서도 또한 엄밀히 구분되는 개념이다. 존재자는 세상에 있는 모든 것, 즉 '~이다' 또는 '~이 있다'라는 말이 적용되는 일체의 무엇을 가리킨다. 그리고 존재는 바로 그 무엇의 '임' 또는 '있음'을 가리키는 용어다. 『존재와 시간』에 들어 있는 다음과 같은 진술은 존재를 다소간 형식적으로 정의하고 있다. "존재―그것은 존재자를 존재자로 규정하는 것이며, 그 위에서 존재자가 이미 이해되고 있는 것이다. ……존재자의 존재는 그 자체가 또 하나의 존재자가 아니다"(Heidegger, 1927; 1962: 25-26). 요컨대, 존재는 그것 덕분에 우리가 무엇을 바로 그 무엇으로 이해할 수 있게 되는 것이다. 비유컨대, 존재는 곧 존재자가 드러나는 의미의 지평과 같은 것이다. 지평은 그것 위에 올라선 사람에게 이런저런 것을 볼 수 있도록 허락한다. 그러나 지평은 그렇게 드러나게 된 존재자들과 엄격하게 구분된다. 이 구분을 존중하지 않고 지평을 또 하나의 존재자로 간주하는 오류, 이것은 존재론에서 가장 치명적인 오류다. 그것은 하이데거가 그의 모든 저작을 통하여 끊임없이 강조하고 있는, 존재와 존재자 간의 '존재론적 차이'를 간과하는 오류다. 이 오류에 빠지지 않고 존재를 언어로 규정하는 최선의 방법은 '존재는 말할 수 없는 것이다'라고 '말하는' 것이다. 말할 수 있는 것, 언어로 규정될 수 있는 것은 모두 존재자이기 때문이다. 하이데거가 존재라는 말을 쓰고 난 뒤 다시 곧장 그것을 지워버리는 것(S̶e̶i̶n̶, B̶e̶i̶n̶g̶)은 바로 이러한 이유에서다.

그러나 또 한편, 존재는 그저 말할 수 없는 것, 인간의 경험과 동떨어진 무엇이 아니다. 알레테이아가 탈은폐를 의미한다는 사실을 상기할 때, 말할 수 없는 것으로서의 존재는 탈은폐 이전의 어둠과 은폐에 해당

된다고 말해야 할지 모른다. 그러나 은폐는 탈은폐의 논리적 가정이라는 점에서 존재는 감추어져 있기만 한 것이 아니라 탈은폐의 사건을 통하여 우리에게 현시되는 것이기도 하다. 다시 지평의 비유로 돌아가서, 지평은 존재자들을 드러나게 하는 것이지만 그것은 수없이 다양할 수 있을 것이다. 그리고 지평이 달라지면 동일한 존재자라 하더라도 새로운 모습으로 우리 앞에 드러나게 된다. 무수히 많은 지평, 그것은 존재의 현시에 해당한다. 그리고 지평 그 자체는 존재 자체에 해당한다. 요컨대, 존재는 '탈은폐되는 것이면서 동시에 은폐되어 있는 것'으로 특징지어진다. 탈은폐된 지평, 그리고 그 지평 위에서 드러난 존재자에만 시선을 완전히 빼앗기는 것은 존재를 망각한 것이 된다.

하이데거가 동굴의 비유에서 말해지지 않은 사건에 주목하는 가장 중대한 이유는 바로 이 존재의 망각이 인간의 삶에 심대한 영향을 미친다고 보기 때문이다. 진리의 본질이 변화함에 따라서 진리를 획득한다는 것은 사물의 불변하는 본질로서의 이데아를 정확히 인식한다는 것을 뜻하게 되었다. 사물의 불변하는 본질과 속성을 찾아내는 일, 이 일에 성공을 거두는 것은 결코 쉬운 것이 아닐 것이다. 그러나 일단 그것이 어느 정도 성공적인 것으로 되면, 인간의 관심과 시선은 점점 더 그와 같이 드러난 것에 집중된다. 그 결과 존재의 탈은폐와 은폐가 불러일으키는 신비, 즉 '도대체 무엇인가가 있다'는 단순한 사실로부터 경험되는 존재의 신비와 경이는 인간의 삶에서 점차 자취를 감추게 된다. 진리의 본질이 변화된 사건이 인간의 삶을 이러한 방향으로 유도할 수 있는 것은 바로 진리와 교육의 내적 관련 때문이다. 동굴의 비유를 설명하면서 하이데거는 "교육의 본질은 진리의 본질에 근거한다"(Heidegger, 1996; 1998: 170)고 말한다. 그리고 이것은 비단 하이데거만의 통찰이 아니다. 동굴의 비유를 소개하기에 앞서 플라톤 스스로 이 비유는 교육이 어떤 것인지를 보여주는 것이라고 언급하고 있다. 동굴의 비유가 플라톤의 진리관을 보여주고 있다고 한다면, 그것은 동시에 플라톤의 교육관을 보여주는 것이기도 한 것이다. 마찬가지로 하이데거는 플라톤에 의하여 변형되기 이전의 진리의 본질을 되살려냄으로써 동시에 그것에 상응하는 교육의 본질을 그려내려고 하는 것이다. 교육은 곧 진리 추구의 행위라는 점에서는 의견이 일치되고 있다. 문제는 추구되는 진리를 무엇으로 보는가에 있다.

4. 교육내용: 과학과 사고

지금까지 근대 인식론과 후설의 현상학 그리고 플라톤의 형이상학에 관한 하이데거의 비판적 해석을 살펴보는 과정에서 교육에 관한 두 가지 대립적 관점의 윤곽이 자연스럽게 드러나게 되었다. 이 두 관점에 적절한 이름을 붙인다면 아마도 '존재 망각의 교육'과 '존재 사고의 교육'이 될 것이다. 이 가운데에서 하이데거의 존재론이 제시하려고 하는 것은 당연히 후자의 가능성이다. 앞서 살펴본 바와 같이, 진리의 본질을 알레테이아로 이해하는 일은 존재와 존재자 간의 존재론적 차이에 예리한 주의를 요구한다. 교육이 이루어지되 이러한 이해와 주의를 섬세하게 촉구하고 격려하는 방향으로 이루어질 때, 그것은 존재에 마음을 쓰는 교육, 존재를 사고하는 교육이 될 것이다.

1) 존재 망각의 교육

'존재 사고의 교육'이 전개되는 양상을 보다 구체적으로 그려내기 위해서는 그것과 정확히 반대편에 위치한 '존재 망각의 교육'에서 출발하는 것이 좋을 것이다. 존재 망각의 교육이 진리 개념의 변화와 논리적으로 관련되어 있다는 점은 이미 확인한 바 있지만, 하이데거는 이 점을 교육내용의 측면에서 좀 더 분명하게 확인해주고 있다. 예컨대 그것은 다음과 같은 그의 발언을 통해서다. "과학은 사고하지 않는다" (Heidegger, 1952; 1968: 8). 여기에서 '과학'으로 번역된 독일어는 '비센샤프트'(Wissenschaft)로서, 이것은 단지 자연과학에 국한되는 것이 아니라 학문 일반을 가리킨다. 또한, 이 발언에서 '사고'는 근대 인식론의 주체가 수행하는 인지적·개념적 사고를 가리키는 것이 아니다. '존재 사고의 교육'이라는 표현에서 짐작할 수 있듯이, 하이데거에게 있어서 진정한 사고는 존재를 그것의 내용으로 삼는 사고로 엄격하게 제한된다(Heidegger, 1996; 1998: 240). 과학과 사고의 의미가 이와 같은 것이라고 하면 하이데거의 이 발언은 학문과 교육의 오랜 전통을 완전히 부정하는 그야말로 거침이 없는 발언이 된다. 누구나 인정하는 바와 같이, 이론적 지식은 서양의 유구한 교육 전통에서 단연 핵심이 되어온 교육내용이기 때문이다.

어쩌면, 하이데거가 플라톤으로부터 시작되는 서양 철학을 존재 망각의 역사로 규정하고 있다는 사실을 이미 확인한 이상 이 발언은 그다지 놀라운 것이 아닐지도 모른다. 그러나 적어도 하이데거 존재론에는 이 발언을 좀 더 온건한 것으로 이해할 수 있는 두 가지 가능성이 들어 있다. 첫째로, 앞서 확인한 바와 같이, 하이데거는 근대 인식론의 이원론적 가정을 그릇된 것으로 비판하고 있지만 대상에 관한 인지적·개념적 이해의 가능성을 부정하고 있지는 않다. 다만 인지적·개념적 이해는 '세계-내-존재'라는 인간의 존재 방식을 가정하며 오직 그 위에서만 성립할 수 있다는 사실을 기억하는 것이 중요하다. '세계-내-존재'

라는 용어는 인간이 수행하는 이해가 갖는 참여적 성격을 부각시키고 있다. 어떤 사태에 참여하고 있는 행위자의 이해는 언어가 아니라 그의 온 존재를 통해서 체득되는 것이다. 하이데거는 인간 활동의 하나로서의 학문을 개념과 명제에 의거한 언어적 사고에 국한되는 것이 아니라 언어로 명세화할 수 없는 사고의 심층적인 측면을 포함하는 것으로 파악한다.❶

물론, 여전히 하이데거에게 있어서 학문의 핵심을 이루는 것, 다시 말하여 학문 활동과 그 밖의 인간 활동을 구분해주는 기준이 되는 것은 개념, 특히 각 학문에 가정되어 있는 '근본 개념들'이다. 흔히 학문 탐구는 일체의 주관이 배제된 상태에서 수행되는 것으로 믿어지기도 하지만, 하이데거에 의하면 이것은 사실과 다르다. 아무런 생각 없이 자연을 그대로 관찰해서는 탐구가 이루어져야 하는 대상 영역이 탐구자의 눈앞에 드러날 수 없다. 눈앞에 펼쳐진 수많은 사물과 사건 가운데서 특정한 영역을 탐구의 대상으로 구분해내기 위해서는 대상 영역에 대한 일종의 '밑그림'(Grundriß, ground plan)이 가정되어야만 한다(Heidegger, 1977: 120). 각 학문의 근본 개념들은 바로 이 밑그림에 해당한다. 예컨대, 물리학의 탐구가 가능하기 위해서는 '물체', '시간', '공간' 등이 무엇인지를 규정해주는 근본 개념들이 전제되어야 하며, 생물학의 탐구가 이루어지기 위해서는 '생명', '유기체' 등에 관한 근본 개념이 전제되어야 한다. 이러한 근본 개념들은 탐구의 대상을 탐구자 앞에 선명한 모습으로 불러 세우도록 만든다. 요컨대, 학문의 근본 개념들은 자연을 주체와 마주 선다는 의미에서의 '대상'(Gegenstand, that-which-is-standing-

---

❶ "우리는 말할 수 있는 것보다 더 많은 것을 알고 있다"는 말로써 앎의 묵시적 차원을 강조한 폴라니는 자신이 말하는 묵시적 지식이 하이데거의 '세계-내-존재'에 해당한다는 사실을 인정하고 있다(Polanyi, 1964: x).

over-against)으로 전환시킨다.

둘째로, 하이데거에 따르면 학문적 탐구에서 발견되는 탐구자와 그 대상 사이의 이 거리는 학문 활동이 추구되어 온 시대라면 언제나 있어 온 것이겠지만 근대 이전에는 인간의 삶과 교육에 치명적인 위협을 가하는 것이 아니었다. 물론, 앞서 살펴본 바와 같이 하이데거는 플라톤의 형이상학에 근대 인식론의 관찰자로서의 주체가 예고되어 있다고 믿는다. 그러나 또 한편, 고대 그리스 시대에는 주체-대상의 인식론적 분리가 아직 완전한 형태를 갖추지 않은 상태일뿐더러 이데아라는 최상위의 존재자에게 인간을 초월하는 절대적 권위가 인정된 시대다. 그리하여 하이데거는 고대 그리스 시대에 세계는 여전히 성스럽고 신성한 것으로 경험되었다는 것을 인정하고 있다. 하이데거는 고대 그리스인에게 있어서 이론적 관조로서의 '테오리아'($\theta\varepsilon\omega\rho\iota\alpha$)는 "존재자의 탈은폐에 경배하면서 주의를 기울이는 것"(Heidegger, 1977: 164)을 의미하였으며, 이러한 관조적 삶이야말로 최상의 삶으로 받아들여졌다는 사실을 강조한다. 말하자면 고대 그리스인은 학문적 탐구를 수행할 때 자신과 대상 사이에 놓인 거리를 자신의 사적 욕구의 개입을 최대한 억제하는 제도적 장치로 받아들였다고 말할 수 있다.

학문 활동의 성격에 관한 이상의 두 가지 고려 사항을 염두에 두고 '과학은 사고하지 않는다'는 앞의 발언으로 돌아가면, 그 발언은 일체의 이론적 지식의 추구를 부정하는 것으로 읽히지 않는다. 오히려 그 발언에서 사고의 능력을 결여한 것으로 언급된 '과학'은 각기 구획된 자신의 탐구 영역에 철저히 함몰되어 있는 학문 탐구, 탐구자가 대상에 대하여 취하고 있는 이론적 거리가 세계를 향한 인간의 통제와 지배의 욕구를 충족시킬 수 있는 무제한의 자유로 왜곡되는 학문 탐구로 한정된다. 하이데거에 의하면 이러한 타락한 상태에 있는 학문이 바로 근대 과

학이며, 그는 근대 과학을 차라리 '연구'(Forschung, research)라는 이름
으로 부르기도 한다. 근대 과학은 그것이 가정하고 있는 밑그림을 철저
한 계산에 입각하여 계량 가능한 형태로 변형시키고 엄밀한 방법론적
규칙으로 무장한다는 데 그 특징이 있다. 정교한 수학적 도구로 그려진
밑그림 위에 이미 정해진 방법론적 규칙을 거의 기계적으로 적용함으
로써 근대 과학은 가시적이고 유용한 결과들을 산출해낸다. 하이데거
는 근대 과학의 전형을 수리물리학에서 찾고 있다. 그러나 이 전형을 따
라, 인간에 관한 탐구 또한 일반화되고 계량화될 수 있는 모종의 법칙을
발견하기 위한 것이라는 신념으로 수행되는 역사학, 문헌학, 언어학 등
도 역시 근대 과학으로 분류된다.

　요컨대, 근대 과학은 인간을 포함한 일체의 것을 계량과 예측이 가능
하고 어떠한 목적을 위해서도 활용 될 수 있는 '날 재료', 인간의 욕망
의 손길이 언제라도 닿을 수 있는 '상비 자원'으로 바라보도록 종용한
다. 근대 과학이 인간의 삶을 이러한 방향으로 움직일 수 있는 것은 인
간의 마음에 그것이 특정한 사고의 힘을 발휘하고 있기 때문이다. 하이
데거는 근대 과학에 내재한 사고의 양식을 '대상화하는 사고' 또는 '계
산적 사고'라고 부른다(Heidegger, 1959; 1966: 46). 물론, 계산적 사고는
단지 근대 과학만의 요소가 아니며 '테크놀로지'의 본질을 이루는 것이
기도 하다. 강물을 수력에너지로, 산을 석탄에너지로, 심지어 인간조차
인적자원이 되도록 만드는 것, 하이데거에 따르면 이것이 오늘날 테크
놀로지의 강력한 힘이다. 하이데거 존재론의 용어로서의 테크놀로지는
단지 자원을 활용하는 기술이나 그것에 동원되는 기계를 가리키는 것
이 아니다. 테크놀로지의 본질은 세계를 자원의 측면에서 파악하도록
만드는 '사고'로서, 이 사고는 사물에 대하여 '닦달하며 쥐어짜내는 방
식'(Herausfordern, challenging-forth)을 취함으로써 그것에 들어 있는 에

너지를 바깥으로 꺼내놓도록 만든다(Heidegger, 1977: 14).

근대 과학과 테크놀로지, 그리고 이들의 본질에 해당하는 계산적 사고는 '존재 망각의 교육'을 구성하는 교육내용이 된다. 이러한 교육내용이 존재를 망각하는 결과를 초래하는 이유는 명확하다. 세상에 존재하는 모든 것은 인간의 끝없는 욕망을 충족시키기 위한 한낱 수단에 불과하다는 생각이 지배하는 교육에서는 그 어떤 것도 인간에게 신비와 경외를 불러일으키는 것이 될 수 없기 때문이다. 일체의 존재자들은 인간의 욕구 충족을 위한 동일한 자원으로 평균화되어 그 자체의 고유한 가치를 박탈당하고 얼마든지 다른 것과 교환되고 대치될 수 있는 것이 되어버리고 만다. 하이데거는 이러한 계산적 사고가 교육내용의 핵심을 이루게 될 때 '학교' 그리고 '스콜레'($\sigma\chi o\lambda\eta$)의 본질은 뒤집혀 버리고, 학교교육은 그저 대량의 정보를 신속하게 공급하는 것으로 전락하게 된다고 말한다(Heidegger, 1989; 1999: 85). 개념적·인지적 사고야말로 세계 이해의 근원적 방식이라는 믿음, 그리고 진리는 개념적 사고가 표현된 명제의 정확성을 의미한다는 믿음, 이러한 믿음들이 태동하는 서양 철학의 장면에서 하이데거는 학교교육의 불행한 변질의 기운이 싹트고 있는 것을 발견한다. 관찰자로서의 인식론적 주체는 결국 오늘날 지적 무력을 거침없이 행사하는 폭군으로 성장하게 된 것이다.

2) 존재 사고의 교육

'존재 사고의 교육'은 교육의 이러한 타락과 변질의 위험을 끊임없이 경계한다. 그리하여 이 교육을 구성하는 교육내용을 포괄적으로 규정하자면 그것은 '대상화하지 않는 사고'라고 할 수 있다(Heidegger, 1976: 22-31). 그 용어 자체에서 드러나는 바와 같이, 이 사고는 근대 과학적 사고의 바깥에 위치한 사고를 가리킨다. 하이데거는 오로지 근대 과학적 사고만이 대상화하는 사고이며, 그 밖의 영역에서 이루어지는 사고는 대상화하지 않는 사고라고 말한다. 사물을 대상화하지 않는다는 것은, 인식론적 주체가 하듯 추상적인 개념과 명제의 인식틀로써 구체적인 것을 사상하지 않는다는 것을 의미한다. 그리하여 이 사고에서 인간은 관찰자로서가 아니라 행위자 또는 참여자로서 사물과 비매개적이고 구체적인 관계를 맺는다(Heidegger, 1945; 2002: 36).

대상화가 일어나는 인식론적 거리를 허락하지 않으려는 것은 그 거리에서 감행되는 지적 폭력의 시도, 즉 사물을 '닦달하며 쥐어짜내려는' 시도를 극복하고 사물과의 대안적인 관계맺음의 방식에 들어서기 위해서다. '포이에시스'($\pi o \iota \eta \sigma \iota \varsigma$)는 바로 이 새로운 관계맺음의 방식을 가리킨다(Heidegger, 1977: 14). 물론, 이 새로운 관계맺음의 방식에서 여전히 인간은 감추어져있던 사물의 모습과 의미를 바깥으로 꺼내어 놓는 일을 수행한다. 그러나 포이에시스에서 인간의 행위는 완전히 다른 양상을 나타낸다. 'poetry'가 포이에시스를 어원으로 삼는다는 사실은 이 행위의 양상을 약간 구체적으로 상상하는 데 도움을 준다. 시인의 시작행위는 시인에 의하여 주도되는 것이 아니다. 시인은 단지 자신의 입을 통하여 뮤즈신의 메시지를 밖으로 드러내는 일을 돕는 존재일 뿐이다. 포이에시스는 그 기저에 시작행위의 이 같은 정서와 태도가 흐르는 그러한 관계맺음의 방식을 가리킨다. 그렇다면 그것은 '경청하고 응답하는 이끌어냄'(Her-vor-bringen, bringing-forth) 또는 차라리 '놓아둠'(Gelassenheit, letting-be)으로 명명될 수 있다(Heidegger, 1959; 1966: 54). 요컨대, 포이에시스는 은폐와 탈은폐로 이루어지는 존재 자체의 운동에 참여하는 인간 행위의 양상을 가리킨다.

철저히 근대 과학적 사고의 지배 아래 놓인 삶의 영역을 제외하고는

'대상화하지 않는 사고'가 이루어지고 있다면, 우리는 포이에시스를 인간의 삶이 영위되는 여러 영역에서 찾아볼 수 있을 것이다. 하이데거는 포이에시스를 다시 '피시스'($\phi\acute{v}\sigma\iota\varsigma$)와 '테크네'($\tau\varepsilon\chi\nu\eta$)로 구분하고 있는데, 이 구분은 인간의 삶에서 포이에시스가 실천되는 장면을 보다 구체적으로 확인하는 데 도움이 된다. 먼저, '피시스'는 스스로 피어나는 꽃과 같은 자연에서 볼 수 있는 포이에시스다(Heidegger, 1977: 10). 아마도 꽃이 혼자 피어나는 것은 인간의 행위와 무관한 자연 현상이 아닌가 하는 의문이 들 수도 있을 것이다. 그러나 자연을 그것의 본성 그대로 놓아둠으로써 보살피는 것도 엄연한 인간의 행위이며, 특히 계산적 사고의 강력한 지배를 받는 오늘날에는 각별한 노력을 들여 배우지 않으면 안 되는 행위다. 인간의 직접적인 개입이 요구되지 않는 피시스와 달리, '테크네'는 인간의 적극적 참여가 요구되는 행위, 대표적으로 장인에게서 볼 수 있는 제작 행위와 관계된다. 물론, 여기서 '적극적'이라는 말은 여전히 포이에시스적 의미로 이해되어야 한다. 포이에시스적 정신에 충실한 인간의 제작행위가 구체적으로 어떤 것인가를 떠올려보기 위해서는 하이데거의 말을 직접 들어보는 편이 좋을 것이다. 하이데거는 고대 그리스 시대에 성배를 제작하는 행위를 다음과 같이 설명하고 있다.

> 은으로 된 성배는 은으로 만들어진다. 은은 재료로서 성배에 대해서 책임을 지고 있다. 성배는 자신을 존립하게해준 은에게 빚을 지고 있으며, 은에게 감사를 지고 있다. 그러나 이 성배에 대해서 은만 책임을 지는 것이 아니다. 은에 빚을 지고 있는 것은 성배인 까닭에 그것이 팔찌나 반지의 모양이 아니라 성배의 모양으로 나타나는 것이다. 따라서 성배는 동시에 성배라는 형상에 빚을 지고 있다. ……그렇지만 성배에 다른 무엇보다도 책임을 지고 있는 것은 세 번째 것이다. 이것은 미리부터 성배를 축성과 봉헌의 영역에만

국한하여 사용하도록 만드는 것이다. ……이렇게 사물에 경계를 부여함으로
써 사물을 완성시키는 것은 그리스어로 텔로스($\tau \epsilon \lambda o \varsigma$)다. ……마지막으로,
우리 앞에 완성된 성배가 놓이게 되는 일에 함께 책임을 지는 네 번째 것이
있다. 은장이(silversmith)가 바로 그것이다. ……그러나 ……은장이는 작용인
(作用因)이 아니다. …… 은장이는 앞에 언급된, 책임짐과 빚짐의 세 가지 방
식을 신중하게 고려하고 그것들을 함께 모은다. …… 앞서 언급된 책임짐의
세 가지 방식들은 은장이의 숙고 덕분에 성배를 만들어내는 데 나와서 각자
의 역할을 다하게 된다(Heidegger, 1977: 7-8).

아마도 개념과 명제에 입각한 근대 과학적 사고와의 대비 때문이겠
지만, '대상화하지 않는 사고'는 피시스와 테크네에 관한 이상의 설명
에서 볼 수 있는 것과 같은 주로 비언어적 사고에 한정된다는 인상을 줄
지 모른다. 그러나 단지 언어를 사용하는가 그렇지 않은가 하는 것은
'대상화하지 않는 사고'의 외연을 드러내기에 적합하지 않은 너무나 투
박한 기준이다. 아닌 게 아니라 성배를 만드는 은장이에 관한 하이데거
의 기술은 조금이라도 '학문'이라는 이름에 어울리는 사고의 순간을 경
험해 본 사람이라면 누구나 자신에게 해당되는 것이라고 고백할 만한
것이다. 고요의 순간 우리는 우리에게 은밀히 말 걸어오고 있는 무엇인
가를 감지한다. 그것은 우리를 끌어당기지만 동시에 어느새 우리에게
서 물러나가 버린다. 이 물러나간 자리를 끈질기게 따라가며 그것을 언
어로 온전히 담아내는 일, 확실히 이것은 고되고 힘겨운 일이다. 하이데
거는 소크라테스를 가리켜 '서양에서 가장 순수한 사고인'이라고 말한
다(Heidegger, 1952; 1968: 17). 그것은 죽음에 이르는 마지막 순간까지 소
크라테스가 이끎과 물러감에 의하여 만들어진 골짜기 사이로 불어닥치
는 이 사고의 바람에 몸을 맡긴 채 그것을 견디어 냈기 때문이다. 소크
라테스로 대표되는 이 같은 사고, 그것은 자연과학을 쫓다가 스스로 정

체성을 상실할 위기에 처한 인문학이 본래 가지고 있던 자산이라고 할 수 있을 것이다. 종종 교양을 과시하기 위한 지적 장식으로 둔갑하는 인문학 역시 스스로를 이 사고의 본령으로 자임할 수 없다는 것은 자명한 사실이다.

언어를 통한 대상화하지 않는 사고의 가능성을 좀 더 밀고 나가면 우리는 하이데거의 존재론에서 '존재 사고의 교육'을 구성하는 마지막 한 가지를 더 만나게 된다. 그것은 바로 '시적 사고'와 '명상적 사고'다. 이 둘은 공통의 범주에 속하며, 바로 이 범주에 의하여 대상화하지 않는 그 밖의 사고와 구분된다. 대상화지 않는 사고로서 지금까지 설명된 것들은 모두 인간으로 하여금 존재의 운동에 겸허히 참여할 것을 요구하고 있다. 그러나 시적 사고와 명상적 사고에서는 단지 존재의 운동에 참여하는 것을 넘어서 그러한 운동을 하는 존재를 언어로 담아내려는 시도가 이루어진다. 존재는 존재자와는 다른 것이며 말할 수 없는 것이라는 사실을 상기한다면, 이러한 시도는 자기모순적인 것으로 생각될 수 있다. 그러나 하이데거에 따르면, 전적으로 논리의 규칙에 지배되는 언어만이 언어는 아니며 논리의 규칙에 구속되지 않으면서도 사고를 담당하는 언어가 있을 수 있다. 또는 보다 정확하게 말하여, 이러한 언어야 말로 언어의 본래적 모습이다. 하이데거는 이것을 '시적 언어'로 부르면서 그것을 '형이상학적 언어'와 대비시키고 있다. 쉽게 짐작할 수 있듯이, 형이상학적 언어는 플라톤의 형이상학으로부터 시작하여 근대 인식론을 거쳐 지금까지 이어지고 있는 언어, 철저히 논리의 규칙에 의하여 통제되는 언어를 가리킨다.

하이데거는 횔덜린, 릴케와 같은 시인들에게 존경어린 찬사를 보내고 있다. 이들이 위대한 시인인 까닭은 그들이 시적 언어로 존재의 성스러움을 노래했기 때문이며, 그 노래를 통하여 인간을 존재 망각의 상태로부터 구하려고 하였기 때문이다. 위대한 시인들을 따라 점차 하이데거는 자신의 존재론적 사고를 철학이나 형이상학이 아니라 '명상적 사고'로 지칭하기를 원한다. 시적 사고와 마찬가지로 명상적 사고 또한 존재를 언어로 담아내려는 노력이지만, 하이데거의 존재론에서 보듯, 존재에 관한 본격적인 숙고와 성찰을 그것의 주된 과업으로 삼는다. '노래'에서와 같이 비유와 상징의 시적 언어를 활용하면서도, 숙고와 성찰에서는 존재를 주제로 하는 엄밀한 분석과 비판과 통찰이 이루어진다.

5. 교육받은 인간으로서의 시인

오늘날 우리 사회에서 이루어지고 있는 교육이 얼마나 '존재 망각의 교육'에 가까우며 또 얼마나 '존재 사고의 교육'에서 멀리 떨어져 있는가를 정확히 판단하는 것은 쉬운 일이 아니다. 그러나 이 시대의 교육, 그리고 우리 사회에서의 교육이 움직여나가고 있는 대체적인 방향을 감지해내는 것은 그다지 어렵지 않을 것이다.

이제는 교육에 관한 이론적 논의나 정책 문건에 등장하는 유행어로서의 열기는 한풀 꺾였다고 말해야 할지 모르지만, 최근까지 국내외 교육계는 교육의 모든 성과와 가치를 '역량'(competency)으로 환원시키려는 열풍에 휩싸인 바 있다. 자세한 논의를 거치지 않더라도, 이 시대를 사는 수많은 사람을 그토록 빠른 시간 안에 매료시킬 수 있었다는 사실만으로도 '역량'이라는 단어가 어떠한 교육으로 우리를 이끌고자 하는가는 분명하다. 역량은 인간의 욕망을 충족하는 데 동원되는 계산적 사고의 능력과 다른 것이 아니다. 물론, 역량이라는 이름하에 종종 타인과의 소통 및 공동체적 가치를 실현하는 능력이 거론되는 것이 사실이다.

그러나 어떠한 목적이나 가치가 개인이 아니라 집단이 추구하는 것이라는 사실만으로 그것이 계산적 사고에 들어있는 도구적·착취적 태도에서 벗어난 것이라는 순진한 생각에 빠져서는 안 된다.

오늘날 학습자가 역량이라는 이름으로 자신의 에너지를 산출하도록 닦달당하고 있는 것과 마찬가지로, 교사 또한 성과주의의 숭고한 기치 아래 자신의 에너지를 마지막까지 쥐어짜내도록 닦달당하고 있다. 강의와 연구, 학생 지도 등 교사가 하는 모든 일은 수량화되어 관리 통제를 받고 있으며, 계산되고 객관적으로 증명될 수 없는 것은 교사가 아무리 전심을 다한 것이라 하더라도 아예 존재하지 않는 것으로 치부되어 버린다. 서양의 한 교육학자의 진단에 따르면 오늘날 교육을 지배하고 있는 교육정책에는 세 가지 상호 관련된 테크놀로지가 자리잡고 있다. 그것은 '시장'(the market), '관리 통제주의'(managerialism), 그리고 '수행성'(performativity)이다(Ball, 2003). 이 세 가지 테크놀로지는 계산적 사고를 본질로 하는 서양 근대적 테크놀로지의 파생적 형태 또는 변종이라고 보아도 좋을 것이다. 오늘날 적지 않은 교사들이 교사로서 자신이 과연 무엇을 추구해야 하는가 하는 회의와 함께 정체성에 관한 근본적인 혼란을 겪는 것은 그들이 바로 이러한 테크놀로지의 위협의 한복판에 놓여 있기 때문이다.

서양의 유수의 사상가들에 대해 하이데거가 내놓는 해석은 때로 극단적이라는 인상을 주기도 한다. 그러나 적어도 이 시대에 인류와 교육이 처한 위기가 무엇이며, 이 위기를 넘어서기 위하여 우리는 어떠한 방향으로 발걸음을 내딛어야 하는가에 관한 하이데거의 진단과 처방은 우리에게 깊은 울림을 준다. 교육내용 면에서 하이데거가 내리고 있는 처방은 단지 이론적 지식을 축소하고 실제적 활동을 확대하라는 식의 단선적인 성격의 것이 결코 아니다. 하이데거의 존재론이 보여주고 있

는 복잡하고 치밀한 구조는 인간의 삶의 모든 영역에서 존재의 사고가
이루어질 수 있는 가능성을 탐색한 결과다. 하이데거의 존재론은 존재
의 사고를 향한 이 하나의 길 위에서 전개되는 일체의 인간 활동이 조화
를 이루고 서로 협응하는 모습을 그려내고 있다.

앞서 근대 과학이 지배하고 있는 영역 '바깥'에는 대상화하지 않는
사고가 이루어진다는 하이데거의 주장을 소개한 바 있다. 그러나 이것
은 단지 인간의 삶이 편리하게 구획될 수 있다는 의미로 받아들여져서
는 안 된다. 하이데거는 포이에시스가 보여주고 있는 관계맺음의 방식
이 결여될 때 인간의 행위는 그저 분주하기만 한 공허한 일로 전락될 뿐
이라고 경고하고 있다. 일체의 인간 행위는 그것이 어떠한 것이든지 항
상 이러한 타락의 위험에 처해있다(Heidegger, 1952; 1968: 15). 이러한 경
고를 염두에 둔다면, 우리는 계산적 사고의 대상화하는 힘이 발휘되는
영역은 단지 과학에 국한 되는 것이 아니라 인간의 삶 전체이며, 마찬가
지로 대상화하지 않는 사고가 영위될 수 있는 영역 또한 인간의 삶 전체
라고 보아야 한다. 이렇게 볼 때 이제 우리에게는 오늘날 인류의 삶과
교육이 처한 위기가 좀 더 생생하게 느껴지게 된다. 오늘날 우리는 서로
대립하는 두 세계가 정면으로 충돌하는, 세계사적으로 중대한 시기를
살고 있는지 모른다.

하이데거는 기로에 선 인류의 삶과 교육의 문제를 인간과 존재의 관
계의 측면에서 접근하고 있다. 이 위기에서 인류에게 허락된 유일한 구
원의 길은 인간이 존재의 사건이 발생하는 터라는 그의 존재론적 소명
을 명확히 인식하고 최선을 다해 그 소명을 충실히 수행하는 것이다. 오
늘날은 이 소명을 부정하려는 거대한 세력의 강제, 그리고 그 세력에 편
입될 것을 요구하는 온갖 유혹의 손짓이 넘쳐난다. 이에 굴하지 않고 이
소명에 헌신하는 것을 최상의 삶으로 받아들이는 인간, 그것이 바로 이

시대가 간절히 필요로 하는 교육받은 인간의 모습이다. 자신의 모든 행위가 포이에시스를 실현하는 것이 되도록 한다는 점에서 그에게는 '시인'이라는 이름이 걸맞다. 교육받은 인간으로서의 시인이 어떤 사람인가를 말해주는 것은 겉으로 드러나는 역량이나 성과가 아니다. 그것은 시인의 마음 깊은 곳에 흐르는 정서다. 그 정서는 시적 삶의 자세로부터 학습되는 감사와 경외다.

참고문헌

서용석(2010). "진리와 교육: 하이데거 존재론의 관점". 한국교육철학학회(구 교육철학회), 교육철학, 제49집, 77-97.

서용석(2011). "교육과 삶의 시적차원: '존재'와 '사고'와 '거주'". 한국도덕교 육학회, 도덕교육연구, 제21권 2호, 189-216.

서용석(2013). "하이데거에서의 존재론과 교육론". 한국도덕교육학회, 도덕교 육연구, 제25권 2호, 57-86.

Ball, S. J. (2003). The Teacher's soul and the terrors of perfomativity. *Journal of Education Policy.* 18(2), 215-228.

Heidegger, M. (1927). *Sein und Zeit.* Macquarrie, J. & Robinson, E. (trans.).(1962). *Being and Time.* Oxford: Blackwell.

Heidegger, M. (1945). Heidegger on the Art of Teaching. in: Peters, M. A. (ed.).(2002). *Heidegger, Education, and Modernity.* Oxford: Rowman & Littlefield.

Heidegger, M. (1952). *Was heisst Denken?* Gray, J. G. (trans.).(1968). *What is Called Thinking?* New York: Harper & Row.

Heidegger, M. (1959). *Gelassenheit.* Anderson, J. M. & Freund, E. H. (trans.).(1966). *Discourse on Thinking.* New York: Harper & Row.

Heidegger, M. (1975). *Die Grundprobleme der Phänomenologie.* Hofstadter, A.(trans.).(1982). *The Basic Problems of Phenomenology.* Bloomington: Indiana University Press.

Heidegger, M. (1976). *The Piety of Thinking.* Hart, J. G. & Maraldo, J. C. (trans.). Bloomington & London: Indiana University Press.

Heidegger, M. (1977). *The Question Concerning Technology and Other Essays.* Lovitt, W. (trans.). New York: Haper & Row.

Heidegger, M. (1978). *Metaphysische Anfangsgründe der Logik.* Heim, M. (trans.).(1984). *The Metaphysical Foundations of Logic.*

Bloomington: Indiana University Press.

Heidegger, M. (1988). *Vom Wesen der Wahrheit: zu Platons Höhlengleichnis und Theätet.* Sadler, T. (trans.).(2002). *The Essence of Truth: On Plato's Cave Allegory and Theaetetus.* London: Continuum.

Heidegger, M. (1989). *Beiträge zur Philosophie.* Emad, P. & Maly, K. (trans.).(1999). *Contributions to Philosophy.* Bloomington & Indianapolis: Indiana University Press.

Heidegger, M. (1996). *Wegmarken.* McNeill, W. (ed.).(1998). *Pathmarks.* Cambridge, England: Cambridge University Press.

Polanyi, M. (1964). *Personal knowledge: Towards a Post-Critical Philosophy.* New York: Harper Torchbooks.

제6장 폴라니의 암묵지와 교육

김정래 (부산교육대학교)

1. 암묵지와 폴라니

언어로 표현할 수 없는 인식 영역에 대한 중요성이 대두된 것은 실증주의에 대한 반감 때문이다. 19세기 말에서 20세기 전반에 형성된 실증주의에 대한 비판은 곧 지식교육에 대한 회의와 비판으로 이어진다. 그 비판의 핵심은 다름 아닌 명제적 지식을 가르치는 교육에 대한 회의다. 그러나 우리는 명제적 지식을 가르치는 것이 과연 교육의 실패 요인이라고 할 수 있는가를 면밀하게 검토할 필요가 있다. 만약 교육 실패 요인이 명제적 지식을 가르치는 데 있다면, 그 대안으로 비명제적 지식, 즉 방법적 지식, 암묵적 지식을 가르치면 명제적 지식을 가르쳤을 때 나타나는 문제를 해결한다고 할 수 있는가?

이 장에서는 다음과 같은 내용을 검토해 보기로 한다. 첫째, 명제적 지식의 대안으로서 암묵적 지식의 특징을 살펴보기에 앞서 전통적 지식교육에 대한 대안적 시도를 개괄하고자 한다. 둘째, 전통적 지식교육 대안으로서 폴라니(Michael Polanyi)의 암묵적 지식이 지니는 특징을 살펴보고자 한다. 셋째, 폴라니의 암묵적 지식이 지식교육의 대안으로 자리 잡는다는 것을 무엇을 의미하며, 그렇게 하기 위하여 무엇을 고려해야 하는지를 점검해 보도록 한다. 구체적으로 전통적 지식교육의 대안으로서 아동중심교육을 표방하는 진보사상의 타당성을 검증해 보도록 한다. 만약 타당성이 없다면, 개방적 사고와 창의교육에 대하여 폴라니의 암묵지 이론은 어떤 해답을 갖고 있는지 살펴보도록 한다.

이 글에서 소개하는 폴라니의 암묵적 지식에 관한 논의는 그의 『암묵적 영역』(1966)을 토대로 한다.❶ 『암묵적 영역』은 총3부로 구성된 강연집이다. 제1부 '암묵적 앎(tacit knowing)'은 앎에 있어서 암묵적 영역의 중요성, 암묵지의 구조와 작용을 다루고 있다. 제2부 '발현(emergence)'은 암묵적 앎이 어떻게 발현되는가 하는 문제를 통하여 진화의 가능태와 인식 발생의 문제, 지력과 도덕성의 기원을 다루고 있다. 인식 발생과 더불어 생물체 발생을 다루면서 계통발생(phylogenesis)은 정신발생(ideogenesis)처럼 인과적 관계로 설명되지 못한다고 하였다[79쪽]. 하지만 형태발생의 경우는 다르게 설명하고 있다. 제3부 '탐구자의 세계(a society of explorers)'는 과학적 탐구가 창의적인 것이 되려면, 역설적으로 제도와 권위에 의존할 수밖에 없음을 역설한다. 여기서 폴라니는 실증주의를 비판함으로써 전체주의 위험을 지적하고 동시에 그 반대편에 있는 실존주의가 책임을 물을 수 없는 상황으로 몰아감을 경계한다. 이 글의 제3절은 『암묵적 영역』의 제1부와 제2부 그리고 제4절은 제3부의 내용을 토대로 한 것이다.

2. 전통교육에 대한 대안적 시도

주지하는 바와 같이, 라일❷은 서양의 합리주의 전통에 대한 근본적인 반기를 든 사상가다. 이어 소개할 폴라니의 암묵적 영역과 라일의 방법적 지식은 상호 논리적 관련성 때문에 폴라니에 앞서 소개하고자 한다. 라일은 명제적 지식을 표방하면서 이루어진 주지적 전통이 명제로

---

❶ 이 글에서 소개하는 『암묵적 영역(*Tacit Dimension*)』은 필자의 번역본(서울: 박영사, 2015)을 토대로 하고, 이하 본문에 인용된 [ ]안의 쪽수는 번역본의 쪽수임을 밝혀둔다.

❷ Ryle, G. (1949). *The Concept of Mind*. New York: Barnes and Noble. 우리가 일반적으로 통용하는 바와 같이, 이하 'knowing-that'은 명제적 지식, 'knowing-how'는 방법적 지식으로 번역함.

표현될 수 없는 지적인 영역을 도외시한 점을 지적하면서, '방법적 지식'이 중요하다는 점을 부각시켰다. 단초는 데카르트의 심신이원론이다. 그는 공간을 점유하는 신체와 그렇지 않는 마음(정신)으로 이분할 경우, 양자 간의 상호 인과관계는 확인할 수 없을 뿐만 아니라, 마음 내에 일어나는 작용조차도 설명할 수 없다. 그래서 '기계 속의 영혼'이라는 독단에 빠지게 된다.[3] 라일의 주장에 따르면, 신체의 인과관계가 성립한다면 마음의 인과관계도 성립해야 마땅하지만, 데카르트의 이원론은 마음과 신체를 병렬로 놓아서 '마음'을 '기계 속의 영혼'으로 가두어 놓고 신비스러운 존재로 만들어버렸다. 그 결과 나타난 것이 우리가 익숙하게 알고 있는 '범주의 오류'다.[4] 즉, 범주의 오류는 신체를 신비스럽게 움직이는 영혼이 신체와 별도로 존재한다고 보는 것을 오류임을 뜻하는 용어다. 라일은 범주의 오류의 여러 가지 사례를 제시하고, '철학적 행동주의'[5]를 통한 분석 예를 들고 있다. 이는 이미 제1장에서 몇 가지 사례를 간략하게나마 소개하였으므로, 여기서는 라일이 개진하고자 하는 논점만 소개하고자 한다.

첫째, 데카르트의 심신이원론의 부당성에 의거하여 실행지의 중요성을 부각한 점이다. 그 결과 목하 관심사인 방법적 지식이 중요하며, 나아가서 명제적 지식도 방법적 지식으로 환원된다.[6]

---

[3] The Ghost in the Machine. Ryle(1949: 12-16). 기계에 해당하는 신체 어딘가에 마음이 유령처럼 숨어서 기계를 움직이는 것처럼 신체를 조정한다는 신비주의를 지적한 말이다.

[4] category mistake. Ryle (1949: 17-18). 당초 라일이 범주의 오류를 제기한 것은 '정신'과 '신체' 또는 '마음'과 '육체'의 인과 관계에서 비롯되는 문제를 설명하려는 데서 비롯된 것이다(pp. 18-20). 그리고 나서 여러 가지 예를 열거하고 있다(Ibid. 16-22). 라일 이후 범주의 오류는 여러 분야에서 사용되는 용어가 되었다.

[5] philosophical behaviorism. 신체가 '행하는 것'에 이미 마음의 작용인 '앎'이나 지력이 존재하므로 행동을 철학적 분석 대상으로 해야 한다는 주장이다. 결과적으로 행과 지를 떼어놓지 말아야 한다는 주장으로 연결된다.

둘째, 심신이원론은 육체처럼 마음의 작용을 실증적으로 설명할 수 없기 때문에 신비주의를 자초한다. 즉, 주지적 전통이 종교적 신비주의와 같은 위력을 행사한다는 것이다. 따라서 우리는 이로부터 나오는 부당한 권위주의를 경계해야 한다. 이 점은 실증적 측면을 내세우는 진보사상, 그리고 공산주의가 과학에서 존중되어야 할 권위를 부당하게 행사한다는 점을 폴라니가 맹비난했던 사실[29-30쪽; 118-119쪽]과 일맥상통한다.

셋째, 비명제적 영역은 실증적으로 증명하기 어렵지만, 그렇다고 공인할 수 없는 것이 아니다. 라일은 폴라니와 마찬가지로 암묵적 영역의 가능성을 인정하고 이를 열어놓았다.

넷째, 심신이원론은 인간의 마음을 육체와 별개로 두고 육체보다 우위에 두는 일종의 목적론적 가치관에 빠지면서, 동시에 영혼불멸설과 같은 이원론적 신비주의에 빠진다. 그렇게 되면 인간의 마음의 작용을 합당한 방법으로 설명하는 것이 불가능해진다.[7]

그렇다면 논점을 원래 관심사로 돌려, 명제적 지식을 중시하는 전통교육에 대한 대안을 제시한다고 도전하는 진보교육의 양상은 어떠한지를 살펴보자.

---

[6] 이 문제의 철학적 논의는 모두 라일의 방법적 지식의 특성에 근거한다. 명제적 지식이 방법적 지식으로 환원되는가 하는 문제는 Roland(1961) 참조. 이와 더불어 방법적 지식의 실행성 문제는 스미스(Smith, 1988), 나이리(Nyiri, 1988)을 참조. 또한 방법적 지식의 중요성은 명제적 지식의 조건에 비추어 설명된다. 이 논점은 이하 각주 [16] 참조.

[7] 이 말은 인간의 마음을 설명하는 형이상학적 논의 방식이 무의미하다거나 불필요하다는 말이 아니다. 이를테면, 라일이나 폴라니가 형이상학적 논의를 주장하지는 않았지만, 그렇다고 이 두 사람의 주장이 유식(唯識), 화엄사상(華嚴思想)의 성기설(性起說)이나 대승기신론, 또는 성리학(性理學)의 이기론(理氣論)에서 논의하는 바를 배격하는 것은 아니다. 마음의 형이상학적 논의는 이홍우(2006; 2014), 이상익(2007) 및 한자경(2000; 2002; 2003) 참조.

주로 명제적 지식으로 구성된 전통적인 교과교육에 대한 진보교육의 체계적이고 종합적인 비판과 도전의 전형은 '플라우든 보고서'[❸]에서 찾아볼 수 있다. 이 보고서의 핵심은 아동은 '학습의 주체'이기 때문에 교사 주도의 교수-학습이 아닌 아이 스스로가 찾아서 공부하는 이른바 '발견학습'을 강조한다. 디어든은 발견학습의 의미를 심층적으로 소개하기 위하여 진보주의 교육론자들이 주장하는 '학습방법의 학습(learning how to learn)'의 의미를 ① 학습자료 탐색능력(즉, knowing-where 능력), ② 원리의 적용능력(즉, 연습문제 풀이 능력), ③ 탐구방법의 학습, ④ 학습 자기관리(heuristic approach), 그리고 ⑤ 요약, 발췌능력으로 구분한다.[❾] 디어든은 또 다른 글에서 발견학습의 논리적 특성에 비추어 볼 때, 발견학습은 결코 '아동중심'이 될 수 없다는 것이다.[❿] 단적인 예로서 '발견'은 과업어가 아니라 성취어이기 때문에, 아이들의 흥미나 필요를 고려하여 성립하는 개념이 아니다. 결론적으로 디어든이 다섯 가지로 정리한 아이들의 자발적 학습동기와 학습능력은 모두 암묵적 능력과 밀접한 관련을 맺지만, 어느 것도 제도와 권위, 교과의 가치를 부정하는 근거를 제공해 주지 못한다.

그렇다면 라일과 폴라니가 강조하는 비명제적 앎의 영역, 즉 암묵적

[❸] Plowden Report: 1963년 영국 교육부의 요청으로 구성된, 플라우든 여사(Lady Bridget Plowden)를 위원장으로 하는 자문위원회(Central Advisory Council for Education)에서 1967년 정부에 제출한 보고서. 정식 명칭은 *Children and Their Primary Schools*다. 진보교육과 관련된 간략한 설명은 Dearden, R. F.(1969). *Problems in Primary Education*. 김정래 역. (2015). **초등교육문제론**의 제1장 참조. 이하 디어든의 내용을 소개하는 쪽수도 번역본의 쪽수다.

[❾] 디어든(1969) 제6장. 위에 소개된 학습방법의 학습 중 '요약, 발췌능력'은 학습방법의 학습이 아니며, 교과의 논리적 특성이 비추어 발견학습과 관련되는 것은 세 번째 '탐구방법의 학습'이다.

[❿] Dearden, R. F.(1967: 135-155). 이와 관련 논의는 김정래(2010) 참조.

영역은 구체적으로 무엇인가를 살펴보기로 한다. 하지만 이에 앞서 명제화할 수 없는 지식의 일반적인 특징을 지면 관계상 간략하게 살펴보자.

첫째, 언어화되지 않는다. 이는 '명제적 지식'에 대비되어 '방법적 지식' 또는 '암묵적 지식'으로 번역되는 이유다.

둘째, (시간적 의미에서) 전수되지 않는다. 전수되지 않는 이유는 당연히 언어화되지 않기 때문이다. 이 지식이 전수되지 않는 특징은 간혹 시간상의 단절을 가져오기도 한다. 대표적인 것이 고려자기(高麗瓷器)의 제작 비법이다. 언어로 전수된다면 고려자기는 재현되었을 것이다.

셋째, (공간적 의미에서) 누구나 공유할 수 없다. 이를테면 같은 종류의 물건을 생산할 경우에도 기업이 보유한 영업비밀, 또는 제조 비밀, 그리고 개인의 특허권 같은 것이 여기에 해당한다. 라일의 '언어'인 '노우-하우(know-how)'가 일상적으로 사용되는 것이 주로 이 맥락이다.

넷째, 학습자 관점에서 주관적이다. 폴라니의 '개인적 지식(personal knowledge)'은 암묵지의 이 특징을 반영한 것이다. 따라서 이 지식은 반드시 그 지식을 보유한 사람에게 가서 전수받아야 하는데, 그 방법은 언어로 표현할 수 없다.

다섯째, 분산되어 있다. 인위적 조직의 중앙에 집중된 것이 아니라 분산되어 있다는 뜻이다. 이는 방법적 지식 또는 암묵적 지식이 인위적이거나 자연발생적인 것이 아니라 자생적(spontaneous) 질서라는 하이에크의 생각과 관련된 개념이다. 명시적으로 드러낸 의도처럼 통제되지 않는 특징을 가진다.[11]

필자가 정리한 이러한 다섯 가지 특징은 각기 이어 소개하는 폴라니의 암묵적 지식의 특성과 각기 관련을 맺고 있다.

---

[11] 하이에크(Hayek, 1973; 1988)를 토대로 한 소개는 본서 제1장 24-25쪽 참조.

3. 폴라니의 암묵적 영역

폴라니가 암묵지를 강조하면서 비판하고자 한 철학사상의 배경은 17-8세기 계몽사상에 있다. 계몽사상은 개인이 자신의 입장에서 합리적인 판단을 하면 그것이 무엇이든 구성할 수 있다는 일종의 구성주의로 이어진다[88쪽 이하]. 게다가 계몽사상은 '자율성'의 명분으로 개인의 자의적 판단에 권위를 부여한다. 그 결과 기존 제도에 의하여 생성되는 권위를 부정한다. 여기에 실증주의(positivism)도 합리성을 표방하면서 인류 문명에 누적된 전통과 거기에 필연적으로 박혀 있는 권위를 함께 부정한다. 또 이러한 조류는 정치적으로 전체주의를 가져왔다. 이와 같은 병폐는 폴라니가 사회과학과 철학에 대한 학문적 관심을 돌리게 된 사유[12]이면서 동시에 암묵적 영역의 중요성을 주장하는 논거다. 명제화할 수 없는 지식의 중요성을 견지한 사상가는 폴라니 이외에도 라일, 포퍼, 하이에크, 비트겐슈타인, 쿤이 있다.[13]

암묵지의 중요성을 가장 단적으로 표현한 말은 "우리는 우리가 말할

----

[12] 주지하는 바와 같이, 세부적으로는 물리화학을 전공한 것으로 알려져 있으나, 폴라니는 당초 과학의 전반에 걸쳐 연구를 한 과학자다. 제2차 세계대전 이전 나치정권이 들어서자 영국의 맨체스터 공과대학(UMIST)으로 옮긴 다음, 사회학과 경제학에 관심을 기울였으나, 1940년대부터 철학 저술[참고문헌 참조]을 내기 시작한다. 그가 철학에 관심을 가지게 된 동기는 과학적 사고의 실체를 부정하는 공산정권의 거대공학적 기획(Grand Social Engineering Project)의 환상과 파멸을 타파하는 데 있다. 이 때문에 폴라니의 철학사상이라는 수식어를 사용할 필요가 있다. 이에 관한 소개는 센(Amartya Sen)의 2009년 서문을 참고할 것. 번역본[13-22쪽]

[13] 여기에는 제1장에서 이미 소개한 라일(1949) 이외에 다음 인물의 주요 개념이 포함된다. Oakeshott's rational conduct(1975), Hayek's spontaneous procedure(1973; 1988), Wittgenstein's pre-knowledge(1953), Kuhn's exemplar, initiation(1970), Popper's conjectures & refutations(1972)이 있다. 이들에 관하여는 제1장의 〈표 1-2〉 '두 가지 앎의 세계'를 참조.

수 있는 것보다 더 많은 것을 알고 있다(We know more that we can tell)"
다[31쪽]. 이 말은 우리가 사는 이 세계를 근원적으로 파악하고 이해하는
데 언어화된 지식으로 파악할 수 없다는 한계를 인정함과 동시에, 실증
주의가 논의할 가치가 없다고 치부해버린 '형이상학'의 문제와 관련하
여 무한한 인간 인식 영역에 암묵지를 통한 접근 가능성을 열어놓았다.
생명의 기원, 인식의 발생, 존재의 규명 등은 실증주의적 방법에 의존할
수 없는 문제이면서, 동시에 형이상학적 주제라고 폐기할 사안이 아니
다. 폴라니는 형이상학적이라고 볼 수밖에 없는 '원인 없는 원인
(uncaused cause)'[126쪽], '나지도 죽지도 않는 물질'[128쪽]의 문제는 암
묵적 앎을 통하여 탐구할 수 있다고 보았다. 그 이유는 생명체의 발현이
라든가 경계조건[125쪽] 등은 실증주의 검증방법(verification)이나 기계
론적 환원론(mechanical reduction)으로 설명할 수 없기 때문이다.

이제 폴라니의 암묵지를 이해하기 위한 주요 개념을 살펴보기로 한
다. 암묵적 지식의 단초로서 폴라니가 논거로 삼은 배경은 게슈탈트 심
리학(Gestalt psychology)이다[33-34쪽, 75-77쪽]. 암묵지는 언어화할 수 없
는 측면이 있으므로 암묵적 영역의 인식 작용이 드러나는 측면부터 확
인할 필요가 있다. 암묵적 앎의 발현시작[35쪽]을 가리키는 핵심개념인
잠식(潛識, subception)은 '하부의식'이라고 하기도 한다. 가장 정확한 의
미는 '묵식'이지만, 그러면 정의항과 피정의항이 사용하는 언어가 중복
되기 때문에 '잠식'으로 번역한다. 잠식의 발현은 '착화(着化,
indwelling)'를 가져온다. 착화는 인식 작용에 있어서 외부 사물을 내면
의 일부로 동화시키는 것으로서 내주(內住), 안착, 침잠이라고 번역되기
도 한다. 지식은 존재가 마음속에 착화되면서 생성된다는 점 때문에
'착화'가 의미상 전달이 잘 되는 번역어다[44쪽 이하]. '착화'는 존재와
지식을 관련시켜주는 매우 중요한 개념이다. 폴라니는 교육에서 교사

의 가르치는 행위도 착화의 개념으로 설명하였다. 가르치는 과정에서 교사는 권위를 행사하는데, 이 때 교사의 권위를 수용해야만 교사에 대한 신뢰가 따르게 되고 착화작용이 가능하다고 주장한다[120쪽 이하].

이러한 암묵지의 발현을 구체적으로 설명하는 개념이 항(項, term)이며, 근접항(proximal term)과 계접항(distal term)으로 구분된다[38~46쪽]. 근접항은 암묵지의 '기능적 구조'로서 발현의 근원이 된다. 식(識)이 발현되면 이어 나타나는 것이 계접항이다. 계접항은 우리 인식이 집중되는 암묵지의 '현상적 구조'다. 계접항에 따라 '초점식(focal awareness)'이 형성되고, 이 초점식이 당초 식의 근원이 되었던 근접항에 상응하였던 부발식(subsidiary)을 통제한다. 또한 근접항이 발현하여 계접항에 상응하는 초점식이 형성되는 것이 착화다. 초점식이 부발식을 통제하면서 작용하는 것을 내발화(interiorizing)라고 한다. 내발화는 암묵적으로 파악된 내용이 언어화된 형태로 파악이 가능한 상태 또는 그렇게 변한 것을 지칭한다. 이 개념은 '암묵지의 실행태' 또는 '암묵지의 정합태'를 가리키므로, 암묵지가 언어적으로 구체화되는(tangible) 상태로 변하는 것을 가리킨다.

이제까지의 설명을 간략하게 도식으로 설명하면 [그림 6-1]과 같다.

proximal term 근접항 (암묵지의 기능적 구조) [38쪽]	→ 〈발현〉	distal term 계접항 (암묵지의 현상적 구조) [39쪽]
subsidiary awareness 부발식	← 〈통제〉	focal awareness 초점식
interiorization 내발화		indwelling 착화

[그림 6-1] 암묵지의 발현과 통제의 도식

이 도식에 의하여 식의 수준이 높아지면서 위계가 형성되고 일종의 상호 통제를 하게 된다. 이를 설명하는 개념이 '한계통제원리(the principle of marginal control)'다. 이는 높은 수준의 인식은 낮은 수준의 인식을 토대로 형성되지만, 낮은 수준의 인식을 통제할 뿐만 아니라 역으로 낮은 수준의 인식으로 환원되지 않는다는 원리다[72쪽]. 이러한 일련의 과정을 통하여 사물을 총체적으로 파악하고 정신세계의 새로운 국면이 출현하는 데, 이를 폴라니는 '총괄파악(com-prehension)'이라고 하였다[87쪽]. 일종의 인식론적 발생 기제를 설명한 것이다.

폴라니는 한계통제원리를 설명하면서 벽돌의 예와 언어의 예를 들고 있다[66쪽]. 벽돌을 가지고 집을 짓는 경우, 우리는 네 가지 단계를 상정할 수 있다. 첫째, 벽돌을 만들 때 지배하는 것이 벽돌의 원재료와 관련된 물리와 화학 법칙이다. 둘째, 벽돌 제조에는 공법이 따르며 이는 물리와 화학 법칙과는 상이하다. 셋째, 벽돌을 사용하여 집을 짓는 데에는 건축술이 동원된다. 넷째 벽돌을 사용한 건축물은 도시계획의 지배를 받는다. 물리와 화학 — 벽돌 공법 — 건축학 — 도시공학의 각 단계는 상호한계의 원리 지배를 받는다. 또 다른 예로서, 언어의 다섯 가지 수준을 들고 있다. ① 목소리, ② 어휘, ③ 문장, ④ 스타일, ⑤ 문예 작법이다. 이는 각기 (1) 음성학, (2) 어의학, (3) 문법, (4) 문체론, (5) 문학비평에서 다룬다. 이들은 각기 전 단계를 통하여 다음 단계가 발현되지만, 다음 단계는 전 단계로서 설명이 되지 않는다는 특징이 있다.

이에 대한 폴라니의 말을 직접 들어보자.

> ······이들 각 수준은 이중 통제를 받습니다. 하나는 자신의 요소 자체에 적용되는 법칙에 의해, 다른 하나는 그것이 형성하는 상위 수준의 실체를 통제하는 법칙에 지배를 받습니다. 그 결과 상위 수준의 작용은 하위 수준을

구성하는 부분들을 규제하는 법칙에 의하여 설명할 수 없습니다. [67쪽]

많은 논란이 있지만 폴라니는 한계통제원리를 생물체와 인간에게도 적용하려 하였다. 그리하여 생물체의 진화 과정도 이 한계통제원리의 지배를 받는다고 생각한 것이다. 그의 말을 들어보면,

> 여타의 생명체에도…… 이 수준들 사이의 위계는 낮은 단계의 삶이 보다 높은 형태로 발현됨으로써 이루어지는 것입니다. 우리는 어떤 개별 인간을 보면 거기에 진화의 모든 단계가 다 들어있다는 것을 한 눈에 알 수 있습니다. [67쪽]

즉, 폴라니는 한계통제원리를 통하여 인식 발생의 경우처럼 형태발생의 가능성을 보고 있는 것이다. 나아가서 그는 이를 심리적인 문제와 당위 문제에도 적용할 수 있는 가능성을 언급하고 있다.

> ……이 단계를 넘어서면 의식적 행위와 지적 행동의 수준은 행동생물학(ethology)과 심리학 연구를 통하여 파악하게 되고, 궁극적으로 우리는 도덕 판단의 기준이 되는 도덕 감정을 만족시켜야 하는 윤리적 문제에 당면합니다. [68쪽]

다소 복잡해 보이지만, 이처럼 암묵지의 구조와 작용, 그리고 한계통제원리를 통하여 폴라니가 규명하고자 한 것은 실증과학의 명제를 가지고 자연과학이 설명조차 할 수 없었던 문제, 즉 생물체의 경계조건[125쪽]을 파악하고자 한 것이다. 그는 무생물체계의 경계조건[71쪽]을 파악함으로써 '생명의 비약'[77쪽], 즉 생명체의 발생을 설명하고자 하였다. 그리하여 '상호우호성(conviviality)'을 통하여 하등동물이 인간으로 진화

할 수 있는 가능성을 열어보려고 하였다. 이 과정에서 그는 한계통제원리에 상응하는 '임계(critical)'의 개념을 도입함으로써 진화의 과정을 엄밀하게 규명하고자 하였다.

한계통제원리를 교육 실제와 관련하여 볼 때, 우리는 여기서 몇 가지 타당한 측면을 확인할 수 있다. 첫째, 실증주의 방법으로는 인식의 비약을 설명할 수 없다. 따라서 암묵적 영역의 작용에 대한 교육적 관심을 기울여야 한다. 그 결과 교과학습에서 명제에 의하여 설명되지 않는 비약이 있다는 점을 염두에 둘 필요가 있다. 예컨대, 언어로 의사 표출을 잘 하지 못하는 영유아의 단계에서 암묵적 인식의 발달은 매우 중요하다. 둘째, 폴라니는 서두에 게슈탈트 심리학을 거론하고 있지만, 우리는 암묵적 특징이라고 해도 그것이 구조를 형성한다는 점에서 교육장면에서 요소를 강조하는 연합주의보다는 전체를 강조하는 구조주의가 교육력에 크게 작용한다는 점을 알 수 있다. 이를테면 교육현장에서 '사실의 암기'보다는 '학습사태의 파악'이 중요하다. 셋째, 구조를 가르칠 때 인지의 '비약적' 상승은 암묵지와 한계통제원리에 따라 설명된다는 점이다. 이를 위하여 폴라니는 피아제의 구조주의 이론을 토대로 자신의 '내발화' 과정을 설명하고 있다. 그러나 이는 교육현장에서 구조주의 이론을 정태적으로 적용할 것이 아니라 동태적 관점에서 파악해야 함을 시사한다. 이 점을 좀더 자세히 살펴보자.

> 피아제는 논리적 절차와 규칙을 지속적으로 개발함으로써 아이의 추론 능력이 안정된 상태에서 어떻게 향상되는지를 연구하였습니다. 언어를 내발화하는 과정에 따라, 이러한 추론 능력이 발달하면 아이는 궁극적으로 성인처럼 마음을 작동하는 상태에 이르게 됩니다. [77쪽]

이 말은 물리학을 공부하는 초등학생은 그 하는 일에 있어서 물리학자와 다를 바 없다는 브루너의 주장을 연상시킨다.[14] 그러나 폴라니의 이론이 브루너의 이론과 같다고 단정하기 어려운 측면이 있다. 왜냐하면 브루너가 초등학생이 물리를 배우는 것과 물리학자가 하는 일이 본질에 있어서 차이가 있는 것이 아니라 수준에 있어서 차이가 있다는 점을 밝히고 있는 바와는 달리, 폴라니는 인식의 본질상 환원할 수 없는 '비약'을 강조하기 때문이다. 즉, 폴라니에게 인식 발달은 본질상 차이가 없으나 수준의 차이만을 가지고 발달하는 나선형이 아니라 본질적으로 상이한 도약을 통한 발달이다. 그래서 그의 주장은 인식 발달에 그치는 것이 아니라 인식 발생과 진화 문제로 '도약'할 여지를 남겨두고 있다.

매우 축약적이지만, 이제까지의 설명을 보면 폴라니의 이론은 자연과학 사례에 국한되는 듯한 인상을 준다. 실제로 그는 암묵지의 주요개념을 설명하면서 '인상학(physiognomy)'[31쪽]이나 전기충격실험[38쪽], 탐침봉[40쪽]의 사례를 들고 있다. 그러나 그의 이론이 자연과학에 국한된 것은 아니다. 그는 자신의 이론을 라일의 '방법적 지식'[34쪽]이나 피아제의 인지이론[77쪽]을 통하여 설명하면서 자신의 주장이 메논의 패러독스[15]를 해결할 수 있다고 보았다[51쪽]. 또한 그는 '착화'의 개념을 '감정이입(empathy)'과 다르지 않게 보고 사회과학적 문제를 다루고자 하였다.

이제 사회과학 주제와 관련하여 폴라니 주장을 살펴보자. 그는 암묵지의 타당성 근거를 몇 가지 제시하고 있다[53-54쪽]. 첫째, 탐구하고자

---

[14] Bruner (1960: 14). 이 비유를 놓고 보면, 인지 발달에서 '비약' 또는 '도약'은 기대하기 어렵다. 그래서 브루너의 인지발달단계의 논리적 특성이 수준의 차이를 기술한 것에 불과하다는 해석이 가능하다.

[15] 아는 것은 당초 불필요하거나 불가능하다는 메논의 패러독스(*Meno*, 80a-e)가 야기되는 것은 '알다'와 '모르다'의 기준이 명제의 앎 여부에 달려 있기 때문이다. 앎의 문제를 암묵적 영역으로 확대시켜놓고 보면, 그 문제가 해소된다는 것이다.

하는 세상의 복잡성이다. '우리는 우리가 말할 수 있는 것보다 더 많은 것을 알고 있다'는 말은 암묵의 세계를 파악하지 않고서는 세상과 세상의 이치를 온전하게 파악할 수 없다는 뜻이다. 이를 달리 말하면 지식의 타당성은 암묵지에 의하여 결정된다는 뜻이다. 실증주의나 명제화된 지식을 가지고서는 복잡하게 얽혀있는 세상의 이치를 온전하게 설명할 수 없다는 것이다. 둘째, 인식 영역은 언어와 사고로 재단할 수 없다. 앎의 영역을 놓고 볼 때, 명제적 지식의 세계는 암묵적 지식의 세계보다 영역의 범위가 적다. 영역의 문제를 넘어서 암묵적 지식은 명제적 지식의 필요조건이 된다. 달리 말하자면, 지식의 명제화조차 암묵지 없이 이루어질 수 없다.[16] 이 논점은 다른 시각에서 살펴보면 암묵적 영역의 중요성을 주장하는 폴라니의 입장을 정당화해준다. 셋째, 암묵지의 세계는 개방적이고 무한하다는 점이다. 탐구해야 할 세계의 특징과 탐구자의 자세는 암묵지와 관련하여 볼 때, 개방적이고 궁극적으로 무한하다. 특히 탐구되어야 할 세계에는 불확정적 요소가 포함되어 있어서, 암묵지를 통하여 파악할 수밖에 없다. 이에 따라 탐구자는 암묵지와 더불어

---

[16] 이에 대하여 상당히 자세한 설명이 요구된다. 쉐플러(Scheffler, 1965)의 '지식의 조건'을 논거로 간략하게 소개하면 다음과 같다. 주지하는 바와 같이, 쉐플러가 설정한 지식의 조건은 신념조건, 진리조건, 증거조건이다. 이들의 관계는 상하 위계를 이루는 것처럼 이해된다. 진리조건의 전제 없이 신념조건이 성립하지 않으며, 증거조건 없이 진리조건이 성립할 수 없다. 따라서 가장 중요한 관건은 증거조건이 된다. 그러나 증거조건은 '증거를 댈 줄 알다'라는 표현에서 확인할 수 있듯이, 명제적 지식이라기보다는 방법적 지식에 해당한다. 이를 종합하면, 명제적 지식의 성립조건의 관건은 방법조건에 달려 있다는 뜻이 된다. 본문에서 내가 '지식의 명제화조차 암묵지 없이 이루어질 수 없다'고 한 것은 이런 뜻이다. 아울러, 이러한 중요성에 비추어 증거조건은 결국 방법조건을 전제한다. 암묵적 지식을 언급하지 않았지만, 이 점을 부각시켜 이돈희(1977: 192-193; 1983: 253-256)는 지식의 조건에 '방법조건'을 추가한 바 있다. 방법적 지식의 중요성은 암묵지 문제에만 국한된 것은 아니다. 방법적 지식의 중요성은 교화의 비도덕적 남용을 검증하는 데도 중요하다. 이에 관하여 김정래 외(2015) 참조.

개방적 자세를 견지해야 한다.

4. 폴라니 이론과 교육 실제 상황

폴라니의 표현대로 암묵지의 위력[87쪽]에 따라 착화 현상이 사물을 총체적으로 파악하도록 한다. 또한 암묵지가 작용하는 구조에서 실재의 상위 수준이 하위 수준의 지배를 받지 않는다는 점을 밝힘으로써 인간 인식의 무한 비약 가능성을 확인할 수 있다. 이를 토대로 폴라니는 인간의 지적 탐구가 이루어지는 실천 현장이 어떠해야 하는가를 『암묵적 영역』 제3부에서 역설하고 있다. 여기서는 이 문제를 개괄하면서 동시에 교육 실제 상황에서 전통적 제도와 교사 권위의 중요성 문제를 관련시켜 보기로 한다.

착화 현상을 통한 암묵적 앎의 작용으로 발생하는 인식의 비약적 발전은 모방행위와 감정이입을 통해서 가능하다. 이 사실은 교사의 권위를 전제로 한 아이들의 모방이 요구된다는 것을 의미한다. 이런 상황에서 창의력이 발현되고, 끊임없는 탐구 활동이 무의미하게 일어나지 않는다는 것이 주요 논점이 된다. 그러나 앞서 소개한 바와 같이, 진보교육이 '자율'의 명분으로 조장하는 아이들의 자의적 활동은 거의 대부분 무의미한 활동으로 끝나게 마련이다. 그래서 교육 상황에서 "모방 대 창의" 도식이 그릇된 이분법(false dichotomy)이라는 것이다. 폴라니는 실증주의와 그 연장에서 온 전체주의 사고,[17] 그리고 기존제도의 부정이라는 점에서 같지만 실증적 측면에서는 정반대 노선인 실존주의[90-

---

[17] 폴라니는 전체주의가 얼마나 그릇된 방향으로 나가고 있는가를 소련 치하의 예를 들고 있

92쪽]를 비판하고 있다. 교육에서 실증주의에 집착하면 경직된 사고에 매몰되지만, 자기 존중의 이유로 실존주의를 받아들이면 교육이라 지칭하기 어려운 방임으로 흐를 위험이 존재한다는 것이다.

앞서 소개한 바와 같이, 폴라니가 비판하는 실증주의의 출발은 계몽사상이다. 그는 계몽사상이 애초부터 당시 교회의 권위를 함몰시킨 점을 지적하면서 현대사상을 피폐하게 했다고 주장한다[89쪽]. 여기서 폴라니의 입장을 이해하기 위하여 그의 논점을 간략히 정리해 볼 필요가 있다. 그는 계몽사상이 세 가지로 전개되어 인간의 지성에 폐해를 주었다고 생각한다. 하나는 실증주의다. 그는 실증주의가 언어주의와 과학에서 기계론적 환원주의를 초래했다는 점을 지적한다. 다른 하나는 라일과 같은 맥락에서 근대 합리주의 폐해다. 합리주의는 보편성을 인위적으로 설정하여 실증주의와 결합하면서 도덕적 완벽주의를 추구하게 되었다. 완벽주의는 현실적으로 불가능한 것이다. 따라서 합리주의에서 파생된 완벽주의는 아이러니하게도 회의주의를 불러온다. 여기서 회의주의는 구체적으로 실존주의 철학을 지칭한다. 이 점이 폴라니가 암묵적 사고에 요구되는 책임을 회피하는 데 기여한 실존주의를 비판하는 단초를 제공한다. 또 다른 하나는 계몽사상에서 도출된 자기결정주의다. 모든 지식, 가치, 신념을 인위적으로 설정하고 구성할 수 있다는 생각은 전체주의 '거대한 사회공학적 기획(Grand Social Engineering Project)'을 초래한다. 인식론과 학습이론에서 자주 언급되는 구성주의도 여기서 파생한다.

계몽사상에서 파생한 실증주의와 기계론적 환원주의, 완벽주의와 회

다[29-30쪽; 88-89쪽; 92-93쪽]. 실증주의 연장에서 전체주의에 속하는 공산주의가 도래한다는 논점은 하이에크의 논의에서 찾아볼 수 있다. Hayek(1973; 1988)와 앞의 각주 ⑫ 참조.

의주의, 그리고 자기결정주의와 구성주의는 우리 사고에 자기 파괴적 요인으로 작용한다[93쪽]. 자기 파괴적 작용은 다름 아닌 인식의 비약적 발전을 하는 암묵적 사고를 인위적으로, 다시 말해서 의도적으로 차단한다는 뜻이다. 진리조차 온전하게 추구할 수 없다는 것이다. 아울러 그는 권위의 상실이 사람들의 저변으로 확대되어 보편화된 것도 인간 스스로가 제도를 새롭게 결정한다는 페인(Thomas Paine)의 '상식'과 관련된다는 점을 지적한다[96쪽]. 이러한 일련의 사상적 조류는 '진보'의 이름으로 기존 전통과 권위를 부정하는데 결정적인 역할을 수행하게 된다. 게다가 그것은, 폴라니가 보기에도 과학의 진전을 가로막는 것이었지만, 아이러니하게도 실증과학의 명분 아래 저질러진 권위와 전통의 부정이었다. 이를 폴라니는 과학의 대중적 개념이라고 하였다[97쪽].

그렇다면 폴라니가 생각하는 과학에 기여하는데 요구되는 가치는 무엇인가를 살펴보자. 그는 세 가지를 제시하고 있다[99-101쪽]. 첫째, 과학의 신뢰도다. 이는 과학이 권위를 유지하는데 필수적인 요인이다. 그러나 그것은 그가 비판하는 실증주의의 주장과 다르지 않다. 둘째, 과학 체계상 구조와 관련하여 요구되는 가치는 엄밀성이다. 이는 과학 이론이 정형화되어 정체되거나 고착화되는 것을 막아준다. 셋째, 내재적 흥미다. 앞의 두 가지 조건과 다소 상반되어 보이지만, 이것 없이 과학의 발전을 기대하기 어렵다. 그런 만큼 폴라니는 이 세 가지 요소 중 어느 하나도 부족해선 안 된다고 본다.

이 세 가지 요인이 작용하여 새로운 과학이론을 창출해내기 위해서는 기존의 권위를 존중하고 복종하는 것이 무엇보다 요구된다고 폴라니는 주장한다. 흔히 생각하듯이, 기존 가치의 순응, 즉 권위에 복종과 과학적 독창성의 출현이 상반된다고 보는 상식적 견해에 반대되는 것이다. 폴라니는 과학에서 권위와 창의성은 상보적 관계에 있다고 본다

[102쪽; 120쪽]. 이에 대한 예를 현대물리학 이론의 발견과정을 예시하면서 설명하고 있다[101-5쪽]. 한 마디로, 권위에 복종(conformity)이 독창성의 출현으로 이어진다는 것이다. 앞서 소개한 바와 같이, 쿤의 패러다임 전형(典型, exemplar)은 이를 잘 설명해준다. 여기서 그의 말을 직접 들어보자.

> 과학은 이처럼 엄청나게 권위주의적 입장을 보이기도 하지만, 다른 한편으로는 특정한 예외를 용인할 뿐만 아니라 창의적인 반대의견에 최대한 격려를 해주기도 합니다. 과학 연구기관은 관련 주제에 관한 기존의 견해와 맞지 않으면 그것을 심하게 억압하기도 하지만, 이와 동일하게 과학적 권위가 기존의 수용된 견해를 과격하게 수정한다는 생각에 최고의 경의를 표하도록 작동합니다. [102쪽]

그러면, 이른바 '권위'와 '창의'가 상보적 관련을 맺는다는 주장이 교육 실천 현장에서도 타당한 것인가를 검토해 보자. 폴라니가 제시한 과학의 내적 기준과 마찬가지로 학교에서 가르치는 교과의 내적 절차가 있다. 폴라니의 주장과 마찬가지로 여기에 엄밀성과 체계성을 수용할 수 있다. 그러나 그것이 교과의 내재적 가치라고 하여 교육상황과 별개로 존재하는 것이 아니다. 거기에는 교과 전문가로서 교사의 권위가 개입되어야 한다. 그래야 폴라니가 제시한 바와 같이 학생의 내재적 흥미도 온전한 방식으로 고양될 수 있다. 교육상황에서 교사의 권위는 곧잘 아이들의 '모방' 행위로 나타난다. 모방이 어떻게 창의로 변모할 수 있는가는 앞서 소개한 암묵지의 발현구조와 작용에 대입하면, 그 발현 가능성을 어렵지 않게 짐작할 수 있다. 결론적으로, 폴라니의 '권위와 창의'의 관계는 교육 실천 상황에서 '모방과 창의'로 발현된다.[⑱]

폴라니는 암묵지 이론을 통하여 과학적 탐구가 지향하는 실재(reality)

의 '일면'만은 끊임없는 탐구를 전제로 한다는 점을 강조한다[103쪽]. 포퍼와 마찬가지로 폴라니도 과학적 탐구는 과학이 탐구하고자 하는 실재의 전모를 파악하는 것이 아니라 '실재의 일면'을 파악한다고 본다.[19] 폴라니가 실재의 일면을 강조한 것은 "과학적 사고체계 속에서 새롭고 전도유망한 문제들이 고갈되지 않고 지속되는 원천을 제공해" 주기 때문이다[103쪽]. 우리가 생각하는 상식과 달리, 과학자는 실재의 본질적 측면을 탐구하기 위하여 새로운 실재의 일면을 캐내기 위하여 끊임없이 노력을 경주하고, 이것이 사람들로 하여금 그들이 권위를 행사하게 하는 기반을 제공해준다는 것이다. 그리고 이러한 상황은 학생들을 가르치는 교육상황에서도 그대로 적용되는 만큼 예외가 없다는 것이다.

이와 같은 폴라니의 입장은 한 마디로 '끊임없는 탐구 자세'와 '지적 오만의 경계'라고 표현할 수 있다. 폴라니의 지적 오만의 경계는 '치명적 자만(fatal conceit)'을 경계해야 한다는 하이에크의 생각과 일맥상통하는 것이며, 그의 끊임없는 탐구 자세는 포퍼의 '추측과 반박(conjecture and refutation)'과 동질의 것이다. 즉, 포퍼의 '끊임없는 탐구 자세'도 같은 의미로 볼 수 있다. 또한 이러한 일련의 생각을 폴라니는 '과학의 자기조절 작업'이라고 하여 과학이 발전하고 확산할 수 있는 제도적 요건으로 보았다[106쪽].

---

[18] 폴라니가 암묵지를 통하여 규명하고자 한, 권위에 복종과 창의의 발현 간의 필연성을 교육 상황에서 설명한 글은 나이리(Nyiri, 1988) 참조. 그는 실행지는 전통에 의하여 전수될 수밖에 없다는 폴라니의 입장을 대변하는 대표적인 인물이다. 그는 폴라니가 '과학적 규칙은 예술의 규칙'(1958: 49)이라고 한 말을 소개하면서 암묵적 영역의 중요성을 부각시킨 바 있다(Nyiri, 1988: 17-18). 이와 함께 그는 각주 [13]에 언급한 인물들의 주장을 소개하고 있다.

[19] '實在의 전모'를 파악할 수 없다는 것은 마치 ≪金剛經≫에서 一合相을 파악하는 것이 不可思議하다고 보는 것과 유사하다. 즉, 세상의 실상의 전모를 파악하는 것은 우리의 사고나 언어로 파악하는 것은 불가능하고, 다만 그것을 이름하여 '一合相'이라고 하는 명칭을 붙일 수 있을 뿐이라는 것이다. 『金剛經』第30 一合理相分.

실재의 일면을 끊임없이 탐구하는 과정에서 고려되는 것이 상호견제원리(principle of mutual control)다[107쪽]. 이 원리는 과학이 개방적 사고 체제 속에서 이른바 '과학적 여론(scientific opinion)'을 형성하는 방법이다. 이를 통하여 과학은 독단에 흐르지 않고 자율적 자기조절 작업을 수행할 수 있게 된다. 이상의 내용을 일종의 흐름도로 표현하면 다음과 같다.

"실재의 일면"에 대한 수정과 반박 → "끊임없는 탐구" → "상호 견제" → "과학적 여론" 형성 → 과학의 자기조절 작업

실재의 일면에 대한 탐구 방식에서 비롯하여 과학의 자기조절 작업으로 이어지는 일련의 활동 절차는 교육 실천상황에도 그대로 적용할 수 있다. 한 때 유행했던 '열린 교육'이 유행으로 끝나지 않고 지속될 수 있는 조건을 든다면 위와 같은 전제를 충족시켰어야 했다는 것이다. 열린 교육은 교과의 벽을 허무는 통합교육의 형태를 띠거나, 아이들(학습자)이 자의적으로 설정한 선택 사항을 교과의 가치와 무관하게 존중한 점, 그리고 '수요자중심'이라는 경제학 원리를 무조건적으로 수용한 점이 실패요인이라면, 뒤집어서 그것이 성공할 수 있는 조건은 상호 견제와 자기조절 작업과 같은 일종의 통제를 강조하는 폴라니의 주장을 수용하는 것이다.

무엇보다도 과학 탐구의 절차는 교육상황에서 학습자의 인식 수준을 비약적으로 발전시킬 수 있는 전기를 마련해줄 수 있다. 이 과정을 교육 상황에 접목하면 아이들은 인지방식의 구축, 세계관의 변화에 획기적인 전기를 마련할 수 있다. 이 과정을 그림으로 보면 [그림 6-2]와 같다.

이제까지 과학적 창의성은 과학적 전통에서 비롯된다는 폴라니의 주

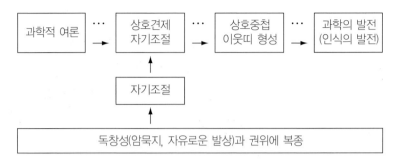

[그림 6-2] 탐구 절차와 인식의 발전과정

장을 확인하였다. 그의 표현대로, 그는 "과학적 창의성이 어떻게 과학적 전통에서 비롯될 수 있으며 동시에 그것을 능가하게 되는가를 논증"하였다[110쪽]. 과학적 전통에서 비롯된 과학적 창의성이 전통을 능가했다는 말은 교육 상황에서 발견학습이 교육적 전통 속에서 가능하고 동시에 그것을 능가한다는 말이 된다. 달리 말하자면, 전통과 모방이 창의를 도출하는 아이러니 상황과, 전통을 능가하는 창의 이른바 '청출어람(靑出於藍)'이 가능하다는 것이다.

이를 '발견학습'에 초점을 맞추어 살펴보기로 한다. 앞서 폴라니의 이론이 연합주의를 반대하고 요소보다는 전체를 강조하는 구조주의와 유사한 측면이 있지만, 브루너의 발견학습 이론과 다르다는 점을 지적한 바 있다. 이제 그 이유를 조금 자세히 살펴보도록 하겠다. 하나는 한 계통제원리에 따른 인식 수준의 '비약' 때문이고, 다른 하나는 '발견'의 개념이 두 가지 상이한 특징을 지니고 있기 때문이다. 두 가지는 상호 밀접하게 연관되어 있다. 전자는 간략히 소개했으므로 후자부터 설명하기로 한다.

주지하는 바와 같이, 라일의 성취어-과업어 구분에 의하여 '발견하다(discover)'는 성취어로 간주한다.[20] 그러나 '발견'을 뜻하는 우리말의

'찾아내다'의 경우를 보면, 두 가지 모두에 해당한다는 것을 알 수 있다. 전날 밤 자기 전에 풀러놓은 손목시계를 아침에 일어나 찾는 경우를 보자. 분명 화장대에 풀러놓은 것으로 생각하고 이곳저곳을 찾는 행동은 분명 과업어로 표현되고, 아침 일찍 아들 녀석이 장난삼아 자기 서랍에 숨겨놓은 것을 간신히 찾아낸 행동은 성취어로 표현된다. 교수−학습활동 과정에서 '발견'도 마찬가지다.

디어든은 아동중심교육에서 아동의 흥미를 존중하는 차원에서 '발견학습'이 부당한 이유로 성취적 측면이 묵살된 점을 타당하게 지적한다.[21] 그러나 아동중심교육의 맥락과 관계없이 발견에는 암묵적 영역에 속하는 발견절차가 존재한다. 이는 영어로 'discover'가 아닌 'heuristic'에 해당한다. 단순하게 대비시켜, 전자는 성취어에 상응하며, 후자는 과업어에 상응한다. 앞서 손목시계 찾는 예에서 'heuristic'에 상응하는 서랍을 뒤지는 행동은 'discover'에 상응하는 시계를 발견하는 행동을 목표로 한다. 전자는 개인적 차원에서 이것저것 암묵적으로 떠올리면서 무엇인가를 실행하는 것을 가리킨다.

이제 이런 관계를 놓고 폴라니의 암묵지 구조에서 근접항과 계접항을 적용하면 그의 이론을 보다 확실하게 파악할 수 있을 것이다. 실제로 폴라니는 '발견'의 의미를 개인적 문제[22]로 보고 흩어진 것을 나름대로

---

[20] 당초 '과업어(task word)'와 '성취어(achievement word)'를 구분한 라일의 의도는 우리의 심리 작용이 성향으로 이루어져 있다는 점을 설명하기 위한 것이다. 청각행동 'listen'은 과업어이고, 'hear'는 성취어다. 같은 맥락에서 시각행동 'look'은 과업어이고, 'see'는 성취어다(Ryle, 1949: 149-153). 이들은 각기 같은 의미를 전달하는 것처럼 보이지만, 그 성격이 다르다는 것을 강조한다. 마찬가지로 무엇인가를 '찾아내다'는 뜻도 두 가지 의미가 가능하다.

[21] Dearden(1967: 141-142). 그러나 그는 다른 책(Dearden, 1969: 139-140)에서 학습방법의 학습의 하나로서 일종의 자기관리능력을 지적하고 있다. 그는 이 능력을 일종의 자기학습 능력으로서 '발견전략(heuristic strategy)'이라고 하였다.

파악하는 노력(heuristic devotion)이 시계를 발견해내는 일(discovery)에 초점을 맞추고 있음을 설명하고 있다[111쪽]. 여기서 그의 용어 '초점 식'과 '부발식'이 상응한다는 것을 파악할 수 있다. 하지만 그러한 발견 의 과정은 미리 정해진 바가 없다. 그래서 폴라니는 '비결정론적 (indeterministic)'이라는 말을 사용하였다.

이를 토대로 암묵지가 작용하는 발견의 절차와 과정을 설명해보자. 탐구 또는 발견은 "여기저기 흩어진 이런저런 것을 나름대로 파악하는 과학자의 고독한 암시"[111쪽]에서 비롯된다. 그리고 탐구자 또는 교육 상황에서 학습자는 "발견에 대한 열망"과 일종의 "소명"의식을 갖고 [115쪽] 발견적 상상력을 동원하게 된다. 열망과 소명의식은 당연히 긴 장 상태를 야기한다. 이를 폴라니는 '발견적 긴장(heuristic tension)'[126 쪽]이라고 하였다. 이러한 일련의 과정을 통하여 문제를 해결하고 답을 찾아내려는 능동적인 작위가 이루어지며, 비로소 성취어로서 발견이 획득된다.[22] 이때 발견은 고정된 실체를 찾아내는 것이 아니다. 한계통 제원리가 적용되는 비약적 발견이 이루어진다.

이렇게 볼 때, 폴라니의 이론을 토대로 본 교수-학습 상황에서 '발 견'은 이른바 '중층구조'를 갖는다고 할 수 있다. 여기서 발견의 중층구 조란 성취어로서 발견(discovery)이 흩어진 것을 나름대로 파악하게 하 면서도 끝내 성취를 이루도록 통제하는 구조를 갖는다는 의미다. 이를

---

[22] personal affairs. 폴라니에게 있어서 '암묵적 지식'의 다른 표현이 '개인적 지식(personal knowledge)'이다. 주지하는 바와 같이, 이는 그의 책(1958) 제목이기도 하다.

[23] 이러한 발견의 과정은 과업과 성취의 양면이 존재하는 것과 동시에 수동성과 능동성이 결 합되어 진행된다. 일종의 수동적인 파토스(pathos)와 능동적인 탐색작업(prattein)이 결합 된다. 여기서 수동적인 파토스는 일종의 몰입으로서 원인 없는 행위이고, 능동적인 탐색은 해결하려는 의지다. 이를 총괄하는 개념이 에로스(eros)다. 에로스를 중심으로 한 논의는 김정래(2015) 참조.

discovery (문제설정)	→	(발현)	→	heuristic procedure	→	(통제)	→	discovery (성취상황)
				personal, indeterministic				objective achievement
근접항	→	발현	→	계접항				
				초점식 (파악노력)	→	통제	→	부발식 (문제상황 통제)

[그림 6-3] 교수-학습에서 발견의 암묵적 구조

도식으로 보면 [그림 6-3]과 같이 나타낼 수 있다.

발견의 중층구조에서 암묵적 작용이 비결정적이라는 말은 결정론적 원인이 존재한다는 생각에서 벗어나 뭔가 새로운 것을 찾아낸다는 '소명'을 암시한다. 폴라니가 발견적 긴장이라고 표현한 소명은 교육 상황에서 무엇을 시사하는가? 비결정적이라는 수식어가 암시하는 듯 그것은 인식의 비약이며, 창의성의 발현이다. 이제, 창의교육 문제를 폴라니의 이론에 견주어 살펴보기로 한다.

발견이란 다른 사람이 생각하지 못한 것을 찾아내는 일이다. 즉, 발견과 창의력은 같은 맥락에서 파악할 수 있는 능력이다. 그러나 창의력과 달리 발견의 의미는 보편성에서 찾아진다. 여기서 폴라니에게 보편성은 불변하는 고정된 실체로서의 진리가 아니다. 정확하게 말하자면 설사 이미 설정된 실체가 있다고 하더라도 그것은 찾아낼 수 없는 일이다. 이 점에서 폴라니는 발견을 '설정된 보편성(established universality)'을 찾는 것이 아니라 '보편적 의도(universal intention)'를 찾고자 하는 것이라고 하였다[114쪽]. 설정된 보편성을 전제하고 그것을 찾아다닌 것을 일컬어 '보편적 어리석음'이라고 하였다[118쪽]. 이에 반하여 '보편적 의도'는 자기의 성과를 과학적으로 온전하게 평가받으려는 의도를 가리킨다. 따라서 발견이란 '개연성 있는 진술에 대한 확증'[113쪽]이다. 이 개연성이 창의력과 발견을 이어주는 가교 역할을 한다.

과학에서 창의성은 과학자가 자유를 행사할 때 구현된다. 그리고 자유의 행사는 책임을 수반한다. 여기서 '책임'은 발견하기 위하여 몰두하는 활동이 과학자에게 자의적으로 주어지는 것이 아니다. 이 점에서 그는 실존주의의 폐해를 극복하였다. 이와 같은 폴라니의 주장에 비추어 우리는 교육적 타당성 몇 가지를 얻어낼 수 있다. 첫째, 발견의 과정을 통하여 창의력이 개발된다는 점이다. 창의적인 사고 자체가 개방적인 것이며, 개방적인 것은 비결정적인 것이다. 발견과 창의력은 암묵지의 특징에 크게 의존할 수밖에 없다. 이러한 사실은 아동중심이나 진보의 기치 아래, 자기결정, 무제한적 자기결정을 허용해도 좋다는 뜻이 아니다. 폴라니에 따르면, 자기결정, 무제한적 자기결정은 자유를 파괴하는 행위가 된다. 그의 이론을 수긍한다면, 아동중심교육에서 주장하는 일련의 방임적 조치들은 재고할 필요가 있다. 이를테면, 제도와 권위를 일체 무시하고 학습자가 모두 결정할 수 있다는 아동중심의 자기결정은 커다란 위험을 수반한다. 게다가 교육 자체가 폐쇄되고 경직된 사고에 함몰된다. 폴라니는 이를 입증하고자 당시 소련의 니콜라이 부하린의 예를 여러 차례 든 바 있다.

둘째, 발견하는 것은 고정된 실체가 아니라 누구나 수긍하고 비판에 견디낼 수 있는 것을 찾아내려는 것이기 때문에 교육의 과정에서 보편적 의도를 염두에 두어야 한다는 점이다. 즉, 상호비판에 견디낼 수 있는 개방적 자세와 비판적 태도가 요구된다는 점이다. 이는 폴라니의 상호견제원리, 상호조정원리에 따라 과학자에게 연구에 대한 책임을 물을 수 있다는 점과 동일한 의미다.

셋째, 교육활동과 교육연구는 실증주의 방식에만 의존할 수 없다. 발견은 암묵지의 발현(emergence) 과정을 통해서 일어난다. 그것은 비결정적, 비인과적 특성에 의존한다. 이와 관련하여 인식의 경계조건, 무생물과 생물체의 경계조건은 폴라니의 암묵지를 설명하는 데 중요한 요인이다. '발현'은 '무생물 체계의 경계조건들을 지배하는 것'[71쪽]에서 비롯된다. 즉, 발현은 경계조건을 통하여 이루어진다.[24] 그것은 앞서 소개한 '한계통제원리'와 유사하다. 이것은 실증주의가 지향하는 확고한 인과율을 발견하고자 하는 것과 다르다. 탐구자의 개인적 차원의 발견적 긴장이 문제 해결을 위한 암묵적 능력의 발현을 유도하고 지속시키지만, 고정된 실체로서 진리나 인과율을 찾는 것이 아니다. 그런 것에 비추어 규명되지도 않는다. 그것은 폴라니의 표현대로 '원인 없는 원인 (uncaused cause)'에 따른 것[126쪽]이다.[25] 오히려 원인 없는 행위는 상상력을 촉발하며, 그것은 잠재성을 실현하려는 노력인 발견 동기다. 한 마디로, 폴라니의 암묵지 발현 구조와 작용은 교육이 실증주의에 집착해선 안 된다는 점을 시사한다.

---

[24] 마찬가지로 생물체의 발현은 생물체의 경계조건을 통하여 이루어진다[116쪽].

[25] '원인 없는 원인'을 설정한 폴라니는 이어 '나지도 죽지도 않는 물질'[128쪽]에 대한 언급을 한다. '나지도 죽지도 않는'것은 '不生不滅'을 뜻한다. 결국 과학의 실재 탐구는 『般若心經』의 空에 귀착된다는 말이다. 그러면서 종교적 해법이 유일한 답일 수 있음을 시사하고 있다. 『암묵적 영역』을 다음과 같은 말로 맺고 있다. "아마도 이 문제는 세속적 기반을 토대로 해서는 해결할 수 없을지도 모릅니다. 그러나 일단 종교적 신념이 세상의 불리한 관점으로부터 우리를 벗어나게 할 수 있다면 종교적 해법은 또 다른 대안이 될 것이며, 그렇게 되면 종교적 반향에 따라 의미 있는 세계가 열릴 것입니다."[130쪽] 평생을 과학에 헌신했고 지대한 공적을 남긴 과학자의 말이라고 믿기 어려운 내용이다.

5. 암묵지의 실행가능성과 그 조건

이제까지 소개한 내용을 토대로 폴라니의 이론이 전통교육의 대안적 근거가 되려면, 적어도 다음과 같은 현실적인 조건을 고려해야 한다.

첫째, 지식 위주의 전통적 교과교육에 대한 비판이 제도와 권위의 부정으로 이어져선 안 된다. 지식교육에 대한 회의와 비판의 맥락에서 암묵적 지식을 가르친다고 해도 제도와 전통, 교과와 권위는 존중되어야 한다. 명제적 지식을 가르치는 교육에 대한 회의를 명분으로 하여 제도와 전통, 교과의 논리적 특성과 교사의 권위를 무너뜨리거나 이를 방치한다면, 교육의 책무성을 방기하고 전가하는 변형이 야기된다. 폴라니는 실제로 책임을 방기하거나 전가시키는 실존주의와 공산주의를 그 전형적인 예로 들었다[117-118쪽].

둘째, 진보교육사상 맥락에서 지향하는 개방성과 창의교육도 개별 아동의 흥미와 경험 존중의 명분 아래 제도와 권위를 무시해서 안 된다. 폴라니의 '상호견제원리', '상호조정원리'[119쪽]를 염두에 두고 개인적 속성이 강한 암묵지조차도 제도적 맥락과 구체적으로 교사의 권위가 행사되는 상황 속에서 발현된다는 점을 간과해선 안 된다. 마찬가지로 학습자의 자발적 자기조절능력은 교육상황에서 제도와 권위가 존중되는 상황을 전제해야 한다. 상호견제와 상호조정 능력은 개인의 자의적인 선택에 의존하지 않는다. 이 점에서 인간의 발견적 상상력, 발견적 긴장도 제도와 전통, 그리고 교사의 권위에 의존한다는 점을 잊지 말아야 한다.

이제까지 살펴본 폴라니의 암묵지 이론을 교육현장, 구체적으로 학습자의 창의적인 발견학습의 장면에 적용하려면, 어떤 절차를 밟아야

하는지 정리해보자. 내가 보기에 교육적 상황을 고려하면 다음과 같은
네 가지를 생각할 수 있다.

① 교사의 예시에 의한 학습(learning by example, ostentation)
② 반복적 모방행위(imitation)와 습관화
③ 권위에 복종(authority to be submitted)
④ 전통에의 몰입(tradition to be submitted)

위의 네 가지는 발견, 자발성, 창의력과 정반대되는 것으로서 전통교
육의 폐해를 부활하는 것처럼 보일 수도 있다. 오히려 그것이 마치 인간
의 정신을 '기계 속의 영혼'으로 가두어두고 신비주의를 내세운 권위주
의 교육의 단면으로 보일 수도 있다. 그러나 기존의 권위주의적 교육은
명제적 지식을 강조한 것이고, 폴라니의 주장은 암묵지의 중요성에 있
다는 점에서 결정적으로 큰 차이가 있다. 여러 장면에서 폴라니의 암묵
지는 아이러니한 결론을 도출해내는 국면을 설명해준다.

참고문헌

『金剛經』
『摩訶般若波羅蜜多心經』

김정래(2010). "진보의 맥락에서 본 아동중심교육". 초등교육연구, 제23권 제4호. 한국초등교육학회. 21-41.
김정래(2015). "교육목적 논의에서 '에로스'의 지위". 한국교육학연구, 제21권 제4호. 37-61.
김정래 · 김현(2015). "교화의 교육적 가능성". 교육철학, 제56집. 209-236.
이돈희(1977). 교육철학개론. 서울: 박영사.
이돈희(1983). 교육철학개론. 파주: 교육과학사.
이상익(2007). 주자학의 길. 서울: 심산.
이홍우(2006). 대승기신론 통석. 파주: 고려원.
이홍우(2014). (증보)성리학의 교육이론. 파주: 교육과학사.
한자경(2000). 유식무경. 서울: 예문서원.
한자경(2002). 일심의 철학. 서울: 서광사.
한자경(2003). 불교철학의 전개, 인도에서 한국까지. 서울: 서광사.

Aristotle. *The Nicomachean Ethics*. Ross, D. (trans.).(1925). Oxford: Oxford University Press; Ethics. Thompson, J. A. K. (trans.).(1955). Harmondsworth: Penguin; Nicomachean Ethics. Irwin, T. (trans.). (1985). Indianapolis: Hackett.
Bruner, J. S. (1960). *The Process of Education*. Cambridge, Mass.: Harvard University Press.
Dearden, R. F. (1967). Instruction and Learning by Discovery. in: R. S. Peters (ed.). *The Concept of Education*. London: Routledge and Kegan Paul. 135-155.
Dearden, R. F. (1969). *Problems in Primary Education*. London: Routledge

and Kegan Paul. 김정래(역). (2015). 초등교육문제론. 파주: 교육과학사.

Hayek, F. A. (1973). *Law, Legislationm and Liberty*. vol. 1: Rules and Order, London: Routledge and Kegan Paul.

Hayek, F. A. (1988). *Fatal Conceit*. Chicago: University of Chicago Press.

Kuhn, T. (1970). *The Structure of Scientific Revolutions*. Chicago: University of Chicago Press.

Nyiri, J. C. (1988). Tradition and Practical Knowledge. in: Smith, B. & Nyiri, J. C.(1988). *Practical Knowledge*. New York: Croom Helm. 17–52.

Oakeshott, M. (1975). *On Human Conduct*. Oxford: Clarendon.

Plato. *Meno*. Guthrie, W. K. C.(trans.). (1956). *Protagoras and Meno*. Harmondsworth: Penguin.

Polanyi, M. (1946). *Science, Faith and Society*. Chicago: University of Chicago Press; Oxford: Oxford University Press(1946); Phoenix edition, Chicago(1964).

Polanyi, M. (1951). *The Logic of Liberty*. Chicago: University of Chicago Press; London: Routledge(1952).

Polanyi, M. (1958). *Personal Knowledge*. Chicago: University of Chicago Press; London: Routledge(1958); New York: Harper Torch Books(1964).

Polanyi, M. (1959). *The Study of Man*. Chicago: University of Chicago Press; London: Routledge(1959); Chicago: Phoenix edition(1964).

Polanyi, M. (1966). *Tacit Dimension*. Chicago: University of Chicago Press. 김정래(역). (2015). 암묵적 영역. 서울: 박영사.

Popper, K. R. (1972). *Conjectures and Refutations*. 4th ed. London: Routledge.

Roland, J. (1961). On the Reduction of 'Knowing that' to 'Knowing how'. in: Smith, B. O. & Ennis, R. H. (eds.). *Language and Concepts in Education*. Chicago: Rand McNally & Co. 59–71.

Ryle, G. (1949). *The Concept of Mind*. New York: Barnes and Noble.

Scheffler, I. (1965). *The Conditions of Knowledge*. 김정래(역). (2017). 지식의 조건. 서울: 학지사.

Smith, B. (1988). Knowing How vs Knowing That. in: Smith, B. & Nyiri, J. C. (1988). *Practical Knowledge*. New York: Croom Helm. 1-16.

Wittgenstein, L. (1953). *Philosophical Investigation*. Oxford: Blackwell.

제7장 햄린의 인식론과 교육

장사형 (경남대학교)

---

* 이 글은 필자의 박사학위논문인 『Hamlyn의 인식론에서 이해와 교육』(1993)을 바탕으로 하여 그 일부 내용을 재구성하여 적절하게 수정하고 보완한 것이다.

1. '인식론 → 교육'에서 '교육 → 인식론'으로

인식론과 교육은 정당화되는 앎의 상태를 지향한다는 점에서 밀접하게 관련되어 있다. 인식론이 인간의 인식내용인 지식에 관한 탐구를 하는 학문이고, 교육은 그 지식의 전달과 획득을 최소한의 조건으로 하기 때문이다. 따라서 지금까지 교육학자들은 지식의 전달과 획득의 과정이 지니는 본질적인 성격을 해명하면서 좀 더 나은 교육과정과 교육방법을 마련하고자 노력해 왔고, 이러한 노력에는 언제나 지식의 본질과 성격을 구명하고자 하는 철학적 인식론이 그 바탕이 되어 왔다. 인식론이야말로 지식의 전달 및 획득과정인 교육과 직접적으로 관계가 있다고 생각되어 왔기 때문이다.

그러나 지금까지 양자 사이의 관련은 주로 인식론의 연구결과를 교육에 적용하는 관계로 파악되어 왔다고 할 수 있다. 인식론에서의 지식의 성격에 관한 연구결과가 교육에서 지식을 어떻게 가르쳐야 하는가 하는 질문에 대답하는 데에 적용될 수 있다는 것이다. 이에 대해 유한구 (1989: 11)[1]는 전통적 인식론이 대두된 이후, 지식의 성격을 규정하는 문제는 방법론상으로 보아 두 가지 상호 관련된 추세의 영향을 받았다고 주장한다. 그 하나는 지식의 성격에 관한 문제가 인식론이라는 철학의 한 분야로 독자적인 위치를 차지하게 되었다는 것이요, 또 다른 하나는 이와 병행하여 인식론이 경험과학으로서의 심리학과 방법론상으로 분리되었다는 것이다. 이 추세에 따라 지식의 성격에 관한 문제는 철학

---

[1] 유한구는 자신의 박사학위논문인 『교육인식론 서설: 루소 교육 방법의 인식론적 고찰』 (1989)에서 햄린의 이러한 관점을 '교육인식론'이라는 이름으로 처음 소개하였다.

적 분석의 대상이 되었고, 지식의 획득과정에 관한 문제는 경험과학으로서의 심리학의 연구대상이 되었다는 것이다. 이로 인하여 인식론과 교육의 역할에 대해, 지식의 성격을 연구하는 것은 전적으로 인식론의 일이고 지식을 전달하는 것은 교육의 일이라는 일종의 고정관념이 생기게 되었다는 것이다.

인식론과 교육에 대한 이런 식의 고정관념은 인식론과 교육의 관계를 생각하는 데에 있어서, 교육을 오직 인식론의 연구결과를 받아들이는 위치에 있는 것으로 보도록 한다. 유한구는 이러한 생각의 전형적인 예를 쉐플러에게서 찾았다. 그에 따르면, 쉐플러는『지식의 조건』(1965)에서 자신의 과제를 '교육과 관련하여 인식론을 고찰'하는 것으로 규정하고 있다. 즉, 쉐플러가 '교육과 관련하여 인식론을 고찰'할 때 자신이 하려고 하는 일을 어떻게 파악했는가 하는 것은 '교육과 관련된 인식론'에 대한 그의 견해를 반영한다는 것이다.❷

지식에 관한 질문들의 구분을 전제로 '교육과 관련된 인식론'에 관한 자신의 견해를 밝히고 있는 쉐플러에 따르면, 그러한 질문들은 논리적으로 보아 서로 구분 가능한 것임에도 불구하고 종래의 지식에 관한 연구에서 명확한 구분 없이 제기되어 왔다. 즉, 똑같이 지식에 관한 질

---

❷ 쉐플러는 본격적으로 교육과 관련된 인식론에 대한 고찰에 들어가기 전에 지식에 관하여 다음과 같은 질문들이 있을 수 있음을 밝히고 있다. "첫째, 인식론적 질문으로서 지식이란 무엇인가 하는 것이다. 이 질문은 지식의 정의, 즉 지식의 성격을 명백히 하는 준거를 밝히기 위한 것이다. 둘째, 평가적 질문으로서 어떤 지식이 가장 믿을만한 것인가 하는 것이다. 이 질문은 앎의 종류를 분류하고 그 각각을 합리적 평가기준에 의거하여 평가하기 위한 것이다. 셋째, 발생론적 질문으로서 지식은 어떻게 발생하는가 하는 것이다. 이 질문은 지식의 발달과정 또는 발달기제를 밝히기 위한 것이다. 넷째, 방법론적 질문으로서 지식은 어떤 방법으로 탐구되어야 하는가 하는 것이다. 이것은 지식 탐구의 적절한 방법을 찾기 위한 것이다. 다섯째, 교육학적 질문으로서 지식은 어떻게 가르쳐야 하는가 하는 것이다. 이것은 지식의 전달이 이상적으로 이루어지기 위하여 어떤 방법을 따라야 하는가를 알아내기 위한 것이다."(Scheffler, 1965: 5).

문일지라도, 인식론적 질문과 교육학적 질문은 성격상 서로 다른 것으로서 혼동되어서는 안 된다는 것이다. 쉐플러는 이와 같이 인식론적 질문이 지식의 성격 문제를 다루는 것이라는 점에서 기타의 질문들과 구분되는 것임을 밝히고 나서, 『지식의 조건』에서 고찰하고자 하는 것이 바로 이 지식의 성격에 관한 질문임을 분명히 하고 있다. 이렇게 볼 때, 쉐플러에게 있어서 교육과 관련하여 인식론을 고찰한다는 것은 곧 지식에 관한 인식론적 질문에 대답하는 것과 같은 것이다.

인식론과 교육의 관계를 인식론의 연구결과를 교육에 적용하는 관계로 파악하고 있는 쉐플러는 철학적 분석의 한 예로, 인식론적 개념인 '앎'과 '믿음'이 교육학적 개념인 '교수'와 '학습'과 서로 밀접한 관련을 맺고 있다는 것을 철학적 분석의 방법으로 밝히고 있다.❸ 그의 교수에 대한 성격 규정은 지식을 가르치는 방법상의 원리를 보여주는 것이라는 점에서, 그리고 교육과 인식론의 관계에 대해서 본격적인 의미에서의 관심을 표명한 것이라는 점에서 주목의 대상이 될 만하다. 그러나 문제는 그가 양자 사이의 관계를 단순하게 '인식론의 교육에의 적용'으

---

❸ 쉐플러의 분석에 의하면, 교수가 학습을 목적으로 하는 것이라는 점에서 교수와 학습은 관련되어 있고, 학습이 모종의 내용을 알거나 믿게 되는 것이라는 점에서 학습과 앎이나 믿음은 관련되어 있다. 이러한 관련은 약한 의미에서 강한 의미에 이르기까지 다양한 수준에서 논의될 수 있다. 그러나 강한 의미에서 보면, 교수는 맹목적인 믿음이 아닌, 앎과 이해를 통한 믿음으로서의 학습을 목적으로 하는 활동이라고 할 수 있다. 그런데 앎의 내용인 명제적 지식은 그 성립을 위하여 세 가지 조건, 즉 진리조건, 신념조건, 증거조건을 충족시키지 않으면 안 된다. 따라서 명제적 지식을 성공적으로 학습했는지의 여부는 이 세 가지 조건에 비추어 판단되어야 한다. 다시 말하면, 교수를 받은 결과 진리를 학습했다는 것, 즉 X가 명제 Q를 알고 있다는 것은 X가 명제 Q를 믿고 있을 뿐만 아니라, X가 명제 Q를 믿을만한 적절한 증거를 소유하고 있으며, 또한 그 명제 Q가 참인 경우를 의미한다는 것이다. 그러므로 쉐플러에게 있어서, 교수는 증거조건 또는 진리조건을 충족시킬 수 없는 경우의 학습을 목적으로 하는 '세뇌'나 '교화' 등과는 엄격하게 구분되어야 한다 (Scheffler, 1965: 7-21).

로 파악했다는 점에 있다. 이 때문에 그는 증거 또는 이유의 존중과 같은 지식을 가르치는 방법상의 원리를 이론적으로 정당화하기보다는, 단지 그것을 실제적 지침의 형태로 제시하는 수준에 머무를 수밖에 없었던 것으로 생각된다(유한구, 1989: 7).

실제적 지침으로서의 증거 또는 이유 존중이라는 교육방법이 반드시 철학적 인식론의 연구결과를 근거로 하여 주장될 수 있는 것인가 하는 데에는 의문의 여지가 있다. 교육방법이 인식론의 연구결과에 기초를 두어야 한다는 주장은 인식론의 연구결과가 먼저 있고 그것을 교육에 적용해야 한다는 주장이다. 이 주장의 결정적인 난점은 인식론과 교육을 사실상 유리되어 있는 것으로 본다는 점에 있다. 인식론과 교육이 유리되어 있다는 것은 양자 중의 어느 한 쪽이 다른 한 쪽을 논리적으로 함의하거나 필요로 하지 않고 각각 별도로 성립될 수 있다는 뜻이다. 물론 이 경우에도 양자 사이의 관계가 맺어질 수 없는 것은 아니지만, 그 관계는 우연적인 것에 지나지 않는다.

이와 같은 관점에 대하여 대안적인 것으로서, 교육의 사태는 인식론의 이론적 문제가 구체화되는 사태라는 관점이 있다. 교육은 그것이 지식을 전달하고 전달받는 활동인 한, 아무리 소박한 수준의 것이라 하더라도 반드시 인식론적 문제에 대한 모종의 가정을 하지 않을 수 없다. 따라서 이 경우에 있어서는 인식론의 연구결과가 먼저 있고 그것을 교육에 적용하는 것이 아니라, 교육이 이루어지는 구체적인 사태가 먼저 있고 거기에서 인식론적 문제가 도출된다고 말할 수 있을 것이다. 다시 말하여 지식을 가르치는 데에 관련된 실제적 지침을 마련하기 위하여 교육이 인식론의 연구결과에 의존하는 것이 아니라, 인식론이 그 문제를 올바로 정립하기 위하여 교육에 의존하는 경우가 있을 수 있다는 것이다. 이 경우에 인식론은 더 이상 교육과 유리되어 있을 수 없다.

교육이 이루어지고 있는 구체적인 사태에서 인식론적 질문이 도출될 수 있다는 이러한 대안적 관점을 우리는 햄린의 인식론에서 찾아볼 수 있다.[4] 햄린은 지식의 성격을 개인의 지식획득 과정에 입각하여 분석하고 있다. 그에 의하면, 개인의 지식획득 과정은 "세상에 태어난 한 개인, 즉 잠재적 가능성과 능력을 가지고 태어났을 뿐인 개인이 객관적이면서 동시에 타인과 공유하는 지식을 발달시켜 나가는 과정"(Hamlyn, 1978: 11)이다.

본고에서는 햄린의 지식론으로서의 교육인식론(Educational Epistemology)에 대해 고찰하고자 한다. 이 입장에서 교육의 사태는 지식의 전달과 획득의 사태로 규정되며, 이 사태는 획득과 전달의 내용이 되는 지식이 어떠한 성격을 지니는가 하는 인식론적 문제에 대한 탐구의 맥락을 제공한다. 이 교육인식론을 바탕으로 하여 지식과 이해가 어떤 성격을 가지고 있으며, '어떻게 교수와 학습이 가능한가'라는 물음에 대한 철학적 탐구를 통해 교육의 논리적 토대를 마련하고자 한다.

2. 교육인식론의 구성적 배경

교육인식론은 교육 사태에 포함되어 있는 인식론적 문제를 지식의 성격 문제와 지식의 획득과정 문제로 구분하고, 그 양자 사이의 관계를 종래와는 다른 새로운 방식으로 규정하는 논의의 형식을 가리킨다. 교육인식론에 의하면, 지식의 성격 문제는 철학적 인식론의 탐구과제요,

---

[4] 이와 관련된 햄린의 생각을 볼 수 있는 그의 책과 논문들은 참고문헌에서 볼 수 있듯이 다양하나, 그 가운데서도 가장 핵심적인 것은 아마도 1978년에 출간된 『Experience and the Growth of Understanding』(London: Routledge and Kegan Paul)이라 할 수 있다.

지식의 획득과정 문제는 교육학의 탐구과제라는 식으로 양자를 사실상 분리되어 있는 것으로 파악하는 관점은 더 이상 설득력을 가질 수 없다. 요컨대, 지식의 성격은 지식획득 과정의 논리적 가정을 분석함으로써 비로소 파악될 수 있으며, 지식의 획득과정은 그러한 성격의 지식을 점차로 개인이 내면화하는 과정으로 설명될 수 있다는 것이다.

이와 같이 교육인식론은 종래의 철학적 인식론과 교육학 각각에 근본적 수준에서의 관점의 전환을 요청하는 것이다. 즉, 교육인식론은 철학적 인식론의 편에서 보면 지식의 성격 문제는 교육이라는 구체적 맥락을 떠나서는 그 해결의 실마리를 찾을 수 없다는 것과, 교육학의 편에서 보면 지식의 획득과정 문제는 경험적 사실의 문제일 뿐만 아니라 그 이상으로 인식에 관한 논리적 분석의 문제라는 점을 보다 분명하게 드러내 보여준다는 것이다.

1) 인식의 기본적 논거

인간은 인식을 통해서 객관적인 세계에 대한 인식내용으로서의 앎을 획득하고, 이것은 바로 우리의 인간적 삶을 가능하게 하는 가장 근원적인 조건이다. '어떤 것에 대한 인식이 어떻게 가능하며, 또 그것이 어떻게 확실하게 성립하는가'라는 질문의 배경에는 언제나 그것이 불확실하거나 불가능할 수도 있다는 생각이 전제되어 있다. "지식 일반 또는 특수 지식에 대해 그 가능성을 묻는 것은 그것이 가능하지 않을 수도 있다는 가정 하에서만 그 의미를 지니기 때문이다."(Hamlyn, 1967: 9).

햄린에 따르면, 대체로 지식이 불가능하다고 보는 경향은 지식이 확실성을 함축하는데 그 확실성은 불가능한 것이라는 믿음에서 유래한다. 따라서 "전통적으로 인식론은 '확실성에 대한 추구'라고 불리는 활

동을 포함하고 있다."(Hamlyn, 1878: 10). 그 어떤 인식에 있어서도 의심
의 가능성이 제기되면 지식의 기초가 무너질 것으로 생각한 전통철학
자들은 확실성을 포함하여 객관성, 보편타당성, 절대성, 그리고 중립성
에 토대한 지식의 형성을 시도해 왔다.

만약 회의주의자처럼 객관적인 것에 대한 단언적 주장을 할 수 없다
면, 그들 자신도 어떤 주장이나 가설을 제시하는 것조차도 어렵다는 모
순에 빠질 것이다. 그러나 적극적으로 지식의 가능성을 주장하기 위해
서는 이러한 자기모순의 지적보다는 어떤 상황에서도 의심할 수 없는
진리, 절대적으로 확실한 진리가 있음을 보여줄 수밖에 없다는 가정을
수용해야 한다. 지식이 확실성을 필요로 한다는 가정을 받아들인다면,
확실한 필연적 진리가 있어야 한다. 만약에 이 필연적 진리가 있다면,
그것이 거짓이 되는 상황은 결코 있을 수가 없다. 그래서 그것은 필연적
이라는 바로 그 이유 때문에 의심이 불가능하다. 따라서 "의심의 여지
가 없고 틀릴 수 없는 진리에 대한 추구는 전통적 인식론의 공통적 특징
을 이룬다."(Hamlyn, 1978: 14). 즉, 그들은 의심할 수 없는 필연적이고
확실한 진리를 찾아내고, 지식이 의심할 수 없는 그 진리에서 도출되거
나 또는 거기에 바탕을 두고 있음을 보여 줄 필요가 있으며, 그것이 바
로 회의주의자들의 요구를 만족시켜줄 수 있는 최상의 방법이라 여긴
것이다.

확실성에 대한 추구가 지식의 확실한 기초에 대한 추구인 이상, 철학
자들이 어디에서 확실성을 찾았는가 하는 것은 중요한 문제다. 전통적
인식론의 기본적 전제에는 다음과 같은 인식의 사태에 대한 소박한 수
준의 가정이 깔려 있다. 첫째, 우리의 신념을 야기하는 감각자료와 이후
에 그것을 확증해 주는 경험의 과정에 대해 절대적 확실성을 부여한다.
그러나 이러한 감각자료와 경험적 과정이 객관적 진술의 언어로 기술

될 수 있다고 주장하기는 어렵다. 요컨대, 언어의 표현적 사용에 관계없이 이것이 경험의 내용으로 파악되고 그 내용의 소여가 주장된 것인 한, 이는 수용가능하다. 둘째, 인식의 사태는 곧 어떤 사람이 무엇인가를 아는 사태다. 인식은 누군가가 무엇인가를 하는 행위이며, 거기에는 어떤 대상이 존재하기 마련이다. 따라서 인식은 인식주체로서의 개인과 인식대상으로서의 세계와의 관계로 이루어진다. 인식행위는 중핵적 자아로서의 주체와 모든 객체 간의 관계에 대한 사실적, 언어적 표현에 해당된다. 이것은 상식적으로 자명한 것으로 받아들여지고 있으며, 인식론의 역사를 통해서도 거의 자명한 가정으로 생각되어 왔다.

이렇게 인식의 사태를 주체와 객체의 관계로 파악함으로써 전통적 인식론은 무엇인가를 아는 것은 인식의 주체, 즉 개인의 마음이며, 따라서 지식이라는 것은 이 개인이 세계에 대하여 가지는 정신상태로 본다. 그러므로 개인이 세계에 대하여 경험적 관찰 결과로서 가지는 정신상태이든 혹은 직관적 사유에 의한 정신상태이든, 이 정신상태는 지식의 확실성의 근거가 된다. 이 가정에 의하면, 확실한 지식의 원천은 곧 개인에게 달려 있다. 경험론이나 합리론 등 전통적 인식론은 인식, 다시 말해 지식의 원천 문제에 대해 이와 같은 견해를 나타내고 있다. 합리론이 주장하는 본유관념과 경험론이 주장하는 감각경험은 모두 인식주체인 개인에 소속되는 것으로서, 이 개인의 정신상태가 전통적 인식론에서 찾아낸 지식의 확고부동한 기초가 된다.

그러나 햄린은 "논리적으로 오류가 가능하지 않고 따라서 절대로 의심할 수 없는 그러한 지식의 형태가 있다는 것을 보여줌으로써 참된 답변을 찾을 수 있다는 가정은 환상에 지나지 않는다."(Hamlyn, 1967: 38) 고 주장하면서, 의심할 수 없는 지식을 가정하고서 그러한 지식의 성격을 탐구해 온 전통적인 인식론적 입장들을 비판했다.

인식론상에서 볼 때, 어떤 것에 관해 진리로서의 확실한 신념을 갖지 않는 한, 우리는 그것에 관한 지식을 갖고 있다고 주장하지 않는다. 그러나 이 같은 사실은 어느 누구도 그가 안다고 주장하는 것이 절대적으로 확실한 것이 아니라면 안다고 말할 수 없다는 것을 의미하지는 않으며, 실제로 지식을 구성하는 데에 이러한 것이 필요하지도 않다. 현대의 인식론에 있어서도 단지 안다고 주장할 수 있는 가장 적절한 근거와 타당한 이유만을 지식은 요구한다.

이렇게 말하는 것은 바로 지식이 무엇인지에 관해, 즉 지식의 개념이 무엇인가에 관해 이야기하고 있는 것이다. 그러므로 회의주의의 논변과 이에 대한 답변은 지식의 본질에 대한 질문과 전혀 별개의 문제가 아니다. 햄린에 따르면, "지식의 지위를 요구하는 명제를 정당화하는 문제, 즉 지식의 확실성 문제는 곧 지식의 본질 문제와 연결되며, 따라서 인식론의 일차적 목적은 지식의 본질이 무엇인지, 또 지식을 가능하게 만드는 것은 무엇인지에 관한 이론이라 할 수 있다."(Hamlyn, 1970: 10).

결국, 지식의 개념에 대한 이해는 지식이 어떻게 가능한지에 대한 이해를 수반하기에, 지식의 개념적 조건과 지식의 본질에 먼저 관심을 기울인다면 지식의 확고한 기초에 관한 회의주의적 불안은 불필요한 것이 된다. 이와 같은 햄린의 견해는 지식이 무엇인지를 어느 정도 당연한 것으로 받아들이고 나서, 그 지식의 확고부동한 기초를 제공할 수 있는 방법을 추구한 전통적 인식론과 그 선후 관계에 있어서 대조되는 인식론적 접근방식을 보여준다.

2) 지식의 획득과정과 그 본질 문제

전술한 바와 같이, 햄린은 지식에 대한 탐구인 인식론의 일차적 과제가 지식의 개념, 즉 지식의 본질이 무엇인가를 밝히는 것이라고 주장한다. 그런데 그에 따르면, 지식의 본질 문제는 지식의 획득과정 문제와 밀접하게 관련되어 있다. "우리가 관념 혹은 개념을 무엇이라 생각하는가, 그리고 또한 지식과 그 지식의 다양한 형식을 무엇으로 이해하는가 하는 것은 필연적으로 그것들이 실제적으로 획득되는 방식은 물론, 그러한 것들이 획득되었다고 말해질 수 있는 방식들에 대한 우리의 생각에 영향을 미친다."(Hamlyn, 1978: 3). 이는 곧 지식의 본질을 순수한 철학적 인식론의 측면에서 고찰하는 것이 아니라, 지식획득의 과정에 비추어 규정할 수 있음을 의미한다. 브렌트(Brent, 1978: 31)도 지식의 이론은 이를 획득하기 위한 교육의 과정에 대한 명백한 형태를 제시해 줄 수 있다고 주장한 바 있다. 다시 말해, 지식의 획득과정에 대한 이론은 교육의 내용과 방법을 결정하는 데 많은 시사를 줄 수 있다는 것이다.

햄린이 지식의 본질과 그 획득과정이 관련되어 있다고 보는 것은 지식획득과정의 논리적 가정이 지식의 본질을 시사해 준다고 보기 때문이다. 지식의 획득에 관한 것으로서 지식이 어떻게 가능한가, 혹은 지식의 성장이 어떻게 이루어지는가 하는 질문과 이에 대한 대답은 바로 지식의 본질을 밝히는 인식론적 문제가 된다. 그러므로 지식이 이루어지고 획득되는 과정에 대한 인식론적 고찰은 지식의 본질을 밝혀줄 수 있는 근거가 된다.

그러나 여기서 한 가지 생각해 볼 문제가 있다. 즉, 지식의 획득과정에 관한 문제는 철학적 혹은 인식론적 탐구문제와 필연적으로 관련된다기보다 단순히 심리학적 혹은 경험적 탐구의 문제가 아닌가 하는 것이다. 만일 이 주장을 받아들인다면, 인식론에 의한 지식의 본질은 지식의 탐구과정과 논리적 연관성이 없어지며, 지식의 획득과정은 인식론적 논의보다는 심리학적 논의의 대상이 된다. 이는 앞에서 유한구(1989)

가 언급했던 것처럼, 전통적 인식론이 대두된 이후의 영향으로 지식의 성격을 규정하는 문제가 한편으로는 인식론이라는 철학의 한 분야로, 다른 한편으로는 경험과학으로서의 심리학으로 자리잡음으로써, 지식의 성격에 관한 문제는 철학적 분석의 대상이 되었고 지식의 획득과정에 관한 문제는 경험과학으로서의 심리학의 연구대상이 되었다는 일종의 고정관념으로부터 비롯된다고 볼 수 있다.

이런 주장이 받아들여질 경우, 지식의 획득과정에 대한 인식론적 탐구를 통해 지식의 본질이 규명될 수 있다는 햄린의 인식론적 탐구노력도 무의미해질 수밖에 없다. 그러나 햄린은 철학적 질문은 전형적으로 'X가 어떻게 가능한가'라는 형식을 취하며, 인식론 분야의 가장 중요한 철학적 관심사는 '학습이라든가 경험을 통한 이해의 성장이 어떻게 가능한가'라는 질문을 다루는 데 있다고 본다(Hamlyn, 198: 146-147).

여기서 '학습이 어떻게 가능한가'라는 질문은 철학적 질문과 심리학적 질문으로서의 의미로 생각해 볼 수 있다. 심리학적 질문으로서의 '학습이 어떻게 가능한가'라는 질문은 순전히 학습의 '가능성'에 초점을 맞추는 것이 아니라, 어떤 상황에서 '특정한 개인 또는 특정한 부류의 개인들에게 학습이 실지로 어떻게 일어나는가' 하는 질문의 의미를 가진다(Hamlyn, 1978: 121). 위의 문제를 이렇게 취급하는 것은 학습이라는 현상을 기정사실로 보고 그 학습의 원인을 추구하는, 즉 학습의 필요충분조건을 탐구하는 것이며, 따라서 학습에 대한 인과적 설명방식이다. 이렇게 보면, 엄밀하게 말해서 '학습이 어떻게 가능한가'라는 질문은 제기할 수 없게 된다. 그러나 철학적 질문으로서 '학습이 어떻게 가능한가'라는 질문은 그것이 특정 개인을 떠나서 인식론적으로 '학습 그 자체가 어떻게 일어날 수 있는가' 하는 학습의 가능성에 초점을 맞추는 것으로서, 이것은 경험적 사실에 관한 것이 아니라 학습의 논리적 전제의 분석에 의해 해명되어질 수 있는 질문인 것이다.

이와 같이, '학습이 어떻게 가능한가'라는 질문을 심리학적 질문이 아닌 인식론적 질문으로, 그리하여 논리적 분석에 의해 해답이 가능한 질문으로 생각할 때, 그 질문에 대답하는 것은 곧 학습의 개념, 그리고 그것과 개념상으로 관련된 경험, 지식, 이해, 지각, 감각 등의 논리적 가정(presupposition)을 밝히는 것이 된다. 즉, 경험을 통한 이해의 성장은 학습과 그 관련 개념들이 어떤 논리적 조건을 전제로 하고 있는가를 밝힘으로써만 가능하다.

개인이 어떤 개념을 이해 내지 획득하게 되는 방법들은 그 개인이 가지고 있는 선험적 이해나 경험 등등에 따라 다양하게 일어날 수 있으며, 이는 심리학적 문제에 해당된다. 그러나 "일정한 이해의 형식에 정상적으로 필요한 조건들에 관해 논의하는 일반적인 질문들은 개념의 기원, 즉 개인이 그 개념을 획득하는 구체적인 방법들에 관한 것이 아니라, 그 개념을 가진 것으로 타당하게 이야기되어질 수 있는 준거에 관한 것"(Hamlyn, 1971: 4-5)이 되기 때문에 인식론적 질문에 해당한다. 왜냐하면 개념은 그 대상에 대한 속성을 내포하며, 그 개념의 사용과 적용을 바르게 평가해 주는 준거를 가질 수 있기 때문이다. 따라서 개념의 이해와 획득방법은 그 내포와 준거에 대한 철학적, 인식론적 질문이다.

이러한 인식론적 질문과 대답으로서의 지식획득 과정에 관한 모든 논의는 그 어떤 시간적 순서에 대한 함의를 갖지 않는다. "철학자로서는 이해의 형식이 시간적으로 어떠한 계열을 따라 일어나는가에 관해서는 아무런 말도 할 수 없다. 단지 어떤 주어진 이해의 형식에 관한 논리적 가정을 밝히는 일, 즉 이러이러한 일이 사실로서 존재하려면 어떤 것을 받아들이지 않으면 안 되는가에 관해서만 관심을 가질 수 있을 뿐이다."(Hamlyn, 1978: 89). 그러므로 지식과 이해의 획득이 어떻게 가능한가 하는 철학적 문제들은 이해를 위한 인간의 심리적 구성과정과 계열적 발달단계에 의해 구명되기보다, 지식과 이해가 갖는 전제조건과 논리적 함의를 먼저 밝힘으로써 가능하다.

전통적 인식론에서도 지식의 획득과정 문제는 철학자들의 주된 탐구대상이었다. 즉, 전통적 철학자들이 '모든 지식은 경험으로부터 나오는가', '경험으로부터 획득되지 않은 지식이 있는가' 하는 질문들을 제기한 것은 모두 지식의 획득과정에 관한 것으로 볼 수 있다. 그러나 햄린의 주장에 따르면, 전통적 인식론은 비록 지식의 본질을 개인의 지식획득과정과 관련지어 파악하기는 하였으나, 개인의 입장에서 지식의 본질을 규정함으로써 지식획득 사태의 논리적 가정을 간과했다는 것이다. 즉, 전통적 인식론인 경험론과 합리론은 각각 개인의 소유일 수밖에 없는 감각경험과 본유관념에 의거하여 지식을 획득하는 것으로 설명함으로써, 잠재적 가능성과 능력을 가지고 태어난 개인이 객관적이면서 동시에 공통된 지식과 이해를 발달시켜 나가는 인식의 사태와 또한 그것이 가능하게 되는 인식의 논리적 가정을 간과하고 있다는 것이다.

결국, 햄린의 교육인식론은 지식획득 과정의 논리적 가정 혹은 그 토대를 밝힘으로써, 우리가 획득하게 되는 지식과 이해의 성격을 드러내고 그것에 비추어서 교육의 과정을 이해하고자 하는 탐구 방식이다.❺

---

❺ 엄태동은 이러한 교육인식론이 인식론이 밝힌 지식의 성격에 맞추어 교육의 과정을 처방하려는 종래의 관점보다 교육학도들에게 매력 있게 수용될 여지가 있다고 하면서도, 그것이 지닌 난점을 지적하면서, 교육의 과정이 지니는 논리적 가정으로서 지식의 성격을 드러내어 그것에 비추어서 교육을 이해하려는 방식이 아니라, 가르침과 배움의 과정에 스며들어 있는 교육활동의 인식론적 의의를 밝혀냄으로써, 교육의 과정도 해명하고 그것의 인식론적 의의에 비추어 철학적 인식론의 탐구에 새롭고 중요한 방향을 제시하고자 하는 '교육적 인식론'을 제시하였다(엄태동, 교육적 인식론 탐구, 1998: 17).

3. 지식과 이해의 발생과 가능성

장차 다양한 수준의 지식과 이해의 체계를 소유할 그 어떤 사람도 그의 출생 시에는 하나의 인간적 존재일 뿐, 그에게 지식이라 불릴만한 그 어떤 것도 지니고 있지 않다. 그러나 그가 하나의 인간존재인 이상, 그는 해가 지남에 따라 복잡하고도 광범위한 지식과 이해의 형식을 소유하게 된다. 이것이 어떻게 가능한가? 햄린에게 있어서 이 물음은 인식론의 핵심적 질문이며, 곧 지식과 이해의 본질 혹은 그 조건이나 준거에 관한 것이다. 그는 지식과 이해의 논리적 가정을 밝힘으로써 지식과 이해가 삶의 형식의 공유에 기초한 공통된 인간합의의 가능성을 논리적으로 가정하는 공적, 간주관적 개념임을 밝힌다.

1) 지식과 이해의 성격

(1) 양자의 개념적 관계

일반적으로 지식과 이해라는 개념은 큰 의미의 구별 없이 사용되어지고 있다. 그러나 사실상 지식과 이해가 동일한 개념은 아니다. 통상적으로 우리는 교육적 상황에서 단순히 지식을 가지도록 하는 것이 아니라, 모종의 이해에 도달하도록 해야 한다고 강조한다. 피터스도 "교육받은 사람은 단순히 기술 내지 방법상의 요령만을 터득해서는 안 되며, 일군(一群)의 지식과 개념구조를 가지고 있어서 그런 방법상의 요령을 잡다한 사실 수집 이상으로 끌어올릴 수 있어야 한다. 즉, 사실을 전체적으로 조직하는 원리에 관하여 다소간의 이해를 가지고 있어야 한다." (Peters, 1966: 30)고 하였다. 사실상 우리는 의미의 파악이나 혹은 이유나 원리에 대한 적절한 이해가 없이는 그 어떤 것에 대한 참된 지식을 가졌다고 할 수 없다.

무어(Moore, 1982: 52) 또한 이해가 앎(knowing)과 밀접히 관련되어 있긴 하나 결코 동일시될 수는 없는 것으로 파악하면서, 이를 동일시하여 혼용함으로써 교육현장에서 많은 혼란을 초래한다고 주장하였다. 즉, 어떤 것을 안다고 했을 때, 이것만으로 이해한다고 말할 수는 없다는 것이다. 안다는 것에 포함된 원리나 법칙을 단순하게 학습함으로써 기계적으로 적용하는 것, 예컨대 단순한 공식의 암기나 진술만으로는 이해에 충분치 않다. 안다는 것은 이해의 논리적 필요조건이나 사실적 전제는 될 수 있지만 충분조건은 아니다. 이해는 지식을 동반하는 것으로 충분하지 않고, 그 지식의 원리나 법칙이 구성되는 방법적 절차와 과정을 파악하면서 그 원리나 법칙을 사용할 수 있는 방법을 아는 것까지 수반하여야 한다. 그러므로 어떤 명제적 지식의 성립근거와 그 의미 및 가치를 파악하고 이를 실제적으로 적용할 능력을 가지고 있다면, 비로소 이해하고 있다고 말할 수 있을 것이다. 이렇게 보면, 어떤 것에 대한 지식은 그 의미가 다소 한정되고, 이해는 지식보다 더 심층적이고 포괄적인 것으로 파악된다. 따라서 이해는 교육이 지향하는 바람직한 인지적 준거가 될 수 있다.

햄린(1978: 12)도 지식과 이해의 차이점을 밝히고 있다. 그에 의하면, 사실에 관한 지식이 그 사실을 규정하고 표현하는 수단으로서의 관념에 관한 이해를 논리적으로 가정하는 것은 분명하지만, 사실에 관한 지식과 그 사실에 관한 이해는 동일한 것이 아니다. 마찬가지로 한 사람을 이해하는 것은 그 사람을 아는 것, 즉 그 사람에 대한 지식을 가지고 있는 것과 동일하다고 볼 수 없다. 일반적 의미에서 한 사람을 이해하기 위해서는 그를 아는 것이 선행되어야 한다. 즉, 사람을 안다는 말에는 이해에 훨씬 못 미치는 지식을 가지고 있다는 뜻도 있다.

보다 완전한 의미에서 사람에 대한 이해는 그에 대한 기술적(記述的) 지식뿐만 아니라 그의 개인적 상황이나 감정, 정서, 생활방식 등에 대한 앎까지 포함한다. "이해의 개념은 명제적 지식(knowing that)이나 방법적 지식(knowing how), 그리고 지각적 지식(knowledge by acquaintance)의 결합으로 환원될 수 없고 비명제적 요소를 포함한다."(Moravcsik, 1979: 201). 이와 같이, 단편적 지식을 통합하고 그 결과를 예측하게 하는 통찰력까지도 필요로 한다는 점에서 이해는 지식보다 더욱 단계가 높다고 할 수 있다.

지식과 이해 개념의 이러한 차이에도 불구하고, 일상적 언어사용에서 그 의미를 동일하게 사용하는 경우가 많으며, 또한 특정의 논지를 전개함에 있어 양자를 동일하게 취급하는 것을 크게 문제 삼지 않는 경우도 있다. "사실상 사물이나 상황을 이해한다는 것은 그 사물이 그것이라는 것이 무슨 뜻이며, 그 상황이 그러하다는 것이 무슨 뜻인가를 아는 것이다. 다시 말하면, 한편으로 사실에 관한 지식은 개념에 관한 이해를 논리적으로 가정하며, 다른 한편으로 어떤 것에 대한 지식은 그것에 대한 이해와 비록 동일한 것은 아니라 하더라도, 어떤 것을 이해한다는 말을 설명할 때 그것을 지식의 한 형식으로 설명해도 무방할 것이다."(Hamlyn, 1978: 12). 이렇게 볼 때, 햄린에게 있어서 이해의 성장은 곧 일종의 지식의 성장으로 볼 수 있다.

(2) 인식 준거의 공적 성격

일반적으로 인식은 개인의 마음의 상태를 의미하기에 개인적 산물로 보기 쉽다. 허스트도 "인식활동은 마음의 본유적 활동에 속하며, 인식함으로써 마음은 그 본질적 목적을 달성하게 된다."(Hirst, 1972: 391)고 하였다. 또한 리치몬드(Richmond, 1986: 271)의 언급처럼, 일상적인 견해에서 이해는 대체로 마음의 일, 의식의 특징, 혹은 경험 자료에 대한 일종의 은유적인 정신적 파악으로 받아들여지기에, 어떤 사람이 그 어떤 것을 이해하는 데는 필연적으로 정신적인 어떤 내용이 있어야 한다거나, 아니면 어떤 종류의 정신적 행위나 과정, 또는 경험이 적어도 이해의 본질적 부분이라고 생각하려는 경향이 강하다. 비트겐슈타인도 "언어의 작용과 관련된 모종의 정신적 과정이 있고, 그 과정을 통해서만 언어가 기능할 수 있는 것으로 보인다. 우리는 이것을 이해와 의미의 과정으로 볼 수도 있다."(Wittgenstein, 1958a: 3)고 하여 내적인 정신적 과정이 있음을 부인하지 않았다.

그러나 햄린이 볼 때, 허스트의 주장은 인간의 마음에 내재한 인식활동의 지향성을 의미하는 것이지, 인식의 사적인 가능성을 시사하지 않는다. 허스트에 있어 인식은 공적, 사회적 과정에 해당한다. 인식을 지향하는 마음의 활동과 발달은 단순히 개인적인 것이 아니다. 인식은 개인의 마음의 상태에서 단순하게 발견될 수 있는 것보다 다른 어떤 것을 함의한다. "어떤 철학자들은 인식의 성장을 고립된 개인의 정신 속에서 추적하고, 혹은 개인적인 경험에서 인식 발전의 뿌리를 찾으려고 노력하지만, 그렇게 함으로써 그들은 결국 풀 수 없는 문제에 맞서게 된다. 왜냐하면, 인식은 결코 그런 식으로 확립되어질 수 없으며, 실제로 그렇지도 않기 때문이다."(Cornforth, 1984: 124-125).

비트겐슈타인(1958b: 60-61) 또한 이해가 정신적 과정과 관련된 것이긴 하지만, 그것이 인간의 심리적 특성을 기술하거나 정신현상을 지칭하는 것이 아님을 분명히 한다. 그는 "의미와 이해를 정신적 행위나 과정으로, 다시 말해 마음에서 일어나서 행위에서 스스로를 드러내는 사건으로 생각하려는 것과 관련해서 우리들에게는 우리의 모든 행위가 솟아나오는 저장소로서의 정신적 상태라고 불리는 것을 언제나 찾으려고 하는 하나의 일반적 병(病)이 있다."(Wittgenstein, 1958a: 146)고 지적한다.❻

그리하여 비트겐슈타인은 일상언어적 용어를 사용하기 위한 공적 근거를 확립하고자 추구한다. 이런 측면에서, 그에게 있어 명백히 내적 과정들을 언급하는 용어들이 올바르게 사용되기 위해서는 검사될 수 없는 내성(內省)에 의해서가 아니라, 측정 가능한 것에 비추어서 그 사용이 정당화되어야만 한다. 즉, "내적 과정은 외적 준거를 필요로 한다." (Wittgenstein, 1958b: 580). 단어들은 사적 의미를 지닐 수 없으며, 그것은 간주관적 적용을 지닌다.

이런 점에서, 비트겐슈타인은 이해를 구체적인 상황과 맥락에 비추어 정당화될 수 있는 개념으로 본다. 즉, 이해하고 있다는 사실을 확인시키고 정당화시킬 수 있는 것은 구체적 상황에서 그가 보여주는 특수한 경험이다. 이해는 탈맥락적으로 적용되는 보편적 의미로서보다는 구체적 내용에 따라 결정될 수 있다. 예컨대 누군가가 수열의 규칙을 이해하고 있다고 말하는 것을 정당화시켜 주는 것은 곧 그러한 경험을 가지게 되는 상황인 것이다. 이해라는 말이 어떤 주어진 상황에서 그 어떤 사람에게 적절히 적용될 수 있는가를 결정하는 것은 그 상황의 성격과 그 상황의 맥락이다. 그것은 곧 그 상황에서 그 사람이 어떻게 행동하는가 하는 것이다.

---

❻ 예를 들어, 어떤 사람에게 명령이 주어졌을 때, 우리는 그가 그 명령을 수행하려면 최소한 그 명령을 이해해야 한다고 말한다. 다시 말해, 실제로 그가 그 명령을 수행할 수 있기 전에 그는 그 명령을 이해해야 한다고 말하는 것이다. 문제를 이렇게 상정하면, 우리는 드러난 행위에 앞서 우리의 마음속에 어떤 행위나 과정이 일어나야 한다고 생각하게 된다. 그리하여 이러한 형식의 표현이 우리로 하여금 어떤 중간적 단계를 상정하게 하는데, 비트겐슈타인은 이것을 '문법적 허구'라고 하였다.

그 사람의 마음에 일어나는 것이 이해라는 용어의 올바른 적용을 보장할 수 없다. 따라서 이해에 정신적 과정들을 포함하는 그 어떤 특징적인 과정이 있다는 의미에서의 이해는 정신적 과정이 아니다. 그 어떤 정신적 과정이나 상태 혹은 경험 등도 우리가 그 용어를 사용하는 것을 지지하거나 정당화하는 상황들과 관련됨으로써 이해의 특성으로서 자격을 얻게 되는 것이다. 비트겐슈타인에 있어서, 적절한 구체적 상황이 없는 정신적 영역이 이해의 준거를 지지할 수 있다는 것은 명백하게 거부된다(Richmond, 1986: 274).

이와 같이, 이해는 어떤 체계나 삶의 형식에서 벗어난 심적 작용으로 가능한 것이 아니다. 이해의 개념은 그 어떤 패러다임이나 언어게임, 혹은 삶의 형식 내에서만 작용되며, 이를 초월하여 사용될 수 없다. 이는 어떤 개념의 적용에 관한 준거 없이는 내적 상태의 이해가 불가능함을 의미한다.❼

햄린에 있어서도, 이해는 공통의 개념구도와 공통의 준거체계를 필요로 하기에 공적이다(Hamlyn, 1972: 251). 그것은 행동적 표현과 적용에 대한 외적인 준거만을 요구하지 않을지라도, 공적인 준거를 가진다. 이는 인간의 인식이 본질적으로 사회적 활동의 산물로써 사회적으로 확립된다는 것을 함의하고 있다. 사회적 상호작용과 공유된 의식의 세계와 분리된 순수한 개인적 존재는 사상(事象)에 대한 지각을 할 수 있을지는 모르나, 보다 정확한 의미에서 인식을 획득했다고 볼 수는 없다.

---

❼ 이런 점에서, 비트겐슈타인은 이해를 능력(ability)으로 본다. 즉, " '안다' 라는 말의 문법은 명백히 '할 수 있다(can, be able to)'라는 말의 문법과 밀접히 관련되어 있다. 또한 그것은 '이해한다' (기술의 통달)라는 말의 문법과도 밀접히 관련된다." (Wittgenstein, 1958b: 150). 이러한 능력은 곧 이해 개념의 외적 준거가 되며, 그 능력의 유무는 이해 여부를 가름하는 기준이 된다. 구체적인 상황에서 그 상황에 맞는 적용 능력을 갖지 못할 때, 이해는 공허한 형식적 개념이 된다.

지각상태에 대한 의미기능과 판단행위에 의한 단언적 주장을 수행하지 못하는 수동적 단순지각은 인식이 아니다.

더욱 중요한 것은, 인식의 사태에서 개인은 고독한 존재자로서의 개인이 아니라는 점이다. 그는 공유된 상징과 기호, 언어를 통해 상호작용하는 지적 세계 속에서 다른 사람들과 더불어 살아가면서 그들로부터 지속적으로 영향을 받는 사회적 존재로서의 개인이다. 그러므로 햄린의 주장과 같이, 인식이라는 것은 한 개인이 사회속에 살면서 다른 사람들로부터 지적 영향을 받은 결과로 세계에 대한 공통된 지식과 이해를 획득해 나가는 과정이다. 이렇게 볼 때, 인식이 획득되고 확립되는 것은 오직 사회 속에서이며, 그 인식의 근원은 인간의 사회적 제 활동 속에 있다.

그렇다고 해서 이러한 주장이 인식의 사회학적 성격을 의미하지는 않는다. 즉, 사회적 합의에 따른 사회적 결정이라는 의미보다는 인식의 토대로서 사회적, 공적 합의가 논리적으로 가정되어 있음을 의미한다. 인식은 사회 성원들이 여러 가지 사회적 활동을 하는 가운데에 서로 경험과 관념을 교환하는 과정에서 축적된 결과의 산물로서 확립되며, 또한 이와 같은 과정을 거치면서 검증되고 반증된 결과에 근거한다.

결국, 인식의 문제는 사적 의식의 세계속에 존재하는 것이 아니라, 다른 사람들과 공통적으로 논의되어야 하는 것이다. 예컨대, 소여(所與)에 대한 진술과 구성에서 언어가 사용될 때, 단언적 주장은 언어가 전달하는 내용에 대한 공통적 인식이 필요하다. 이것은 최소한 소여를 진술하는 데에 사용되는 언어가 공적이고 간주관적인 의미를 가지고 있어야 함을 뜻한다.

햄린은 진리와 합의 사이의 개념적 관계에서 지식과 이해의 객관성 문제를 도출하며, 객관성을 진리획득을 위해 필수적인 어떤 조건, 진리

준거로서의 간주관적 합의에서 찾는다. 객관성은 어떤 사회 속에서 발견되는 개념이기보다는 의미와 진리의 개념적 관련 속에서 전제되는 개념이다. 즉, 객관성은 인간이 공유하는 생활의 형식에서 드러나게 된다. 다시 말해 인간의 주관적 경험을 공통의 방법으로 기술하고 개념화하는 합의의 과정에서 나타나게 된다.

2) 지식과 이해의 토대

(1) 진리 기준으로서의 간주관적 합의

"지식을 가지고 있다는 것은 진리의 개념을 가지고 있다는 것을 논리적으로 가정하며, 진리의 개념을 가지고 있다는 것은 다시 그 의미기준으로서 다른 사람들과 모종의 합의에 도달해 있다는 것을 함의한다." (Hamlyn, 1978: 41). 햄린에 따르면, 우리가 세계에 관해서 무엇인가를 말할 수 있는 것은 합의된 간주관적 개념체계에 의존한다.

전술한 바와 같이, 우리에게는 무엇을 사실로 간주하는가에 대한 합의가 필요하다. 이 합의의 기준은 또한 진리의 기준을 동반함으로 진리기준의 적용은 공적 합의의 결과다. 어떤 진술을 참인 것으로 만드는 '사실이 무엇이며, 이 사실과 진술의 관계를 어떻게 보는가'가 바로 세계에 대한 어떤 입장, 즉 세계관을 가지게 하는 전제조건이 된다. 요컨대, "이 사실들이란 어떤 것인가 하는 것은 합의된 관점으로부터 비로소 제기될 수 있는 질문이며, 그런 관점은 바로 어떤 것이 사실이고 어떤 것이 사실이 아닌지에 관한 논의에 의미를 부여하는 틀이 되는 것이다." (Hamlyn, 1970: 141). 의견의 일치는 객관성의 본질은 아니지만, 객관성이라는 개념에 내용을 부여할 수 있기 위한 필요조건이다. 지각과 판단에 있어서의 일치를 가져오는 것은 공통의 세계를 전제로 해서만

이 가능하다.

지식과 이해의 한 원천으로서 경험적 지각과 세계의 관계도 결코 우연적이지 않다. 감각도 세계의 대상에 대한 개념과 그것을 적용하는 계기를 포함하기 때문에 지각은 세계에 대한 객관적 주장의 토대가 된다. 그러기에 합의는 진리 개념의 의미와 적용 기준을 포함하며, 세계에 대한 공통된 지식과 이해를 구축하기 위한 토대가 된다.

따라서 합의의 가능성이 배제된 상황에서는 진리라든가 지식이라든가 혹은 세계에 관한 이해라든가 하는 말들이 아무런 의미가 없게 된다. 그런데 중요한 것은 그러한 합의가 진정한 합의이어야 하며, 우연한 일치, 다시 말해 한 개인이 태어날 때 가지게 된 신념이 우연히 다른 사람의 신념과 일치한다는 식의 합의이어서는 안 된다는 것이다. "지식 개념의 정확한 분석이 무엇이든 간에 지식을 가지고 있는 사람은 사물을 올바르게 파악할 수 있어야 하며, 사물을 파악한다는 것은 요행으로 혹은 우연하게 사물을 파악한다는 것이 아니라 공적, 간주관적, 그리고 객관적인 기준에 비추어 올바르게 파악해야 한다는 뜻이다."(Hamlyn, 1878: 90). 이는 본유관념에 의해 혹은 직관적 사고에 의해서는 사물에 대한 진정한 지식과 이해를 획득하는 것이 어렵다는 것을 의미한다.

햄린에 따르면, 지식과 이해의 획득은 다른 사람들과 공유하는 지식체계 혹은 개념체계로의 입문이다. 지식과 이해의 획득은 개인과 환경 간의 일종의 상호작용으로 간주될 수 없다. 그래서 햄린은 피아제의 생물학적인 모형이 사회적 요인을 배제하고 지식의 객관성을 과소평가하고 있다고 주장했다(Mays: 1979: 58). 이렇게 말하는 근거는, 무엇이 진리이고 지식인가를 결정하는 기준이 간주관적이라는 데에 있다. 즉, 무엇이 진리이고 지식인가 하는 것은 합의의 틀 속에서 결정되며, 바로 이 점에서 진리, 지식과 이해, 객관성 등의 개념은 사회적 의미를

지닌다.^❽

햄린에 따르면, 객관성은 "진리 그 자체가 아니라, 진리에 대한 그 어떤 접근 방식, 즉 진리에의 관심을 함의하며, 진리 습득에 대한 정상적인 조건들에 관계"(Hamlyn, 1972: 246-247)한다. 객관성은 공통의 삶의 형식을 반영하고 판단의 일치에 근거하고 있으므로, 객관성의 개념을 참고하여 진리의 판단을 내릴 수 있다. 이러한 입장에서 햄린은 객관성이 의미와 이해의 개념과 관계되는 것으로 본다. "만약 사람들이 언어를 이해한다고 한다면, 그들은 그들이 형성하는 진술들이 참인 상황에 대해 어떤 것을 알아야만 한다. 즉, 그러한 진술의 진리 준거를 알아야만 한다는 것이다. 따라서 진리와 객관성의 획득에 필요한 그 어떤 조건들이 제시될 수 있다."(Hamlyn, 1972: 248). 그가 어떤 대상의 의미와 이해를 합의에 의한 공적 개념체계에 의해 가능한 것으로 본다는 점에서, 그의 객관성 개념은 전통철학에서의 공적 객관성으로 분류될 수 있으며, 형이상학적 객관성을 약하게 시사하고 있다.^❾

간주관적 합의가 존재하지 않을 때, 객관성에 대한 논의는 의미 없게 된다. 물론 객관성과 간주관성이 동일한 것은 아니다. "전자는 후자를 함의하나 후자는 전자를 함의하지 않는다. 간주관성은 사람들이 의사

---

❽ 앞에서 말했듯이, 지식과 이해가 사회적 의미를 가지고 있다는 말은, 그것이 사회에 의하여 결정된다는 지식사회학적 전망이나 사회학주의의 인식론으로 해석되어서는 안 되며, 오로지 지식획득의 장면에 다른 사람들과의 합의가 필수적인 논리적 가정으로 붙박혀 있다는 개념적 사실을 지적하는 말이다.

❾ 공적 객관성과 형이상학적 객관성은 엘리어트의 "철학의 전통에서 객관성의 차원은 형이상학적, 공적, 그리고 사적 객관성으로 구분된다."(Elliott, 1982: 49)는 주장에 기초한다. 여기서 형이상학적 객관성은 알게 되는 대상이 인식주체에 독립해서 존재하는 경우를 말하고, 공적 객관상은 주체의 반응을 표현하기보다는 대상의 어떤 것에 대한 단정을 할 때 그 판단을 객관적으로 보는 경우이며, 사적 객관성은 판단을 내리는 주체의 마음이 사심 없다면 그 주체가 객관적이라고 보는 경우다.

소통할 수 있는 배경에 대한 공통된 구도의 존재를 시사한다. 이것은 공통의 세계를 의미한다."(Hamlyn, 1970: 140). 요컨대, 간주관성은 객관성의 필요조건에 해당되며, 이것에 의해 세계에 대한 공통의 준거체제와 판단준거 등을 가질 수 있다. 공통의 판단준거가 비록 객관성의 본질을 구성하지는 않을지라도, 객관성이라는 개념에 그 어떤 내용을 부여할 수 있는 기준이 된다.

예컨대, 하나의 사물이 어떤 색깔을 가졌느냐 하는 질문에 대한 객관적인 대답이 있을 수 있다는 것은 대부분의 경우에 아주 명백하다. 색깔의 파악이 지각에서 비롯될지라도, 이는 개인이 판단하여 결정할 수 없는 객관적인 문제에 해당된다. 경험론자들은 색깔에 대한 지각이 상황에 따라 가변적이기에, 색깔은 사물의 객관적인 속성이 아니라고 본다. 그들은 색깔을 고통의 느낌이나 혹은 다른 주관적 감정과 동일한 것으로 인정한다. 그러나 햄린에 따르면, "감각언어는 공적 세계에 관한 공적 이해를 전제로 한다. 고통과 같은 개념에 대한 이해는 사적 대상의 개념이 어떻게 공적 세계에 대한 이해에 적합한가에 대한 방법의 이해를 포함한다. 여기에 개념의 행동적 기준이 도입된다. 고통이라는 단어를 이해하기 위해서는 고통의 통상적 표현 및 그것이 어떤 방식으로 그에 대한 표현이 되는지를 이해할 필요가 있다. 여기서 고통을 공언하는 말이 가질 수 있는 여러 가지 기능을 이해하는 작업의 의의가 드러난다."(Hamlyn, 1970: 224). 여기서 색깔이 지각의 준거를 필요로 하는 것과 고통이 고통 행동으로 불리어질 수 있는 개념 준거를 필요로 하는 것은 그 방향에 있어서는 차이가 있다. 전자에 있어서 사적인 측면, 즉 지각을 갖고 있는 어떤 것에서 준거를 요구하는 것은 공적인 것이며, 후자에 있어서 행동의 형태로 공적 준거를 요구하는 것은 사적인 것이다.

햄린이 인식론적 측면에서 비판하고 있는 피아제는 지각을 순수한 감각체계(sensory system)의 기능으로 한정시킨다. 그에 의하면, 지각이 우리가 세계의 본질을 정확하게 이해하는 단서로 작용하는 것이 아니라, 그것은 본질적으로 세계에 대한 우리의 견해를 왜곡시키는 것을 그 특징으로 한다. 그리고 지각은 감각운동 활동에 의해 결정되며, 이후에는 인식주체의 활동에 의해 결정된다. 따라서 지각은 처음에는 감각자극과 후속되는 매카니즘에의 작용이며, 다시 지각은 인식주체의 활동에 의해 영향을 받는다. 이 인식주체의 활동이 순수한 감각지각에 내재한 왜곡현상을 교정함으로써 인식에 기여한다. 이 견해에 따르게 되면, 지각을 기초로 해서 사물에 대한 객관적인 이해를 획득한다는 것은 불가능하며, 지식과 이해의 객관성은 오로지 인식주체의 능동적인 지성(intelligence)의 전개를 통해서 이루어진다. "객관성은 인식주체의 활동을 토대로, 그리고 그 활동에 비례해서 구성된다."(Piaget, 1969: 364)는 것이다.

간주관적 합의는 진리와 이해를 연결시켜 주는 구심점으로 작용한다. 그것은 "우리가 의미하는 것을 이해하는 것은 용어의 적용에 대한 합의를 논리적으로 가정하며, 마찬가지로 합의는 진리개념의 준거를 구성하기 때문"(Hamlyn, 1972: 256-257)이다. 비트겐슈타인이 "만일 언어가 의사소통의 수단이라면, 정의의 합의만이 아니라 판단의 합의가 필요하다."(Wittgenstein, 1958: 242)고 했을 때, 이는 합의의 필요성 문제를 오직 언어의 작용과 사용에 비추어서만 그 의미를 가지는 것으로 생각할 수도 있겠지만, 햄린은 보다 더 넓은 의미가 내포되어 있는 것으로 보았다. "합의는 단순히 언어에 관한 문제가 아니라 공통된 이해, 다시 말해 언어를 의사소통의 수단으로 사용하기 위한 조건으로서의 공통된 이해에 관한 문제로 보아야 한다."(Hamlyn, 1978: 82)는 것이다.

전술한 바와 같이, 간주관적 합의가 객관성의 본질은 아니라 하더라도 객관성은 간주관성을 기초로 하고 있다. 햄린에 있어 객관성은 가장 낮은 단계에서 볼 때는 진리발견에 대한 관심보다는 진리에의 참여와 인식가능성의 토대를 마련하는 데 치중한다. 즉, 적극적 진리탐구보다는 진리가 되기 위한 조건과 진리를 파악하기 위한 전제조건의 구명에 관심이 크다. 이는 그가 주관성, 개별성, 그리고 편견 등을 진리에 대한 장애물로 간주한 데서도 증명된다.

지식과 이해에 있어서의 객관성은 사람들이 논리적 필연성에 의해 반드시 그 지식과 이해에 합의되어야 함을 시사하지는 않는다. "만약 인간의 이해가 전제된 객관성에 의해 필연적으로 구속되어야 한다면, 현재의 전통에 반하는 새로운 이해의 성장은 불가능할 것이다." (Hamlyn, 1971: 8). 지식과 이해의 객관성은 공통된 인간합의의 가능성과, 그리고 공통적으로 합의된 것이 곧 객관적이라는 것이 곧 하나의 규준이라는 사실을 논리적으로 가정하는 것이다.

따라서 지식과 이해의 획득 장면에서 다른 사람들과의 합의는 막연한 가능성에 그치는 것이 아니라, 구체적인 장면 장면에서 필수적인 논리적 가정으로 작용한다. 햄린이 보기에, 전통적 인식론의 공통적인 문제는 인식에 있어서 개인의 위치를 다른 사람들과 떨어져서 홀로 세계를 대면하는 것으로 설정하고 있다는 점에서 근본적으로 잘못된 것이다. 지식과 이해의 성장을 개인과 환경간의 상호작용으로 보고, 거기에는 마치 사회적, 간주관적 요소들이 작용할 여지가 전혀 없는 것으로 보는 것은 불가능하다는 것이다. "사실로서 간주되는 것은 우리가 세계를 보는 방식에 의존하며, 이런 방식으로 세계를 보는 데 전제되어진 개념 체계에 의존한다."(Hamlyn, 1970: 140). 사실의 존재를 가정함으로써 어떤 진술이 진(眞)이 될 수 있으며, 그 사실에 대한 규정은 합의에 의해서만 가능하다는 것이다.

간주관적 합의는 우리가 적어도 진리에 대해서 이야기할 수 있는, 다시 말해서 사실이라는 말을 쓸 수 있는 배경이 된다. 따라서 사람들 상호간의 간주관적 합의점은 사실 혹은 진리에 대한 우리의 논의에 의미를 부여하는 틀이 되며, 또한 그 개념들의 판단기준과 적용준거를 제공한다.

(2) 삶의 형식을 공유한 인간관계의 형성

햄린의 인식론에 따르면, 한 아동이 세계에 대한 이해를 성장시켜나가는 과정에서 그 아동은 홀로 세계와 대면해서 세계를 이해해야 하는 그런 고독한 의식의 존재자가 결코 아니다. 아동은 태어나는 순간부터 다른 사람들, 특히 그 아동의 부모나 해당 문화권 내에서 그의 양육을 담당하고 있는 사람들과의 관계속에 존재하게 되고, 다른 사람들과의 관계 속에서 사회적 존재로서의 고려 대상이 된다. 아동은 발달되어야 할 미완성의 존재로서, 세계 속에서 생활함으로써 전통에 의해 축적된 개념을 점진적으로 받아들이게 된다. 이렇게 아동이 지식과 이해를 기초로 한 진정한 삶의 공동체속에 태어나서 하나의 사람(person)으로 취급되며 살아가면서 지식과 이해의 획득이 시작되는 것이다. "아동이 사람으로 성장하기 위해서 단 하나의 절대적으로 중요한 요인은 사람에 의해 사람으로 대우받는 것이라 할 수 있다." (Hamlyn, 1978: 84).

어떤 지식이나 이해를 갖기 위해서는 아동도 삶의 형식이 제시하는 인간관계 속에서 생활해야 한다. 이 인간관계는 인식론적 의미에서 뿐만 아니라 정서적, 철학적 의미까지 포함한다. 그러므로 인간관계는 인간으로 가져야 할 공통된 관심과 욕구, 그리고 감정과 같은 인간의 심리적 요소는 물론, 사람들과의 관계에 대한 사회철학적 규칙과 인식론적 개념의 이해를 위한 지식과 이해의 가능성을 공유한 존재로서의 아동을 인식해야 함을 요구한다. 또한 아동이 경험과 이해의 성장을 갖도록 하기 위해서는 유전적, 환경적 요인에 대한 고려도 요구된다. 그러나 햄린이 볼 때, 무엇보다도 중요한 것은 지식과 이해의 획득 가능성의 토대로서의 삶의 형식을 공유해야 한다는 것이다.

삶의 형식을 공유한 사회적 존재는 지식 소유의 한 논리적 가정이 된다. 다시 말해, 개인이 중요한 의미에서 사회적 존재이지 않는 한, 그리고 그 지식이 중요한 의미에서 사회적인 것에 대한 지식을 포함하지 않는 한, 개인에 있어서 지식과 이해는 결코 있을 수 없다는 것이다. 햄린에 따르면, 아동의 지식획득 장면에 등장하는 모든 다른 사람의 역할은 단순히 아동이 경험적으로 지각하고 구분할 수 있도록 해 주는 데에 있는 것이 아니라, 사실과 부합하는 앎을 가질 수 있도록 해 주는 데에 있다. 이것이 '옳은 것'에 관한 생각이 출현하는 과정이며, 이 '옳은 것'에 관한 생각은 아동이 본격적인 의미에서의 지식과 이해를 가지는 데에 필수불가결하다(Hamlyn, 1978: 101).

중요한 것은, 옳은 것 그 자체가 아니라 옳은 것의 개념을 파악하는 것이다. "어떤 일을 옳게(정확하게 혹은 진리로) 혹은 틀리게(부정확하게 혹은 허위로) 행하는(혹은 생각하는) 어떤 방식을 찾게 된다는 것은 다른 사람에 의한 교정(敎正)과 같은 어떤 것을 함의하며, 보다 중요하게는 바로 아동 자신이 그것을 교정으로 본다는 것을 함의한다." (Hamlyn, 1983: 164). 이는 학습의 인간관계적, 사회적 조건을 의미하는 것으로 볼 수 있다. 그러나 이는 교정의 인식론적 조건을 배제하지 않는다. "교정을 통해서 무엇인가를 배울 수 있다는 것은 그 교정을 교정으로 받아들일 수 있기 때문이며, 교정을 교정으로 받아들일 수 있는 것은 교정자를 하나의 '사람'(person) 혹은 '사람과 같은 어떤 것'(something like person)으로 볼 때 가능하다." (Hamlyn, 1978: 84). 따라서 교정을 통한 지식과 이해의 획득은 인간적 관계의 맥락을 함의하게 된다.

인간적 관계의 맥락을 벗어나서 다른 사람들을 하나의 교정자로 볼 수 있게 된다는 것은 불가능하다. 교정 행위가 효과적이기 위해서는 아동이 교정 행위의 의미를 파악해야 하며, 그 교정 행위가 교정자와의 관계에서 갖게 되는 역할을 인식해야 한다. 그러므로 어떤 존재가 지식이나 이해를 가지고 있다는 말이 성립하는 데에는 그 존재가 우리와 '사람과 사람의 관계'로 연결될 수 있다는 것이 필수적인 조건이 된다.

이러한 사회적 맥락에의 참여가 지식과 이해를 가질 수 있는 필요조건이 될지라도 충분조건은 아니다. 사람과 사람의 관계로서의 사회적 맥락은 열정이나 존중과 같은 비인지적 요소를 포함하고 있다. 이 비인지적 요소가 매개하는 것에 대한 의미 파악이 지식과 이해의 획득에 도움을 준다. 이는 지식과 이해의 획득에서 논리적, 개념적 관계를 말하는 것이 아니라, 규준의 이해는 다른 사람과의 접촉에 의해서 가능하다는 것으로, 진리의 주장도 다른 사람과의 관계에 의존한다는 것을 의미한다. 지식과 사회적 맥락 간의 관계 논증은 지식과 내용의 관계보다는 어떤 지식과 그 지식이 진(眞)이 되게 하는 것에 관한 지식과의 관계를 말한다.

이는 지식을 갖기 위해서는 교정을 받아들여야만 하며, 사회적 맥락을 공유해야 함을 의미한다. 다시 말해, 한 개인이 지식을 가질 수 있다는 것을 온전히 이해하기 위해서는 지식을 가지고 있는 존재를 그러한 인간관계의 틀 속에서 파악해야 한다는 것이다. 이런 의미에서, 햄린은 "지식, 진리, 학습, 교정가능성, 공통의 관심이나 욕구, 그리고 인간관계의 의미 등의 개념들은 서로 관련되어 있다."(Hamlyn, 1978: 84-85)고 주장한다. 결국 지식도 그 의미상 사회적이어야 하며, 개인도 관심과 욕구의 공동체 속에서 살아가는 사회적 존재이어야 한다는 것이다. 만약에 지식과 사람이 이러한 사회성이 없다면, 그 어떤 개인에게도 지식이나 이해란 불가능하다.

이러한 관점에서, 햄린은 경험론자들처럼 아동이 지식과 이해를 획득하는 과정을 순전히 경험의 우연적인 사건들이 지시하는 방향으로 향하는 것으로 보거나, 아니면 피아제 식으로 아동의 생득적 구조와 환경의 구조화 기능 사이의 상호작용으로 보는 것은 옳지 않다고 주장한다. 왜냐하면 이 이론들은 아동의 지식과 이해의 획득에 영향을 미치는 사상(事象)과 사람들을 단순히 환경의 여러 요소 가운데 하나에 불과한 것으로 취급하기 때문이다.

여기서 햄린의 주장이 인과적 혹은 시간적 순서에 대한 그 어떤 함의를 가지지 않고 오로지 논리적 함의를 가진다는 것에 대해 반론이 있을 수 있다. 즉, 아동이 진정한 삶의 공동체 속에서 사람으로 취급된다는 것 그 자체가 학습의 한 원인이 아닌가 하는 것이다. 만일 그렇게 되면 이는 학습에 대한 인과적, 사실적 설명에 해당된다. 이에 대해 햄린은 아이가 진정한 삶의 공동체 속에서 사람으로 취급된다는 사실을 지적하는 것은 학습을 일으키는 원인을 말하는 것이 아니라, 학습 그리고 그것과 관련된 개념들이 의미를 가지게 되는 바탕이 되는 우리의 삶의 조건을 이해하는 것이라고 주장한다. 그러므로 교정 과정에서 어떤 인간관계를 갖고 난 후에 교정자로서 인식하고, 또 그 이후에 진리 주장이 무엇인지를 알게 되는 인과적 과정을 상정한다는 것은 불가능하다는 것이다.

햄린이 지식과 이해의 획득에서 인과적 설명보다 논리적 설명을 취하는 근거는 삶의 형식 속으로의 입문이라는 사회적 관계의 인식이 지식과 이해에 논리적으로 전제된다는 주장과 함께, 그 지식과 이해가 비분절적이고 집합체적 구성으로 이루어져 있다는 데에 근거한다. 이는 어떤 존재이든지 지식과 이해를 가질 수 있으려면, 우선 그는 장차 지식과 이해를 가질 수 있는 존재이어야 한다는 것으로 사회적 관계의 잠재성을 말한다. 또한 그가 진리를 진리로 받아들일 수 있는 처지, 즉 공통된 사고의 형식을 공유하고 있어야 함을 의미한다. 이는 올바르지 못한 사고를 전면 부정하는 것이 아니라, 그러한 사고에 대한 교정을 받아들일 수 있어야만 한다는 뜻이다. 그러기 위해서 그 존재는 우리와 인간적 관계를 맺고 있거나 또는 그런 관계를 맺을 수 있어야만 한다. 이 모든 것은 오로지 지식과 이해를 가지기 위한 필요조건이지 충분조건은 아니다.

4. 지식과 이해의 성장과 교육

교육은 지식과 이해의 전달 및 획득을 주요 임무로 하는 실천적 활동이며, 교수와 학습은 학교교육에서 가장 핵심적인 교육활동이라 할 수 있다. 교수와 학습에 대한 대부분의 연구는 경험적 연구를 통해 교수와 학습의 필요충분조건을 탐구하는 것이며, 따라서 인과적 혹은 사실적 접근방식에 기초해서 이루어진다. 교육은 하나의 실제적 활동으로서 교육의 과정에서 전개되는 구체적 장면에서의 실천을 전제로 하는 교육원리나 그 실천방식에 관련되나, 그것은 실천적 활동으로서뿐만 아니라 철학적 탐구대상으로서도 성립한다. 이는 '교육이 어떻게 가능한가'라는 물음에 대한 철학적 탐구를 통해 교육의 논리적 토대를 마련하는 것이다.

우리가 교육에 대한 철학적, 인식론적 탐구로서 교육의 가능성에 관심을 가지게 되면, 아동들에게 지식과 이해가 어떻게 일어나며, 그것이 어떻게 성장할 수 있는가를 고려해야 한다. 이는 지식과 이해, 그리고 이와 관련된 교육적 개념들에 대한 논리적 분석을 통해 그 논리적 가정 혹은 관련성을 밝힘으로써만 대답되어질 수 있다. 이렇게 보면, 지식과 이해의 가능성과 그 성장을 이해하는 것은 곧 교육의 가능성을 이해하는 것이 될 수 있다.

'지식과 이해가 어떻게 가능한가'라는 인식론적 탐구는 교육에 있어 그 어떤 실제적인 지침을 제공하지는 않지만, 교육 그 자체의 논리적 토대를 제공해 줌으로써 교육의 가능성 및 그 출발점을 시사해 줄 수 있다. 햄린에 의하면, 학습이란 곧 '경험을 통한 이해의 성장'이며, 교수는 이해의 성장을 위한 경험적 요소로 작용한다. 그러므로 학습과 교수는 모두 이해가능성을 그 논리적 토대로 함의하고 있다. 교수와 학습은 공유된 삶의 형식에 근거한 공적인 합의를 전제로 한다. 거기에는 논리적으로 가정된 인간관계와 합의에 의한 교정의 가능성 역시 논리적으로 내포되어 있다.

1) 지식과 이해의 성장과 학습

사실상 지금까지 학습에 대한 연구는 주로 심리학자들, 그 중에서도 특히 경험론의 전통을 이어받은 행동주의 심리학자들의 독점물로 인식되어 왔다. 비교적 최근에 이르러 심리학 내에서도 특히 합리론의 영향을 많이 받은 인지심리학자들이 이를 비판하고 다른 측면에서 학습에 대한 접근을 시도하였으며, 철학자들이 학습에 관심을 갖고 그 개념을 분석하기 시작한 것은 더욱 최근의 일이다(Hamlyn, 1983b: 178-194). 학습에 대한 연구에 있어서 철학자들은 지각을 통한 경험과 개념을 중심으로 한 지식과 이해 간의 상호작용을 통하여 사물에 대한 이해가 증가

된다는 점을 밝히며, 이해를 증가시키기 위한 특수한 조건과 개인에 따른 차이를 구명하는 것은 경험적 연구에 맡긴다.

햄린은 철학적 탐구 문제의 근본은 '그것이 어떻게 가능한가'라는 '가능성'(possibility)을 묻는 것이라고 주장한다(Hamlyn, 1985: 159). 그는 비록 모든 철학적 문제가 가능성을 묻는 문제는 아니라 하더라도, 사실상 칸트 이후 강력한 철학적 전통으로 형성되어 온 것이 사실이라고 주장하며, 그 가능성의 문제가 지식과 이해에 관한 것이 될 때, 그것은 곧 지식과 이해의 가능성에 관한 것이 된다고 하였다.

앞에서 본 바와 같이, 햄린은 학습을 새로운 지식과 이해를 획득하는 것으로 설명해 왔다. 그러나 엄밀한 의미에서 모든 학습이 반드시 그 사물을 이해한다거나 지식을 가지게 되는 것을 의미하지는 않는다. "학습에는 사물을 새로운 방법으로 보게 되는 학습도 있고, 또한 다양한 방법으로 사물에 의미를 부여하는 학습도 있지만, 엄격히 말해 이 모든 학습이 반드시 그 사물을 이해한다거나 지식을 가지게 되는 경우라고 말할 수는 없다."(Hamlyn, 1978: 122). 즉, 학습이 사물에 대한 지식이나 이해를 목적으로 하기보다는 지식과 이해를 수반하며 관련되어 있다고 봄이 타당하다는 것이다. 그러기에 학습은 사물을 여러 가지 방식으로 볼 수 있는 능력, 올바른 관점에서 사물을 파악하는 능력, 그리고 이해와 경험을 연결시키는 방법 혹은 방법적 지식으로서의 기술 등을 포함한다.

학습이 일어나기 위해서는 전체적인 맥락의 파악과 그 사물이 그의 경험 속에서 수행하는 기능을 파악해야 한다. 이런 점에서 햄린은 학습의 과정을 구성의 과정으로 본다(Hamlyn, 1978: 127). 학습이 지각의 구성과정에 의해 사물에 대한 경험방식이 새로운 의미를 가지며, 전체적 형태 속에서 위치지워짐을 말한다. 이는 곧 경험방식의 확장과 발전을 포함하며, 명제적 지식의 학습뿐만 아니라 방법적 지식의 학습에도 동일하다. "새로운 방식으로 경험하도록 학습하는 것과 기술로 발전될 소지가 있는 어떤 사물을 기초로 하여 기술을 습득하는 것은 병렬관계가 있다."(Hamlyn, 1978: 127). 이는 반드시 기존의 경험방식이나 기술에 의존하여 명제와 기술의 학습이 가능하다기보다는, 무엇에 대한 경험인지 그리고 무엇에 대한 기술인지에 대한 이해가 전제될 때 학습이 가능하다는 점에서 동일하다는 의미다. 요컨대, 방법적 지식의 학습에서도 무슨 일을 하는가에 대한 이해가 필요하며, 이해와 그 논리적 전제로서의 경험 간의 상호작용에 의해 학습이 가능하다.

여기서 햄린은 학습의 가능성에 대한 문제에 해답을 내리고 있다고 볼 수 있다. 햄린에 의하면, 사태를 특정한 방식으로 보게 된 것을 학습이라 부르기 위해서는 그것이 경험에 근거를 둔 것이어야 한다(Hamlyn, 1978: 123). 학습이 경험에 근거를 둔다는 것의 의미는 곧 그 파악방식이 올바른가 아닌가 하는 것이 경험에 의하여 입증된다는 뜻이다. 그렇다고 하여 학습을 위해 어떤 경험이 필요한가를 미리 제시하는 것은 어렵다. 그것은 다만 경험이 학습의 기초가 되어야 하며, 단순히 원인이 되어서는 안 된다. 즉, 어떤 경험과 학습은 반드시 인과적 대응관계에 있지 않다. 하나의 경험이 다양한 내용의 학습의 토대가 될 수 있다. 원칙적으로 학습자는 그 경험이 학습에 기여한 측면과 정도를 제시할 수 있어야 한다. 그러므로 누군가가 어떠한 것을 학습하는 경우, 혹은 어떠한 일을 할 수 있도록 학습하는 경우에 학습을 위하여 어떤 경험을 해야 하는가, 또는 어떤 특정한 경험이 주어졌다고 할 때 그 경험에 의해서는 어떤 학습은 도저히 일어날 수 없다는 말을 할 수가 없다. 왜냐하면, 혹자에게는 그 경험이 학습의 기초가 될 수도 있으나, 혹자에게는 전혀 학습의 기초가 될 수 없을 수도 있기 때문이다.

그렇다면, 학습이 경험을 근거로 하여(grounded in) 일어난 경우와 경험을 원인으로 하여(caused by) 일어난 경우는 구분이 가능한가? 햄린은 한 특정한 경우를 두고 그것이 어느 경우에 속하는지를 가려내는 것이 매우 어려우며, 그것을 가려낼 수 있는 지침을 제공한다는 것은 사실상 거의 불가능하다고 말한다. 더욱이 데이브슨(Davidson) 등은 한 사람의 행동이나 그 밖의 정신 상태에 있어서도 이유, 고려, 또는 근거에 효력을 부여하는 것은 오직 인과관계라고 주장한다(Davidson, 1967: 691-703). 이 주장에 따르면, 학습이 단순히 경험을 원인으로 하여 생기는 것이 아니라 경험을 근거로 하여 생기는 것이 사실이라 하더라도, 그 근거가 효력을 발휘하기 위해서는 그 과정의 어느 부분에선가는 인과관계가 개입하지 않으면 안 된다고 보아야 한다.

사실상 경험론적 입장에서 보면, 자연 현상의 관계는 모두 인과론적으로 설명이 가능하다. 그러나 인간 행동과 사회 현상에 대한 관계는 인과적으로만 설명되기 어려우며, 따라서 어떤 대상의 학습에 대해 어떤 경험이 관련되어 있느냐의 문제는 그 대상의 구성 요소 간의 동일성과 유사성에 의해 판단되기 어렵다. 비록 이러한 관련성이 없는 활동과 대상이 어떤 개인에게는 관련이 있는 것으로 나타날 수도 있으나, 이는 사실적으로 확인될 성질은 아니다.

햄린에 의하면, '사물을 어떤 방식으로 보도록 학습했다는 것'과 단순히 '사물을 어떤 방식으로 보게 되었다는 것'은 명백히 구분되는데, 전자는 사물을 올바르게 보는 방식에 장애가 되는 요인을 극복하고 사물을 올바르게 보는 기술과 능력을 학습하게 되었다는 뜻이 내포되어 있다. 그러나 후자는 그 어떤 원인에 의하여 그러한 것이 가능하며, 그 원인으로 말미암아 잘못 보게 될 가능성도 충분히 존재한다. 사물을 잘못 보게 만드는 원인을 제거하는 것도 학습에 포함된다. 그렇지만 '사물을 어떤 방식으로 보도록 학습했다'는 것은 인과론적 원인이 분명하지 않을지라도 그 사물의 실재에 대해 파악했다는 것을 의미하며, 그 경우에 어떤 경험을 통하여 그 사물에 관한 지식이나 능력을 획득했다는 의미에서의 '학습'이 이루어졌다고 말할 수 있다. 즉, 햄린은 사물의 실재에 대한 인식이 존재하고, 이것이 어떤 경험에 근거했을 때 학습이라는 말을 쓰고 있다. 이는 이전의 경험에서 그 사물이 갖는 의미와 기능에 입각할 때 학습이 일어난다는 데 기인한다.

이와 같은 설명은 단순히 사물을 직관적으로 파악하거나 추론하는 것을 말하지 않으며, 사물을 구성적으로 경험하는 학습을 설명하는 데 적용될 수 있다. 다시 말해, 우리가 이때까지 경험해 오던 것과는 다른 방식으로 사물을 경험하는 학습이 일어난다는 것은, 통찰과 상상적 사고가 개재되어 두 경험 간의 유기적 관계가 형성됨으로써 새로운 경험이 이전의 경험에 의해 내적으로 정합하고 이전의 경험이 새로운 경험으로 발전되는 과정이다. 새로운 경험이 그 이전의 경험으로부터 생성되기 위해서는 그 경험의 대상에 대한 지식과 이해가 전제되어야 한다. 이렇게 보면, 학습은 곧 경험과 이해의 상호작용을 통해서 새로운 지식과 이해를 획득하는 것으로 볼 수 있는 것이다.

햄린에 따르면, 모든 학습에는 지식과 이해의 성장이 내포되어 있으며, 그 이해의 성장을 지배하는 규칙으로는 오로지 논리적인 것 뿐이다. 여기서 '논리적 규칙'은 어떤 사실이 다른 사실을 논리적으로 전제하고 있을 때, 그 전제된 사실에 대한 이해 없이는 어떤 사실에 대한 이해가 불가능하다는 것을 의미한다. 비록 전제된 사실에 대한 완전한 이해가 없다 하더라도, 어떤 사실에 대한 이해가 가능하다. 이해는 논리적 의미에서 완전한 형태로 제시되기 어려우며, 전제된 사실이 어떤 사실의 전체적 구성과 체계의 이해에 필연적으로 포함되지 않을 수도 있기 때문이다.

그러므로 전제된 사실에 대한 이해의 여부가 어느 정도 그 어떤 사실의 이해에 관련되는가는 명확하지 않다. 즉, 이해에는 정도의 차이가 있기 때문에 논리적 규칙이 반드시 학습에 엄격하게 적용되지 않으며, 학습의 시간적 순서를 결정하는 데 필수적인 것도 아니다. 전제의 완전한 이해에 의해 어떤 사실의 이해가 가능하다는 논리보다는 전제에 대한 어느 정도의 이해가 없으면 어떤 사실에 대한 이해가 어렵게 된다는 약한 의미로 해석함이 바람직하다. 그러므로 이해의 성장을 지배하는 논리적 규칙을 선험적으로 결정하기는 어렵다.

햄린은 이해의 성장이 초기에는 구체적, 특수적인 것에 결합되며, 점진적으로 사고를 추상적이고 일반적인 것으로 확장하는 것이 자연적인 것이라고 주장한다(Hamlyn, 1971: 21). 이는 아리스토텔레스가 경험을 특수적 사례와 관련지우고, 경험을 지각을 통해 생겨나는 사실에 대한 축적으로 보며, 이를 토대로 보편적인 것을 지각한다는 발생적 설명에서도 볼 수 있다. 여기서 경험은 특수적 사례와 상황에 관련된 것이며, 보편적인 것은 일반적인 것에 가깝다고 볼 수 있다. 햄린의 논증은 이해의 발달이 학습을 통해 일어나며, 학습은 경험의 사용을 통한 지식과 이해의 획득을 함의하기 때문에, 학습은 구체적인 것에서 시작함이 인식론적으로 필연적이라는 데 있다.

요컨대, 학습은 경험을 통한 지식과 이해의 성장이며, 그러한 성장은 구체적이고 특수적인 것에서 추상적이고 일반적인 것으로 발달해간다는 것이 햄린이 주장하는 주요 요지다. 그에 의하면, 경험과 이해의 상호작용, 그리고 이로부터 일어나는 학습과 이해의 성장을 이해하는 것 이외에 철학자의 자격으로 더 이상 할 것이 없다. 이후에 남는 문제는 각 개인과 그 개인이 속해 있는 물리적, 사회적, 그리고 문화적 환경과의 관련 속에서 그들의 일반적 특성을 연구하는 것이며, 이는 경험적 탐구의 문제인 것이다.

2) 지식과 이해의 성장과 교수

지식과 이해의 획득과 그 성장에서 초기에는 아동과 어른 사이의 인간관계, 특히 부모를 포함한 어른의 역할이 중요하나, 점차 성장하여 가면서 보다 적극적인 교수가 중요하게 된다. "아동이 점차 성장하고 보다 더 많은 지식과 경험을 획득하여감에 따라 이미 획득한 것들을 활용하고 발전시킬 가능성이 커진다… 한편으로 학습내용이 복잡하고 광범위해지면서 다양한 영역에서 교수가 중요하게 된다."(Hamlyn, 1978: 130). 여기서 교수는 아동에 대한 올바른 지도와 시의적절한 자극으로서 기능한다.

햄린은 교수와 학습을 상호보완적인 개념으로 본다.[10] 여기서 교수와 학습이 상호보완적이라고 해서 어떤 형태의 학습이든 간에 학습에 대응되는 모종의 형식의 교수가 있다는 것은 아니다. 햄린에 따르면, 단순히 학습을 야기시킨다는 의미에서 교수가 존재한다고 볼 수는 없다. 아동이 진리의 규준과 교정에 대한 의미를 파악하도록 하는 더 높은 의미의 학습을 촉진하게 되는 경우에 교수로서의 의미를 가지게 된다. "어떤 사람에 의해 수행되는 활동은 그 활동 자체만으로는 학습을 일으키기에 불충분하지만, 다른 조건들과 합쳐져서 학습을 일으키는 데 충분조건이 된다고 볼 수 있는 경우에, 그 활동은 교수 활동이 될 수 있을 것

---

[10] 햄린에 의하면, 교수와 학습이 상호보완적이라는 것은 학습의 가능성이 필연적으로 누군가가 교수하고 있다는 것을 함의한다는 뜻이 아니라, 교수라는 것은 누군가가 학습하고 있다거나 혹은 적어도 학습하고자 학습장면에 와 있다는 것을 함의한다는 뜻이다.

이다."(Hamlyn, 1978: 133). 이는 교수 그 자체만으로는 학습의 원인이 되기 어렵다는 주장이다. 교수가 학습을 야기하는 충분조건이 아니며, 다른 조건, 즉 위의 의미에서 학습을 촉진하는 조건과 결합될 때 교수라고 볼 수 있다는 것이다. 따라서 학습의 촉진을 고려하지 않고 사전에 어떤 활동을 교수 활동으로 부르는 것은 모순이다.

햄린이 말하는 지식과 이해는, 전술한 바와 같이 사회적 전제에 토대한다. 그러므로 교수 상황은 진리의 규준에 대한 판단과 교정의 표준이 있을 수 있다는 관념을 상호 인정할 때 성립한다. 즉, 진리의 표준과 실제적 교정자로서의 교사와 간주관적으로 관련되어 있다는 것을 인식할 경우에 지식과 이해가능성의 토대가 형성된다. 다시 말해 교정에 대한 인식을 논리적으로 가정해야 한다는 것이다. 이는 "논리적으로 가정된 간주관적 요소를 떠나서는 그들의 설명이 지식에 대한 설명이 될 수 없으며, 설명 그 자체를 보장할 수 없다. 왜냐하면, 이 상태에서는 아동이 무엇보다도 그 자신을 규준을 따르는 사람으로 인식하기를 요구하는 그러한 설명이란 전혀 없기 때문이다."(Cooper, 1980: 98)는 주장과도 일치한다. 요컨대, 아동이 공동체에 참여함으로써 사물의 옳은 방식이 획득된다는 것을 인식할 때만이 교수가 의미 있게 된다.

햄린에 따르면, 교수는 교수가능성과 학습가능성의 전제조건에 대한 인식이 중요하며, 지식 획득에 필요한 경험적 조건의 검토는 큰 의미가 없다. 이에 따라, 그는 스키너 등이 경험에 의한 지식의 획득과 사회적 관계를 우연적 방식으로 파악한 데 대해서 비판한다. 전술한 바와 같이, 햄린에게 있어서 지식과 이해를 획득하기 위해서는 진리의 규준과 기준의 관념에 대한 이해가 필요하다. 이는 아동도 진리개념이 갖는 규칙에 합의함으로써 이해에 도달할 수 있다는 것을 의미한다. 엘리어트도 "아동이 이해에 도달하기 위해서는 규칙에 대한 이해가 필수불가결하다.”(Elliott, 1980: 112)는 동일한 주장을 한 바 있다.

교수에서 중요한 것은 이러한 진리개념이 아동에게 나타나는 단계에 대한 인식이다. 즉, 지식과 이해의 성장은 본유관념이나 선재하는 지식 혹은 전반성적 경험의 연속에 의거하지 않고, 아동이 진리개념을 가지게 됨으로써 가능하다. 결국 교수는 진리개념에 대한 규칙과 기준에 대한 이해로부터 시작된다. 햄린의 관점에 따를 때, 아동은 진리와 지식에 의미를 부여해 주는 진리의 기준으로, 그를 인도할 수 있는 교정자와 상호 인간적 관계를 맺고 이를 인정할 때 비로소 지식과 이해를 획득할 수 있다는 주장이 가능하다. 사물을 참인 것으로 안다는 말은 교정의 표준 혹은 규준에의 일치를 의미하며, 이 교정가능성은 사회적 관계에서 비롯됨을 암시한다. 여기에서 교정이 무엇인가를 이해하지 못하고 있는 아동에게는 교정이 성립되기 어렵다는 논리가 성립한다. 지식의 분석에서 볼 때, 규준의 관념에 대한 이해가 지식에 수반되며, 동시에 교정에 대한 인식도 논리적으로 가정되어 있기 때문이다.

따라서, 교수의 가능성은 교정에 대한 공통적 합의에 의해 가능하다. 햄린은 교사의 아동 판단에 있어서의 가능한 합의의 문제는 삶의 형식을 공유할 수 있느냐 하는 보다 광범위한 문제에 의해 해답되어질 수 있다고 본다. 만약 아동이 삶의 형식을 공유한다면 교수 행위도 아동에게 이해가능하게 될 것이기 때문이다. 이는 공통의 감수성, 공통의 판단 형식, 공통의 표현 등을 논리적으로 가정하며, 이를 위해 공통의 관심과 욕구, 감정 등을 가져야 한다. 그러므로 아동의 욕구, 관심 등에 대한 심리학적 해석보다 어떤 점에서는 피터스 식의 규범적 인식을 전제한다. 아동과의 관계에서 인식의 공통성을 가지기 위해 광범한 의미에서 인간으로서의 존재성의 인정과 인간적 관계에 대한 인식이 교수의 출발점이 된다.⓫

피터스는 전통과 문화로 확립된 지식에 입문함으로써 사회적 이해가 가능하다고 보았다. 이에 반해 햄린은 사회적이라는 것은 단지 어떤 유형의 지식의 대상이 아니라, 지식 소유의 전제 조건으로 받아들여져야 한다고 주장한다(Hamlyn, 1980: 106). 지식과 이해를 환경과의 상호작용이나 사회적 입문의 결과로 보는 것은 잘못이라는 것이다. 햄린의 지식과 진리의 관련성에 의하면, 이해를 위한 교수는 개념적 이해에 내포되어 있는 지식과 지식을 가지게 하는 것의 전제 조건에 대한 것이 우선되어야 한다.

그러므로 햄린의 지식과 이해를 위한 교수는 단지 외적으로 어떤 사물을 관련지우거나 여러 가지 방식으로 사물을 보게 하는 것과는 다르다. "명제 P를 아는 것은 명제 P가 진임을 아는 것이며, 이는 진의 개념을 가질 것을 필요로 한다. 그 다음 진리 개념의 소유는 하나의 규준의 힘(power of norm)에 대한 판단과 교정의 표준이 있을 수 있다는 관념을 내포한다."(Cooper, 1980: 97). 즉, 지식을 획득한다는 것은 지식 속성에 필요한 특수한 조건을 충족하고, 사물을 우연에 의해서가 아니라 어떤 규준에 의해 파악할 때 성립된다.

무엇보다도 아동에게 지식의 가능성을 개방함은 위 조건의 충족을 전제하기보다는, 아동이 지식으로 향하는 잠재적 인식존재라는 것을 인정하는 데 있다. "아동이 모종의 지식의 형식을 가지고 있는지 어떤지에 대한 판단은 그의 삶의 어느 시기 이후에나 가능하다 할지라도, 그렇다고 해서 그 이전에는 어떤 유형의 지식도 그리고 어느 정도라도 가

⓫ 여기서의 인간적 관계는 초기학습에서 말하는 심리적 조건을 의미하는 것이 아니라, 오히려 사회적 조건을 의미한다. 그러나 이는 개인이 상호작용하는 환경의 한 측면으로서의 사회적 조건을 의미하는 것도 물론 아니다.

지고 있지 않다고 결론내릴 수 없다."(Hamlyn, 1983: 296). 아동이 지식을 가지려면 진리에 대한 규준을 이해해야 하며, 이러한 인식은 지식의 존재 이후에 이루어지는 것이 아니라 오히려 이 인식이 있어야만 아동이 가지는 것을 지식이라 부를 수 있다는 것이다.

햄린에 따르면, 교수는 내용 전달을 넘어서서 아동 학생에게 지식과 이해를 심어주어 교사가 가르친 것 이상의 효과를 얻도록 하는 데 있으며, 이 점에서 교수는 피터스(1966: 33)가 보다 넓은 의미의 인지적 의미가 결여된 채 제한된 상황에서 적절한 상황파악이나 관습적 반응의 획득을 시사하는 것으로 규정한 '훈련'과 구분된다. 교수의 최상의 결과는 아동이 교사로부터 모종의 이해를 전달받아 그것을 활용하여 교사가 직접 가르치지 않은 그 이상의 결과를 성취하는 것이다.

이러한 교수의 목적을 달성하기 위해서 교사는 해당 교과에 대한 지식을 어느 정도 가지고 있어야 한다. 교과에 관한 어느 정도의 지식이 그 교과의 철학을 추구하는 데 필요조건인 것과 마찬가지로, 그러한 지식은 교과를 어떻게 가르쳐야 하는가, 무슨 내용을 어떤 시기에 가르쳐야 하는가 등의 문제를 결정하는 데 필요하기 때문이다. 그러나 교과에 대한 지식이 교과를 잘 가르치게 되는 충분조건인 것은 아니며, 필요조건이 된다고 볼 수 있다. 모든 교과는 그 자체에 타당한 방식으로 사고하도록 요구한다. 어느 교과에나 그 교과만의 독특한 개념과 연구방법이 있으며, 여기에는 관주관성에 의거한 진리의 개념이 내포되어 있는 것으로 볼 수 있다. 따라서 교과의 본질에 대한 이해는 교수의 전제조건이 된다. 따라서 교수는 교과에 포함된 전제조건에 합당한 방법으로 진행되어야 한다.

전술하였듯이, 교정을 교정으로 인식하는 인식론적 조건뿐만 아니라 교정자와의 인간적 관계도 중시된다는 점에서, 교수 상황에서 교사와 아동의 관계는 매우 중요하다. "지식의 소유는 진리개념의 힘에 대한 인식을 전제로 하며, 또한 그것은 그 힘이 나타나는 것에 대한 파악조건으로서 개인이 다른 사람과의 관계에 존재함을 전제로 한다."(Hamlyn, 1983b: 299). 요컨대, 아동은 개인적 관계를 가능하게 해 주는 정서적 유대관계를 교사와 공유해야 한다. 이는 특히 초기 단계에서는 아동과 부모, 혹은 교사와의 인간관계가 더욱 중요함을 시사한다.

교수 상황에서 교사와 아동 간에 공유되는 인간관계, 즉 정서적 유대관계의 중요성은 무엇인가를 안다는 것은 아는 내용에 대한 어떤 심리적 태도를 수반한다는 사실에서도 입증된다. 지식의 획득에는 인식적 요소와 함께 비인식적 요소가 게재되고 이는 지식 내용에 따라 차이가 크기 때문에, 지식과 이해를 위한 교수의 공식은 개별적이다. 따라서 교수를 구성하는 구체적 원리나 그 단계를 규정하는 고정된 규칙은 있을 수 없다. 햄린이 보기에, 교수는 일종의 예술(art)이다. 그것은 교사의 통찰에 크게 의존한다. 교사에게 요구되는 통찰은 교사와 아동과의 인간관계에 달려 있으며, 그 외에도 가르치는 내용과 배우는 수준, 그리고 선행 지식의 정도에 따라 다르다. 교수를 예술로 볼 때, 교수의 원리는 실제적 지침으로 활용할 수 있는 일반적 지식으로 형성되기 어렵다. 따라서 교수 개념의 규준은 정확성을 충족하기 어려우며, 교수에 필요한 원리에 대한 규정은 일반적 수준에 머문다.

그러므로 햄린은 학습자들이 지식과 이해에 도달하기 위하여 어떤 교과를 어떤 순서대로 학습해야 하는지를 단정적으로 규정할 수는 없다고 주장한다. 앞에서 보았듯이, 아동이 지식과 이해를 획득해 나가는 일정한 단계를 규정할 수는 없는 것이며, 아동이 성장하여 가는 과정에서 어떤 시기에 어떤 경험을 하느냐에 따라 발달과정은 아주 상이할 수 있기 때문이다. 그러기에 교육과정에는 가능한 한 여러 가지 선택가능성이 고려되어야 한다.

햄린은 지식과 이해를 위한 교수활동으로 교화(indoctrination)에 대해 부드러운 해석을 하고 있다. 일반적으로 교화는 교육에서 마땅히 배제되어야 할 것으로 주장된다. 피터스도 교화를 개인의 의식이나 자발성과 같은 교육의 과정 기준에 의해서가 아니라, 규범적 인지적 조건에 위배되기 때문에 교육의 범주에서 제외된다고 하였다. "교화의 의미를 어떻게 규정하든지간에, 그것이 일종의 신념인 교조(doctrine)와 관계 있기 때문"(Peters, 1966: 41)이라는 것이다. 결국 교육적 상황에서 교화가 비난받는 가장 큰 이유는 그것이 학습자들의 합리성에 기초한 비판적인 사고활동을 봉쇄하기 때문이다.

그러나 햄린은 아동들이 교조적 내용을 반드시 받아들여야 한다는 의도를 가지고서 교조적 내용을 전달하는 경우조차도, 그것을 꼭 교화라고 볼 필요는 없다고 주장한다. 그것이 교화인지 아닌지는 그것을 수행하는 정신에 달려 있다는 것이다(Hamlyn, 1978: 142). 교사가 어떤 것을 가르칠 때, 그것의 필요조건으로 해야 하는 일은 여러 가지다. 예컨대, 교사는 학생으로 하여금 사실을 그저 암기하도록 할 수도 있으며, 혹은 기계적으로 그 어떤 실제적 활동을 하도록 할 수도 있다. 마찬가지로 다른 어떤 것들을 배우기 위한 조건으로서 그 어떤 내용을 받아들이도록 할 필요도 있다. 그 어떤 경우에도 처음에 받아들였던 신념이나 활동을 보다 광범위한 맥락 속에서 재검토해 볼 수 있는 기회를 준다면, 그것은 하등의 문제가 되지 않는 다는 것이 햄린의 생각이다.

햄린은 교화의 의도 조건에 초점을 두며, 후기의 지식과 이해를 위한 토대가 될 때는 교화가 용납될 수 있다는 입장이다. 다만 여기서 다시 한 번 강조되어야 할 것은, 교수의 어느 단계에선가는 진지한 탐구의 정신으로 교수내용에 대한 질문과 비판이 제기되도록 고무되어야 한다는 것이다. 진정한 지식과 이해의 획득은 거기에 내포되어 있는 개념의 획득, 즉 일반적 원리와 그 적용에 대한 이해를 포함하기 때문이다. 즉, 진리는 공적인 맥락에서만 적용될 수 있기 때문에, 진리의 개념을 가지기 위해서는 그것을 믿는 것과 관련된 다른 사람들과의 가능한 동의의 개념을 갖는 것이 필수적이기 때문이다. 교화는 이러한 동의를 갖기 위한 전단계로서 인정될 수 있다.

5. 결 론

인간이 획득하게 되는 지식과 이해는 자신과 세계를 객관적으로 파악하는 방식으로서 인간 삶의 중요한 한 조건이다. 이 지식과 이해를 통하여 우리는 끊임없이 새로운 자기세계를 구성해 나가고 삶의 의미를 추구한다. 인간의 의미 있는 삶을 구성하는 주요 요소인 지식과 이해는 교육을 통해 전달되고 획득된다. 따라서 실천적 활동으로서의 교육은 합리적 지식과 이해의 획득을 위한 다양한 실제적 처방을 마련하는 것이 요청된다.

지금까지 지식 개념에 대한 탐구는 크게 지식의 본질 혹은 성격에 대한 탐구와 지식의 획득과정에 대한 탐구의 두 가지로 나뉘어져 논의되어 왔다. 인식론과 교육의 상호 밀접한 관련성에도 불구하고, 각각 독자적인 영역과 탐구대상을 가진 것으로 양분시키는 전통적 사고방식에 따라 지식의 성격에 대한 탐구는 인식론적 탐구대상으로, 그리고 지식의 획득과정에 대한 탐구는 교육의 문제로 인식되어져 온 것이다.

그러나 그러한 실제적 처방을 마련하는 경험과학적 탐구에 앞서 교육은 철학적 논의의 대상이 된다. 그것은 교육적 개념의 의미와 그 논리적 관계 혹은 가정을 밝힘으로써 교육 그 자체의 가능성의 근거를 마련하는 것이다. 그러므로 교육에서 보다 근본적인 철학적, 인식론적 문제가 제기될 수 있다. 햄린은 교육에서의 그런 물음으로 '지식과 이해가 어떻게 가능한가'라는 물음을 제기한다. 이는 교육이 단순히 인식론의 연구결과를 적용하여 실제적 처방을 마련하는 장일뿐만 아니라, 동시에 인식론적 문제가 의미 있게 제기되고 논의되는 장이기도 함을 보여준다.

지식의 본질과 그 획득과정은 불가분의 관계를 맺고 있으며, 지식의 획득과정에 지식의 본질이 논리적으로 가정되어 있다고 보는 햄린은 교육이 이루어지고 있는 구체적인 사태에서 인식론적 질문이 도출될 수 있다는 교육인식론적 관점 하에 지식의 본질을 그 획득과정에 비추어 설명한다. 지식의 획득과정 문제는 시간성을 내포하는 심리학적, 경험적 문제가 아니라 '지식과 이해의 획득이 어떻게 가능한가' 하는 철학적, 인식론적 문제다. 따라서 지식과 이해의 획득 문제는 논리적 분석에 의해 해명이 가능한, 즉 지식과 이해의 논리적 가정 혹은 전제를 밝힘으로써 대답이 가능한 문제다. 지식과 이해의 발생과 성장의 논리적 가정은 지식과 이해의 본질을 이해하게 되는 주요한 토대가 되며, 나아가 그것은 교육을 이해하는 하나의 방법이 된다.

그리고 햄린의 교육인식론에서 이 근본적인 철학적, 인식론적 질문에 대한 대답은 다음과 같다. 무엇보다도 지식과 이해에는 진리개념이 논리적으로 가정되어 있다. 진리개념을 가진다는 것은 규준 혹은 교정의 표준의 존재에 대한 인식, 즉 어떤 일을 행하는 데 있어서 옳고 그른 어떤 방식들이 있음에 대한 인식이며, 이는 정상적 상황에서 참 혹은 옳음이라는 말의 사용 배경을 형성하고 그 의미를 부여해 주는 간주관적 합의에 토대한다. 간주관적 합의는 진리와 이해 간의 연결점으로 작용하며, 지식과 이해는 간주관적 합의체계에 의존한다. 이 말은 결국 지식과 이해를 가지기 위해서는 간주관적 합의에 참여할 수 있어야 한다는 것을 의미한다.

요컨대, '지식과 이해가 어떻게 시작될 수 있는가' 하는 물음에 대한 대답은 개인이 지식과 이해를 공유하고 있는 삶의 공동체 속에서 하나의 사람으로, 즉 우리와 공통된 관심과 욕구, 그리고 감정을 가지고서 삶의 형식을 공유하는 존재로 취급되면서 살아간다는 사실에서 찾아진다. 이와 같은 사실은 지식과 이해의 발생과 성장의 전제조건으로서, 나아가 교육과 또한 그것에 관련된 개념들이 의미를 지니는 바탕이 되는 우리의 삶의 조건을 이해하는 것이다. 이렇게 볼 때, 교육 다시 말해서 지식의 획득과정은 잠재적 능력을 가지고 태어난 개인이 객관적이고 공통된 지식과 이해를 성장시켜 나가는 과정, 다시 말해 잠재자로서의 개인이 사회적 상호관계에 의해 공유된 지식을 획득함으로써 공적 지식체계에 입문하여 가는 과정인 것이다.

지금까지 살펴본 바와 같이, 햄린의 주요 관심사는 지식과 이해의 증진을 위한 교육실제적 처방에 있는 것이 아니라 교육에 대한 철학적 인식론적 문제의 이해에 있느니만큼, 교육인식론에 대한 논의도 결국 교육과 그에 관련된 개념들을 이해하기 위한 토대로서의 인식론적 문제와 그 교육적 함의를 밝히는 데 국한될 수밖에 없다. 따라서 이 모든 논의의 교육실제적 함의조차도 그 어떤 교육실제적 처방에서 찾아질 수 있는 것이 아니라, 교수와 학습, 그리고 그것에 관련된 개념들의 의미를 보다 분명히 하고 그 논리적 관계를 밝힘으로써, 교수와 학습, 궁극적으로 교육가능성의 논리적 토대를 마련한다는 것에서 찾아볼 수 있을 것이다.

참고문헌

엄태동(1998). 교육적 인식론 탐구. 파주: 교육과학사.

유한구(1989). 교육인식론 서설: 루소 교육 방법의 인식론적 고찰. 서울대학교 대학원, 박사학위논문.

유한구(2007). "교육이론으로서의 교육인식론". 도덕교육연구, 19(1), 1-29.

장사형(1993). Hamlyn의 인식론에서 이해와 교육. 경북대학교 대학원, 박사학위논문.

Cooper, D. E. (1980). "Experience and the growth of understanding". *Journal of Philosophy of Education, 14*(1).

Cornforth, M. (1963). *The theory of knowledge*. 이보임(역). (1984). 인식론. 서울: 동녘.

Davidson(1967). "Causal relations". *The Journal of Philosophy, 64*.

Elliott, R. K. (1982). "Objectivity and education". *Journal of Philosophy of Education, 16*(1).

Hamlyn, D. W. (1967). History of epistemology. *Encyclopedia of Philosophy*.

Hamlyn, D. W. (1970). *The Theory of Knowledge*. NT: Doubleday & Company, Inc.

Hamlyn, D. W. (1971). Epistemology and conceptual development. in T. Mischel (ed.). *Cognitive Development and Epistemology*. NY: Academic Press, Inc.

Hamlyn, D. W. (1972). Objectivity. in R. F. Dearden, P. H. Hirst and R. S. Peters (eds.). *Education and the Development of Reason*. London: Routledge and Kegan Paul.

Hamlyn, D. W. (1978). *Experience and the Growth of Understanding*. London: Routledge and Kegan Paul.

Hamlyn, D. W. (1980). "Reply to David E. Cooper". *Journal of Philosophy of Education, 14*(1).

Hamlyn, D. W. (1983). What exactly is social about the origins of understanding. in D. W. Hamlyn. *Perception, Learning and the Self.* London: Routledge and Kegan Paul.

Hamlyn, D. W. (1983b). Human learning. in D. W. Hamlyn. *Perception, Learning and the Self.* London: Routledge and Kegan Paul.

Hamlyn, D. W. (1985). "Need philosophy of education be so dreary?". *Journal of Philosophy of Education, 19*(2).

Hirst, P. H. (1972). Liberal education and the nature of knowledge. in R. F. Dearden, P. H. Hirst and R. S. Peters (eds.). *Education and the Development of Reason.* London: Routledge and Kegan Paul.

Mays, W. (1979). Genetic epistemology and theories of adaptive behavior. in Neil Bolton (ed.). *Philosophical Problems in Psychology.* NY: Methuen.

Moore, T. W. (1982). *Philosophy of Education: An Introduction.* London: Routledge and Kegan Paul.

Moravcsik, J. M. (1979). *Understanding.* Dialectica. 33.

Peters, R. S. (1966). *Ethics and Education.* London: George Allen & Unwin Ltd..

Piaget, J. (1969). *The Mechanism of Perception.* London: Routledge and Kegan Paul.

Scheffler, I. (1965). *Conditions of Knowledge.* Glenview, I11.: Scott, Foresman and Co.

Wittgenstein, L. (1958a). *The Blue and Brown Books.* NY: Harper & Row.

Wittgenstein, L. (1958b). *Philosophical Investigation.* trans by G. E. M. Anscombe. Oxford: Basil Blackwell. 2nd ed.

제8장 비구성과 잘못된 구성

조용기 (대구교육대학교)

* 이 글은 2016년 대구교육대학교 초등교육연구논총 32(1)에 발표된 "지식의 위치와 그 교육적 함의"(pp. 171-186)를 일부 수정한 것임.

사전적 정의로는 단어의 살아 있는 의미를 감지하기 어렵다. individ-ual과 personal은, 혹은 hear와 listen은, 문맥 안에서 그 사용을 통해서만 의미상의 차이를 실감할 수 있다. 지식의 경우도 비슷하여, 맥락을 벗어난 정의로는 그 의미를 전달하기 쉽지 않다. 문제해결 과정 속에서 그 자료로 활용될 때만 지식은 의미 있는 지식이 된다. 그런데도 교육현실은 지식이 맥락독립적으로 전달될 수 있다는 믿음에 젖어 있다. 상황을 벗어나 전달되는 지식은 학습자에게 의미가 될 수 없을뿐더러, 학습활동 자체가 지니는 삶으로서의 의미를 앗아갈 가능성이 높다. 학습활동 안에서 의미를 찾기 어려우면 그 밖에서 왕따나 다른 비행을 통해서라도 삶의 의미를 찾으려 하고, 이런 학습 자체에 대한 소홀은 결국 사회적 인재양성은 물론 도덕교육에도 역행하게 된다. 이같이 지식의 성격이 바로 잡히지 않으면, 제반 교육문제의 근본적 해결이 어렵다고 볼 수 있다. 지식에 대한 모사주의(模寫主義, representationalism)적 이해가 구성주의적 이해로 바뀔 때 교육이 바로 선다고 보고, 듀이적 구성주의 인식론에 입각해 달라질 교육적 지향을 논해보고자 하는 것이 이 글의 취지다.

1. 사실로서의 구성

구성주의 인식론은 지식이 앞으로는 구성 '되어야' 한다는 당위론이 아니다. 지식은 과거에도 구성되었고, 현재도 구성되고 있으며, 미래에도 구성될 수밖에 없다는 사실을 적시하는 이론이다. 지식에는 구성된 지식밖에 없다. 우주 밖에 우주가 없듯이, 구성된 지식 밖에 다른 지식이 없다. 세상의 모든 물체가 열의 속성을 벗어날 수 없듯, 모든 인간 행위가 도덕적 파장에서 자유로울 수 없듯, 모든 지식은 종류를 불문하고 구성될 수밖에 없다. 우리가 할 수 있는 선택은 구성과 비구성이 아니라 두 가지 구성, 구성을 인정하는 구성과 구성을 부인하는 구성 사이의 선택밖에 없다. 문제는, 후자를 선택하는 경우 아래에서 보듯 현실 부정에서 오는 부작용과 마주해야 한다는 것이다.

구성주의뿐 아니라 객관적 사실주의(寫實主義) 혹은 모사주의도 구성된 것에 불과하다. 합리주의나 경험주의도 역사적 산물이다. 지식의 정당성을 신이나 그 대리인에서 구하려 한 앞 시대에 맞서, 감각자료라는 이름으로, 혹은 이성이라는 이름으로, 인간 안에서 그것을 찾으려 한 결과 생겨난 구성물이다. 역사를 벗어나 존재의 객관적 보편적 모사를 시도하였지만 인간의 인식 자체가 시공적 상황에 특수한 구성이라는 사실을 경각하지는 못한 결과라 할 수 있다. 거듭, 지식에 두 종류가 있다면 그것은 구성된 지식 안에서의 종류이지, '구성된' 지식과 구성되지 '않은' 지식의 종류가 아니다. 수학적 지식도 물 자체를 그대로 모사한 객관적 지식이 아니라, 그것의 수학적 관계만 읽어낸 부분적 구성에 불과하다.

2. 구성의 맥락성

지식은 존재 자체가 아니라 그것이 주는 의미다. 있는 그대로의 세계는 이름을 붙일 수 없는 노자적 무명(無名)의 세계로, 듀이적 "immediate qualities"(Dewey, 1958b: 128), 즉 그저 "무엇" 일뿐, 정의될 수 있는 대상이 아니다. 벼락이 치고, 산불이 나고, 산짐승이 타죽고, 후에 지나치던 인간이 타다 남은 고기를 맛보는 등 우연적 사건들의 나열밖에 없다. 타다 남은 맛있는 고기를 먹고 이내 가던 길을 계속한다면 거기에 지식이나 의미는 있을 수 없다. 그러나 익은 고기의 섭취라는 심미적 만족으로 끝나지 않고 그것이 이후의 '추구' 대상이 될 때, 낙뢰, 불, 익은 고기는 더 이상 단순히 사건들의 나열이 아니라 인과 '관계'로 파악된다. 불의 무엇 혹은 현상 자체는 그대로이지만 이전과 달리 그것이 다른 무엇과 관계 속에 들어가면서 이전에는 없던 '의미'를 부여받게 된다. 불의 여러 가지 의미 가능성 중에서 '고기를 익게 하는 원인'이라는 특정의 의미가 추출되고, 이런 식으로 요리와 관련된 불의 지식이 출현한다. 다시금 불의 '지식'은 불 자체가 아니라 그것이 특정 상황에서 우리에게 주는 의미다. 불 자체는 알 길도 이름을 붙일 수도 없다. 여기서 지식의 성격으로 적어도 세 가지 특징을 읽어볼 수 있다. 지식은 우선 인간의 필요 때문에 출현하는 맥락적 산물이라는 것, 둘째 그러므로 지식은 태생상 수단적이라는 것, 셋째 맥락적 구성인 한 지식은 항상 부분적이고 잠정적이라는 것 등이다.

1) 이론적 · 심미적 필요

인간이 다른 동물과 달리 즉자적 존재가 아닌 대자적 존재라는 것은, 존재의 차원이 아닌 그 의미의 차원에서 살아간다는 말이다. 불이나 구름과 같은 존재 그 자체가 아니라, 그것이 주는 의미와 상통하며 인간은 살아간다. 자연 환경도 삶의 환경인 한 의미의 세계이지 존재 자체의 세계가 아니다. 그 의미는 인간이 필요를 충족해야만 삶을 계속할 수 있는 유기체라는 사실로부터 온다. 인간이 아무런 필요도 느끼지 않는 존재였다면 대상은 있어도 그 지식은 있을 수 없다. 영양섭취의 필요 때문에 대상 중에서 음식물의 의미를 부여받는 대상이 출현하게 되고, 그와 관련된 지식이 등장하게 된다. 익은 음식에 대한 필요 때문에 불이 이전과는 다른 중요성을 부여받고, 따라서 그 의미와 지식이 출현하게 된다. 지식은 대상의 객관적 모사가 아니라 그 의미의 맥락적 구성이다. 지식은 필요충족을 지향하는 편향된 의미 체계다. 지식에 앞서 우리의 신체구조 자체가 이런 편파성에 의한 결과인지도 모른다. 우리가 일반적으로 정지한 물체보다 움직이는 물체를 더 잘 지각하는 것도 필요의 소산일지 모른다. 적으로부터의 위협을 쉽게 감지하고 사냥감을 쉽게 포착하기 위해서는 움직이는 물체를 더 잘 지각할 필요가 있었고, 그 필요에 부응해 인간이 점차 움직이는 물체를 더 잘 지각하도록 진화되었다고 볼 수도 있다. 구성주의에 의하면 지식 일반이 이런 적응의 소산이다.

우선 의식주에 대한 필요 때문에 그와 관련된 경제적 지식과 의미가 구성된다. 그러나 인간의 필요와 지식에는 의식주, 도덕, 종교와 같은 넓은 의미의 실제적인 종류만 있는 것은 아니다. 실제적 필요와 거의 동시에 심미적 필요도 느끼게 되고, 나아가 비록 소수일지는 모르나 이론적 학문적 필요도 느끼게 된다. 인간은 조만간 불이 자연적으로 생길 때만 익은 음식을 주워 먹는 데 만족하지 못하고, 원할 때는 언제나 익혀 먹을 수 있기를 바라게 된다. "불을 기다리는 대신 지피는 방법은 없을까?" 이전에는 무심코 지나쳤던 낙뢰불이나 마찰불이 이제 '의미'를 갖고 등장한다. 의도적인 '불지피기'라는 상황 속에 들어가면서, 독립적 존재였던 낙뢰나 나뭇가지 마찰이 불지피기 지식 구성의 자료가 된다. 이런 공학적 실제적 지식의 구성과 더불어 인간의 문명이 시작된다.

나아가 마찰로 불을 만들어 이용하는 것으로 끝나지 않고, 마찰이 불을 낳는 기제 자체를 궁금해하는 사람이 있을 수 있다. 단순히 공학적 필요를 넘어 그 작동원리를 알고 싶어 할 수 있고 그 결과 이론적 지식이 등장한다. 여러 가지 실험을 반복한 끝에 연소가 성립하려면 세 가지 조건이 충족되어야 한다는 지식을 구성하게 된다. 나아가, 열과 다른 자연현상(예컨대 운동)을 연관시키려는 호기심이 발동되는 등, 불과 관련된 점점 더 추상적인 지식 체계가 구축된다.

인간의 필요에는 실제적 필요나 이론적 필요 외에도 심미적 필요가 있다. 인간의 심미적 필요는 의외로 근원적이고 광범하다. 실제적 필요의, 사실 모든 필요의, 결과적 충족이 그 자체 내재적 심미적 가치다. 배불리 먹고 나면 그 후의 활동과는 무관하게 만족스럽고, 추운 겨울 아랫목에 들어와 몸을 녹이면 저절로 미소가 번진다. 나아가, 실제적 필요의 충족 자체가 심미적이라는 사실 외에도, 인간은 또한 실제적 필요와는 '내용'적으로 구별되는 심미적 필요를 가진다. 인간은 일찍부터 이성을 끌기 위해 장식을 사용하였다. 궁극적으로는 번식이 목적일지 모르나, 적어도 직접적으로는 심미적 필요의 중요성을 인식한 결과라 할 수 있다. 인간은 또한 일찍부터 토기와 같은 생활용기에 문양을 넣어 사용하였다. 노동요가 생겨났고, 기원과 제례 의식에 춤과 노래가 뒤따랐다. 나중에는 실제적 필요와는 비교적 무관하게 심미적 필요를 '독자적으로' 추구하기도 하였다. 절박한 실제적 필요를 어느 정도 충족하고 나면 인간은 간간히 무료함을 달래기 위해 오락거리를 찾기도 하였다. 처음에는 사냥이나 이웃 부족과의 전쟁에서 모티브를 가져오기도 했겠지만, 어쨌든 실제적 필요와는 시공간적으로 독립된 심미적 필요에서 게임을 만들고 즐겼다고 볼 수 있다.

인간의 심미적 경험은 과정 끝에 오는 '결과'로서의 내재적 음미나, 실제적 필요와 구별되는 '내용' 상의 심미적 필요충족에서만 발견되는 것은 아니다. 모든 종류의 필요충족의 '과정'이 곧 심미적 경험이 될 수 있고, 또 그런 필요를 낳게 된다(Dewey, 1958a; Satayana, 1955 참조). 결과적으로 맛보게 될 심미적 만족에 대한 기대가 그 과정도 물들이게 되어 과정 전반이 심미적 경험이 된다. 과정이 심미적일수록 실제적·이론적 필요충족 가능성도 그만큼 높아진다.

요컨대 지식은 이런 인간의 다양한 필요에 입각해 구성된 의미로, 실제적 필요는 아닐지라도 학문적 필요나 심미적 필요조차 배제한 지식구성은 없다. 인간이 필요를 느끼지 않는다면 지식이란 있을 수 없다. 거듭, 지식은 대상 자체가 아니라 그것이 상황에 던지는 의미다. 순수과학이나 수학도 본질의 객관적 모사가 아니라 인간의 필요에 부응하는 편향된 의미구성의 하나다.

칸트의 도덕철학(Kant, 1964)이 인간의 필요를 배제한 보편적 도덕률의 수립을 모색하지만 크게 성공적인 것으로 보이지는 않는다. 그의 도덕법칙은 언제 어디서나 누구라도 따르지 않으면 안 될 일종의 자연법칙이다. 물은 높은 곳에서 낮은 곳으로 흐른다는 자연법칙이 자연계에 미치는 손익과는 무관하게 보편적으로 적용되는 법칙이듯이, 거짓말을 해서는 안 된다는 도덕법칙도 인간의 손익과는 무관하게 보편적으로 적용되어야 할 인간 사회의 자연법칙이다. 그러나 그의 의무론도 인간의 손익, 즉 필요를 초월한 맥락독립적 이론이라 보기 어렵다. 우선, 논리적으로, 인간의 사회관계를 문제삼는다는 것 자체가 그럴 '필요'가 있다는 말이다. 의무론은 사회의 도덕적 필요에 대한 한 반응이라는 것이다. 둘째, 역사적으로 의무론은 정치, 종교, 사상적으로 계몽주의적 열망을 시대적 배경으로 구성된 이론이다. 그의 보편주의적 열망은 그렇지 못한 시대를 배경으로 구성된 시대에 특수한 산물이라는 것이다. 물론 시대에 특수한 구성임에도 그 함의는 시대를 초월하는 보편성을 띨 수 있지만, 어쨌든 그 태동의 시대성을 부인할 수 없고, 또 시대가 바뀌면 현 포스트모던 시대에서처럼 그 보편성은 도전받을 수밖에 없다.

셋째, 칸트의 보편성이 개인의 특수성은 초월할 수 있을지 모르나, 인간성 일반은 초월할 수 없다. 특정 누군가의 판단은 초월할 수 있어도 그 누군가가 '인간'임은 초월할 수는 없다. 이성은, 그것이 '인간'의 속성인 한, 보편적일 수 없다는 것이다. 인간이라는 지식 구성의 도구는 아주 불완전한 도구라서 보편적 객관적 지식의 구성이 불가능하다. 시각과 청각 같은 지각능력이 제한적일 뿐 아니라, 추리력에서도 인간을 뛰어넘을 기계가 나오는 것은 시간문제다. 이런 제한된 이성으로 구성된 지식이 보편적이고 객관적일 것으로 기대할 수는 없다. 더구나 인간이 유기체가 아니라면, 완전 불완전을 떠나 지식 구성 자체가 불가능할 것이다. 적어도 돌이나 죽은 나무가 아닌 살아있는 유기체라는 특수성이 전제될 때—그 유지존속의 필요 때문에—구성되는 지식이므로, 보편적 지식일 수 없다.

마지막으로, 내용적으로도 의무론은 인간의 욕망 혹은 실제적 필요를 벗어난 이론이라 보기 어렵다. 결과론이 아닌 동기론인 한, 의무론은 인간의 필요충족과 무관한 이론이다. 칸트의 동기는 '예상'이라는 의미에서의 동기가 아니다. '가난한 자를 도와주려는 동기는 좋았지만, 오히려 자립의지를 꺾는 좋지 못한 결과를 가져왔다.'고 할 때의 동기는 여전히 결과론적 동기다. 칸트의 동기는 인간 사회에 미칠 결과와는 무관하게, '지켜야 할 법칙이기 때문에 법칙을 따르려는' 동기다. 그 결과가 나쁘게 예상되는데도 그 법칙을 고수하려할 때, 동기의 순수성은 더 빛나고 따라서 더 도덕적이다. 그러나 "거짓말을 해서는 안 된다"는 법칙이 관련된 사람(들)을 상해할 것이 뻔한데도 그 법칙을 따르는 것이 어떻게 이성적 행동일 수 있는가?[1] 칸트처럼, 사람을 구하기 위해 거짓

---

[1] 칸트는 칼을 들고 죽이려 쫓아오는 사람을 피해 자기 집으로 숨어 든 사람이 있을 때, 뒤따라 온 사람이 주인에게 앞서 도망 온 사람이 자기 집에 숨었는지 묻더라도 주인은 거짓말을 하면 안 된다고 한다. '거짓말 하지 마라'가 누구나 언제라도 지키지 않으면 안 될 보편적 자연법칙이기 때문이다(Kant, 1994: 162-166).

말을 하면 아무도 다치지는 않겠지만 그 경우에도 도덕성에는 '잘못'을 저지르게 된다는 대답은 납득하기 쉽지 않다. 인간을 위해 법칙이 있는 것이 아니라 법칙을 위해 인간이 있다는 생각은 문제있는 생각이다. 이에 대해 '인간＝이성＝법칙준수이기 때문'이라고 답할 수는 있지만, 결과와 무관하다면 '거짓말을 해야 한다'도 형식논리로 보아 인간 사회에 두루 통할 수 있는 보편적 법칙이 되지 못 할 이유가 없다. 손익과 무관하다면, '×× 해야 한다'가 그 내용과는 무관하게 보편적이기만 하면 될 것이기 때문이다. '거짓말을 해서는 안 된다'는 법칙이 예외 없이 사회에 손해를 끼치고, '거짓말을 해야 한다'는 법칙이 예외 없이 이득을 가져오더라도 전자가 여전히 도덕법칙이 될 수는 없다.

'거짓말을 해서는 안 된다'라는 법칙을 언제, 어디서, 누구라도 따르는 것이, '그렇지 않은 경우보다' 인간 사회에 더 유리하기 때문이라는 공리주의적 생각이 더 설득력이 있어 보이는 이유가 여기에 있다. 이런 의무론의 문제는 '이성은 곧 보편성'이란 전제로부터 도덕성을 연역하면서도, 그 전제가 도출된 근거는 논의에서 가급적 배제하려 한 데서 생기는 문제라 볼 수 있다. '인간이 여러 가지 유기체적 필요를 사회 안에서 원만하게 충족할 수 있으려면 도덕법칙이 필요하고, 그 법칙은 예외를 허용하는 경우보다 보편적으로 적용하는 것이 장기적 공동체적 필요충족을 위해 더 효과적이다'는 판단을, 불확실할 수밖에 없는 실제적 결과와는 애써 무관하게 '신성시'한 데서(칸트의 의무론을 개신교적 이론이라 한다) 생기는 문제라 할 수 있다. 따라서 칸트의 보편성은 필요의 초월이기보다 그 충족방식의 '일반화'라고 보는 것이 더 설득력을 지닐 것이다. 거짓말이라는 계약파기는 특정 개인은 아닐지라도 "인류 일반"에게 해를 끼친다(Kant, 1994: 163-164)는 칸트 자신의 주장도 이런 생각을 어느 정도는 뒷받침하는 것으로 보인다.

필요를 초월한 보편적 객관적 지식을 열망하는 모사주의는 듀이가 시사하듯 역사적으로 유한계급의 필요를 대변했던 이론인지도 모른다. 실제적 필요의 해결은 사회를 떠받치는 노동계급의 영역이므로, 유한계급에게 남겨진 필요는 이론적 심미적 필요라 볼 수 있다. 자유교육의 내용이, 7자유학과에서 보듯, 실제적 필요와는 비교적 무관한 어문계열과 수학계열의 지식으로 구성되었다는 것도, '자유'교육을 받는 계급이 '유한'계급이라는 사실과 무관하지 않을 것이다. 동양의 유한계급의 지식도 실제적 필요와는 거리가 먼 도덕, 정치적 심미적 지식이었다. 모사주의는 이같이 필요를 완전히 초월하려는 탈맥락적 이론이기보다, 인간이 충족해야 할 필요에는 실제적 필요 외에도 이론적 심미적 필요가 있다는 것을 보여주는 이론, 또 그 노력을 정당화하려는 이론인지도 모른다.

2) 수단적 지식

맥락적으로 구성되지 않은 지식이 없다는 말은, 다시 말해, '그 자체가 목적인 지식'은 없다는 말이다. 지식은 예외 없이 인간의 필요를 충족시키는 수단이다. 실제적 지식은 물론 이론적 지식이나 심미적 지식도 지식인 한 수단적이다. 수단에 관한 지식은 물론 목적에 관한 지식도 수단적 지식이다. 목적에 관한 지식은 있어도 그 자체 목적인 지식은 없다. 인간의 필요충족과 무관하다면 대상은 가치매겨질 수 없고, 가치매겨지는 한 그것은 수단으로서 가치매겨지는 것이다.

물론 지식과 달리 그 지식을 필요로 하는 문제해결 과정에는 우리가 내재적으로 종사할 수 있고 또 그렇게 종사하는 것이 바람직하다. 실제적 문제의 해결이든 이론적 심미적 문제의 해결이든 문제해결 과정에 그 자체로 몰입하는 것이— 문제해결 과정 자체를 통해 심미적 필요를 충족시키는 것이—문제해결의 끝에서만 간헐적으로 심미적 욕구 충족을 맛보는 것보다 훨씬 나은 삶이다. 이 경우 앞서 말한 대로 삶의 전 과정이 심미적 내재적 수준의 삶이되기 때문이다. 그러나 필요충족의 과정이 아니라 그에 봉사할 지식은 어떤 경우에도 수단적 성격을 벗어날 수 없다.

실제와는 무관해 보이는 순수 이론적 지식조차 조만간 실제에 영향을 미치게 된다. 사실 이론적일수록, 고도로 추상된 지식일수록, 지식이 실제에 미치는 영향의 범위는 그만큼 확대된다. 말하자면, 이론이 실천보다 더 실천적이다. 순수이론이 실제에 대해 아무런 함의도 갖지 못하게 되면 우리의 뇌리에서 점차 사라지고, 종국에는 지식의 지위도 상실하기 십상이다. 지식 중에서 가장 이론적이고 추상적인 순수 수학이 과학이나 공학적 함의 혹은 실천적 함의가 없었더라도 지금과 같은 사회적 지원을 받을 수 있었을지는 미지수다. 내재적 가치라는 점에서는 수학의 가치나 당구의 가치가 다를 수 없고, 따라서 그것이 전부라면 수학과 당구에 대한 사회적 지원의 현격한 차이를 설명할 수 없다. 소위 인문학의 위기라는 것도 우리 사회가 '필요한 지식'만 추구하는 사회라서가 아니라, 경제적 실제적 필요의 비대화로 대부분의 다른 필요가 고사해가는 사회라서 초래된 문제라 할 수 있다. 인문학이 중요한 것은 내용적으로 그 자체가 목적이 되는 지식이기 때문이 아니라, 경제적 실제적 필요와는 다른 이론적 심미적 필요도 중요한 인간의 필요이기 때문이다.

나아가 이론적 지식이나 심미적 지식이 이런 실천적 함의를 갖지 못하더라도, 적어도 그 다음에 올 동종의 이론적 심미적 문제해결을 위해서는 수단이 된다. 어떤 문제해결에도 도움이 되지 않았다면 이론적 지식이 지식으로 '의미' 부여되었을 수 없다. 심미적 감상 행위로만 끝나

버릴 뿐 그것이 지식으로 가치매겨질 리 없다. 가치매겨진다면, 다시금, 그것은 적어도 동종의 다음 활동을 위한 수단으로 가치매겨진다는 말이다. 물론 이론적 일(practice) 그 자체의 존립은 장기적으로 사회적 필요에 좌우될 수밖에 없을 것이다.

지식에는 수단에 관한 지식에 더하여 목적에 관한 지식도 있다. 그러나 그것이 지식인 한, 의미인 한, 수단적 성격을 벗어날 수 없다. 수단이 목적으로 나아가기 위한 수단이라면, 목적은— 결과 자체(end-in-itself)가 아닌 결과에 대한 기대(end-in-view)는— 그 과정 전체를 이끄는 수단이 되기 때문이다(Dewey, 1957: 207-219). 연금술에 대한 열망이 결국은 화학의 발전을 가져온 수단이라 볼 수 있고, 산출량 증대라는 목적의식이 농업기술의 발달을 초래한 수단이라 볼 수 있다. 수단적, 목적적 지식을 불문하고 모든 지식은 수단적이다. 수단적 지식 외에 목적적 지식도 있다는 말은, 사실, 수단적 지식 중에는 실제적 필요충족의 수단이 되는 지식뿐 아니라 이론적 심미적 필요충족의 수단이 되는 지식도 있다는 말을 에둘러 표현한데 불과하다. 지식이 대상 자체가 아닌 그 의미인 한, 그 자체 목적인 지식은 불가능하다.

3) 잠정적 구성

지식은 대상의 완벽한 모사일 수 없다. 우선, 우리의 지각능력의 제약성 때문에 부분적 구성을 벗어날 수 없다. 부엉이나 강아지의 시력이나 청력 혹은 후각능력과 비교해보더라도 인간 지각능력의 한계가 분명히 드러난다. 망원경이나 현미경, 청신기, 디지털 기기 등으로 보완하고 확대해도 완벽한 지각은 불가능하다. 수퍼컴퓨터의 개발도 인간 추리력의 한계성을 인정하는 행위다. 문명의 발달 자체가 인간 능력의 한계성을 그 출발점으로 하고 있다.

지각의 제약성에 더해 의식의 선택성도 객관적 인식을 불가능하게 한다. 이전에 의미 있었던 대상들도 현재의 맥락을 벗어나면 잠정적으로 존재 자체가 없어진다. 한 가지에 골똘하게 되면 이전까지만 해도 성가시던 자동차나 사람들의 소음이 귀에 들어오지 않는 법이다. 길가에 늘어선 일상의 풍경도 생각에 몰입한 산책자에게는 하나도 보이지 않는 법이다. "배고픈 자 무슨 걱정있노!"라는 말이 시사하듯, 하나의 필요가 강력해지면 다른 것들에 대한 의식을 잠재우게 된다. 인식은 특정 관점에서 이루어지는 행위로, 아무 곳에도 서지 않고 무엇을 바라볼 수는 없다.❷ 어느 곳에 서서 바라본다는 것은 다른 곳에 섰을 때 볼 수 있는 측면을 보지 못한다는 말이 된다. 지식은 부분적 편향된 구성일 수밖에 없고, 따라서 그 잠정성을 벗어날 수 없다.

물론 구성된 의미인 지식이 주관적으로만 구성되지는 않는다. 구성도 자행(态行)될 수만은 없는 것으로, 거기에도 일정한 법칙이 있다. '대상'의 제약성을 부정하는 지식 구성은 불가능하며, 그런 의미에서 구성된 지식도 '객관적' 지식이다. 객관적(objective)이란 단어가 대상(object)을 가리키는 것은 우연이 아니다. 습하고 깜깜한 야영장에서 요술처럼 불이 나타나 데워주고 익혀주고 밝혀주면 좋지만, 그렇게 원한다고 불이 생겨나지는 않는다. 연소의 세 가지 조건을 무시하고는 불을 지필 수는 없으며, 이런 의미에서 불지피기는 객관적 지식이다. 그러나 동시에,

---

❷ 오늘날 포스트모더니즘으로 대중화된, 모사설이 안고 있는 '확실한 검증'의 끝없는 퇴행 문제를, 듀이는 일찍이 1920년대 지적한 바 있다. "[모사주의에 따르면] 인식의 대상은 다른 무엇과의 대조를 통해 '설명'되고 지식이 된다. 그렇지만 '다른 무엇'의 정당성은 어떻게 보장할 수 있나? 이 '다른 무엇'도 또 '다른 무엇'과의 대조를 통해 그 정당성을 입증받아야 한다면, 거기에는 끝없는 퇴행만 있을 따름이다"(Dewey, 1980: 183).

인간이 자기 필요와는 무관하게 객관적으로 바라보기만 해서는 불지피기라는 지식이 생겨날 수 없다. 불지피기에 의미를 부여할 맥락이 없이는, 필요가 없이는, 그에 관한 지식이 생겨날 수 없다. 듀이 말을 빌면, 참여자가 아닌 "관망자", 즉 '객관자'(客觀者)(Dewey, 1980: 204)가 되어서는 지식이 구성될 수 없다. 구성주의가 대상의 제약성을 존중하는 지식 구성이나, 상황을 구성하는 모든 요소를 최대한 반영하는 지식 구성이라는 의미에서는 지식의 객관성을 부정할 수 없지만, 인간의 필요를 모두 배제한 채 아무 곳에도 서지 않고 탈공간적으로 대상을 관망한다는 의미에서는 지식의 객관성을 인정할 수 없다.

그럼에도 지식을 탈맥락적 모사로 보게 되면, 객관적이고 보편적인 완전체로 보게 되면, 문제가 발생한다. 특정 지식이 애초의 상황에서는 적합한 구성이었을지 모르나, 그 후 상황이 달라지면서 그에 맞지 않는 각질화된 구성이 된다. 계속 그 보편적성과 객관성을 고집하게 되면 점차 문제해결력을 상실할 뿐 아니라 그런 노력을 방해하게 된다. 삼년간의 시묘살이가 당시에는 의미 있는 필요충족 방책이었는지 모르나, 상황이 크게 달라진 지금은 필요충족 방책이 아닐뿐더러 적극적으로 그런 노력을 방해하는 걸림돌이 된다. 천동설이 태동 당시에는 상황상 적합한 구성이었고 지금도 실제적 상황에서는 의미 있는 구성일 수도 있지만, 시공을 초월하는 보편적 객관적 모사임을 고수했다면 현재의 천체물리학적 지식체계는 불가능했을 것이다. 그런 생각이 이론적 탐구의 필요를 가로막고, 결과적으로는 실제적 필요의 충족도 방해하게 된다. 오히려 천동설이 잠정적이고 부분적인 구성이라는 것이 인정될 때, 속속 지각되는 문제들을 애써 회피하여 천동설을 보호하려는 대신 그 수정의 계기로 삼게 되고, 이런 식으로 발견된 문제들을 기초로 뉴턴 물리학으로, 아인슈타인 물리학으로 그리고 양자역학으로 지식이 재구성

된다. 지금은 우주의 가속적 팽창이 던진 문제로 암흑물질이나 암흑에
너지 등을 가설로 하는 천체물리학의 구성이 진행 중이다.

모든 이론은 부분적이고 잠정적이며 가설적인 구성으로, 최신 이론
의 운명도 백년 혹은 천년 후에는 현재의 천동설과 크게 다르지 않을지
모른다. 그렇지만 현재로서는 최상의 구성으로, 인간의 여러 필요를 충
족시킬 수 있는 최상의 도구다. 그러나 잠정성과 가설성을 그 속성으로
하는 구성주의는, 모사주의와 달리, 상황이 달라져도 과거의 구성을 고
집하는 대신 달라진 상황에 맞게 적극적으로 지식을 재구성한다. 모사
주의가 지나간 과거를 전형삼아 매달리거나 오지 않을 완벽한 미래를
희구한다면, 구성주의는 불완전지만 현재에 충실하려는 이론이다.
미래와 과거가 현재를 억압하는 대신 과거와 미래도 현재의 일부가 된
다. 듀이의 표현방식을 빌자면, 과거도 beginning-*in-view*가 되고 미
래도 end-*in-view*가 된다. 물론 in-view는 in-view-*of the-present*이
다. 모사주의에서는 삶에 현재만 없을 가능성이 다분하지만, 구성주의
에서는 삶이 현재의 연속일 가능성이 높다.

과학이론의 변천사를 종국의 보편적 객관적 진리를 향한 대장정으로
볼 수 없는 것이, 언제 그 종국에 도달했는지 알 수도 없거니와, 그렇게
되면 흔히 보편적 진리의 성취가, 혹은 완벽한 준비가, 먼 미래나 다음
세상으로 연기됨으로써 현재의 삶을 인도할 가이드를 상실하기 쉽기
때문이다. 수도원이나 학교교육에서 보듯, 기껏해야 진리에 도달할 때
까지 삶을 최소화하는 현상이 초래된다. 칸트의 의무론에서 보듯 보편
적 법칙에 도달한 경우에도 그것은 개인적, 사회적 필요충족과는 무관
한 지침이 되고, 그와 무관할수록 더욱 빛나는 지침이 된다. 이제 지식
이나 진리가 인간에게 봉사하는 대신 인간이 진리에 봉사하는 가치전
도가 일어난다. 가장 이론적 지식을 포함하는 모든 지식이, 수단에 관한

지식뿐 아니라 목적에 관한 지식조차도, 모두 심미적 이론적 필요를 포함하는 인간의 필요충족의 수단이건만, 지식이 목적이 되고 인간이 그 수단이 된다. 인간의 해방을 위해 종교가 구축되었건만, 절대화된 종교에 오히려 인간이 노예가 된다. 종교적 원리주의를 포함하는 원리주의 일반이 위험한 이유가 여기에 있다.

지식이 대상 자체나 그 완벽한 모사가 아니라, 비록 불완전하지만 상황적 필요에 의해 그 구성된 의미로 이해되면, 이런 문제들이 대부분 사라진다. 현재의 상황에 충실한 구성이기에, 적어도 현재의 상황 안에서는(현재를 벗어나서 살 수 없다) 삶을 위한 최상의 가이드가 되고, 부분적이고 잠정적인 구성이기에 늘 개선의 여지가 열려있다. 상황을 초월하는 완벽한 구성이 가능하더라도 여기에 더 보탤 것이 없다. 오히려 탈상황적 진리의 존재를 믿음으로써 상황의 변화에 따라가지 못하는 각질화된 지식을 낳거나 오지 않을 미래를 위해 현재를 희생하게 되어, 적극적으로 삶의 필요충족을 방해할 가능성이 높다.

3. 구성과 경험교육

구성주의는 모사주의와 달리 주지주의가 아니라 인간주의다. 지식보다 그 지식을 사용할 인간이 중요하다는 주장이다. 지식은 그 자체 목적이기보다 삶의 질을 고양하기 위한 수단에 불과하다. 지식의 구성 자체를 목적으로 하는 전문가가 없다는 것이 아니라, 구성된 지식은 어쨌든 삶의 필요를 충족하기 위한 수단적 성격을 지닌다는 것이다. 사실 학자라는 전문가에게는 지식 구성 자체가 일종의 삶이고, 적어도 기존의 지식은 이런 새로운 구성이라는 삶의 수단에 불과하다.

　따라서 삶을 위한 지식습득 활동이 정작 삶을 해치는 결과를 초래해서는 곤란하다. 미래에 쓸모 있는 지식을 위해서라도 학습 과정이 학습자에게 의미 있어야 하지만, 더 중요하게는 학습이 학습자에게는 현재의 삶이기 때문에 그 자체 내재적 의미를 지녀야 한다. 학습자도 한 인간으로 현재를 의미 있게 삶을 살 권리가 있고, 나아가 그래야만 미래에도 그런 삶을 살 가능성이 높다. 분야나 노소를 불문하고 최상의 삶은, 필요충족을 위한 수단적 과정이 그 자체 내재적 의미를 지니는 삶이다.

　첫째, 지식습득을 위해서라도 학습은 지식습득 활동이기보다 의미있는 문제해결 활동이어야 한다. 학습은 우선 학습자의 필요에서 출발해야 하고, 그 필요충족을 위한 문제해결의 자료로서 기존의 지식이 습득되고, 해답이라는 새로운 지식 구성을 위해 재구성되어야 한다. 지식의 구성은 이같이 두 가지 모습으로 나타난다. 문제해결의 결과 이전에는 없던(적어도 학습자에게는) 새로운 지식이 구성될 뿐 아니라, 그 창조의 자료로 들어감으로서 기존의 지식이 재구성된다. 지식이 미래의 필요충족을 위한 것이더라도 현재의 필요충족에 기여하지 못하면 의미 있는 지식이 되기 어렵고, 따라서 미래에도 기여하기 어렵다. 연소의 3요소에 관한 지식은, 물론, 미래의 문제해결에 중요한 자료가 될 수 있다. 소방관으로서의 문제해결이나 소화제 제조상의 문제해결, 혹은 제련제철의 문제해결에 도움이 될 수 있다. 그러나 그 지식이 습득되는 당시에 학습자에게 의미를 지니지 못하면—필요충족을 위한 자료의 하나가 되지 못하면—미래에도 기능발휘를 기대하기는 어렵다. 현재의 필요충족의 수단이 되지 못하는 한, 학습자의 주의를 잡기도 어렵고, 습득된 후 기억에도 남기 어려울 뿐 아니라, 특히 '의미' 있는 지식이 되기 어렵다. 음식물이 소화되어야 영양이 되듯, 지식도 문제 상황 속에서 재구성되어야 의미가 추출된다. "촛불을 불면 왜 꺼지나? 오히려 부는 경우 타지 않던 불도 잘 타게 되는 게 아닐까?" 이런 문제 상황과 관련해 연료나 산소와 같은 요소가 학습될 때, 연소의 조건에 관한 지식은 의미 있는 나의 지식이 된다. 서두에서도 지적된 대로, 지식의 의미는, 단어의 미묘한 의미처럼 사전적 정의를 통해서가 아니라, 맥락 속에서의 사용을 통해서 부여된다.

둘째, 지식이 필요충족을 위한 문제해결의 자료로 습득될 때, 학습과정 자체가 심미적 필요충족의 과정이 된다. 이 경우 학습활동이 단순히 미래의 필요충족이라는 심미적 목적을 위한 수단에 머무는 대신 그 자체 심미적 목적의 구현이 된다. "왜 물이 든 비닐봉지를 촛불 위에 올려놓아도 예상과 달리 봉지가 터지지 않을까?," "혈관을 통해 영양과 산소가 함께 수송된다면, 왜 혈관 속에서 연소가 일어나지 않고 세포에 가서 일어날까?" 이런 호기심 충족을 위한 문제해결 과정은 수단적 지식을 습득하는 과정일 뿐 아니라, 더 중요하게는 그 자체 곧 의미 있는, 시간 가는 줄 모르는, 심미적 삶이 된다. 학습자에게는 학습이 곧 직업이라는 점을 감안하면, 학습의 질이 곧 삶 자체의 질을 결정하는 요인이 된다.

앞에서 인간의 필요에는 실제적, 이론적 필요에 '더하여' 심미적 필요가 있다고 하였다. 그러나 더 중요한 것은 실제적 학문적 필요충족 활동 자체가 '동시에' 심미적이라야 한다는 점이다. 삶의 일부가 아니라 그 전체가 심미적 내재적 의미를 지닐 때 가장 살만한 삶을 산다고 할 수 있기 때문이다. 그리고 그런 삶을 위한 가장 좋은 준비는 처음부터 그런 삶을 사는 데 있다. 학습이 처음부터 자기 필요의 충족 활동, 자기 문제의 해결 활동, 혹은 내재적 흥미추구 활동이 될 필요가 여기에 있다. 이 경우, 파생적으로, 미래를 위한 지식도 구성되고, 미래를 위한 삶의 태도도 확립된다. 그러나 보다 중요한 것은, 이 경우 삶을 단순히 미래를 위한 수단으로 견디는 대신 매 순간을 만끽하는 내재적 삶을 살 수 있다는 것이다. 듀이가 성장이 목적을 가지는 것이 아니라 성장 자체가 목적이라고 한 이유가 여기에 있다.

현재의 학교 학습활동은 학습자들의 필요충족 활동과는 거리가 먼 것으로, 오히려 요원한 미래를 위해 중요한 사실적 지식을 맥락독립적으로 습득하는 행위에 가깝다. 현재 충족해야 할 필요와 관련이 없기에 그 자료가 될 지식에 대한 필요성도 느끼기 어렵고, 필요성을 느끼지 못하는 지식은 전달받아도 당사자에게 의미를 지니기 어렵다. 듀이(Dewey, 1966: 159)말대로 "어떤 생각이나 의미도, 의미로서는, 한 사람으로부터 다른 사람에게 전달 될 수 없다. …전달받는 사람에게 그것은 의미가 아니라 하나의 사실에 불과하다." 명제는 지식을 담고 있는 그릇이지 그 의미가 아니다.

물론 현재의 학교교육과정이 필요를 중심으로 지식을 체계화한 것이라 볼 수도 있다. 수학, 과학, 역사, 지리, 문학 등은 바로 그런 인간의 필요를 예상해서 설정한 교과라 볼 수 있기 때문이다. 중요한 것은 정신적 미성년인 학습자가 현재 느끼는 필요가 아니라, 미래에 유용할 것으로 유경험자가 판단한 학습자들의 필요라는 것이다. 그러나 그런 필요는 교사나 부모가 본 필요 혹은 미래의 사회적 필요이지, 학습자 자신이 느끼는 필요는 아니다. end-*in-view*가 아니라 end-*out-of-view*다. 자신이 느끼는 필요가 아닌 한, 다시금 그 충족을 위해 지식을 습득해야 할 필요성도 느끼기 어렵고, 이런 상황에서 지식을 강요해보아야 학습자에게 의미로 다가가기는 어렵다. 이런 지식은 그 의미성의 결여로 미래의 필요충족에 도움이 될 가능성도 높지 않다.

그러나 우리가 학교 밖에서 한 인간으로서 마주하는 필요는, 실제적 필요이든 학문적 심미적 필요이든, 나의 필요이지 다른 누군가가 규정한 나의 필요가 아니다. 내일 있을 소풍이 나를 설레게 하는 행사라면 날씨와 관련된 지식이 나에게 의미 있는 지식으로 다가올 수밖에 없다. 학습자가 '나중에' 필요로 할 지식을 전달받게 하기보다 현재의 필요 때문에 해당 지식을 유기적으로 구성할 수 있도록, 학교학습 환경이 바뀌어야 할 이유가 여기에 있다. 그럴 때만 학습활동 자체가 심미적 내재적 삶이 되는 것은 물론, 습득된 지식이 미래에도 유용한 지식이 된다. 듀이 말대로 현재 내재적 목적의 일부가 되지 못하는 내용은 나중에 수단적 활용의 기회가 오더라도 그렇게 쓰일 가능성은 높지 않다(Dewey, 1966: 240). 가르치는 교사가 학습자의 미래의 필요를 고려하지 말라는 것이 아니라, 미래에 필요로 할 지식을 학습자들이 현재 필요한 지식으로 경험하게 해야 한다는 것이다. 지식이 수단적 가치를 지니기 위해서라도 먼저 내재적 심미적 가치를 발휘할 필요가 있다. "수단은 그 목적 '안에서만' 진정한 수단이 된다"(Dewey, 1958b: 161).

바꾸어 말하면, 학습이 학습자에게 학생이라는 특수 신분 때문에 해야 하는 '공부'가 아니라, 필요를 가진 인간이기에 누구나 종사해야 할 '일'이 되어야 한다. 삶의 준비에 불과한 공부가 아닌 그 자체 곧 삶인 교육을 가리켜 듀이는 '경험교육'이라 하였다. "경험의, 경험에 의한, 경험을 위한" 교육(Dewey, 1976: 29)은, 지금까지의 삶에서 제기된 문제(과거 '경험의')를 해결하기 위해, 수집된 자료를 바탕으로 가설을 설정하고 검증하는 등의 능동적 과정에 종사함으로써(현재 '경험에 의한'), 이후 좀 더 의미 있는 삶의 길을 열어줄 수 있는(미래 '경험을 위한') 교육으로, 삶을 벗어나서는 교육의 존립 자체가 불가능하다는 것이다. 경험교육을 경험을 '통한' 교육에 국한하는 경향이 없잖지만, 듀이 자신은 오히려 경험 '으로서의' 교육을 의미한다고 볼 수 있다. 『경험으로서의 예술』이라는 듀이의 다른 저작에 비추어보면 『경험과 교육』을 『경험으로서의 교육』으로 개칭하는 것이 더 나을지도 모른다. 듀이에게 경험은 단순히 직접적 구체적 체험이 아니라 각자에게, 혹은 우리들에게, 의미 있는 삶 자체를 의미한다. 그리고 그 삶의 필요에 의해 지식이 구성될 때 경험교육이 된다. 교육은 '교육적 삶'의 준말로, 삶의 교육적 색채가 두드러질 때 붙이는 간편어에 불과하다.

　경험이라는 단어가 듀이 저작의 여러 곳에서 표제어로 등장한다는 사실에서 미루어 보더라도, 경험교육이 단순히 체험을 통한 교육이라는 의미로 축소되어서는 곤란할 것이다. 물론 『민주주의와 교육』에 나오는 소위 "learning by doing"(Dewey, 1966: 184)은 체험적 직접적 경험을 의미한다. 그러나 이때의 경험적 지식은 지식 발달의 역사에서 '시작' 단계에 해당되는 지식으로, 발달의 전 단계를 가리키는 구절이 아니다. 그 후의 간접적 지식습득이나 체계화된 과학적 지식습득의 기초가 될 직접적 지식을 가리키는 구절이다. 지식이 직접적 체험적 지식으로 갇혀진 채 소위 '증언'에 의한 지식이나 '전달을 통한 정보'라는 간접적 지식으로 확대되지 못한다면, 문명의 발달 자체가 불가능할 지도 모른다. 나아가, "learning by doing"에서의 doing은 적어도 그 시기의 어린 아이들에게는 단순히 지식습득의 수단이 아니라 자기 '삶'의 일종이라는 것을 염두에 둘 필요가 있다. 따라서 "learning by doing"을 듀이 교육의 '일반' 이론으로 확대하려 한다면, 그것은 learning *through doing*이 아니라 doing *demanding learning*으로 보아야 할 것이다. 이런 해석이 듀이의 구성주의 인식론에 보다 충실한 이해라 할 수 있다. 그래서 듀이는 『민주주의와 교육』의 다른 곳에서 아이들에게 "배울 것"을 주지 말고 "할 일"(Dewey, 1966: 154)을 주라고—한 인간으로서 해결할 문제를 주라고—한 것이다. 요컨대 경험교육은 '체험'을 통해 지식을 습득하게 하라는 주문이 아니라, 첫째, 학습이 학습자에게 동시에 자기 '삶'이 되게 하라는 것이고, 둘째, 그 문제해결의 필요에 의해 지식이 구성되고 습득되게 하라는 것이다. 물론, 위에서 언급된 대로, 학습자가 해결해야 할 문제에는 실제적 문제만 있는 것이 아니다. 오히려 그 광범한 수단적 가치 때문에, 이론적 필요와 관련된 문제들이 교육 과정의 대종을 이루어야 할 것이다.

그러나 구성주의 교육에서의 "구성"이, 주로 수동성이 아닌 능동성에 국한되어 이해되는 경향이 없지 않다. 구성된 지식이든 모사된 지식이든, 그 습득이 수동적인 대신 능동적이면 구성주의 교육이라 생각되는 경향이 강하다. 구성주의 교육은 기존의 인지체계를 그대로 둔 채 새로운 지식을 덧붙이는 (수동적) 교육 대신 오개념을 포함하는 기존의 인지체계 자체를 '재구성'하는 (능동적) 교육이라 이해되기도 하고, 이론 중심 혹은 책 중심의 (수동적) 교육 대신 체험적 활동중심의 (능동적) 교육이라 이해되기도 한다. 그러나 구성주의 인식론에서의 구성은 단순히 습득의 능동성을 두고 하는 말이 아니다. 능동적이든 수동적이든 기존의 복제가 아닌, 창조적 재구성을 의미한다. 지식이 존재를 그 자체로 모사한 것이 아니라, 인간의 필요에 입각해 그 필요에 봉사할 목적으로, 마치 필요 때문에 집을 짓고 제방을 축조하듯, 필요 때문에 그 의미가 '축조된' 것이기 때문이다. 그러므로 중요한 것은 지식이 아니라 그 지식이 봉사할 필요충족이라는 인간의 삶이고, 특히나 필요충족을 위한 수단적 과정이 그 자체 심미적 필요충족의 내재적 과정이 되는 삶이다. 구성주의 교육의 끝이자 시작은 학습활동이 그 자체 내재적 삶이 되는 데 있다. 그러나 학습활동이 내재적이기만 해서는 교육적이라 할 수 없다. 교실 밖 체험 활동에 종사한다고, 책 대신 실험실에서 실험기구를 조작하느라 시간 가는 줄 모른다고, 교육이 되는 것은 아니다. 그런 내재적 활동이 동시에 필요충족에 도움이 될 지식을 구성하게 될 때─단순히 기존의 지식을 습득하는 데 그치지 않고 새로운 지식을 창출할 때, 적어도 그것이 학습자에게 창조적 행위가 될 때—교육이 성립된다. 놀이가 교육의 이상이라 하더라도, 사고가 빠진 놀이는 교육이 될 수 없는 이유가 여기에 있다. 그러나 그런 의미 있는 지식 구성을 위해서는 다시 학습활동 자체가 내재적 의미를 지녀야 하고….

요컨대 지식은 대상 자체가 아니라 그로부터 읽어낸 '의미'다. 대상의 객관적 모사가 아니라 그 의미의 국지적 구성이다. 대상 자체는 이름을 붙일 수도 알려질 수도 없는 것으로, 이름이 붙여지는 한 그것은 대상의 일면만 가리킬 뿐이다. 이런 의미 구성의 편향성은 인간이 필요를 충족해야 할 유기체라는 사실로부터 오는 것으로, 우리가 필요를 느끼지 못한다면 지식은 결코 있을 수 없다. 요컨대 지식은 인간의 궁극적 도달점이 아니라 필요충족의 수단이다. 교육적으로, 학습은 단순히 지식습득의 수단이 아니라 지식이 봉사할 목적이다. 학습 자체 의미있는 삶이 될 때만 의미있는 지식도 자연스레 습득된다. 듀이의 경험학습도 경험을 통한 학습이기보다 경험으로서의 학습, 즉 삶으로서의 학습을 가리킨다.

Dewey, J. (1957). *Human nature and conduct.* The Modern Library.

Dewey, J. (1958a). *Art as experience.* New York: Capricorn Books.

Dewey, J. (1958b). *Experience and nature.* New York: Dover.

Dewey, J. (1966). *Democracy and education.* New York: Free Press.

Dewey, J. (1976). *Experience and education.* New York: Collier Books.

Dewey, J. (1980). *The quest for certainty.* New York: Perigee.

Kant, I. (1964). *Groundwork of the metaphysic of morals*(Paton, H. J., tran.). New York: Harper.

Kant, I. (1994). On a supposed right to lie because of philanthropic concerns. In *Ethical philosophy*(Ellington, J. W. & Wick, W. A., trans.), Indianapolis, IN: Hackett. 162-166.

Santayana, G. (1955). *The sense of beauty.* New York: Dover.

제3부

지식을 넘어선 교육

제9장 실천전통에의 입문으로서의 교육

홍은숙 (성결대학교)

1. 들어가는 말

교사는 교육을 통해 무엇인가를 가르치며, 그 결과 학생이 모종의 교육내용을 배울 것을 기대한다. 그렇다면 오늘날 교육에서 가르치고 배워야 할 것은 무엇인가? 학생이 진정으로 배워야 할 교육내용은 무엇인가? 이에 대해서는 접근 방식에 따라 다양한 견해가 있을 수 있다. 우선, 철학적 입장 특히 인식론적 입장에 따라 교육의 내용을 다르게 파악할 수 있다. 예를 들어, 전통적인 합리론 내지 실재론의 입장에서 플라톤은 "지식의 외양이 아니라, 지혜의 실재"를 가르쳐야 한다, 즉 불변하는 진리로서의 이데아를 가르쳐야 한다고 주장한다(이홍우, 1991: 82 참고). 이러한 입장을 현대에 발전시켜, 허스트(1974)는 인간의 경험을 체계화하는 사고의 형식을 분석한 후 그러한 몇 가지 '지식의 형식들'을 가르쳐야 한다고 주장한다. 이와는 달리, 공리주의나 실용주의 입장을 취하는 사람은 교육내용으로서 최대 다수의 최대 행복을 실현할 수 있는 공리적이고 실용적인 내용을 교육내용으로 선정하고자 할 것이다. 이 외에도 다양한 철학적 입장에 따라 교육내용을 전혀 다르게 제시할 수 있다.

한편, 철학적 입장 대신 현대 사회의 특징과 사회적 요구에 비추어 교육내용을 선정하려는 접근도 가능하다. 흔히 현대사회는 정보사회, 지식기반사회, 지구촌사회, 시장사회 등으로 불린다. 이러한 현대 사회의 특징 및 이에 따른 사회적 요구에 따라 학교에서 가르칠 교육내용이 달라질 수 있는 것이다. 이러한 사회적 요구는 사회학 및 정치철학 이론에 기초하여 주장되기도 한다. 예컨대, 마르크스 이론이나 비판이론에서는 학교교육에서 특정 집단의 이데올로기를 가르쳐서는 안되며 그 대신 비판적 사고능력을 가르쳐야 한다고 주장한다.

교육내용의 선정과 앎의 성격에 대한 논의는 교육과정 영역의 핵심 논제이기도 하다. 브루너(1960)는 '학문의 기저를 이루고 있는 일반적 아이디어', '기본개념', '일반적 원리' 등으로 정의되는 '지식의 구조'를 가르쳐야 한다고 주장한다. 학교에서 가르치는 과학적 명제나 공식과 같은 결과물은 '매개 언어'일 뿐이며, 학교에서 가르쳐야 하는 궁극적인 내용은 그 학문을 수행할 수 있게 하는 학문의 사고방식이나 탐구방식이라는 것이다. 브루너의 이론은 최근 미국의 위긴스와 맥타이가 제시한 '큰 아이디어(big ideas)'라는 개념 및 이에 기초한 '이해를 위한 교육' 운동으로 이어지고 있다(Wiggins & McTighe, 2005).

이처럼 학교에서 가르쳐야 할 교육내용에 대한 다양한 접근이 가능한 상황에서, 교육을 '실천전통(a practice)' [1]에의 입문으로 보는 교육관

---

❶ 흔히 관사 없이 쓰이는 'practice'라는 단어는, 평상시 하는 일이라는 뜻에서 '관습, 관례, 습관, 관행'으로, 반복한다는 뜻에서 '훈련이나 연습'으로, 이론에 대비되는 뜻에서 '실제 또는 실천'으로, 그리고 의사나 변호사 등의 '영업이나 업무' 등 여러 가지로 번역된다. 이와는 달리, 맥킨타이어(1984)가 사용한 'a practice'는 관사를 가지고 있으며, 고유한 가치와 탁월성의 기준, 규범과 덕, 지식과 기술, 정서, 역사 등을 가지고 발달해온 모종의 사회적 역사적인 인간활동을 가리킨다.

홍은숙(1992b)은 이 용어를 처음에는 단편적이거나 개인적인 행위와 구별하기 위하여 '사회적 인간활동'으로 번역하였다. 그러나 이 번역이 너무 서술적이어서 맥킨타이어의 함축적인 의미 전달에 어려움이 있고, 교육철학적 논의에서 불필요한 혼동을 피하기 위해 유재봉(2000)의 '사회적 실제'라는 번역을 함께 사용하였다(홍은숙, 2002). 그러나 '사회적 실제'라는 번역은 이론에 대비되는 실제적인 활동이라는 오해를 불러일으키며, 그 의미 역시 즉시 파악되지 않는다는 비판이 제기되었다. 한기철(2004)은 이것을 '행위전통'으로 번역하여 이러한 문제를 해소하고자 하였다. 그러나 '행위'라는 말은 개인적인 측면을 강조하는 느낌이 있고, 또한 'practices'라는 말이 가지는 '실제' 혹은 '실천'의 의미를 적절히 반영하지 못하는 약점이 있다. 이에 홍은숙(2006)은 'practices'라는 용어의 원래 의미와 숨은 뜻을 함축적으로 드러낼 수 있는 번역어로서 '실천전통'이라는 용어를 새롭게 사용한다.

이진우는 맥킨타이어의 책을 번역하면서 'practices'를 '실천'으로 번역한다. '실천'은 'practices'라는 원어의 의미를 반영하면서도 실제적 활동이라는 오해를 해소한다는 점에서 '실제'나 '행위'라는 용어보다 적절하다. 그러나 실천이라는 말은 역사적, 사회적 전

은 교육의 어떤 문제를 해결하기 위하여 제시되었으며, 이것은 교육내용을 어떻게 이해하는가? 이 장에서는 교육을 '실천전통에의 입문'으로 보는 교육관의 특징 및 그것에 나타난 교육내용의 성격을 살펴보고자 한다. 이를 위해서 제2절에서는 실천전통 교육관이 제시된 이유, 즉 이 교육관이 해결하고자 했던 교육문제를 생각해보겠다. 제3절에서는 '실천전통'의 의미를 설명하고, 실천전통의 다양한 구성 요소 및 그것이 교과교육에 주는 시사점을 살펴보겠다. 제4절에서는 새로운 교육 패러다임으로의 '실천전통 교육관'이 어떤 특징을 가지는지를 합리주의와 공리주의 교육관에 비추어 설명하겠다. 끝으로, 실천전통을 강조하는 일이 오늘날 우리나라 교육에 주는 시사점에 대해 논의하겠다.

2. '실천전통에의 입문' 으로서의 교육관의 등장 배경

'실천전통에의 입문'으로서의 교육관은 교육의 어떤 문제를 해결하기 위해서 제시되었는가? 그것은 일차적으로 주지주의 교육의 문제, 즉 지식교육의 편협성 문제를 해결하기 위해 제시되었다고 볼 수 있다. 1960년대 이후 약 30여 년간 허스트의 '지식의 형식이론' 및 이에 기초한 '자유교육론'(Hirst, 1974)은 영미 교육철학계를 지배해왔다. 이러한 허스트의 이론을 마틴은 주지주의 교육이라고 비판한다. 왜냐하면 허스트는 지식의 형식을 가르치는 것을 '자유교육' 이라는 일반적이고 명예로운 호칭으로 부름으로써 편협한 주지주의 교육을 교육 전체와 동

통의 의미가 약하기 때문에 이것을 '전통'과 결합하여 한 단어로 사용할 경우 이것을 보완할 수 있다. '실천전통' 라는 말은 실제적 활동에 국한되는 것이 아니며 이론적 활동을 포함하는 다양한 사회적 인간활동 전체를 포괄하는 용어다(홍은숙, 2007: 118).

일시하는 오류를 범하고 있기 때문이다(Martin, 1981).

이러한 비판에 대하여 허스트는 1990년대에 들어 자신이 30여 년간 주장해온 지식의 형식이론을 스스로 비판하면서 대안적 교육관을 제시한다(Hirst, 1992). 지식의 형식이론에서 강조한 명제적 요소들이 여전히 각 영역의 중요 요소이지만, 그것들을 다른 요소들의 논리적 근본 요소로 본 것은 자신의 잘못이었다고 그는 말한다. "이론적 지식을 건전한 실제적 지식의 발달과 합리적 인성 발달의 논리적인 기초로 본 것은 나의 입장의 주요 오류였다. ……이제는 실제적 지식이 이론적 지식보다 더 근본적이며, 실제적 지식이 이론적 지식의 고유한 의미를 분명히 파악하는 데 근본적이라고 생각한다"(Hirst, 1993a: 197).

이어서 그는 교육은 지식의 형식에의 입문이 아니라 다양하고 폭넓은 사회적 실천전통에의 입문이 되어야 한다는 새로운 교육관을 제시한다. 이것을 우리는 후기 허스트의 교육론이라고 부를 수 있다. 후기 허스트는 교육내용을 이론적 학문 활동으로부터 다양한 실제적 활동으로 확장하며, 어떤 실천전통을 가르쳐야 하는가 라는 교육내용 선정 문제에 관심을 기울인다. 이러한 교육내용 선정에 대한 논의는 영국을 중심으로 활발히 진행되고 있다(유재봉, 2002: 185-186).

홍은숙은 명제적 지식 위주의 주지주의 교육문제뿐만 아니라 무기력한 지식교육의 문제를 해결하기 위해 '실천전통에의 입문으로서의 교육'을 제안하였다(Hong, 1991). 우리는 교육에서 교과의 개념이나 원리, 기술, 규범 등을 가르친다. 그러나 교육의 외양은 있지만 실지로 학생에게 진정한 배움이 있는지, 즉 가르친 내용이 제대로 이해되고 삶에 적용되는지 의심스러운 경우가 많다. 배운 지식이 삶에 의미 있게 적용되거나 활용되지 못하고 죽은 문자 학습에 머무르는 것을 화이트헤드는 삶에서 동떨어진 '죽은 지식' 또는 '무기력한 지식'이라고 부른다(Whitehead,

1929: xi).

예를 들어, 민주주의 개념과 원리를 열심히 가르쳐도 그것이 성숙한 민주주의적 삶의 방식으로 자리 잡지 못할 수 있다. 또한 과학적 개념과 법칙을 가르쳐도 학생들이 그 개념과 원리를 이해하지 못하며 과학적 태도와 사고방식을 가지고 살지 못할 수 있다. 혹은 윤리학 이론, 도덕 원리와 규범 등에 대한 지식 및 합리적 논의의 기술은 날로 증가하지만, 그러한 도덕 원리와 개념이 본래의 의미를 상실한 채 도덕적 삶으로 자리 잡지 못하는 경우가 많이 있다.

무기력한 지식교육을 해결하려는 한 가지 대안은 실용주의적 접근이다. 실용주의에서는 교육이 일상적인 삶에 유용해야 한다고 주장하며, 외재적 유용성 및 실용성을 강조한다. 그러나 어떤 활동의 외재적 유용성을 강조할 경우, 무기력한 지식교육의 문제를 해결하기보다는 활동 자체를 왜곡시키거나 폐지시키는 등 더 심각한 교육 문제를 가져올 위험이 있다(홍은숙, 2007: 62-69 참조). 무기력한 지식을 활성화하기 위한 또 다른 대안은 주지주의적 합리주의다. 이것은 먼저 이론을 가르친 다음에 그것을 적용하도록 가르쳐야 한다는 주장이다. 그러나 이러한 주장 역시 무기력한 지식교육을 해결하기보다는 교육을 왜곡시킬 위험이 있다(홍은숙, 2007: 69-76 참조).

> 무기력한 지식의 근본 원인은 그것의 뿌리가 되는 배경 활동에서 떨어져 나오는 데 있다. 포도나무에서 꺾인 가지는 마를 수밖에 없으며, 활력을 되찾기 위해서는 다시 나무에 붙여져야 한다. 따라서 생동력 있는 교육은 근본적으로 활동이 이루어지는 전통 자체에 뿌리내리는 것이어야 한다(홍은숙, 2007: 77-78).

맥킨타이어는 어떤 활동의 개념을 이해하고 적용하기 위해서는 그것이 나온 맥락에 비추어보아야 함을 자연과학의 가상적 상황을 통해 설명한다. 자연과학이 대재난을 만나 과학의 전통이 오랜 시기 동안 완전히 단절된다고 가정해보자. 오랜 시간 후 사람들이 과학을 부활시켜 겉으로 보기에는 대재난 이전의 과학의 언어들이 회복된 것 같이 보일 수 있다. 그러나 그 언어들은 실지로는 이해가 되지 않는 단편적인 모조품 개념일 뿐이다(MacIntyre, 1984: 1-3). 맥킨타이어는 오늘날 도덕의 여러 핵심 개념 역시 이처럼 그것이 사용되었던 원래의 맥락에서 떨어져 나옴으로써 그 의미가 제대로 이해되지 않는 개념의 껍데기만을 가진다고 비판한다. 따라서 도덕의 개념들을 제대로 이해하기 위해서는 그것이 나온 맥락을 알아야 한다고 주장한다. 맥킨타이어는 이 맥락을 '실천전통'라고 부르며, 해당 활동의 실천전통을 회복시킬 것을 제안한다.

홍은숙은 무기력한 지식을 극복하고 명제를 의미 있게 가르치기 위해서, 맥킨타이어의 '실천전통' 개념을 원용하여 교육의 초점을 명제적 지식에서 그 명제가 만들어진 배후 활동인 실천전통으로 옮길 것을 주장하였다. 또한 실천전통의 다양한 구성 요소로서 명제적 지식, 전문적 기술, 덕, 정서, 판단 등을 제시함으로써 명제적 지식 위주의 주지주의 교육을 극복하고자 하였다(Hong, 1991: 3장). 마이어는 이를 발전시켜서 실천전통의 구성 요소를 명제적 내용, 서술적 이야기, 기술, 습관과 덕, 정서, 판단, 법률적 틀, 형이상학적 틀, 합리성의 양식, 취향 등 열 가지로 제시하였다(Meyer, 1995: 3장). 후기 허스트 역시 개인의 발달을 위해서 '실천전통' 개념에 내포된 다양한 요소, 즉 "지식, 태도, 감정, 덕, 기술, 성향, 그리고 관계 등의 모든 요소" 를 가르칠 것을 다음과 같이 강조한다.

> 그러나 내가 지금 주장하는 것은 교육에서 이러한 실제적 지식의 우선성 뿐만이 아니라, 오히려 개인의 발달에 요구되는 지식, 태도, 감정, 덕, 기술,

성향, 그리고 관계 등의 모든 요소를 갖춘 특수하고 중요한 실천전통들의 복
합체에의 입문을 통한 개인적 발달의 우선성이다. 내가 지금 교육에 근본적
이라고 생각하는 것은 번성하는 삶을 구성하는 그러한 실천전통들인 것이다
(Hirst, 1993a: 197).

홍은숙은 '실천전통'의 개념을 통해 극복하고자 하는 주지주의 교육
의 세 가지 유형을 분석한 후(홍은숙, 1992a; 2007: 1장), 그 대안을 제시한
다. 첫째, 교육내용 선정 면에서 이론적 학문 활동인 지식의 형식을 강
조하여 가르칠 것을 주장하는 주지주의 교육이 있다. 실천전통 교육관
은 이론적 학문 외에도 다양한 실천전통을 교육내용으로 포함할 것을
제안한다. 둘째, 교과교육의 교육목표 선정 면에서 교과의 명제적 요소
를 강조하여 가르칠 것을 주장하는 주지주의 교육이 있다. 실천전통 교
육관은 명제적 요소뿐만 아니라, 실천전통 전체에 초점을 맞추어 그것
이 가지는 다양한 요소를 함께 가르칠 것을 제안한다. 셋째, 이론을 먼
저 전달하고 그것을 적용하도록 가르쳐야 한다는 교육방법 면에서의
주지주의 교육이 있다. 실천전통 교육관은 이론을 먼저 가르칠 것이 아
니라, 실천전통에 참여함으로써 그것의 가치를 알고 탁월하게 수행할
수 있도록 가르칠 것을 제안한다.

3. '실천전통'의 의미와 구성 요소: 교과교육에의 시사점

이제 맥킨타이어가 그의 『덕 이후』라는 책에서 제시한 '실천전통(a
practice)'이라는 용어의 의미와 그 구성 요소를 살펴보자. 맥킨타이어는

'실천전통'의 개념을 다음과 같이 정의한다.

> 내가 말하는 '실천전통'이라는 것은 사회적으로 확립된 협동적인 인간 활동의 모종의 일관되고 복잡한 형식으로서, 그 활동 형식에 적합하고 또한 그 의미를 부분적으로 규정하는 탁월성의 기준을 성취하는 과정에서 그 활동 형식의 내적인 가치가 실현되며, 그 결과로 탁월성을 추구하는 인간의 능력 및 관련된 활동의 목적과 가치에 대한 인간의 사고가 체계적으로 확장되는 것을 뜻한다. '실천전통'을 이렇게 이해할 때, 틱택토 혹은 기술적으로 축구공 던지기는 실천전통이 아니지만, 체스나 축구는 실천전통의 예가 될 수 있다. 벽돌쌓기는 실천전통이 아니지만 건축은 실천전통이며, 무 심기는 실천전통이 아니지만, 농경은 실천전통이다. 물리학, 화학, 생물학의 탐구, 역사학자의 작업, 미술이나 음악 등도 모두 실천전통이 될 수 있다. 고대나 중세에 있어서 인간 집단들—가정, 도시, 국가 등의 집단들—을 만들고 유지하는 것은 위에서 정의된 뜻에서의 실천전통으로 흔히 간주된다. 따라서 실천전통의 범위는 예술, 과학, 게임, 아리스토텔레스가 뜻하는 정치나 가정생활을 꾸려나가는 것 등 모두를 포함할 정도로 광범위하다(MacIntyre, 1984: 187-188).

이러한 맥킨타이어의 정의에 내포되어 있는 '실천전통'의 특징은 무엇인가?(홍은숙, 2007: 120 이하 참조). 축구공 던지기, 벽돌쌓기, 무 심기는 실천전통이 아니고, 축구, 건축, 농경은 실천전통이라고 말하는 기준은 무엇인가? 밀러는 실천전통의 핵심 요소로서 내적 가치와 탁월성의 기준 두 가지를 지적한다(Miller, 1994: 247). 유재봉은 실천전통의 준거를 '사회적으로 확립된 협동적인 인간활동의 모종의 일관되고 복잡한 양식', '내적인 가치의 성취', '탁월성의 기준', '규칙에 대한 복종', 그리고 '실천전통 그 자체의 발달' 등의 다섯 가지로 설명한다(유재봉, 2002: 147).

홍은숙은 '실천전통'의 준거를 맥킨타이어의 정의에 기초하여 '사회적으로 확립된 협동적인 인간 활동', '모종의 일관되고 복잡한 형식',

'탁월성의 기준', '실천전통의 내적 가치', '덕', '규칙에 대한 복종', '역사적 전통의 발전', '구성원의 성장' 등 여덟 가지로 분석한다(홍은 숙, 2004: 226-231; 홍은숙, 2007: 119-129). 이것을 간단히 설명하면 다음 과 같다.

첫째, 어떤 인간활동이 실천전통이 되기 위해서는 그것이 '사회적으로 확립된 협동적인 인간활동'이어야 한다. 순전히 개인적인 행동은 실천전통이 될 수 없다.

둘째, 실천전통은 '모종의 일관되고 복잡한 형식'을 가져야 한다. 단순한 활동, 단편적인 활동, 체계적인 형식이 없는 활동은 실천전통이 될 수 없다.

셋째, 실천전통은 '탁월성의 기준'을 가진다. 실천전통을 잘 수행하기 위해서는 어떻게 하는 것이 적절하고 탁월한 행위인지를 판단하는 기준, 즉 그것의 수행에 필요한 '일련의 전문 기술(a set of technical skills)'이 있어야 한다.

넷째, 실천전통은 구성원들의 '규칙의 권위에 대한 복종' 없이는 유지될 수 없다. 규칙에 대한 복종이 실천전통의 준거임을 맥킨타이어는 다음과 같이 지적한다.

> 실천전통은 [내적] 가치의 성취뿐만 아니라 탁월성의 기준과 규칙에 대한 복종을 포함한다. 실천전통 안으로 들어간다는 것은 [탁월성의] 기준의 권위를 받아들이는 동시에 나의 수행의 부적절성에 대한 그 기준의 판단을 받아들이는 것을 의미한다. 그것은 나 자신의 태도, 선택, 선호, 취향 등을 현재 부분적으로 실천전통을 규정하는 기준에 복종시킨다는 뜻이다(MacIntyre, 1984: 190).

다섯째, 실천전통의 가장 핵심적인 준거는 '활동 형식의 내적 가치'

다. 내적 가치란 참여하는 활동 안에 붙박여 있어서 그것에 참여함으로써만 얻을 수 있는 가치를 가리킨다. 예컨대 체스 활동을 통해서만 얻을 수 있는 "모종의 고도의 특별한 분석 기술, 전략, 상상력, 그리고 경쟁의 집중력" 등이 그것이다(MacIntyre, 1984: 188).

내적 가치는 외재적 가치와는 달리 비록 그 가치가 서로 뛰어나려는 경쟁에서 온 것이라 해도, 결국에는 그 활동에 참여하는 전체 집단에 이익이 되는 것이다. 외재적 가치는 항상 특정인의 소유이기 때문에 한 사람이 많이 가질수록 다른 사람이 가질 수 있는 분량이 줄어드는 것, 즉 승자와 패자가 존재하는 경쟁의 대상이 된다. 이에 비해 내적 가치는 경쟁적으로 빼앗는 성격의 것이 아니라 서로 격려하며 함께 발전시키고 공유하는 종류의 것이다.

여섯째, 실천전통은 그것의 유지를 위해서, 특히 내적 가치가 왜곡되는 것을 막고 구성원들의 관계 유지를 위해서 '덕'을 필요로 한다. "덕은 획득된 인간 특질로서, 덕을 가지고 행할 때 실천전통의 내적 가치를 성취할 수 있으며 덕이 없을 때는 그 가치를 성취하지 못하는 그러한 것이다"(MacIntyre, 1984: 191).

일곱째, 실천전통은 '역사적 전통'을 가져야 하고 또한 그 전통을 '발전'시켜야 한다. 실천전통에 입문한다는 것은 동시대의 활동인들과의 관계 속에 들어가는 것일 뿐만 아니라, 과거에 실천전통의 영역을 넓혔던 활동인들과의 관계 속에 들어가는 것이다. 실천전통에 참여하는 것은 전통의 업적을 받아들이고, 전통의 권위를 대면하여 그것으로부터 배우는 것이다(MacIntyre, 1984: 193-194).

여덟째, 실천전통은 '구성원의 성장', 즉 탁월성을 추구하는 인간의 능력 및 관련된 활동의 목적과 가치에 대한 인간의 사고가 체계적으로 확장되는 것을 추구한다. 즉, 실천전통은 활동 자체만을 발달시키는 것이 아니라, 그 활동을 통해서 궁극적으로 개인의 능력과 사고를 발달시키는 것을 추구한다.

그렇다면 실천전통을 배웠다고 말할 때 반드시 습득해야 할 실천전통의 구성 요소는 무엇인가? 앞에서 언급한 마이어의 경우 실천전통을 배우는 일은 해당 활동의 명제적 지식, 서술적 이야기를 통한 역사적 안목과 가치, 전문적 기술, 습관과 덕과 인격, 정서, 판단력, 관련 규범 및 법률, 형이상학적 실재 및 세계관, 고유한 합리성 양식, 취향 등의 요소들을 배우는 것으로 본다(홍은숙, 2007: 221-227 참조). 마이어가 제시한 구성 요소의 내용을 간단히 설명하면 다음과 같다.

첫째, '명제적 내용(propositional content)'은 교과의 기본적이고 공식적인 내용으로서, 말로 표현된 것뿐만이 아니라 악보나 그래프처럼 그에 상응하는 내용을 담는 것 모두를 포함한다. 둘째, '서술적 이야기(narrative)'는 어떤 실천전통이 역사적 사회적으로 형성되어온 이야기로서, 그 실천전통이 어떤 목적에서 생겨났으며, 어떤 과정을 통해 형성되었으며, 무엇을 강조해왔고, 또 어떤 논쟁들이 있었는지 등을 알려준다. 셋째, '기능(skills)'은 그 활동을 수행하는 데 필요한 능력으로서, 다양한 전문적 기술을 가리킨다. 넷째, '습관'과 '덕'은 그 실천전통을 수행하는 데 필요한 행위양식과 인격 등을 가리키는 것으로서, 참여하는 활동의 내적 가치를 보호하고 성취하는 데 필요하다. 다섯째, 그 활동에 요구되는 정서적 특성 및 적절한 정서적 반응 양식 등의 '정서(emotions)'를 가르칠 필요가 있다. 여섯째, 실천전통에는 명제로서 진술될 수 없는 '방법적 지식'이 있으며, 이를 위한 '판단력(judgment)' 교육이 필요하다. 일곱째, 실천전통에는 활동의 경계와 자격을 정해주는 '법적인 틀(legal framework)'이 있으며, 이것을 가르칠 필요가 있다. 여덟째, 실천전통에는 해당 공동체에 의해 받아들여지는 형이상학적 가정 및 관행, 즉

'형이상학적 틀(metaphysical frameworks)'이 있으며, 이것을 가르칠 필요가 있다. 아홉째, 실천전통에는 해당 활동에서 타당하고 설득력 있다고 간주되는 논의방식 및 사고방식, 즉 '합리성의 양식(forms of rationality)'이 있으며, 이것을 가르칠 필요가 있다. 끝으로, 일종의 선호도를 뜻하는 '취향(tastes)'을 가르칠 필요가 있다. 취향은 개인적인 수준에서는 별 생각 없이 가지고 있는 것이지만 그가 자신이 속한 실천전통의 경계를 넘으려고 할 경우에는 엄청난 장벽으로 다가올 수 있는 것으로서, 해당되는 공동체에 응집력과 연속성을 부여하는 것이다.

실천전통을 구성하는 다양한 요소는 여러 방식으로 재구성될 수 있을 것이다. 실천전통의 구성 요소를 마이어처럼 세세히 나눌 경우, 교과를 가르칠 때 초점을 맞출 부분을 세밀하게 지적할 수는 있으나, 복잡성으로 인해 수업목표를 정하거나 수업을 진행하는 데 어려울 수 있다. 반대로 구성 요소를 흔히 하듯이 지·정·의로 간단히 나눌 경우 단순하여 수업 운영은 쉽게 할 수 있지만, 수업에서 주의를 기울여야 할 중요한 요소들을 간과할 위험이 있다.

교육을 실천전통에의 입문으로 보는 것은 교과교육에 두 가지 점에서 큰 기여를 할 수 있다. 하나는 실천전통의 구성 요소를 어떻게 분석하든지간에, 교육은 일차적으로 활동의 단편적 요소를 단순히 가르치는 것이 아니라 여러 요소의 배후가 되는 활동 전체에 초점을 맞추어 가르쳐야 한다는 사실을 강조한다는 점이다. 예컨대 과학이라는 실천전통을 배우는 사람은 단순히 과학적 명제와 기술을 배우는 것이 아니라, 과학적 실천전통의 구성원으로서 그 활동을 수행하며 발전시킬 수 있도록 배워야 한다는 것이다.

다른 하나는, 이처럼 실천전통에 입문되기 위해서는 기존의 지·정·의로 표현되는 요소들 외에도 내적 가치 등 다양한 요소에 관심을 가지도록 해준다는 점이다. 실천전통 교육관은 어떤 활동을 잘 가르친다고 할 때 그 활동의 어떤 요소들을 가르쳐야 하는지, 효과적인 교과교육을 위해서 실천전통의 구성 요소를 어떻게 재구성할지 등에 대하여 보다 진지한 고민을 할 것을 요청한다.

실천전통의 구성 요소를 재구성하는 방법은 더 연구될 필요가 있으나, 홍은숙은 실천전통에서 가르쳐야 할 중요 요소를 일단 다음과 같이 정리한다(홍은숙, 2007: 227-228). 첫째, 실천전통을 가르칠 때 가장 중요한 것은 그 활동의 포인트 또는 본질적인 목적 내지 의미라고 볼 수 있는 '내적 가치'를 가르치는 것이다. 이차방정식을 열심히 풀면서도 그 활동의 포인트를 모른다면 그것은 그 활동을 제대로 배운 것이라고 볼 수 없다.

둘째, 실천전통을 가르칠 때 그 활동이 어떤 역사를 가지고 형성 발전되어 왔는지를 보여주는 통일된 '서술적 이야기'를 들려줄 필요가 있다. 그 이야기를 통해서 학생은 참여하려는 실천전통의 목적 및 내적 가치, 수행방법, 그것에 참여하는 삶 등을 이해할 수 있고, 실천전통에 대한 역사적 안목을 가질 수 있으며, 그것에 비추어 자신의 경험을 재구성할 수 있다. 이를 위해서 교과서에서도 해당 활동에 참여한 인물의 삶, 가치관과 인격, 업적의 발견 또는 탄생 과정 등을 이야기로 소개할 필요가 있다. 교육에 대한 최근의 내러티브적 접근은 여기에 접목될 수 있을 것이다.

셋째, 어느 활동이든지 그것의 뼈대가 되는 '명제적 지식'을 가르칠 필요가 있다. 명제적 지식은 그 활동의 구조를 형성하는 결과물이다.

넷째, 실천전통을 가르친다는 것은 객관적 구조로서의 명제적 지식뿐만 아니라, 그것의 '전문적 기술'을 습득하도록 하는 것이다. 이러한 전문적 기술은 마이어가 말한 '합리성의 양식'과 함께, 그 활동을 수행하는 방법을 가르치는 것이라고 말할 수 있다. 다섯째, 실천전통을 가르친다는 것은 구체적 상황에서 어떻게 행할지에 대한 '판단력'을 기르는 것을 포함한다. 판단력이라는 요소는 위의 전문적 기술 및 활동의 수행 방법과 합칠 수도 있을 것이다.

여섯째, 실천전통을 가르친다는 것은 그 활동에 참여하는 데 필요한 '덕과 인격'을 갖추게 하는 것을 함의한다. 과학자라면 과학자로서의 인격, 덕, 스타일이 요청되는 것이다. 마이어가 말한 '취향'은 다소 약한 의미로서 이 부분에 속할 수 있다. 일곱째, 실천전통을 가르친다는 것은 그 활동에 대한 헌신과 열정, 공동체 및 그 규범에 대한 애착 등 그 활동에 적절한 '정서'를 가지도록 가르칠 것을 요구한다. 정서교육 역시 덕과 인격교육과 합칠 수도 있을 것이다.

여덟째, 특정한 실천전통을 지속적으로 수행하기 위해서는 그 활동에 요청되는 '법률적 자격'이나 관련 제도에 대해 가르칠 필요가 있다. 의술 활동을 배우는 일에는 의사 자격증이나 의료기관 운영과 관련된 법과 제도를 아는 것이 포함될 것이다.

요컨대 실천전통 교육관은 교육의 초점을 부분적인 명제, 기술, 성향 등에 맞출 것이 아니라 그것들이 나온 배후의 전체 활동인 '실천전통'에 맞추어야 한다고 본다. 또한, 교과교육의 목표 설정 및 내용 구성에 있어서 명제적 지식이나 기술 위주로 가르치는 것에서 벗어나 위에서 살펴본 실천전통의 다양한 요소를 가르칠 수 있도록 해야 할 것이다.

4. 새로운 교육 패러다임으로서의 '실천전통 교육관'

이제 교육을 실천전통에의 입문으로 보는 교육관이 교육을 어떻게 새롭게 이해하며 교육에 대한 어떤 새로운 패러다임을 제시하는지를 살펴보자. 후기 허스트는 "교육, 지식, 그리고 실천전통"이라는 논문 (Hirst, 1993a)에서 이론적 합리성 및 이성을 강조하는 합리주의 교육과, 인간의 필요와 욕구 충족을 강조하는 공리주의 교육을 모두 비판한 후, 대안으로서 실천전통에의 입문으로서의 교육을 제안한다.

합리주의 교육은 인간의 주된 본성을 이성 내지 합리성으로 파악하며, 교육의 목적을 '이론적인 삶을 위한 합리적 마음 혹은 합리성을 계발하는 것'으로 본다. 이를 위해서 합리주의 교육은 지식과 이해를 발달시키는 이론적 활동을 교육내용으로 강조한다. 이러한 지식은 그 자체로서 가치를 가진다는 뜻에서의 '내재적 가치'를 가진다. 이때 이론적 지식이 왜 가르칠 가치가 있는가를 묻는 사람은 이미 이론적 탐구활동을 하는 것이며 따라서 이론적 탐구활동이 가치 있음을 논리적으로 전제한다는 점에서 이론적 활동은 '선험적으로' 정당화된다.

한편, 공리주의는 인간을 욕구를 가진 존재로 파악하며, 교육의 목적을 개인의 필요와 욕구를 충족시키는 것으로 본다. 이때 이성은 인간의 필요와 욕구를 만족시키기 위한 수단적, 도구적 기능을 하는 것으로 간주된다. 이러한 공리주의 교육은 개인의 필요와 욕구 충족에 도움이 되는 즉각적인 유용성을 가지는 지식, 기술, 성향 등을 교육내용으로 한다. 이러한 교육내용은 실용성과 유용성, 즉 '외재적 가치'에 비추어 정당화된다.

합리주의 교육과 공리주의 교육을 비판한 후, 후기 허스트는 교육은 근본적으로 좋은 삶을 실현하는 일이며, 좋은 삶은 인간의 전반적인 욕구를 장기적인 안목에서 최대한 만족시키는 것이라고 말한다. 이처럼 그는 교육의 목적을 실천적 이성에 따라 실질적으로 좋은 삶을 영위하게 하는 것으로 본다(Hirst, 1998: 19). 좋은 삶을 살도록 하기 위해서는 자신이 속해 있는 사회에서 실지로 운영되는 지배적인 실천전통 중에서 중요하고 바람직한 실천전통을 선정하여 교육과정을 조직해야 한다(Hirst, 1993a: 197). 개인이 실질적으로 좋은 삶을 사는 데 기여하는가에 비추어 교육내용을 선정한다는 점에서 교육내용은 '실제적으로' 정당화된다.

이러한 후기 허스트의 교육관에 대해서 몇 가지 비판적 논의가 있다. 여기서는 실천전통 교육관에 대한 비판적 논의들을 살펴보면서 실천전통 교육관에 대해 어떤 오해가 있으며, 실천전통 교육관이 추구하는 것이 무엇인지를 밝히고자 한다.

첫째 논의는 실천전통 교육관이 '이론적' 활동 대신 '실제적' 활동에의 입문만을 주장하는가에 대한 것이다(한기철, 2004). 실천전통 교육관이 '실제적' 활동에의 입문을 주장한다고 생각하는 이유는 아마도 후기 허스트가 '실제적 지식이 이론적 지식보다 더 근본적'이라고 말하며, 이론적 실천전통보다 실제적 실천전통을 그리고 이론적 이성 대신 실천적 이성을 강조하는 데서 비롯되었을 것이다. 후기 허스트가 실제적 실천전통을 강조한 것은 사실이지만, 그렇다고 그가 이론적 실천전통을 교육내용에서 배제한 것은 아니다.

후기 허스트는 교육에서 가르칠 실천전통을 '다양한 기본적 실천전통(varied basic practices)', '광범위한 선택적 실천전통(wider range of optional practices)', 그리고 '상위의 혹은 이차적 실천전통(developed or second order practices)'의 세 유형으로 구분한다(Hirst, 1993a: 196-198; 홍은숙, 2007: 199-204; 유재봉, 2002: 218-220). '기본적 실천전통'은 일상생활에서 살아가는 데 공통적으로 요구되는 것, 즉 매일의 물리적, 개인적, 사회적 맥락에서 개인의 필요와 욕구를 합리적으로 만족시키기 위해 누구에게나 필요한 것이다.[2] '선택적 실천전통'은 개인이 합리적 삶을 사는 데 필요한 것으로서, 개인의 총체적 삶의 이야기를 형성하는 것과 관련하여 개인이 선택하는 것이다. '이차적 실천전통'은 앞의 두 가지 실천전통에 대한 비판적 합리적 성찰을 하는 이론적 활동을 가리킨다. 여기서 허스트는 이차적 실천전통이 비록 모든 사람이 배워야 하는 것은 아니지만 교육의 중요한 영역이라고 말한다.❸

이와 같이 실천전통 교육관이 학생들을 오직 '실제적' 실천전통에만 입문시켜야 한다고 주장하지 않음에도 불구하고, 실천전통 교육관이 그렇게 종종 오해되는 것은 어떤 이유에서인가? 그것은 부분적으로 실천전통으로 번역된 'practice'라는 단어가 그것의 형용사형인 '실제적(practical)'이라는 단어와 어원적으로 연결되어 있기 때문일 수 있다. 여기서 우리는 '실천전통에의 입문은 실제적 실천전통에의 입문이다'라는 주장을 분석적으로 고찰할 필요가 있다. 왜냐하면 '실제적'이라는 말이 두 가지 서로 다른 의미로 사용될 수 있는데, 그것을 밝히는 것이 실천전통 교육관에 대한 오해를 풀고 그 성격을 분명히 해줄 수 있기 때문이다.

한편으로, '실제적'은 '실용적으로 도움이 되는'이라는 의미로 이해될 수 있다. '이론적' 활동에 대립되는 것으로서의 '실제적' 활동은, 이론적 활동이 추구하는 내재적 가치와는 달리, 모종의 외재적 가치를 추

---

❷ 허스트는 '기본적 실천전통'을 다음과 같이 6가지로 제시한다(Hirst, 1993b: 35): ① 필수적인 운동기능을 포함하는 음식, 건강, 안전, 가정과 환경상태 등의 물리적 세계에 대처하는 것과 관련된 실천전통, ② 읽기, 쓰기, 담화하기, 산수, 정보기술을 포함하는 의사소통과 관련된 실천전통, ③ 개인과 가정생활의 관계성과 관련된 실천전통, ④ 지역적, 국가적, 세계적인 관계와 제도, 일, 여가, 경제문제, 법과 관련된 광범위한 실천전통, ⑤ 문학, 음악, 춤, 미술, 조각, 건축 등의 예술과 디자인에 관련된 실천전통, ⑥ 종교적인 신념과 근본적인 가치에 관련된 실천전통.

❸ 허스트의 분류에는 다소 문제가 있다. 예컨대 학문 활동과 같은 '이차적 실천전통'을 개인에 따라서는 자신의 합리적 삶을 위한 '선택적 실천전통'으로 선택할 수도 있다. 또한, 누구나 배워야 할 '기본적 실천전통'도 자신의 삶을 위해 '선택적 실천전통'으로 선택해서 심도 있게 지속적으로 수행할 수도 있을 것이다.

구하는 활동을 가리킨다. 즉, '실제적 활동'은 '실용적 이득이나 외재적 가치를 추구하는 활동, 혹은 실생활에 도움이 되는 활동'을 뜻한다. 위에서 살펴보았듯이, 실천전통 교육관은 실생활에 실용적으로 도움이 된다는 뜻에서의 '실제적' 실천전통에만 입문시킬 것을 주장하지는 않는다.

다른 한편으로, '실제적'은 '활동에 실지로 참여하여 수행하는'이라는 의미로 이해될 수 있다. 샤츠키는 실천전통을 "행위하고 말하는 것의 시간적, 공간적 연결 혹은 결합"으로 보며, 그 주요 연결고리를 '이해', '분명한 규칙', '목적-정의적 구조'의 세 가지로 분석한다. 그는 사회적 실천전통을 '이론'이라기보다는 인간의 '행위 혹은 활동', 특히 세 가지 요소를 포괄하는 '통합적인 활동'으로 이해한다(Schatzki, 1996: 89, 유재봉, 2002: 164-167에서 재인용). 실천전통이 인간의 통합적인 '행위 혹은 활동'이라고 할 때, 모든 실천전통은 구성원이 활동에 참여하여 수행할 것을 논리적으로 함의하며, 따라서 모든 실천전통은 활동에 참여한다는 의미에서 '실제적'일 수밖에 없다. 이 경우 '실제적 실천전통'이라는 말에서 '실제적'은 실천전통의 참여적 성격을 강조하는 동의어반복(tautology)이다. 이처럼 동의어반복을 하는 것은, 마치 '전인교육'이라는 말이 그러하듯이,❹ 활동에의 참여를 강조하기 위해서일 수 있다.

여기서 우리는 '실제적'의 두 가지 다른 의미, 즉 통합적 활동을 수행한다는 뜻에서의 '실제적'이라는 말과 실용적으로 도움이 된다는 뜻에서의 '실제적'이라는 말을 구분할 수가 있다. 실천전통이 활동을 수행

---

❹ '교육'에는 이미 '전인'을 교육한다는 의미가 내포되어 있다. 따라서 '전인교육'에서 전인은 동의어반복으로서 불필요한 말이다. 그러나 교육에서 마땅히 이루어져야 하는 '전인' 교육이 이루어지지 않을 때 이것을 강조하기 위해서 동의어반복을 할 수 있다(Peters, 1966: 1장 참조).

하는 실천적 성격을 가진다는 점을 분명히 하기 위해서❺ '실제적(실천적) 실천전통'에 입문시킨다고 말하는 것은 옳다. 그러나 이론적 활동에 대립된 뜻에서 '실제적(실용적) 실천전통'에만 배타적으로 입문시키는 것으로 실천전통 교육관을 이해하는 것은 잘못이다.

둘째 논의는 실천전통 교육관이 개인의 욕구 충족에만 관심을 가지고 사회적 목적이나 가치 등의 공동선에는 무관심한 사람을 양성하는 것이 아닌가라는 문제 제기다. 이것은 후기 허스트가 실천전통에서 추구하는 좋은 삶을, 비록 '인간의 전반적인 욕구를 장기적인 관점에서'라는 단서를 붙이기는 하지만, 공리주의와 비슷하게 '개인의 욕구 충족'으로 설명하는 데서 비롯된 것일 수 있다. 예컨대 김선구(2007)는 후기 허스트가 최대다수의 욕구충족을 위한 수렴적 선을 추구하는 공리주의의 '효과성 모델'을 추구한다고 지적하며, 이것은 교육에서 자신의 욕구 충족을 추구하는 도구적 이성, 즉 공동선에 무관심한 인간을 양성하려는 것이라고 비판한다.

밀러 역시 실천전통을 '자족적(self-contained) 실천전통'와 '목적적(purposive) 실천전통'으로 구분한 후, 실천전통 교육관에서 내적 가치를 강조하는 것은 사회적 목적에 관심을 가지지 않는 '자족적' 활동을 추구하는 것이라고 비판한다. 밀러에 의하면, '자족적 실천전통'은 체스처럼 참여자에 의해 성취된 내적 가치와 그러한 성취에 대한 관조에 그 존재 근거를 두는 것으로서, 참여자에게만 가치를 가지는 것이다. 이와는 달리, '목적적 실천전통'은 과학이나 농경처럼 그 활동을 넘어서서 사회적 목적에 기여하는 것으로서 그것이 봉사하는 사회 목적에 비

---

❺ 의미 혼동을 피하기 위하여 통합적 활동에 참여한다는 뜻에서의 '실제적'을 '실천적'이라는 말로 바꾸어 쓰는 것도 한 가지 방법일 수 있다.

추어 평가되는 것이다(Miller, 1994: 250-251).

그러나 밀러의 이러한 구분에는 문제가 있다. 모든 실천전통은 우연히 생겨난 것이 아니라 인류의 특정한 관심과 필요에서 나온 것으로서, 인류의 공동선을 실현하는 데 기여하는 고유한 목적과 가치를 가진다. 이것이 그 활동의 내적 가치다. 모든 실천전통이 고유한 사회적 목적과 가치를 가진다는 점에서 인류의 공동선에 기여하지 않는 실천전통은 없다. 따라서 모든 실천전통은 '목적적 실천전통'이다.

한편, 밀러가 목적적 실천전통으로 분류한 과학을 보면, 과학 활동 자체를 즐기는 자족적 측면이 있다. 실지로 모든 실천전통에는 그것의 사회적 가치를 내면화하여 즐기는 자족적 측면이 있다. 이렇게 볼 때 '자족적 실천전통'과 '목적적 실천전통'은 별개로 존재하는 실천전통을 가리키는 것이 아니라, 활동의 사회적 측면과 그것을 내면화하는 자족적 측면을 가리키는 것이라고 보아야 한다. 따라서 실천전통의 '내적 가치' 개념에 포함된 사회적 목적과 가치를 배제하고 그것을 순전히 주관적인 자기만족으로 이해하는 것은 '내적 가치'의 사회적 측면을 무시하는 것이다. 요컨대 실천전통 교육관은 개인의 욕구 충족뿐만 아니라 사회의 공동선도 추구한다고 말할 수 있다.

가치문제와 관련하여, 실천전통의 '내적 가치'는 항상 바람직한 것인가 아니면 사회적 가치와 무관하거나 심지어 나쁜 것도 있는가라는 질문이 종종 제기된다. 예컨대 사회에는 고문이나 조직 폭력처럼 나쁜 활동도 있기 때문에 교육에서는 학생들을 '바람직한' 실천전통에 입문시켜야 한다는 것이다. 이에 대해 유재봉은 실천전통에 내적인 가치가 있다는 사실이 실천전통 그 자체가 좋다거나 바람직하다는 것을 의미하는 것은 아니며, 이런 점에서 내적 가치는 좋은 사회를 만들거나 사회를 풍요롭게 하는 데 한계를 가진다고 주장한다(유재봉, 2002: 155).

기본적으로 모든 실천전통은 사회적 목적과 가치를 포함하는 내적 가치를 가진다는 점에서, 마치 '교육'이라는 말이 그렇듯이, 가치를 전제한다. 이러한 입장에서 보면, '가치 있는 실천전통'이라는 표현은 동의어반복이며, '무가치한 실천전통'이라는 말은 모순되는 표현이 될 것이다. 그러나 어떤 실천전통은 개인에게 바람직하지 않을 수 있다. 이것은 어떻게 설명할 수 있는가?

이에 대해서 모든 실천전통은 고유한 사회적 목적과 가치를 가지지만, 각 실천전통의 중요성 내지 바람직성은 사회의 특성과 개인의 삶의 목적에 따라 개인에게 다르게 느껴질 수 있다는 답변이 가능하다. 즉, 어떤 실천전통은 x라는 상황에서 y에게 다른 활동보다 더 바람직하다거나 덜 바람직하다는 식으로 비교하여 말할 수 있는 것이다(홍은숙, 2004: 232). 한편, '나쁜' 실천전통에 대해서는, 마치 지속적인 성장을 가져오지 않는 경험이 궁극적으로 교육적 경험이 될 수 없는 것처럼(Dewey, 1916), 사회적으로 수용될 수 없는 나쁜 활동이 있다면 그것은 사회의 지배적인 실천전통으로 지속되지 못할 것이라고 원론적으로 말할 수 있을 것이다.

셋째, 특정 실천전통에 입문시키는 것이 개인의 삶을 제한하는 것은 아닌지, 그리고 개인의 발전보다는 실천전통의 발전에 더 관심을 가지는 것은 아닌지라는 비판에 대해 생각해보고자 한다. 실천전통 교육관에서 개인은 다양한 실천전통에 참여함으로써 사고와 능력의 성장을 추구한다. 그러나 우리는 다양한 실천전통들 사이에서 갈등할 수 있다. 맥킨타이어는 '실천전통'을 보완하기 위한 다음 단계로서 '개인의 서사적 삶의 총체성(the narrative unity of a human life)'이라는 개념을 제시한다. 우리는 갈등하는 가치들 가운데에서 자신이 입문될 실천전통을 선택할 때, '나에게 무엇이 최선의 삶인가'라는 질문을 하면서 자신의 전체 삶의 목적 및 통일된 삶의 이야기를 형성하려는 기준에 비추어 선택을 하게 되는 것이다(MacIntyre, 1984: 201-203). 이 때 개인은 자신의 좋은 삶을 지속적으로 탐구해 나가야 한다(MacIntyre, 1984: 202, 219).

그러나 개인의 총체적 삶의 이야기, 즉 자신의 정체성은 진공 상태에서 구축되는 것이 아니다. 개인은 누구의 아들과 딸로 태어난다. 개인은 공동체의 역사인 전통의 소산이라고 맥킨타이어는 말한다. 이에 그는 '실천전통'을 보완하기 위한 세 번째 단계로서 '전통'의 개념을 제시한다. 나의 삶을 총체적으로 파악하고자 한다면 나는 내가 속한 공동체의 역사와 전통을 받아들여야 한다는 것이다. 우리는 전통의 담지자로서 전통을 통해 배우며, 물려받은 전통을 발전시키게 되는 것이다(MacIntyre, 1984: 220; 홍은숙, 2007: 166-168).

이와 같이 맥킨타이어가 덕을 설명하기 위해 제시한 삼 단계의 개념, 즉 '실천전통', '개인의 서사적 삶의 총체성', 그리고 '전통'의 개념이 실천전통 교육관과 어떻게 관련되는지를 생각해 보자. 우리가 어떤 실천전통, 예컨대 과학을 가르친다고 할 때, 우리의 일차적 관심은 과학이라는 실천전통의 본질적 가치와 내용들을 가르치는 것, 즉 과학 활동 자체에 둘 수 있다. 그러나 실천전통 자체를 가르치는 것을 넘어서, 우리는 그 활동을 선택하여 배우는 학생의 지력과 인격, 정서 발달과 같은 개인적 성장, 그리고 개인의 총체적 삶의 실현에 관심을 가질 수 있다. 여기서 한 단계 더 나아가, 우리는 과학교육을 통해 사회의 발전과 공동선의 성취를 추구할 수 있다.

이때 맥킨타이어의 덕의 삼 단계에 따른 실천전통 교육의 세 측면은 단계별로 일어나는 별개의 일이 아니다. 이것은 실천전통 자체를 충실히 가르치는 동안에, 개인의 총체적 삶의 이야기와 방향이 실현되며, 그와 동시에 사회적 공동선이 실현되는 방식으로 한 가지 일의 세 측면이라고 볼 수 있다. 이렇게 볼 때 실천전통을 가르치는 일은 개인의 삶을 제한하거나, 전체를 위해 개인의 삶을 희생시키는 것이 아니라고 말할 수 있다.

이제 실천전통 교육관의 특성을 합리주의 교육관 및 공리주의 교육관과 비교해서 생각해 보자. 교육의 새로운 패러다임으로서의 실천전통 교육관의 특성을 홍은숙은 후기 허스트의 문제점을 보완하여 다음과 같이 새롭게 제시한다(이하는 홍은숙, 2007: 283-287의 내용을 다소 수정한 것임).

첫째, 추구하는 가치면에서, 합리주의 교육관은 절대적, 보편적 가치라는 의미에서의 내재적 가치를 추구하며, 공리주의 교육관은 외재적 또는 실용적 가치를 추구한다. 이에 비하여 실천전통 교육관은 실천전통의 내적 가치를 추구한다.

둘째, 추구하는 가치의 원천을 보면, 합리주의의 내재적 가치는 개인의 경험과 무관하게 선험적, 절대적으로 존재한다. 공리주의의 가치는 개인들의 욕구의 총화, 즉 수렴된 가치로서, 개인들의 욕구에 따라 주관적으로 달라진다. 이와는 달리 실천전통 교육관에서 추구하는 가치는 그 활동에 참여하는 성원들에 의해 '공유된 가치'로서 실천전통 전체를 발전시키는 것이다. 이런 점에서 실천전통의 내적 가치는 구성원들의 간주관적인 가치라고 볼 수 있다.

셋째, 인간관의 측면에서 보면, 합리주의 교육은 개인을 이성적, 합리적으로 진리를 탐구하고 관조하는 사람으로 본다. 공리주의 교육은 개인을 자신의 욕구를 충족시키고자 하는 존재로 본다. 이에 비해 실천전통 교육관에서는 개인을 사회 전통의 담지자, 즉 다양한 실천전통에 입문되어 그것을 합리적으로 수행하는 실천가로 본다. 후기 허스트가 개인을 공리주의처럼 '욕구 담지자' 및 그 욕구를 합리적으로 실천하는 사람으로 보는 것과는 달리, 실천전통 교육관은 개인을 '전통의 담지자', 즉 실천전통에의 입문을 통해 자아를 개발하고 실현하며 사회 전통을 발전시켜 나가는 사람으로 보아야 한다고 홍은숙은 제안한다.

넷째, 교육에서 추구하는 좋은 삶을 보면, 합리주의 교육관에서는 이성적 이성 혹은 합리성을 추구하는 삶을 강조한다. 공리주의 교육관에서는 인간의 욕구를 최대로 만족시키는 삶을 좋은 삶으로 본다. 실천전통 교육관의 경우 후기 허스트는 '인간의 전반적인 욕구를 장기적인 안목에서 최대한 만족시키는 삶'을 좋은 삶으로 본다. 그러나 이러한 견해는 오늘날의 공리주의 이론과 별 차이가 없기 때문에 실천전통 교육관에 대한 오해를 불러일으킨다. 이에 홍은숙은 후기 허스트와는 달리, 실천전통 교육관이 추구하는 좋은 삶을 '실천전통을 통해 개인의 정체성을 확립하며 사회의 공동선에 기여하는 삶'이라고 정의한다.

다섯째, 이성의 성격은 각 교육관에서 다르다. 합리주의 교육관에서는 진리를 탐구하고 관조할 수 있는 이론적 이성을 강조한다. 공리주의 교육관에서는 개인의 욕구를 최대로 만족시키기 위한 도구적 이성을 강조한다. 실천전통 교육관에는 실천적 이성을 강조한다. 후기 허스트는 '실천적 이성'의 의미를 실천전통을 합리적으로 수행하는 데 필요한 이성으로 보기도 하고, 자신의 욕구를 합리적으로 충족시키기 위한 도구적 이성으로 보기도 한다. 이것 때문에 실천전통 교육관이 자신의 욕구 충족을 위한 도구적 이성을 발휘하는 것으로 오해된다. 이러한 혼동을 바로잡기 위해 홍은숙은 '실천적 이성'을 실천전통을 합리적으로 수행하는 데 필요한 이성을 가리키는 것으로 사용하며, 공리주의의 도구적 이성과 구분한다.

여섯째, 각 교육관이 추구하는 교육의 핵심을 보면, 합리주의 교육관은 진리 탐구를 위한 합리성 교육을 지향한다. 공리주의 교육관은 욕구

충족을 위한 실용성 교육을 주장한다. 이에 비하여 실천전통 교육관은 다양한 실천전통에의 입문을 통해 개인의 공동체적 자아 정체성을 획득하고 발전시키는 정체성 교육을 추구한다.

일곱째, 교육내용 면에서 보면 합리주의 교육관은 이론적 학문 활동인 지식의 형식들을 가르친다. 공리주의 교육관은 실용적, 도구적 지식을 가르친다. 실천전통 교육관은 사회의 다양한 실천전통들, 후기 허스트가 말하는 지배적이고 성공적인 합리적 실천전통들을 가르칠 것을 주장한다.

여덟째, 앎의 성격 면에서 보면, 합리주의 교육관은 이론적 지식을 관조하도록 가르치는 관조적 앎, 앎의 대상과 거리를 둔 고답적 앎을 지향한다. 공리주의 교육관은 실제적 지식을 실용적으로 활용할 수 있도록 가르치는 '실용적 앎'을 지향한다. 실천전통 교육관은 실천전통에 입문하여 자신의 총체적 삶을 형성해가는 실천적 지식을 가르치며, 이에 인격적, 헌신적 앎을 지향한다.

아홉째, 흔히 교육모형으로서 '보는 교육'과 '하는 교육'이 대립적으로 제시된다. '보는 교육'은 절대적으로 존재하는 진리를 관조하고 이해하도록 가르치는 일, 즉 이성을 통해 지적 안목을 가지고 문제사태를 발견하고 개념과 원리를 보도록 가르치는 일을 강조한다. 반면에 '하는 교육'은 실용적 가치 추구를 위해 혹은 개인의 욕구 만족을 위해 문제해결 능력을 기르고 행하도록 하는 일을 강조한다(이홍우, 1984: 130-137). 대체로 보면, 합리주의 교육은 '보는 교육'을, 공리주의 교육은 '하는 교육'을 주장한다고 말할 수 있다. 그렇다면 실천전통 교육관은 어디에 해당되는가? 홍은숙은 실천전통 교육관의 특징을 '듣는 교육'으로 새롭게 명명한다. 실천전통의 이야기를 듣고 그것에 참여하여 수행하는 가운데 자신의 정체성과 자신의 총체적 삶의 이야기를 구성하도록 하는

〈표 9-1〉 합리주의, 공리주의, 실천전통 교육관의 비교

	합리주의 교육관	공리주의 교육관	실천전통 교육관
추구하는 가치	내재적 가치	외재적 가치	실천전통의 내적 가치
가치의 원천	절대적, 선험적 가치	개인들의 욕구의 총화, 수렴된 가치	실천전통에 공유된 선
인간관	이성적 관조자	욕구 담지자	사회 전통의 담지자, 실천전통의 실천가
좋은 삶	이론적 이성 혹은 합리성을 추구하는 삶	인간의 욕구를 최대로 만족시키는 삶	실천전통을 통해 개인의 정체성을 확립하며 사회의 공동선에 기여하는 삶
이성	이론적 이성	도구적 이성	실천적 이성
교육의 핵심	(진리탐구를 위한) 합리성 교육	(욕구충족을 위한) 실용성 교육	(공동체적 자아형성을 위한) 정체성 교육
교육 내용	지식의 형식, 이론적 학문	실용적 지식	다양한 실천전통
앎의 성격	관조적, 고답적 앎	실용적 앎	실천적, 인격적 앎
교육 모형	보는 교육	하는 교육	듣는 교육

교육인 것이다. 이것은 〈표 9-1〉과 같이 요약될 수 있다.

5. 나가는 말: 실천전통 교육관의 교육적 시사점

이 글에서 우리는 '실천전통에의 입문으로서의 교육'이라는 새로운 교육관이 제시된 배경과 그 특성을 살펴보았다. 실천전통 교육관은 기본적으로 편협한 주지주의 교육과 무의미한 지식교육의 문제를 해결하기 위한 대안으로 제시되었다. 여기서 '실천전통' 개념은 맥킨타이어

가 윤리학에서 덕의 개념을 정의하기 위해 제안한 것을 교육에 원용한 것이다. 이제 실천전통 교육관이 교육의 실제를 운영하는 데 어떤 시사점을 주는지, 교육 실제를 개선하는 데 어떤 도움을 줄 수 있는지를 몇 가지 측면에서 생각해 보고자 한다.

첫째, 실천전통 교육관은 교육내용 선정의 범위를 확대함으로써 편협한 주지주의 교육을 바로 잡을 수 있는 대안을 제시했다는 점에서 교육에 큰 공헌을 한다고 말할 수 있다. 실천전통 교육관은 '지식의 형식'으로 대표되는 이론적 학문 활동을 넘어서 실제적인 활동도 교육내용으로 포함할 것을 제안한다. 교육내용 선정 기준과 관련하여, 후기 허스트는 학생들이 입문되어야 할 실천전통은 사회에서 실지로 참여하는 지배적이고 성공적인 활동이어야 한다고 말하며, 이것을 세 가지 유형으로 구분한다. 그러나 교육에서 어떤 기준에서 어떤 실천전통을 가르쳐야 하는가라는 문제는 사회의 특성 및 학생들의 필요 등 제반 상황을 고려하여 지속적으로 연구하고 실천하면서 풀어가야 할 과제다.

둘째, 실천전통 교육관은 교과교육의 문제점들을 바로잡고 교과교육의 모형을 새롭게 제시한다는 점에서 교육에 큰 공헌을 한다고 말할 수 있다. 교과교육의 문제는 다양하겠지만, 한 가지는 특정 교과를 가르칠 때 그 교과의 다양한 요소가 무시되고 주로 명제적 지식 위주로 교과교육이 이루어진다는 점이다. 제3장에서 살펴본 실천전통의 다양한 구성 요소는 교과교육에서 가르쳐야 할 활동의 여러 요소를 드러내준다는 점에서 교과교육의 모형을 새롭게 제시해준다. 즉, 실천전통 교육관은 교과를 가르칠 때 명제적 지식만을 강조하는 주지주의에서 벗어나, 그 활동의 내적 가치, 전문적 기술, 정서, 덕, 서술적 이야기 등의 다양한 요소를 균형 있게 가르칠 것을 제안한다.

교과교육의 또 다른 문제는 종종 명제적 지식이 그 의미를 상실한 무기력한 형태로 전달된다는 사실이다. 무기력한 지식교육이 이루어지는 이유는 전달되는 명제가 그것의 의미를 부여해주는 배후 활동을 떠나 파편적인 형태로 가르쳐지기 때문이다. 실천전통 교육관은 교육의 초점을 부분적인 명제나 기술로부터, 그것에 의미를 부여해주는 배후 활동인 '실천전통'으로 옮기게 함으로써 의미 있는 교육, 살아있는 교육을 할 수 있도록 한다.

셋째, 실천전통 교육관의 새로운 교과교육 모형은 전인교육에 대한 새로운 접근을 가능하게 해준다. 흔히 전인교육은 지·정·의의 조화가 이루어지도록 여러 분야의 활동을 균형 있게 가르치는 것으로 이해된다. 예컨대 과학이 주지교과이기 때문에 음악을 추가로 가르쳐야 한다는 제안처럼, 전인교육을 위해서는 주지교과 중심에서 벗어나 비주지교과를 균형 있게 가르칠 필요가 있다는 것이다. 실천전통 교육관은 교육내용을 다양한 활동으로 확대함으로써 이러한 의미에서의 전인교육을 하는 데 기여한다고 볼 수 있다.

그러나 이와 동시에 실천전통 교육관은 모든 교과가 전인교육의 형태로 이루어질 것을 주장한다. 모든 실천전통에는 다양한 요소가 있으며, 따라서 실천전통을 배우는 일은 각 활동의 다양한 요소를 배우는 일이다. 과학 활동을 제대로 가르치기 위해서는 그것의 다양한 요소를 균형 있게 가르쳐야 하며, 이것은 바로 과학을 전인교육의 방식으로 가르치는 것이다. 즉, 과학을 배운 학생은 과학적 명제뿐만 아니라 과학의 내적 가치, 과학자로서의 인격과 덕, 과학적 열정, 과학적 기술, 과학 전통의 이야기 등을 모두 습득해야 하는 것이다. 이런 점에서 실천전통 교육관은 전인교육을 강조하며, 교과 내부에서 그리고 교과들 사이에서 전인교육이 이루어질 것을 제안한다고 볼 수 있다(홍은숙, 2007: 14장 참조).

넷째, 실천전통 교육관은 도덕교육에 대한 새로운 접근을 가능하게 해준다. 실천전통의 핵심 요소인 '활동의 내적 가치'는 누가 가르쳐야 하는가? 덕에는 정직, 성실, 우애 등과 같이 보편적인 것이 있고 그것들은 도덕교육에서 가르칠 수 있을 것이다. 그러나 각각의 실천전통의 내적 가치, 예컨대 과학의 고유한 가치, 의술의 가치, 농업의 가치 등은 그 활동에 종사하는 사람이 아니면 알기 어려우며, 따라서 이러한 가치들은 일반적인 도덕교육에서 가르칠 수 없다. 그러나 과학을 가르칠 때 과학의 가치를 가르치기보다는 과학적 명제와 기술들에 초점을 두고 가르쳐온 것이 사실이다. 따라서 다양한 전문적 활동의 내적 가치는 교육의 사각지대에 놓여 있다. 홍은숙은 실천전통의 내적 가치들을 '도덕적 영역'와 구분하여 '인륜적 영역'이라고 명명하고, 사각지대에 놓인 '인륜적 가치', 즉 실천전통의 내적 가치에 대한 교육이 이루어져야 함을 지적한다(홍은숙, 2007: 13장 참조). 이처럼 실천전통 교육관은 도덕교육 내지 가치교육의 영역을 재음미하고, 사회에서 절실히 필요하면서도 교육의 사각지대에 놓인 '인륜적 가치' 교육에 관심을 가질 것을 요청한다. 이와 더불어 도덕교육 역시 단순히 윤리학 이론을 가르치거나 도덕적 판단기술을 가르치는 것이 아니라, 도덕의 실천전통에의 입문시키는 것으로 그 성격이 변화되어야 할 것이다.

다섯째, 실천전통에 입문시킨다는 것은 실천전통의 다양한 요소를 가르칠 뿐만이 아니라, 사회의 전통 속에서 개인의 총체적 삶의 이야기를 만들어가도록 가르치는 것이다. 이처럼 실천전통 교육관은 개인의 정체성을 형성하고 발전시키도록 가르치는 '정체성 교육'에 관심을 가진다. 현대의 자유주의 교육에서는 개인의 정체성 교육을 사적인 일이라고 생각하고 교육의 주된 관심으로 생각하지 않는 경향이 있다. 그러나 실천전통 교육관은 실천전통을 선택하고 그것에 입문되는 과정에서 궁극적으로 개인의 총체적 삶에 의미 있도록 가르치는 일을 강조한다.

여섯째, 교육을 통해 무엇인가를 배워서 안다고 할 때, 지식을 획득한 상태를 실천전통 교육관에서는 어떻게 보며, 이것을 위해 어떤 교육 방법이 필요한가? 실천전통 교육관에서 추구하는 앎의 성격은 해당 활동을 수행할 수 있는 실천적인 앎, 그리고 그 활동의 구성원으로 참여하고 헌신하는 인격적인 앎이다. 이것은 앎의 대상과 멀리 떨어져 관조적인 관람자의 자세를 가지는 것이 아니라, 그 활동의 참여자가 될 때만 얻을 수 있는 내적 가치 및 관련된 덕을 획득하는 것이다.

이러한 인격적이고 실천적인 앎을 위해서 실천전통 교육관에서는 최근에 많이 강조되는 내러티브적 접근 방법이나(Bruner, 1985) 이야기를 통한 교육 방법 등을 활용할 수 있을 것이다. 내러티브는 정보들을 의미 있는 방식으로 재구성하여 '의미를 생성'한다는 특징을 가진다. 또한, 내러티브는 인간의 경험을 파편적으로 이해하는 대신, 과거, 현재, 미래의 시간이 통합된 총체적 시간의 배열 속에서 이해한다는 특징을 가진다(Polkinghorne, 1988). 이러한 내러티브는 삶 전체의 맥락 속에서 자아를 발견하고 구성하게 해준다. 맥킨타이어에 의하면, "인간은 근본적으로 이야기를 말하는 동물"(MacIntyre, 1984: 126)로서 인간은 이야기를 통해서 자아를 구성하고 이야기적 삶의 관계망 속에서 살아가며, 내러티브에 의해 우리 자신의 삶을 이해한다고 한다. 이런 점에서 내러티브는 전통을 이해하는 데에나 개인의 총체적 삶의 이야기를 구성하는 데에 직접적인 도움이 될 수 있을 것이다. 실천전통에의 입문을 위한 교육 방법 역시 지속적으로 연구될 필요가 있다.

끝으로, 교육 모형에 대해 생각해볼 필요가 있다. 교육 모형을 흔히 공리주의 및 실용주의의 '하는 교육'과 주지주의 및 합리주의의 '보는 교육'으로 구분한다. 그렇다면 실천전통 교육관은 어떤 교육 모형에 속하는가? 실천전통 교육관이 실천을 강조한다고 해서 그것을 공리주의의 '하는 교육' 모형과 동일시할 수는 없다. 또한 실천전통 교육관이 활동의 내적 가치를 강조한다고 해서 그것을 절대적, 내재적 진리를 관조하는 '보는 교육'과 동일시할 수도 없다. 이에 홍은숙은 실천전통 교육관을 이스라엘의 쉐마교육(신명기 6장 4절)에서 용어를 빌려와 '듣는 교육'으로 명명한다. 실천전통 교육관은 전통의 내적 가치와 공동체의 이야기를 듣고 행하여 전통을 발전시킨다는 점에서 듣는 교육이라고 할 수 있다. 또한, 전통의 이야기를 듣고 배움으로써 자신이 누구이며 어떻게 살아야 하는지를 배우는 정체성 교육을 강조한다는 점에서, 즉 개인의 총체적 이야기 형성을 통해 정체성을 발전시킨다는 점에서 이것을 듣는 교육이라고 부를 수 있다. 홍은숙은 "듣는 교육의 모형은 우리에게 사회 및 공동체에 대한 관심을 불러일으키며, 공동체의 이야기에 기초한 앎과 삶의 양식을 제공하는 등 새로운 교육적 모델이 될 수 있다"고 제안한다(홍은숙, 2007: 297).

이 글에서 우리는 실천전통 교육관의 필요성과 특징, 그리고 그것이 제안하는 새로운 교육 패러다임을 살펴보았다. 실천전통 교육관에서 제안된 교육내용을 가르치기 위해서는 그것을 가르치는 데 적합한 교과서 및 교재 개발이 이루어져야 한다. 즉, 교재는 실천전통의 내적 가치, 서술적 이야기, 명제적 지식, 판단력, 전문적 기술, 덕과 인격, 정서, 법률적 자격 등을 가르칠 수 있도록 개발될 필요가 있다.

또한, 실천전통 교육관을 실현하기 위해서는 그것을 이해하고 실천할 수 있는 교사를 길러낼 수 있는 교사교육이 필요하다. 실천전통의 내적 가치를 가르치는 것이 왜 중요한지, 그것이 무엇이며 어떻게 가르칠 수 있는지를 교사가 알아야 내적 가치를 가르칠 수 있을 것이다. 교사는 자신이 가르치는 실천전통이 발전되어온 서술적 이야기들을 들려줄 수 있어야 하고, 그 활동에 요구되는 덕과 인격, 정서 등을 스스로 가지며, 이것을 학생들에게 직간접적으로 가르칠 수 있어야 할 것이다.
이러한 실천전통 교육관을 통해 이 땅의 교육이 조금이라도 개선되길
희망한다.

참고문헌

김선구(2007). "허스트의 실천적 이성과 그 교육적 한계". 교육철학, 39, 33-55.

유재봉(2000). "교육철학의 새로운 패러다임: '사회적 실제에의 입문으로서의 교육'". 교육학연구, 38(3).

유재봉(2002). 현대교육철학 탐구: 자유교육에 대한 비판 및 대안 탐색. 파주: 교육과학사.

이홍우(1984). 교육의 목적과 난점. 파주: 교육과학사.

이홍우(1991). 교육의 개념. 파주: 교육과학사.

한기철(2004). "Alasdair MacIntyre의 '행위전통' 개념과 그것의 교육학적 활용에 대한 재검토". 아시아교육연구, 5(3), 23-50.

홍은숙(1992a). "세 가지 주지주의 교육". 교육학연구, 30(4), 37-52.

홍은숙(1992b). "교육의 내재적 가치 인식에 관한 고찰". 교육학연구, 30(3), 43-55.

홍은숙(2002). "공동체주의 교육의 개념 연구: 사회적 실제에의 입문으로서의 교육". 교육철학, 27, 173-198.

홍은숙(2004). "교육의 준거점으로서의 '사회적 실제' 개념의 재음미". 교육철학, 32, 217-238.

홍은숙(2006). "후기 허스트의 도덕교육론 고찰: '실천전통에의 입문으로서의 교육관'에서의 도덕교육". 도덕교육연구, 17(2), 163-186.

홍은숙(2007). 교육의 개념: 실천전통에의 입문으로서의 교육. 파주: 교육과학사.

Bruner, J. S. (1960). *The process of education*. Mass.: The Harvard University Press. 이홍우(역). (1973). 교육의 과정. 서울: 배영사.

Bruner, J. S. (1985). Narrative and paradigmatic models of thought. in Eisner (ed.). *Learning and teaching the ways of knowing: NSSE*. Chicago: University of Chicago Press.

Dewey, J. (1916). *Democracy and education*. NY: Macmillan.

Hirst, P. H. (1974). *Knowledge and curriculum*. London: Routledge & Kegan

Paul.

Hirst, P. H. (1992). Educational aims: Their nature and content. *Philosophy of Education 1991*. Normal. Illinois: Philosophy of Education Society. 40–59.

Hirst, P. H. (1993a). Education, knowledge and practices, R. Barrow and P. White (eds.). *Beyond liberal education: Essays in honour of P. H. Hirst*. London: Routledge & Kegan Paul.

Hirst, P. H. (1993b). The foundations of national curriculum: Why subjects? in P. O'Hear and J. White (eds.). *Assessing the National Curriculum*. London: Paul Chapman Publishing Ltd.

Hirst, P. H. (1998). Philosophy of education: the evolution of a discipline, in G. Haydon (ed.). *50 years of philosophy of education: Progress and prospects*. London: Institute of Education, University of London.

Hong, E. (1991). *Education as initiation into practices*. Unpublished doctoral dissertation. Syracuse University.

Martin, J. R. (1981). Needed: A new paradigm for liberal education. J. Soltis, (ed.). *Philosophy and Education NSSE Yearbook*. Chicago: The National Society for the Study of Education. 37–59.

MacIntyre, A. (1984). *After Virtue: A study in moral theory*(2nd ed.). Notre Dame: University of Notre Dame Press, 이진우(역). (1997). 덕의 상실. 서울: 문예출판사.

Meyer, B. C. (1995). *Practice makes perfect: Christian education viewed as initiation into Christianity as a practice*. Unpublished doctoral dissertation. Syracuse University.

Miller, D. (1994). Virtues, practices and justice. J. Horton and S. Mendus(eds.). *After MacIntyre*. Notre Dame: University of Notre Dame Press. 245–264.

Peters, R. S. (1966). *Ethics and Education*. London: George Allen & Unwin Ltd. 이홍우(역). (1980). 윤리학과 교육. 파주: 교육과학사.

Polkinghorne, D. E. (1988). *Narrative knowing and the human sciences*. 강현석 외(공역). (2007). 내러티브, 인문과학을 만나다: 인문과학연구의 새 지평. 서울: 학지사.

Schön, D. (1983). *The reflective practitioner: How professionals think in action*. NY: Basic Books.

Whitehead, A. N. (1929). *The aims of education*. NY: Macmillan Company.

Wiggins, G., & McTighe, J. (2005). *Understanding by design*(Expanded 2nd ed.) Alexandria, VA: ASCD.

제10장 파커 파머의 지식론과 교육

이현민 (부경대학교)

1. 서 론

파머(Parker Palmer, 1939~)는 사회운동가로서 교육과 공동체, 리더십, 영성, 사회 개혁에 관한 문제들에 관심을 가지고 저술과 강연 활동을 하면서 세계적인 명성을 얻었다. 그는 1980년대 이후 일련의 저작과 강연을 통하여 현대 사회의 파편화되고 분열된 교육이론과 실천을 비판하고 인간성의 회복과 교육의 영적인 차원을 강조하는 자신만의 독특한 교육사상을 주창하였다. 그의 교육적 주장은 미국 내에서뿐만 아니라 전 세계적으로 상당한 호응과 공감을 얻었고, 우리나라에서도 그의 저작들이 번역되어 널리 읽히면서 관심의 대상이 되어왔다. 그는 자신의 교육관을 바탕으로 '용기와 회복을 위한 센터'(Center for Courage and Renewal)를 설립하고 "가르칠 수 있는 용기"(CTT, Courage to Teach)라고 불리는, 유치원부터 고등학교까지 연령대의 학생들을 가르치는 교사들을 대상으로 하는 교육 프로그램을 고안, 운영하였다. 이 프로그램은 많은 사람으로부터 열렬한 환영을 받았으며, 곧 의학자, 법률가, 성직자, 자선단체 활동가들을 포함하는 다른 직업군에 종사하는 사람들을 위한 프로그램으로 변용되어 확산되었다.

파머는 1969년, 버클리대학교(University of California at Berkeley)에서 사회학 전공으로 박사 학위를 받았으며, 그 후 워싱턴 D. C.에서 지역공동체 조직가, 사회운동가로서 활동하였다. 그는 35세 때 필라델피아 펜들 힐(Pendle Hill)에 있는 퀘이커교 신자들의 공동체에 들어가서 11년간 생활하였다. 그곳에 머무는 동안 그는 교사들을 지원하는 일을 하였는데, 이것이 그가 교육에 대해서 관심을 두게 된 계기가 되었다. 그는 그곳에서 생활한 경험과 오랜 사색을 바탕으로 영적 차원을 인정하는 교육, 공동체성을 회복하는 교육의 필요성을 역설하며 독특한 대안적 교육관을 펼쳐내었다(김종훈, 2013: 112-128). 그는 미국고등교육협회(American Association of Higher Education)의 준회원과 퀘이커교단에서 운영하는 페처 연구소(Fetzer Institute)의 고문으로 활동하였다. 1998년, "리더십 프로젝트"라고 명명된 전미 1만 명의 교육자들을 대상으로 벌인 설문조사에서 과거 10년간 가장 영향력 있는 원로 지도자 서른 명 가운데 한 명으로, 핵심적인 의제 설정자 열 명 가운데 한 명으로 선정되었다(http://www.couragerenewal.org/parker#bio). 2010년에는 종교교육협회(Religious Education Association)에서 종교교육에 큰 영향을 끼친 지도자에게 수여하는 "윌리엄 레이니 하퍼 상"(William Rainey Harper Award)을 받았다. 이 상은 전에 미드(Margaret Mead), 위젤(Elie Wiesel), 프레이리(Paulo Freire) 등이 수상한 적이 있다(Wikipedia, "Parker Palmer").

그는 자신의 독특한 관점으로 현대 교육의 문제를 진단하고 그에 따른 대안을 제시하고자 한다. 그가 보기에 오늘날 교육은 막다른 곤경에 처해 있다. 현대 교육의 문제는 구체적으로 학생들이 진리에 저항하고 교사들은 그런 학생들에 대해 절망에 빠져있으며 가르치고 배우는 공동체가 와해된 모습으로 나타난다. 이 문제는 기술적인 수준에서 해결될 수 있는 것이 아니라 그보다 더 근원적인 차원의, 소위 "영적인" 문제다. 그러므로 이 문제는 더 나은 교수학습법으로 해결할 수 없다. 그는 교육이 이런 위기에 봉착한 근본 원인은 근대 이후 지금까지 서양이 견지하고 있던 객관주의적 인식론에 있다고 본다. 서양의 근대적 인식론, 즉 객관주의 지식관은 인식 주체와 인식 대상을 예리하게 구분한다. 인식하고자 하는 대상을 제대로 알기 위해서 인식 주체가 가진 주관성을 최대한 배제하여야 하기 때문이다. 그리하여 인식 대상은 인식 주체와 독립적으로 '저쪽 바깥'에 존재하는 것으로 간주되었다. 인식 주체와 인식 대상의 분리와 결별은 인간과 세계 사이에 원래부터 구축되어 있던 공동체적 관계성을 붕괴시켜버렸다. 파머는 세계를 바라보는 방식, 즉 인식론(혹은 지식론)이 교육의 실천에 결정적인 영향을 미친다고 생각한다. 지식론이 제공해주는 인식의 주체와 대상, 그리고 그 둘의 관계에 대한 이미지들은 교육의 과정에 반영되며 교육받은 개인의 사고와 행동 방식에 영향을 끼친다. 그리고 사람들은 자신들이 교육받은 사고와 행동 방식대로 삶을 살아간다. 그러므로 지식론은 교육을 형성할 뿐만 아니라 삶을 형성한다. 따라서 그는 교육 문제를 해결하는 열쇠도 새로운 대안적 인식론을 모색하여 제시하는 것이라고 본다(Palmer, 2000: 77-78; 2010: 25).

이 글은 파머가 주장한 대안적 지식론을 살펴보고 그것에 기반을 둔 그의 교육사상을 교육의 목적, 내용, 방법으로 나누어 고찰한다. 이를 위하여 첫째, 그의 지식론을 인식의 대상과 주체, 지식의 범주로 구분하여 고찰한다. 둘째, 그의 지식론을 바탕으로 한 그의 교육적 주장들을 교육의 목적, 내용, 방법으로 분석·정리함으로써, 그의 교육사상을 교육학의 일반적인 논의의 틀 안에서 규명한다. 끝으로, 그의 지식론과 교육론에 대하여 비판적 논의를 통하여 우리에게 주는 시사점을 찾아보려 한다.

2. 파머의 지식론

파머는 근대의 객관주의 지식론이 교육과 인간 삶에 끼친 해악에 대해서 통렬한 비판을 가한다. 그에게 객관주의 지식론은 모든 문제의 근원이라 할 수 있다. 그는 이 지식론의 한계를 극복하고 인간 삶을 새롭게 할 대안적 지식론을 구축하고자 한다. 이 장은 크게 두 부분으로 구성되어 있다. 먼저, 근대의 객관주의 지식론에 대한 그의 비판을 개관한 후, 그가 주장하는 대안적 지식론을 고찰한다. 객관주의 지식론에 대한 비판을 이해하기 위해서는 서양의 근대 객관주의 지식론에 대한 이해가 선행되어야 한다. 그러므로 1절에서는 근대의 객관주의 지식론의 역사적 배경을 간략하게 살펴본 후에, 그에 대한 파머의 비판을 다룰 것이다. 2절은 객관주의 지식론의 폐해를 극복하기 위해 파머가 제시하는 대안적 지식론을 개관한다.

1) 객관주의 지식론에 대한 비판

(1) 객관주의 인식론의 역사적 배경

서양의 근대 객관주의적 인식론은 데카르트로부터 시작한다. 데카르트가 살았던 당시의 유럽은 그때까지 잔존해 있던 중세 스콜라주의와 르네상스의 자연주의(naturalism), 새롭게 부상하는 자연과학 이론이 서로 부딪히고 갈등하는 가운데 정신적인 혼란을 겪으면서 많은 사람이 인식론적인 회의주의(scepticism)에 빠져들었다. 데카르트는 이런 인식론적 혼란이 인간 이성 자체의 결함이 아니라 이성의 오용으로 인한 것이라 보았다. 그는 이런 사상적 혼란을 극복하기 위해서 모든 학문에 적용 가능한, 객관성을 담보할 방법을 새롭게 고안하려고 하였다. 그는 수학적 방법, 특별히 기하학의 연역적 방법을 통해 "회의불가능" (indubitable)하고 "명석하고 판명한 지식"(clear and distinct knowledge), 객관적인 지식을 확보할 수 있다고 믿었다. 연역적 방법은 하나의 공리로부터 출발하여 지식을 체계적으로 구축해나가는 것이다. 그는 "회의의 방법"(the method of doubt)을 통하여 전적으로 신뢰할 수 있는 지식을 구축하는 데 필요한 확실한 토대가 될 자명한 공리를 찾으려고 하였다. 데카르트는 회의의 방법을 통해 신을 포함한 모든 실재의 존재를 의심하던 중에, 그렇게 회의하고 있는 자기 자신의 존재는 부정할 수 없다는 결론을 내렸다. 그리고 이를 널리 알려진 대로 "Cogito, ergo sum"(나는 생각한다, 그러므로 존재한다)이라는 명제로 표현하였다. 사유하는 인간의 존재는 객관적이고 "명석 판명한 지식"의 출발점이 된다. 그는 이 첫 번째 공리를 출발점으로 삼아 연역적 추론을 통해서 신의 존재와 세계의 존재를 다시 확인한다.

그는 세계 속에 존재하는 모든 실재를 두 가지 근본적인 범주, 즉 "사유하는 실체"❶(res cogitans, thinking substance)와 "공간을 점유하는 실체"(res extensa, extensional substance)❷로 구분한다. 이 실재의 두 영역은 근본적으로 달라서 어떤 접촉점도 없으며 절대로 서로 만나지 않는다. 데카르트의 인식틀에서 인식의 대상이 되는 물리적 세계와 인식의 주체인 인간은 서로 거리를 두고 마주 보고 있다. 인간은 태어날 때부터 가지고 있는 "본유관념"(innate ideas)에 근거하여 적절한 방법에 따라 자신의 이성을 사용하여 세계를 알아간다. 세계는 인간에게서 멀찍이 떨어져 인간의 인식과 사유의 대상으로 존재한다. 데카르트는 인식의 대상이 되는 세계를 불변하는 객관적 실체로서 확실한 지식의 대상이라고 믿었지만, 그의 인식론에서 인식의 확실성은 인식의 주체 안에서 찾는다. 즉, 지식의 보편성과 객관성을 담보하는 것은 모든 인간에서 동일하게 부여된 "양식"(良識, bon sense), 즉 이성과 본유관념이다

---

❶ 인간, 그중에서도 인간 내면의 생각하는 기능을 가진 영혼 혹은 이성(reason)을 의미한다. 인간은 몸을 가지고 있긴 하지만 본질적인 부분은 내면의 사유하는 실체, 즉 영혼이다.

❷ 수량적으로 측정이 가능한 실체로서, 인간 이외의 세계 속에 존재하는 모든 사물(즉, 세계)을 의미한다.

(Copleston, 1994a: 63-123; 김상환, 원석영, 2003: 92-116).

데카르트의 이분법적 인식론의 틀은 '경험론'(empiricism)에서도 변함없이 유지된다. 로크는 인식의 출발점이 인간 내면의 이성이 아니라 감각 경험이라고 보는 점에서 데카르트로 대표되는 '합리론'(rationalism)과 견해를 달리한다. 그는 본유관념을 부인하고 인간 본연의 내면은 '백지 서판'(tabula rasa)과 같다고 보았다. 그런 백지 서판과 같은 인간 마음이 사유할 때 필요한 재료가 되는 관념(idea)은 감각 경험을 통해서 얻어야 하므로, 인식은 경험으로부터 시작하여야 한다고 주장하였다. 그는 지식을 "관념 간의 연합과 일치 혹은 불일치와 모순에 대한 지각"이라고 정의 내린다. 비록 경험을 통해 관념을 얻지만(감각) 그것들 간의 연합과 일치, 불일치를 지각하는 것(반성)은 인간 내면의 마음이다. 로크가 바라본 인간도 본질적으로는 이성적으로 사고하는 인간이다. 로크의 인식론에서도 데카르트가 설정한 세계와 인간이 마주보는 이분법적 틀은 그대로 유지되고 있으며, 인식의 확실성의 기준도 인간 내면에 두고 있다(Copleston, 1994b: 67-122; 정연교, 하종호, 2003: 211-236).

합리론에서 세계는 구체적인 경험이 없이도 본유관념을 통해 파악되기 때문에 지식은 필연적이며 객관적이고 보편타당하다. 그러나 그렇게 구축된 보편타당한 지식이라도 경험이 없으면 지식의 내용이 채워지지 않게 되며 독단론에 빠지게 된다. 경험론은 본유관념이 없는 인간 영혼이 외부 세계에 대한 감각경험과 그로부터 귀납적 추론을 통해 세계에 대한 인식을 얻게 된다. 그러나 경험을 통한 귀납적 세계 인식은 이성이 요구하는 필연성이나 보편성을 확보할 수 없다. 경험적 인식은 언제나 개연성만을 가질 뿐이다. 칸트는 합리론과 경험론이 봉착한 이론적 한계를 극복하려고 하였다. 그는 경험을 통하여 세계에 대한 정보를 얻으면서도 보편성과 필연성을 확보할 수 있는 새로운 인식론을 고안하여 주창한다. 그에 따르면, 인간은 인식 주체로서 자신의 고유한 인식의 틀(형식)에 따라 세계를 이해하고 해석한다. 인간에게 주어진 인식의 틀은 경험 이전에 선험적으로 주어진 보편적인 것이다. 인간이라면 누구나 같은 인식의 틀을 가지고 있다. 인식 대상으로서 세계는 인간에게 그 인식의 틀에 따라 보이고 이해되고 해석되기에 세계에 대한 인간의 지식은 객관적인 타당성을 가진다. 칸트는 인식의 대상인 세계를 "있는 그대로의 실재"와 "지각된 실재", 즉 '물자체'(Ding an sich)와 '현상'(phenomenon)으로 구분하고, 우리가 인식할 수 있는 것은 현상이지 물자체가 아니라고 주장한다. 칸트는 인간은 자신을 현상세계 속의 일부로서가 아니라 전체 현상을 넘어서는 초월적 주체로서 인식할 수 있다고 주장한다. 칸트의 인식론에서도 데카르트가 설정한 인식의 주체와 대상이 서로 거리를 두고 마주 보는 이분법적 틀이 그대로 유지되고 있다. 인간은 지각된 세계(현상)에 대한 보편적이고 객관적 지식을 얻을 수 있게 되었지만, 감각 경험의 원인을 제공하는 지각 밖의 세계(물자체)에 대해서는 그것이 존재하고 있다는 것 외에는 아무것도 알 수 없게 되었다. 그러므로 세계와 인간 사이의 거리는 더욱 멀어졌다고 볼 수 있다. 합리론과 경험론에서처럼 칸트의 인식론에서도 인식의 확실성이 인간 내면에 선험적으로 내장된 인식의 형식을 통해서 확보되고 있음을 알 수 있다(Copleston, 1994c: 211-307; 한자경, 2003: 356-383).

이상이 데카르트로부터 시작하여 칸트에 이르기까지 이론적으로 발전해 온 서양 근대의 객관주의적 인식론에 대한 간략한 설명이다. 살펴본 바와 같이, 이 객관주의 인식론들은 각 이론이 강조하는 바가 다르지만 애초에 데카르트가 설정한 인식론의 이분법적 기본 구도는 그대로 유지하고 있다. 인식 주체인 인간과 인식의 대상인 세계는 언제나 거리

를 두고 떨어져 있으며, 지식의 보편적인 타당성과 확실성을 담보하는,
소위 '아르키메데스의 기점'은 언제나 인식의 주체인 인간 내면에 있다
(강영안, 1996: 35-102).

(2) 객관주의 지식론 비판

서양의 근대 객관주의 지식은 인식 주체와 대상 사이에 거리를 두게
함으로써 인식의 과정에서 주관을 철저히 배제하고자 하였다. 그 결과
지식은 오직 사실만을 다루고 있는 것으로 여겨졌다. 객관주의 지식은
그 자체 안에 주관적 요소, 즉 열정이나 목적을 가지고 있지 않기 때문
에 가치중립적이고 신뢰할 만한 것이라고 간주되었다(Palmer, 2000: 28).
파머는 객관주의 지식론의 핵심 내용을 다음과 같이 훌륭하게 요약하
여 설명하고 있다.

> 객관주의는 인식 주체와 인식 대상을 예리하게 구분하는 데서 시작한다.
> 이에 따르면, 인식 대상은 인식 주체와 별개로 독립적으로 '저쪽 바깥에' 존
> 재한다. 그것들은 우리가 알아주기를 수동적으로 가만히 기다리고 있을 뿐이
> 다. 인식 주체인 우리는 능동적인 행위자다. 우리는 대상을 파악하게끔 해주
> 는 도구를 갖고 대상의 영역 속으로 들어간다. 그리고 실증적 측정과 논리적
> 분석을 이용하여 대상을 관찰하고 분해하기를 시도한다. 이 모든 과정에서
> 우리는 우리의 지식이 객관적임을 보증해 주는, 즉 그것이 인식 주체의 일시
> 적 생각이 아닌, 탐구되는 대상의 본질을 반영하고 있음을 보증해주는 절차
> 적 규칙(예를 들어, 과학적 방법)의 인도를 받는다. 그리고 우리가 인식한 지
> 식의 객관성을 확실히 하기 위해 우리가 무엇을 발견했으며 어떻게 그것을
> 발견했는지를 보고함으로써, 다른 사람들로 하여금 우리의 발견을 확증할 수
> 있도록 한다. 이러한 관점에서 진리란, 증거와 이성이라는 규범에 부합하는
> 명제나 보고, 즉 동일한 규칙을 따를 시 다른 인식 주체에 의해서도 동일하
> 게 재현될 수 있는 보고로 구성된다(2000: 54).

파머는 근대의 객관성을 추구했던 지식이 가진 긍정적인 가치를 인정한다. 주관을 배제하고 세계를 일정한 거리를 두고 바라보는 것은 때로 힘을 준다. 객관적인 지식은 근대 이전의 "미신과 미숙한 이데올로기, 조잡한 심리 투사를 동반한" 직관이나 신념, 신앙의 어두운 면을 극복할 수 있게 해주었다. 객관성의 추구는 마녀를 화형 시키고 이단자의 사지를 절단하는 일들이 일어나던 시대에 있었던 "인간 영혼의 지극히 비틀어진 가닥들, 맞서 대항해야 할 왜곡들을 푸는 데" 도움을 주었다. 그뿐만 아니라 객관적 지식과 기술의 발전은 응용과학 분야를 비롯한 문화의 영역에서 우리의 일상생활을 윤택하게 해주었다. 근대의 인식은 전근대적 지식이 결코 갖지 못했던 역량이 있음을 보여 주었다(2000: 52-54).

근대의 객관주의 지식이 가진 힘은 우리의 통제 범위를 넘어서 가공할 만한 위력을 가지고 있다. 문제는 이 지식이 그 자체가 가진 힘으로 우리가 원하지 않는 목적을 향해 우리를 몰아갈 수도 있다는 것이다. 그런 예로서 파머는 핵무기의 광휘에 매료되어 폭발의 위력으로 인해 지구의 대기권이 사라질 수도 있다고 예상하면서도 핵실험을 강행하는 과학자들의 모습을 언급한다(2000: 22-23). 그는 근대의 객관주의적 지식이 사람들이 믿어왔던 것과는 달리 가치중립적이지 않을뿐더러 이 지식도 인간 내면의 열정에서 시작한다고 주장한다. 그 열정이 어떠한지에 따라 지식은 일정한 방향성을 가지고 특정한 경로를 따라 특정한 목표를 향해 나아가는데 우리는 이것을 통제할 수 없다. 만약 지식이 "호기심"과 "지배욕"으로부터 생겨난 것이면 그 결과는 모든 인간의 파멸과 죽음에 이르게 할 수도 있다. 호기심은 도덕과 무관한 열정이고, 지배욕은 도덕과 무관한 권력욕이기에 부패하기 쉽기 때문이다(2000: 27-30). 그러므로 그는 근대의 객관주의 지식은 실패하였다고 선언한다

(2000: 31).

파머는 근대의 객관주의 지식이 가진 가장 근본적인 문제는 '관계의 단절'이라고 본다. 인식 주체와 대상의 이분법적인 분리는 "인식 주체로서의 자아와, 인식 대상으로서의 세계 사이의 공동체성과 책임성의 붕괴"를 가져왔고(2000: 53), 사람이 "이 세상의 사물과 관계 맺는 것을 방해"하며(2008: 114), 세계의 인식을 파편화시켜 "인생의 전체성과 경이감을 형편없이 파괴"시키는 결과를 가져왔다(2008: 33). 그뿐만 아니라 이 객관주의 지식론은 교육에서도 교사와 학과, 학생 사이의 단절을 조장하고 있다(2008: 113). 자아와 세계를 분리하는 지식론은 연구의 초점을 언제나 교실 외부의 실재에만 두고, 교실 내부의 실재나 교사와 학생의 내면 실재에 대해서는 관심이 없다(2000: 62). 또한 '저쪽 바깥'의 실재를 위해 교사와 학생의 내적 실재는 무시하고 있으므로, 인식 주체로서의 자아의 마음은 결코 탐구의 대상이나 인식의 대상이 될 수 없다(2000: 64). 인식 주체와 대상 사이의 일대일 만남을 뜻하는 객관주의적 지식은 학생들이 모여 있어도 공동체를 이루어야 할 근본적인 이유나 서로 알아가는 것을 추구해야 할 당위성을 제공해주지 않는다. 따라서 개별 자아를 고립시키고 서로 협력하기보다는 경쟁하도록 만든다. 그 결과 교실에서 학생들 상호 간에, 그리고 교사와 학생 간에 서로에게 책임을 지는 참여자와 공동 창조자가 되기보다는, 서로를 조작하고 세계를 조작하는 자들이 되게 한다(2000: 65-67).

파머는 인식 주체와 대상의 분리된 지식론으로 인해 발생하는 교육의 문제를 해결하고 교수 학습의 혁신을 위해서는 지식론부터 근본적으로 검토하고 변화해야 한다고 주장한다. 문제의 원인이 인식 주체와 대상이 분리된 지식론이기에 그 해결책도 새로운 종류의 대안적 지식론을 찾는 것이다. 그는 이것을 "깨어진 자아와 세계의 재결합과 재구축"을 목표로 하는 "사랑으로부터 발원하는 지식"을 제안한다(2000: 30).

2) 대안적 지식론: 사랑에서 발원한 지식

이 절에서는 근대의 객관주의적 지식론의 대안으로 파머가 제시하는 지식론을 살펴본다. 지식 이론은 존재론적, 인간론적 기반을 가진다. 지식은 언제나 "무엇에 관한 지식"이고, 이 무엇은 지식의 내용과 범위를 결정한다. 또한, 지식은 언제나 "누군가의 지식"이다. 지식의 주체인 인간을 바라보는 관점은 지식의 성격에 영향을 미친다. 즉, 지식은 언제나 지식의 대상과 주체 사이에 존재한다. 그러므로 특정한 지식이론, 혹은 인식론을 탐구할 때, 세 가지 하위 범주—인식의 주체(the knower), 인식의 대상(the knowable), 인식의 과정과 그 결과로서 지식(knowing process and knowledge)—로 나누어 고찰할 수 있다(Taljaard, 1976: 250). 이 절은 이러한 지식론의 세 가지 범주에 따라 파머가 제시한 지식론을 규명하고자 한다. 이 절에서 다루는 파머의 지식론은 그의 독특한 교육론을 이해하는 데 중요한 배경지식을 제공할 것이다.

(1) 인식의 대상
① 관계적 실재: 모든 실재는 관계의 망으로 연결되어 있다.
파머는 실재(reality), 즉 세계 안에 존재하는 모든 것은 각자가 따로 떨어져 분리된 채 독립적으로 존재하는 것이 아니라 서로 연결되어 있으며 공동체적 관계 속에 존재한다고 주장한다. 현대인들이 실재를 각각 독립적으로 떨어져 존재하는 개별적 실체로 보는 것은 뉴턴 이후에 가지게 된 존재론적 관점이라고 주장한다. 그는 과학철학자 바버(Ian

Barbour)의 주장을 빌어 자신의 존재론을 소개한다.

바버에 의하면 서양의 존재론은 역사적으로 세 단계의 변천과정을 거쳤다. "뉴턴 이전의 중세시기에 사람들은 실재를 정신적인 것과 물질적인 것, 혹은 '물질 그 자체'로 보았다. 그러나 뉴턴 시대에 들어 와서는 원자론적 관점을 취하게 되었다. 물질보다는 물질을 이루는 독립된 입자가 실재라고 파악했던 것이다"(Palmer, 2008: 188). 각각 따로 떨어져 존재하는 원자들이 실재의 본질이 되었다. 과학자들은 실재를 그 구성요소인 원자로 분석함으로써 더욱 강력한 예측력을 가지게 되었다. 실재의 본질을 원자로 보는 관점은 강력한 문화적인 메타포가 되었다 (Palmer, 2008: 186). 실재를 구성하는 입자들이 빈 공간에서 서로 부딪치는 이미지는 인식의 주체인 자아를 원자론적으로 보게 하였고 인간관계를 "적자생존"이라는 경쟁적인 관점으로 바라보도록 만들었다. 이런 관점은 교육에도 영향을 미쳤다. 지식은 원자론적인 실재에 대한 원자론적인 사실들의 집합으로 구성되며, 이 사실들을 알고 있는 개인이 그것을 모르는 사람들에게 전달해주는 교육체제를 형성하였다(Palmer, 2010: 25).

그러나 오늘날에는 실재에 대한 이런 원자론적 관점이 우리 문화에 대한 지배력을 상실하기 시작했다. 바버는 세 번째 단계의 존재론을 다음과 같이 진술한다. "자연은 이제 관계적이고, 생태적이며, 상호의존적인 것으로 이해되고 있다. 실재는 분리된 실체나 떨어져 있는 입자가 아니라 사건과 관계들로 구성된다. 우리는 이제 자연을 '상호의존적인 존재들의 역사적 공동체'로 보아야한다"(Palmer, 2010: 26). 파머는 이 세 번째 관점을 지지한다. 그는 물리학자 스탭(Henry Stapp)의 말을 빌어서 이제는 원자도 더는 따로 떨어져 독립적으로 존재하는 것으로 보는 것이 불가능하다고 주장한다. 스탭에 의하면, "하나의 기본 입자는 독립적으로 존재하는 분석 불가능한 실체(entity)가 아니다. 그것은 본질적으로 외부의 다른 사물들에게로 향해 다가가는 일련의 관계들이다"(Palmer, 2010: 26). 이제 원자마저도 관계적인 관점에서 보아야 한다는 것이다.

그의 주장을 요약하자면, 이 세상에 있는 모든 실재는 서로 연결되어 있고 상호 의존적인 관계 속에서 서로 영향을 미치면서 존재한다. 어떤 실재도 다른 것과 분리되어 독자적으로 존재하지 않는다.

② 인격적 실재: 모든 실재는 '인격적'이다.

파머는 인식의 과정에서 인식의 대상이 되는 실재들이 "인격적" 존재가 된다(되어야 한다)고 주장한다. 그는 인식의 주체와 대상이 상호 의존적 관계 속에서 알아 가면 비인간적인 존재들과 무생물까지도 '인격적인 존재'가 된다고 보았다. 이 세계의 실재들이 애초부터 공동체적 관계 속에 서로 연결되어 존재하기 때문에 인간이 어떤 것을 알기 위해서는 그 인식의 대상이 존재하는 방식대로 관계를 맺어야 한다. 인식의 대상이 되는 실재와 그러한 상호 의존적 관계를 맺을 때 그 실재를 온전히 알 수 있다(2000: 88). 그런 관계 속에서 인식의 대상은 인격적 존재가 된다.

> ······ 세계 안의 모든 '사물'은 인격적 이름과 귀중한 인격성을 소유하고 있다 ······ 모든 바위, 모든 꽃, 모든 기는 짐승, 모든 인간 자아가 말이다. 싱육신의 관점에서 볼 때, 세계는 더 이상 조작과 소유의 대상이 아니다. 오히려 세계는 인격들의 공동체이며, 그것의 진리를 안다 함은 상실되었던 우리 사이의 인격성과 공동체의 끈을 회복한다는 것을 의미한다(Palmer, 2000: 102).

인식의 대상이 인격적 존재가 된다는 것은 인식의 주체인 사람과 마주한 대화의 상대자가 되고 책임 있는 관계의 대등한 주체적 존재가 된다는 것을 의미한다. 이런 관점은 서양의 근대 인식론의 틀로서는 이해하기가 어렵다. 서양의 객관주의적 근대 인식론의 구도에서는 인식의 주체와 객체가 서로 마주 보지만 연결되지는 않은 채 "냉정한 거리 두기"를 한다. 객관적인 인식을 위해서 인식 주체가 가진 모든 개별적인 주관성을 배제한 채 세계를 멀찍이 떨어져 바라보아야 했다(Palmer, 2000: 63). 이런 인식론의 구도에서 세계는 자신의 목소리를 갖지 못하고 인식의 주체인 인간에 의해 일방적으로 통제와 조작의 대상이 된다(Palmer, 2000: 66-67).

그러나 파머는 진정한 앎을 추구하기 위해 세계와 "공동체적 관계"를 맺으면 세계는 객관주의적 인식의 틀로 대할 때와는 다른 방식으로 사람에게 다가온다고 주장한다. 각각의 실재는 자기 정체성과 독자적인 온전함을 가진 인격적 존재들이 된다. 그 실재들은 독특한 자신만의 목소리를 가지고 있으며, 사람이 조작하거나 왜곡할 수 없는 본질, 타자성, 혹은 "실재의 핵심에 놓여 있는 불가사의한 에너지"를 가지고 있다(2000: 88, 91; 2008: 208).

이런 인격적 관계맺음을 통한 인식에서 가장 중요한 것은 인식주체가 인식대상인 실재를 일방적으로 알아가는 것이 아니라 실재도 인격적 주체가 되어서 인식자인 사람에게 말하고, 자신을 알려준다는 점이다. 인식의 과정이 객관주의적 인식의 구도에서처럼 일방적이지 않다. 인식의 주체와 대상 간에 인식의 과정이 마치 인격적 주체들 사이에 이루어지는 대화처럼 쌍방적으로 이루어진다. 인식의 주체가 어떤 실재에 대한 지식을 일방적으로 알아가는 것이 아니라, 실재가 스스로 자신에 대해서 계시하는 것으로부터 얻게 된다(2000: 171). 실재가 '인격적'

존재라는 의미는 공동체적인 관계 속에서 비인간적인 실재와 사람이 상호작용하며, 사람도 실재가 들려주는 목소리에 응답하고 심지어 그 목소리에 "순종"하여 변화될 수도 있다는 의미다(2000: 102; 2008: 201).

(2) 인식의 주체
① '영혼'을 가진 존재

파머는 인간은 태어날 때부터 각자 독특한 "자기만의 형상"을 가지고 있다고 주장한다. 세상에서 살아가면서 이럴 수도 있고 저럴 수도 있는 사람이 아니라 바로 '이런' 존재로 이 땅에 태어난다(2012a: 31). 파머는 사람은 태어날 때 부여받은 본래의 형상, 본성을 가지고 있다고 보았으며 이를 주로 "영혼"이라 지칭한다. 그는 인간 존재의 가장 깊숙한 내면에 있는 "자아 정체성의 변하지 않는 중심"이 있는데, 이것을 표현하는 다양한 용어들을 다음과 같이 정리한다.

> 토머스 머튼은 이 중심을 **참된 자아**라고 불렀다. 어떤 이들은 **내면 스승** 또는 **내면의 빛**이라고 부른다. 불교 신자들은 **본래 성품** 또는 **대아(大我)**라고 부른다. 하시드파 유대인들은 **신성의 불꽃**이라고 부른다. 인본주의자들은 **정체성** 또는 **온전성**이라고 부른다. 일반인들은 **영혼**이라고 부른다(2014: 64, 강조는 저자에 의함).

이것 외에도 그는 이것을 "인생의 목소리", "내면에서 부르는 목소리" 등으로 표현하기도 한다(2012a: 18, 19). 영혼은 "우리 개인의 고유함의 핵심이자 우리가 다 함께 가지고 있는 인간성의 핵심이다"(2014: 117). 이 영혼은 인간이 태어날 때 부여받은 "자아 정체성의 씨앗"으로서 이 씨앗 안에는 "우리의 고유함을 결정짓는 영적인 유전자"가 담겨 있다(2014: 64). 영혼은 자아를 구성하는 모든 부분을 통합하고 자신과 관계 속에서 근원적인 사랑을 느끼는 인간 존재의 가장 깊숙한 내면—마음—에 자리 잡고 있는 본질적인 핵심이다(2012a: 144). '영혼'은 자아의 다른 모든 부분과 역량—감각, 이성, 직관, 공감, 감정, 신앙 등—을 통합하여서 한 인간을 전체적으로 온전한 사람, 즉 전인(whole person)으로 살도록 만든다(2000: 86-87).

이 '영혼'이 어릴 때에는 인간 존재 내부에서 자아를 구성하는 다른 모든 부분과 분열됨 없이 통합되어 있다. 그러나 인생을 살아가면서 외부의 환경과 타인의 기대, 사회적 압력 등으로 인하여 본래 가지고 있던 자기만의 형상과는 다른 모습을 가지게 된다. 그렇게 되면 자아는 내면적으로 분열된다. 날 때부터 부여된 자신의 '참된 자아', 즉 '영혼'과 어울리지 않는 삶을 살게 된다. 이때 나의 본성과는 다른 삶을 살아가는 또 다른 '나'가 만들어지는데, 파머는 이것을 "에고"(ego)라고 부른다. 이 에고는 이중적인 삶을 살게 될 때 외적으로 드러나는 자아다(2014: 65). 현대 사회에서는 "분열되지 않은 자아(영혼)", 혹은 "내적으로 통합된 자아"로 살아가는 것이 문제가 된다. 왜냐하면, 우리의 문화는 '영혼'이나 '참된 자아'에 주의를 집중하는 것을 억누르기 때문이다. 주의를 기울이지 않으면 '영혼'에 부합한 삶을 사는 것이 어렵다. 분열된 이중적 삶이 오래 지속되면 겉으로 드러난 나(ego)에 의해서 참된 자아인 '영혼'이 가려지고, 급기야 '영혼'이 숨겨져 있다는 것조차 잊게 된다(2014: 82-83). '영혼'이 사라지고 '에고'만 남은 삶은 자기 정체성이 있어야 할 곳이 비었기 때문에 내면의 허전함을 경쟁적 성공, 소비주의, 성적 차별, 인종 차별과 같이 자신이 남보다 우월하다는 착각을 가능하게 할 무언가로 채워 넣으려 한다(2014: 73-74). 그러나 이런 "영혼 없는 삶"이 지속하면 "우울증", "목표 상실", "불안", "분노"와 같은 병적인 증상들이 나타난다(2014: 68, 85).

이런 문제를 극복하기 위해서는 인간의 또 다른 본성에 주목해야 한다. 그는 모든 인간은 자아가 분열되지 않고 타고난 본성대로 살기 위해서는 공동체적 관계 속에 있어야 한다고 주장한다. 인간은 근본적으로 관계적 존재이기 때문이다(2008: 137).

② 관계 속에 존재하는 인간

파머는 세계 속에 존재하는 모든 실재가 서로 연결되어 공동체적 관계 안에서 존재하는 것과 마찬가지로 그 세계 속에서 살아가는 인간도 본질적으로 관계적 존재라고 주장한다. 실재의 궁극적인 구조는 "존재들의 유기적, 상호 관계적, 상호 반응적 공동체"다. 인간도 이 세계의 일부로서 그 실재들이 구성하는 공동체적 관계 속에 속해있다. 인간은 "그 공동체의 유일한 참여자는 아니지만, 인간만이 자의식적이고 분명한 방식으로 거기에 참여할 수 있는 역량"을 가지고 있다. 그리하여 "인간의 가장 깊은 소명은 인간과 비인간 존재의 유기적 공동체에 인격적으로 참여하는 것, 진리의 다른 이름인, 돌봄과 책임의 관계망에 참여하는 것이다"(2000: 88). 파머는 인간은 가장 깊은 내면에서 외부 세계에 있는 "자기 자신보다 더 위대한 무엇", 혹은 "우리 자아 너머의 더 큰 세상"과 연결되고 관계를 형성하려는 열망을 가지고 있다고 보았다. 그는 이것을 "영성"(spirituality)이라 칭한다(Palmer, 2010: 48; 김종훈, 2013: 119; 정윤경, 2011). '영적'(spiritual)이란 말은 곧 '관계적'(relational)이란 의미다. 관계를 형성하고자 하는 갈망, 삶의 장엄함에 연결되고자 하는 동경은 근본적으로 영적인 욕구로서 이것이 노동과 교육을 비롯한 인간 삶을 촉진한다(Palmer, 2008: 39).

존재론적 관점에서 이 세계의 비인간적 실재들과 공동체를 이루고 인격적 관계를 맺고 있는 것만큼이나 동료 인간들 사이의 만남과 공동체적 관계 맺음도 인간에게는 중요하다. 왜냐하면, 그런 공동체적 관계 속에서 개인은 정체성을 확립하고 인격적인 존재가 될 수 있기 때문이다.

> 우리는 인격은 오직 공동체 안에서만 인격일 수 있다는 사실을 잊고 있다. …… 즉, 우리 각자의 인격성은 수많은 자아—가족과 친구들과 동료들과 낯선 이들—의 내적 교차 운동을 통해 형성된다. …… 인격은 오직 공동체 안에서 가장 먼저 모습을 드러내며 오직 공동체 안에서 계속해서 인격이 되어 갈 수 있다(2000: 92).

특별히 인간 내면 깊숙이 있는 영혼, 즉 참된 자아가 분열되지 않는 온전한 삶을 살아가기 위해서는 건강한 공동체, 혹은 "생명력을 주는 인간관계들" 속에 있어야 한다(2008: 57).

> 강건한 공동체는 사람들이 참된 자의식을 키우도록 도와준다. 자아가 본래 품성을 발휘하고 실현할 수 있는 곳은 공동체밖에 없기 때문이다. 자아의 본질은 주고받기, 듣기와 말하기, 존재와 행함에 있다. 그런데 공동체가 흩어지고 우리가 서로 단절되면, 자아는 퇴화하고 우리는 우리 자신과 단절된다. 관계의 그물망 속에서 나다울 수 있는 기회가 부족해지면 우리의 자존감은 자취를 감추고, 우리의 관계는 더 파편화되면서 내적 공허감이라는 전염병을 더 퍼뜨리려는 행동들이 나타난다(2014: 74).

파머는 분열된 자아로 인해 내면의 목소리를 잃었을 때, 그것을 회복하는 것도 공동체적 관계 속에서만 가능하다고 보았다. 자기 안에 있는 영혼, 즉 인간이 가진 "진리의 중재자인 내면적인 교사의 목소리"를 듣기 위해서 "서로 주고받는 공동체를 형성해야 한다"(2008: 273). 그는 한 개인이 자신의 영혼의 목소리를 듣게 하고 참된 자아를 회복하는 공동체적 관계의 전형적인 모델로서 퀘이커 교도들의 '선명성 위원회'

(clearness committee)에 대해서 자세히 소개하고 있다(2008: 273-279; 2014: 223-246). 그의 관점에서 인간은 본질적으로 관계를 맺으면서 살아가는 존재다. 파머는 만약 "풍요롭고 자양분이 넘치는 상호연결망" 혹은 공동체가 없다면 인간은 "시들어 죽게 될 것"이라고 말한다(2008: 137).

(3) 지식과 앎

① 관계적 앎과 지식

파머의 사상에서 인식론은 핵심적인 위치를 차지하며 모든 논의의 출발점을 제공한다. 앞서 살펴보았듯이, 그는 앎의 방식이 교육의 방식을 결정하고, 교육의 방식이 이후의 삶의 방식을 결정한다고 보았다(2000: 31-32; 2008: 193). 오늘날 교육을 비롯한 인간 삶의 문제의 근본원인은 객관주의적 지식론이다. 객관주의 지식론에서는 지식의 보편성과 객관성을 확보하기 위하여 인식의 주체와 대상을 구분하고, 인식의 과정에서 무지, 편견, 감정 등과 같은 주관성(subjectivity)을 최대한 배제한다. 그 결과, "인식 주체로서의 자아와 인식 대상으로서의 세계 사이의 공동체성과 책임성이 붕괴"되어 버렸다. 세계는 자신의 목소리를 잃어버리고 "실증적 측정과 논리적 분석의 대상"이 되어 '저쪽 바깥에' 수동적으로 존재하며, 인식 주체의 조작과 통제의 대상이 되었다(2000: 53-54).

파머가 보기에, 인간은 원래부터 "실재와 함께하는 공동체 속에 존재"하고 있다. 인간은 "원자보다 작은 입자 수준에서부터, 의식적이고 무의식적인 내면적인 삶을 포함하여, 외부 세계를 구성하는 인간관계와 제도적 조직에 이르기까지" 공동체적 존재다(2010: 27). 그러므로 인식의 주체는 객관성을 빌미로 인식의 대상과 떨어지는 것이 불가능할 뿐더러 인식의 주체와 대상이 분리된 상태에서는 참된 인식도 불가능하다.

> 그 어떤 과학자도 이 세상을 멀찍이 떼어 놓는다고 해서 이 세상을 잘 알게 되는 것은 아니다. 인식하는 자와 인식 대상 사이에 객관주의적인 장벽을 설치한다고 해도, 우리는 그 벽에 대해서만 알 수 있을 뿐이다. 과학은 이 세상에의 참여를 요구하고, 또 인식하는 자와 인식 대상 사이의 생생한 만남을 요구한다. 그러나 만남에는 때로는 객관적인 거리도 필요하겠지만, 친밀함의 순간이 없다면 생생한 만남이 될 수 없다(2008: 118).

실재를 알아가는 것은 인간이 그 실재와 하나의 공동체를 이룸으로써만 가능하다(2008: 188). 그 어떤 지식이든 관계적이고, 지식은 인식 대상과 깊은 일체감을 이루려는 욕망 때문에 얻어진다(2008: 118). 파머는 노벨상 수상자인 유전학자 맥클린톡(McClintock)이 한 말을 자신의 저작에서 여러 번 인용한다(2008: 120, 2010: 28). 그녀는 자신이 성취한 위대한 과학적 업적의 비결을 묻는 물음에 대하여 다음과 같이 대답하였다. "실험재료를 자세히 들여다볼 시간을 가져야 하고, 그것이 당신에게 건네는 말을 들어보려는 인내심을 가져야 하고, 그것이 당신에게 다가오도록 자신을 열어야 합니다. 무엇보다도 '그 유기체에 대한 감정'을 가져야만 합니다."(2010: 28) 그녀의 유전학 실험에서 실험의 주재료인 옥수수는 그녀에게 객체가 아니라 인격적 존재였다. 그녀는 "옥수수와 공감하고 그 세계에 자신을 완전히 몰입시켜 관찰자와 대상 간의 경계를 없앰으로써 귀중한 지식을 얻었다."(ibid.) 파머는 인식의 주체와 객체가 상호 연결되어 존재하며 인식의 과정에서도 상호 개방적이고 상호 침투적으로 관계한다는 점을 강조한다(2000: 82). 이 관계적 지식의 이념은 그의 교육사상을 형성하는 주요한 동인이 된다.

② 전인적 앎과 지식

파머는 지식이 인식의 주체와 인식의 대상 간 만남의 결과로 생기는 것이라면, 인식 주체 안에 "인식 대상을 받아들일 수 있는 내적 역량 혹은 도구"가 있어야 한다고 말한다. 그는 "우리로 하여금 세계를 알게 해 주는 우리 속에 있는 인식의 역량 혹은 도구는 무엇인가?"라고 묻는다(2000: 85-86). 객관주의자들은 그것을 인간의 '감각 기관'과 '이성'이라고 대답하겠지만, 파머는 인간 자아가 가진 역량들—직관, 공감, 감정, 신앙 등—이 모두 인식의 과정에 관여한다고 주장한다. 인식 주체가 주위 세계를 알아가는 데 필요한 인식의 도구를 플로티누스(Plotinus)는 '아다이쿠아티오'(adaequatio, 적합한 도구)라고 칭했다(2000: 85). 객관주의 인식론이 꼽고 있는 '아다이쿠아티오'는 인성의 일부분인 감각과 이성이지만, 파머는 인간이 가진 모든 국면, 혹은 역량을 포함한 통일된 전체로서 인격(전인), 공동체적 관계 속에 존재하는 "통일된 자아"가 바로 '아다이쿠아티오'라고 주장한다(2000: 87).

> 우리는 전인에게서 감각과 이성 이상의 것, 여러 인지 도구의 집합 이상의 것, 심지어 슈마허의 옳은 주장인 '단일한 도구'로서의 인격 이상의 것을 발견한다. 우리는 이 모든 것을 발견하지만, 또한 궁극적으로 우리 자아의 모습, 즉 그 자아는 단순히 아는 것이 아니라 관계 안에서 알며 그것이 관계를 위한 수단임을 발견한다. 자아는 그것의 각 부분의 총합보다 더 위대하다. 그것은 모든 양식의 지각을 넘어—즉, 관찰자로서의 고립을 넘어—인식 대상인 세계와의 관계 속으로 들어갈 수 있는 능력이 있기 때문이다. 자아는 무엇보다도 공동체적이며, '우리가 가지고 있는 모든 것'은 그 공동체성이 사용하는 수단이다.
>
> (중략) …… 우리 자신과 세계 사이의 가장 넓은 '아다이쿠아티오'—즉, 실재를 편협하거나 빈곤하게 만들지 않는 인식 도구—는 다름 아니라 관계를 맺는 우리의 역량이다. 우리는 타자와 관계를 맺을 때 관찰자 역할은 결

코 일깨워 낼 수 없는 '도구들'에 자신이 의존하고 있음을 발견한다. 우리의
관계성이 나올 때, 우리는 자신이 관찰자가 알 수 있는 것보다 더 깊고 완전
하게 실재를 알고 있음을 발견하게 된다(2000: 87).

그는 객관주의자들처럼 인식의 도구를 제한적으로 사용하면 실재를
편협하고 빈곤하게 만든다고 주장한다. 온전한 지식은 한 인격이 자신
의 존재 전체를 관여하여서 얻게 된다. 이렇게 세계 내의 실재와 인격적
관계 속에 존재하는 전인이 연루되어 알게 된 지식은 단지 사물을 관찰
하고 분석하고 변경시키는 차원에 머물지 않는다. 전인적 지식은 인식
의 대상과 함께하는 공동체에 인격적으로 참여하여 그것들을 돌보고
배려하는 차원에까지 나아가게 한다(2000: 88).

3. 파머의 교육사상

여기서는 앞에서 논의한 파머의 지식론을 바탕으로 그의 교육사상을
교육목적, 교육내용, 교육방법으로 정리하려고 한다. 그는 자신의 교육
적 주장을 교육학의 일반적인 범주에 따라 체계적으로 진술하지 않았
다. 자신의 독특한 문제의식을 출발점으로 삼아 자신만의 독특한 어휘
와 은유적 표현으로 교육론을 펼쳤다. 그는 자신의 "인격적 지식관"과
지식과 인식의 과정에 영적인 국면이 있다는 사상에 기초하여, "가르침
이란 진리에 대한 순종이 실천되는 공간을 창조하는 일이다"라는 정의
를 내린다(2000: 107). '공간의 창조'라는 메타포는 많은 사람이 즐겨 인
용하고 있으며, 그의 사상을 대표하는 표현으로 정착되었다. 그는 최근
저작에서 자신이 주장하는 이상적인 교육을 "통합적 교육"(integrative

education)이란 용어로 표현하고 있다(Palmer, 2010).

1) 교육목적

파머의 교육과 관련한 저작들을 읽으면서 발견한 특이한 점 중 하나는 교육의 목적에 대한 언급이 없다는 것이다. 논자는 그가 교육의 목적에 대해서 자신의 견해를 명시적으로 밝힌 부분을 발견하지 못했다. 드물게 교육의 목적에 대한 언급이 있더라도 그 내용은 교육철학의 일반적인 범주에서 이해하는 교육목적과는 상당한 차이가 있다(Palmer, 2007). 이는 교육에 관한 그의 문제의식이 교육 현장에서 교사가 겪는 내면적인 어려움과 서양의 객관주의적 지식론에 기인한 교육실천의 한계에 집중되어 있고, 그런 문제의식에서 출발하여 교육적 논의를 펼친 연유라 생각한다. 그러므로 그의 교육사상에서 교육의 목적, 혹은 교육이 궁극적으로 지향하는 바를 찾으려면 그의 전체 교육론을 토대로 추론할 수밖에 없다. 따라서 그의 교육목적에 대한 논의는 해석적인 면에서 논쟁의 여지를 안고 있다. 여기서 논하는 그의 교육목적에 관한 내용도 그런 성격의 논의다.

(1) 분열되지 않고 내적으로 통합된 자아를 향한 성장

파머는 교육을 비롯한 인생의 모든 문제의 근원은 사람의 '마음'에서부터 시작한다고 생각한다. 훌륭한 가르침은 "교사의 자기의식 혹은 교사의 정체성과 온전성"에서 나온다(2008: 47, 49). 그러므로 가르침의 변화는 제도의 변화가 아니라 교사 내면에 있는 "마음의 변화"에서부터 시작되어야 한다(2000: 155). 현대 서구 문화의 문제는 객관주의적 지식을 가르친 결과, 사람들이 "외부의 사물을 조종하는 일에 전적으로 매

달리고 우리의 내면의 세계를 무시"하게 되면서 생겨난 것이다(2008: 62). 그 문제의 해결책도 인간의 마음, 내면의 변화에 있다. 우리를 "훌륭한 가르침과 배움으로 데려갈 수 있는 유일한 길"은 내면에 있는 '영혼'의 방향이다(2008: 122). 제도와 관습의 문제를 개혁하기 위한 운동도 "변화가 필요한 상황 속에서 고통받던 개인이 더는 분열된 삶을 살지 않겠다"고 마음으로 결심하면서 시작된다(2008: 297).

파머의 전체 사상에서 사람의 "마음"은 모든 논의의 출발점이자 문제 해결의 열쇠와 같은 역할을 한다. 그러므로 그가 말하는 이상적인 교육, 즉 '통합적 교육'이 지향하는 바는 무엇보다도 "참된 자아를 향한 성장"이라고 할 수 있다(2014: 108). 인간 형성에서 가장 바람직한 형태는 태어날 때 본성으로 부여받은 "영혼"이라 불리는 참된 자아가 사회적 압력이나 외적인 환경에 의해서 분열되지 않으면서 개개인이 가장 좋은 가능성을 향해 성장해가는 것이다. 한 개인이 가진 모든 역량이 조화롭게 통합되어 전인적인 인격을 이루며 성장하는 사람이다. 이런 내적으로 통합된 자아를 가진 사람은 자신을 둘러싸고 있는, 인간과 비인간적 존재들을 망라한 세계 내의 다양한 실재들과 자발적이고 건강한 유대 관계 속에서 자신의 역할을 담당하면서 살아갈 것이다(2000: 34-36). 그의 교육적 주장에는 이런 바람직한 인간 상태가 규범적 기준으로 전제되어 있다.

(2) 인격적 지식

앞서 언급했듯이 파머의 교육사상은 그의 지식론에 큰 영향을 받고 있다. 그의 교육적 주장을 들여다보면 그가 제기하는 문제들의 주된 원인은 "분열된 자아"라고 볼 수 있다. 그는 이것이 인식의 주체와 인식의 대상을 엄격하게 분리하는 근대 서양의 객관주의적 앎의 방식으로 인해 생겨난 것이라고 주장한다. 따라서 이 문제의 근본적인 해결책은 주체와 대상의 분리를 극복하는 대안적 지식론이라 할 수 있다. 파머는 그런 대안적 지식론을 제안하고자 한다. 그는 자신이 대안적으로 생각하는 지식을 "사랑으로부터 발원하는 지식"이라고 표현하였다. 그런 지식을 통해 자아와 세계의 분열된 관계를 재결합하고 화해하는 것을 염원한다(2000: 30). 그는 인식의 주체와 대상이 모두 인격으로 존중받는 관계 속에서 서로 알아가는 앎, 한 인간의 건강한 자아가 자신의 전 존재를 조화롭게 통합한 전인이 인식의 대상과 인격적으로 관계 맺으며 그것을 알아가는 앎을 폴라니의 주장을 빌어 "인격적 지식"이라 표현하였다(2000: 55-56; 2008: 126).

이런 인격적 지식은 인식 주체에게 인식 대상과 상호 의존적인 관계를 맺도록 만든다. 그는 이러한 관계를 "인격적 관계", "언약적 관계"로 표현한다. "인격적 관계"란 "인식 주체와 대상 모두 독자적인 온전함(integrity)과 타자성(otherness)을 가지고, 한쪽이 다른 쪽으로 함몰되지 않으면서 서로의 삶에 연루되어 있음을 인정하고 서로 반응하는 관계"다(2000: 59). 이런 인격적 지식을 통한 외부 실재와의 연결에서 최상의 상태는 무엇일까? 파머에 의하면 인간은 "자아나 자기 자신보다 더 위대한 무언가와 연결되고자 하는 갈망"을 가지고 있다. 그는 그런 열망을 "영성"이라고 칭했는데 어쩌면, 인격적 앎을 통해 도달할 수 있는 최상의 상태는 자아가 "자신보다 더 위대한 무언가"와 온전하고도 선한 관계를 맺는 것으로 생각할 수도 있겠다(2012a: 205).

2) 교육내용

파머는 교육의 내용에 대해서도 체계적인 제안을 하지 않는다. 하지

만 자신의 지식론에 기초하여 교육내용과 관련하여 중요한 개념을 제
시한다. 이를 살펴보면 다음과 같다.

(1) "주제", 혹은 "위대한 사물": 실재가 가진 목소리가 살아나는 교육내용

파머는 교사와 학생이 인격적으로 만나 세계를 알아가는 만남 혹은
공간을 "진리의 공동체"라고 칭한다. 이런 진리의 공동체에서는 교사
와 학생 외에 탐구되는 인식의 대상도 대화의 주체가 된다. 실재는 공동
체적 관계 속에 존재하며 그 내면에 자신의 목소리를 가지고 있는 인격
체라는 그의 존재론에 입각하여서 보면, 교육적 상황에서 교육의 내용
도 인격적인 주체로서 학생과 교사와 함께 대화의 당사자가 된다(2000:
143; 2008: 218). 이렇게 '진리의 공동체' 안에서 자신의 타자성을 가지고
교사와 학생과 상호작용하며 인격적인 대화의 주체가 되는 교육의 내
용을 파머는 "위대한 사물"(great things) "주제"(the subject) "제3의 사
물"(the third thing)이라고 불렀다(2008: 191-223).

교사가 "학생들로 하여금 교육의 내용(주제)을 단순히 관찰하는 것을
넘어 그것과 인격적으로 대화를 나누도록 하면 그 '주제'가 가진 목소
리의 자율성"이 커진다(2000: 144). 파머는 그런 예로서 교육내용이 되
는 문학작품이나 시, 혹은 음악이 학생과 교사에게 직접 그 자체가 가진
자신만의 목소리로 말할 수도 있다고 한다. 시(詩)는 자체의 독자적인
온전함과 인격성을 가지고 교실에서 가장 객관적인 목소리로 학생들에
게 말할 수 있다(2000: 146). 『모비 딕』의 에이헙 선장이나 『카라마조프
가의 형제들』에 나오는 조시마 장로가 책에서 빠져나와 자기만의 목소
리를 가진 자율적인 존재가 되어 독자들과 대화를 한다(2000: 95). 그는
추상적 관념도 교육내용으로 다루어질 때 비록 그 관념으로부터 직접
적인 목소리를 들을 수 없겠지만, 그 관념의 배후에 있는 인격적 실재를

발견하고 그 목소리를 들을 수 있다고 주장한다(2000: 100-101).

교사와 학생이 '주제'의 목소리를 잘 듣고 응답하면 그 '주제'는 교사와 학생을 자신의 깊숙한 내면으로 이끌어 가서 '주제'의 내적인 관점을 상상하게 한다. 마치 유전학자 맥클린톡이 자신의 연구 대상인 옥수수의 처지에서 생각하는 것과 같은 것이다. 그런 식으로 통찰력이 깊어지는 가운데 '주제'가 어떤 인식의 틀로 정리될 때에 비로소 그것을 안다고 결론 내릴 수 있게 된다(2008: 200). '주제'가 자신의 목소리를 가지고 생생하게 살아나는 교육적 상황이 될 때 진정한 학습 공동체가 이루어진다(2008: 220). 그런 의미에서 교실은 교사 중심도 아니고 학생 중심도 아닌, '주제'가 중심이 되어야 한다고 파머는 주장한다(2008: 217). 그는 이렇게 '주제'가 제3의 대화 당사자로 목소리를 발하는 교육을 실현하기 위한 관건은 "주제에 대한 열정"을 가진 위대한 스승이라고 말한다(2008: 222). 교사의 과업은 '주제'와 '위대한 사물'에 독립적인 목소리를 부여하고 그 목소리가 학생들에게 들려지도록 하는 것이다(2008: 219).

(2) 전체를 알 수 있는 작은 부분

사실적인 정보가 넘쳐나는 상황에서 어떤 내용을 가르쳐야 하는가? 교사와 학생이 인격적 관계 속에서 '주제'와 대화하는 교실에서는 교사가 일방적으로 전달하는 전통적인 교실에서 다루는 학습량만큼 많은 것을 다룰 수 없다. 이런 상황에서 '진리의 공동체'를 포기하지 않으면서 요구되는 학습량을 소화해 내기 위해서는 작은 부분으로 전체를 가르칠 수 있는 교육내용을 선별할 필요가 있다. 각 분과 학문은 독특한 개념과 이론체계, 내적인 논리들을 가지고 있다. 만약 이 학문의 전체를 재구성하는데 필수적인 정보들을 담고 있는 부분을 찾아서 그것을 교육내용으로 선정한다면, '주제'가 대화의 당사자로 참여하는 교육을 포기하지 않아도 된다. 파머는 이것을 "홀로그램"에 비유한다. 홀로그램은 전체 홀로그램이 가진 그림을 모든 부분이 공유하고 있다. 그래서 잘린 홀로그램의 작은 부분을 레이저로 비추면 전체 이미지를 그대로 간직하고 있다. 파머는 "모래 한 알에서 온 세상을 볼 수 있다"고 한 윌리엄 블레이크의 말을 빌려서, 작은 부분이지만 그것을 통해 학문 전체를 볼 수 있는 "모래알"을 찾아서 교육내용으로 삼아야 한다고 말한다. 학생들은 그런 모래알을 깊이 천착함으로써 학문 전체를 관통하는 지식을 얻게 된다(2008: 223-227).

이런 관점에서 선정된 교육내용은 기존의 교육과정 이론에서 '계속성', '계열성', '통합성'과 같은 학습 경험의 조직 원리를 따라 학문적 지식을 교육과정적으로 재해석하여 만들어진 교육내용과는 성격이 다르다. 그가 주장하는 교육내용은 그 자체로 완전한 정합적 체계를 가진 '주제'로서, 비록 실재의 한 부분을 다루지만 전체를 알 수 있는 내용이다. 따라서 교육과정은 "직선적, 정태적, 위계적" 방식으로 조직되기 보다는 "순환적, 상호작용적, 역동적"인 형태로 존재한다(2008: 196). 교육과정이 엄격한 논리적인 순서에 따라 체계적으로 조직되어 있어 있지 않다면, 교사와 학생이 처한 상황이나 그들의 내적인 필요에 따라 교육내용을 융통성 있게 선정하고, 이전에 배운 교육내용의 "목소리"에 따라서 사전에 계획된 내용을 유연하게 변경할 수 있을 것이다.

3) 교육방법

파머는 특정한 교육방법을 지지하거나 배척하지 않는다. 그는 교육에서 구체적인 방법론은 본질적인 문제가 아니라고 본다. 그는 다음의 원칙에 부합하면 어떤 방법도 가치 있게 사용될 수 있다고 주장한다.

(1) 교사 개인의 정체성에 맞는 자신만의 방법

파머는 그의 저작 전체를 통해서 매우 다양하고 구체적인 교육방법들을 예시하고 있다. 그가 제시한 많은 방법 중에는 소위 "거룩한 독서"라고 부르는 '렉티오 디비나'(lectio divina)나 침묵 기도와 같이 사막 교부들로부터 시작된 수도원 공동체의 방법들과 퀘이커교도 공동체에서 실천하는 "선명성 위원회"(clearness committee)도 포함되어 있다(2000: 107-130; 2014: 223-246; 김정준, 2011). 그는 구체적인 교육방법의 선택에 특별한 제한을 두지 않는다. 어떠한 방법도 합당한 맥락에서 적절히 행해지기만 한다면 의미 있게 사용될 수 있다. 심지어 학생들을 대상으로 한 일방적인 강의나 경청, 암기와 같은 것들도 사용할 수 있다. 중요한 것은 그 방법들이 "진리의 공동체", "관계의 공동체"를 창조하는 것이다(2000: 62). 그에게서 교육방법은 본질적으로 중요한 문제가 되지 않는다고 볼 수 있다.

어떤 특정한 교육적 방법이 자동으로 그가 주장하는 '통합적 교육'을 가능하게 하지 않는다. 그가 말한 대로, "가르침은 하나의 테크닉 수준으로 격하될 수 없다"(2008: 216). 교육방법보다 더 중요한 것은 그 방법을 사용하는 교사의 내면에 있는 자아다. 훌륭한 가르침은 방법이 아니라 교사의 건강한 자아에 근거한 정체성과 온전성에서 나온다(2008: 47, 52). 교사의 정체성은 각자에게 맞는 독특한 교수방법을 요구한다. 그리하여 "우리가 우리 자신에 대해서 더 많이 알수록, 테크닉은 훌륭한 가르침의 원천인 자아의식을 더 많이 드러내게 된다"(2008: 70). 훌륭한 교사는 자신에게 가장 알맞은 방법을 사용하여 학생과 주제가 인격적으로 대화하는 "진리의 공동체"를 창조한다. 서로 다른 재능을 가진 다른 교사들은 각자 다양한 방식으로 공동체를 창조하고 있다(2008: 216). 그러므로 각 개별 교사들은 자신의 정체성에 맞는 방법을 찾거나 고안해내어야 한다. 파머에게 교육방법은 교사의 정체성에 종속되는 부차적인 변인이라 할 수 있다. 교사는 교육방법과 관련한 광범위한 재량권을 보장받는다고 할 수 있다.

(2) 공동체 속에서 인격적 만남을 통한 배움

이미 살펴보았듯이, 파머는 이 세상에 존재하는 실재는 관계의 연결망으로 상호의존적으로 엮여 있으며 사람은 그 속에서 일체감을 획득할 때 실재를 인식하게 된다고 주장한다(2008: 184). 앎의 방식은 실재가 존재하는 방식에 부합하여야 하고 교육은 앎의 방식에 맞춰서 이루어져야 한다. 실재가 공동체적으로 서로 연결되어있고 관계를 맺고 있다면 우리는 그 실재들과 인격적인 관계를 맺음으로써 그것들을 알 수 있다. 그렇기 때문에 파머는 인식의 주체와 인식 대상 간의 만남, 둘 사이의 상호연관성을 앎의 핵심 요소로 꼽고 있다. 우리는 "실재와 하나의 공동체를 이룸으로써" 실재를 인식할 수 있는데, 그것은 "인식 주체와 인식 대상 사이의 개방적이고 신실하고 모험적인 상호 침투(interpenetration)"를 의미한다(2000: 82). 이런 인격적 관계 맺음은 다른 사람들뿐만 아니라 우주 안의 비인간적인 형태의 생명들과도 당신됨(Thouness)의 유대를 맺으며 공동체적 관계를 형성하는 것이다(2000: 83). 그러므로 이제 더는 "근대 이전의 과학이 주장했던 것처럼 '저기 바깥에 있는' 세계와 '여기 안에 있는' 관찰자의 객관적인 거리를 유지할 수 없게" 된다. "인식자와 인식 대상이 서로 연결되고 인식 대상의 본질에 대한 주장은 당연히 인식자의 본질을 반영하게 된다." (Palmer, 2008: 188)

실재와 인격적 관계 속으로 들어가야 그것을 알 수 있다면 교육도 그런 인격적 관계의 엮임 속에서 일어난다. 파머는 교사와 학생, 자기 자신의 목소리를 가진 교육내용('제3의 사물' 혹은 '주제')이 서로 인격적으로 대화하는 교실 상황을 이상적인 가르침이 실천되는 장면으로 제시한다. 그는 이같이 교사, 학생, 교육내용이 대화의 당사자로서 인격적으로 상호작용하는 관계를 맺는 것을 '진리의 공동체'라고 불렀다(2008: 194). 공동체는 "각자 자신의 정체성과 독자적인 온전함을 가진 개별적 인격들, 고독한 자아들 사이의 관계들의 그물망"이다(2000: 174). 진리의 공동체 안에서 '주제'를 이해하는 과정은 공동체에 속한 인격체들 간의 복잡한 의사소통의 패턴 속으로 들어가는 것이다. 관찰과 해석을 공유하고 서로 교정하고 보완하면서 갈등으로 괴로워하기도 하고 교감과 합의가 도출되기도 한다(2008: 196). 그러므로 교사에게 요구되는 가장 중요한 자질은 "유대감을 만들어내는 능력"이다. 교사는 자신과 학과, 학생들을 "촘촘한 거미줄처럼 엮어서 학생들이 스스로 하나의 세계를 엮어낼 수 있는 방법"을 가르쳐주어야 한다(2008: 49). 교사는 "학생들과 함께 춤출 수 있는 능력, 학생과 교사가 동시에 가르치고 배우는 상황을 함께 만들어내는 능력"을 구비하여야 한다(2008: 148).

파머는 가르침을 "진리의 공동체가 실천되는 공간", 즉 "진리에 대한 순종이 실천되는 공간"을 창조하는 일이라 규정한다(2000: 107; 2008: 177). 그런 공동체의 핵심은 실재가 관계적으로 존재하기에 그런 실재와 인격적 관계를 맺음으로써 그것을 알아가는 것이다(2008: 211). 그 속에서 교사와 학생은 함께 배우고 진리에 순종하면서 성장해간다.

4. 논의와 결론

지금까지 우리는 파머의 지식론을 인식의 대상, 인식의 주체, 지식의
범주로 살펴보고, 이것에 근거하여 그의 교육사상을 교육목적, 내용, 방
법의 항목으로 고찰하였다. 이 장에서는 이런 고찰을 통해 드러난 그의
지식론과 교육론이 가진 의의와 우리에게 주는 시사점을 살펴본다.

1) 지식론과 교육론에 대한 논의

(1) 지식론의 의의
먼저, 그의 지식론이 가진 의의를 다음과 같이 정리할 수 있다.

첫째, 파머는 인식의 주체와 대상 사이에 "냉정한 거리두기"를 통하
여 객관적이고 보편적 지식을 얻으려한 근대의 객관주의 지식론이 가
진 문제점과 한계를 날카롭게 지적하고 명확하게 드러낸다. 이 점에서
그는 서양의 근대 사상에 대해 반발하여 이를 해체하고 대안을 모색한
여타의 포스트모던 사상가들과 입장을 같이 한다. 그러나 그의 지식론
은 인식 주체의 본성을 인정하는 점에서 다른 포스트모던 사상가들의
이론과 확연히 다른 성격을 가진다. 일반적으로 포스트모던 사상가들
은 인간 내면의 '본성'이나 '본질' 같은 것은 없다고 본다. 예를 들어,
푸코(Foucault)는 이미 주어진 '자아' 혹은 '인간 본성'은 없으며, 자아
는 사회적, 역사적 맥락 속에서 후천적으로 만들어진다고 주장한다. 개
인 주체는 비어있는 실체이며, 담론의 교차점으로서 언어에 의해 구성
된다. 로티(Rorty)도 인간은 '중심이 없는 신념의 그물망'(a centerless
network of beliefs)일 뿐, 본래부터 가지고 있는 본성이나 자아 같은 것은

없다고 보았다. 자아의 본질이 없으므로 중요한 것은 특정한 상황에 가장 잘 작동하는 자아를 새롭게 창조하는 것이다(강영안, 1996: 97-102; 이진우, 1998: 295-326). 그러나 파머는 사람은 날 때부터 자기만의 '형상'을 가지고 있으며, 자아의 불변의 중심인 '마음'을 가지고 있다고 주장한다(2012a: 27). 그는 인식 주체인 인간의 마음, 내면의 정체성, 참된 자아의 존재를 인정하고, 이것에 근거하여 세계를 인격적으로 알아가는 새로운 지식론을 제안한다. 이 점에서 그의 지식론은 "주체의 소멸과 죽음"을 주장한 여타의 포스트모던 지식론과 구별된다. 인식 주체의 죽음은 곧 지식의 확실성을 보장받을 근거의 상실을 의미하므로 인식론적 위기를 초래한다. 파머는 포스트모던 지식론이 처한 이론적 난관인 인식론적 상대주의 혹은 회의론에 빠지지 않으면서도 근대의 이분법적인 객관주의 지식론의 한계를 극복하고 있다.

둘째, 파머는 지식과 사유의 초월성을 인정하고 옹호한다. 그는 인간 존재의 여러 국면(aspect)들 중에서 계몽주의 시대 이후 서양인들이 의도적으로 도외시해 온 인간 존재의 초월적, 혹은 영적 국면을 인정하고 복권시킨다(Han, 2005). 인간은 이성적인 존재일 뿐만 아니라, 신체적, 정서적, 관계적, 영적인 국면들을 가진 다차원적 인격체다. 그는 인간이 가지고 있는 이런 초월적, 영적 국면을 인정함으로써 인생의 문제를 경험의 한계 내에서만 파악하고 해결하려 했던 근대의 과학적 세계관의 편협함을 극복하고자 한다. 파머는 인간 내면의 가장 깊은 곳에서 한 개인의 모든 역량과 국면을 전체적으로 통합하는 자아를 "영혼"이라 칭한다. 이 영혼은 자신보다 더 위대한 존재와 연결되려고 하는데, 그는 이런 추구를 "영성"(spirituality)이라고 규정하였다. 그에게 영성이란 초월성을 향해 나아가는 것, 초월성의 추구를 의미한다. 그는 자아와 세계가 초월적 원천을 가지고 있으며 이 초월적 원천이 자아와 세계가 인격적으로 관계를 맺고 자아가 실재를 알아가는 것을 가능하게 한다고 생각한다. 인간은 영적인 존재이며 인격적 존재이기에 객관주의 지식론이 얻고자했던 불편부당하고 가치중립적인 지식은 실현불가능하다. 지식은 언제나 어떤 인간의 마음에서 시작되고 특정한 영적 방향성을 가질 수밖에 없다. 그의 지식론은 근대 이후 지금까지 학문과 교육에서 철저하게 부정되었던 인식의 초월적이고 종교적인 국면을 긍정하고 이를 적극적으로 옹호하는 점에서 독특하다.

셋째, 파머의 지식론에서 명확한 앎과 지식의 확실성을 보장하는 '아르키메데스의 기점'은 인식의 주체나 대상 중 어느 한 편에 붙박여있는 것이 아니라 양자 모두와 별개로 존재한다고 볼 수 있다. 인식의 주체와 대상이 인격적으로 만날 때 대상은 인격적 존재("위대한 사물" 혹은 "주제")로서 인간과 마주하는 대화의 상대자가 된다. 그런 인격적 대면을 통해 인간은 대상의 본질을 알게 된다. 지식은 객관주의 지식론이 주장하는 것처럼 인간이 자기 앞에 놓여 있는 수동적인 대상을 일방적으로 분석하고 조작하여서 얻는 것이 아니다. 진정한 앎은 인격적 존재가 된 대상이 자신의 목소리로 스스로에 대해서 말해주는 것을 듣게 됨으로써 얻는다. 이 목소리는 단지 대상에 대해서만 말하지 않고 때로는 인식의 주체인 인간에 대해서도 말하며 그 목소리에 의해서 인식의 주체인 사람이 변화되기도 한다. 파머는 이를 "진리에 순종하는 것"이라 말한다. 이 목소리는 인식의 대상에 붙박여있는 것이 아니라 인격적 관계를 맺을 때 대상을 통해 들려지는 목소리다. 인격적인 존재로서 대상이 들려주는 그 목소리는 때로 인간 내면에서도 들려온다(2012a: 12-16, 97). 그러므로 파머는 인식의 주체와 인식의 대상과 구별되는 제3의 초월적인 지식의 근원, 아르키메데스의 기점을 전제하고 있다고 여겨진다. 그는 "우리와 우리 세계를 하나로 묶어 주는 영적 끈"과 "만물이 비롯하고 만물이 되돌아가며 만물로 관계를 맺게 하시는 초월적 영(Spirit)"
(2000: 176)과 같은 제3의 존재가 우리를 객관적 지식론과 상대적 지식
론의 위험에 빠지지 않게 한다고 주장한다(2008: 198). 파머는 초기 저작
에서 자신이 가진 기독교 신앙에 의거하여 이를 인격적인 신으로 지목
하나, 후기 저작에서는 이를 특정한 종교에서 신앙하는 신이 아닌 보편
적인 초월적 존재로 규정한다.

(2) 교육론에 관한 비판적 평가

파머의 교육론에 대해서는 다음과 같은 비판적 평가를 내릴 수 있다.

첫째, 그의 교육론은 아직 이론적 체계를 완전히 갖추지 못한, 학문
적으로 미성숙한 교육적 주장이라는 점을 지적할 수 있다. 비록 그가 여
러 저작과 논문을 통해 적지 않은 분량으로 자신의 교육적 견해를 발표
하지만, 그의 교육적 주장 대부분은 자신의 지식론에 덧붙여진 교육적
적용 혹은 실천적 제안이라 할 수 있다. 그렇기 때문에 그의 교육적 주
장을 전체적으로 일별해보면 개별적인 교육적 주장들이 하나의 균형
잡힌 이론적 체계를 이루지는 못하고 있음을 발견한다. 그는 교사가 겪
는 내면의 문제나 대안적 앎의 방식과 같은 특정한 교육적 주제에 대해
서는 자세하게 언급하고 논하지만, 교육 이론으로서 다루어야 할 다른
필수적인 주제들에 대해서는 거의 언급하지 않는다. 그렇다고 그의 교
육적 주장이나 제안들이 논리적인 결함을 가지고 있다는 것은 아니다.
그의 교육론에는 하나의 독자적인 교육 이론으로 발전할 수 있는 핵심
개념들과 주장들을 가지고 있다. 그러나 그것들이 구조적으로 통합되
어 체계를 이루고 있지는 않다. 그는 자신의 저작에서 동일한 하나의 개
념을 두고 다양한 표현을 혼용하여 사용하는데 이것은 독자들을 혼란
스럽게 하고 체계적인 이론을 정립하는데 걸림돌이 된다. 인간 내면의

본성을 두고 "참된 자아" "영혼" "내면의 스승" "내면의 목소리" "인격" 등의 용어를 교호적으로 사용한 것이나, 사물의 인격성을 강조한 교육내용을 두고 "제3의 사물" "주제" "위대한 사물" 등으로 표현을 달리한 것이 그 예가 될 것이다. 그의 이념을 보다 정합적인 교육 이론으로 체계화 하는 것은 그의 사상에 공감하는 교육학자가 맡아야 할 과업이 될 수 있겠다. 이런 점에서 그의 교육론은 이론적으로 발전할 가능성과 여지를 충분히 가지고 있다고 할 수 있다.

　둘째, 그의 교육론은 객관주의 지식론이 득세하던 시기에 배제되었던 인간과 세계의 초월적 국면, 영성을 적극적으로 긍정하고, 그것에 근거한 교육의 이론적, 실천적 가능성을 보여준다는 점에서 여타의 현대 교육자들의 견해와 구별되는 독특성을 가진다. 그는 자아와 세계의 초월적 국면과 그에 따른 지식의 초월적, 영적 방향성을 주장하였고, 교육도 그런 영적 국면을 가지고 있고 초월적인 기반 위에서 이루어진다고 보았다. 이에 따라 중세 이전에 있었던 종교적 전통, 특별히 수도원적 전통이나 종교 공동체의 실천을 교육적으로 전유하려고 시도한다. 파머는 특정한 종교적 신념을 그 종교를 신앙하지 않는 사람들에게도 적용 가능한 일반적인 교육적 주장으로 번역해내고 이를 실제로 적용한 다양한 사례들을 보여준다. 이것은 근대 객관주의적 사유방식과 그것에 기인한 교육적 문제들을 극복하려는 여러 대안적 사유방식과 교육론 중에서 그의 주장이 가진 특이한 점이기에 주목할 만한 가치가 있다. 이것은 향후 다원주의 사회에서 교육에 대한 새로운 사유에 긍정적인 기여를 할 수 있을 것이다. 파머의 교육론은 앎의 다양한 방식들, 특별히 중세까지 서양에서 인식의 한 방식으로 굳건한 입지를 가지고 있었던, 관조의 정신작용으로 얻게 되는 초월적 성격의 '인텔렉투스'로서의 지식[3]을 다시 인정하고 수용할 여지를 가지고 있다(Pieper, 2011: 41-

42). 또한 최근에 그 중요성이 강조되는 생태적 관점에서 세계를 돌보고 책임지는 인간의 역할을 새롭게 설정할 수 있는 교육론을 구축할 수 있는 이념적 근거가 될 수도 있을 것이다.

셋째, 향후 대안적 교육 이론으로서 발전할 잠재적 가능성이 크기는 하지만 그의 교육론에는 주의를 기울여 살펴야 할 결함 내지는 한계도 보인다. 그는 인간 존재와 앎, 교육이 가지는 종교적, 영적인 국면(혹은 차원, aspect)을 긍정하고 새롭게 조명하였지만 교육의 다른 국면들을 무시하거나 그것들을 영적인 국면으로 환원하는 경향이 있다. 교육은 영적인 국면을 가지고 있지만, 동시에 윤리적, 사회적, 제도적, 기술적 국면들을 가진 다차원적 활동이다(유명복, 2007: 97-98). 그런데 파머는 이 모든 교육적 문제를 인간의 마음의 문제로 환원하는 경향이 있다. 그의 주장에 따르면 교육의 방법은 그것을 사용하는 교사 내면의 정체성과 온전성에 관련된 문제일 뿐이다. 제도의 문제도 궁극적으로는 인간 마음의 문제이고 이 마음의 변화를 통해 해결될 수 있다(Palmer, 2012b). 그러나 인간과 교육이 가진 각각의 다양한 국면들은 다른 국면들에 종속되거나 환치될 수 없으며, 따라서 그 국면의 문제는 다른 국면으로 해결할 수 없다. 또한 그의 교육적 논의 속에는 다른 어떤 저자들보다 "공동체" "언약적 관계" "인격적 대화" "만남"이라는 표현을 많이 사용한다. 그러나 그의 교육론을 살펴보면, 개인의 차원을 넘어선 집단적 차원, 공동체적 차원의 역동성을 볼 수 없다. "진리의 공동체"에서는 각자

---

❸ 중세의 학자들은 인간의 정신활동을 '라티오'(ratio)와 '인텔렉투스'(intellectus)로 구분하였다. '라티오'는 논리적 사고와 추론을 통하여 지식을 적극적으로 추구하는 활동인 반면, '인텔렉투스'는 초월적인 신이 인간의 마음 속에서 진리를 직관적으로 깨닫게 함으로써 지식을 얻는 것을 말한다. 인텔렉투스로서의 지식은 신으로부터 선물처럼 주어지는 것이기에 초인간적인 특성을 가진다(김안중, 1994: 60).

가 다원적인 의사소통을 해나간다고 주장하지만, 그가 예로 제시하는 교실 상황이나 교육 실천의 사례들을 보면 다원적이고 역동적인 상호 교류가 일어나기 보다는 교사와 학생 개인 간 1:1로 상호작용하는 평면적인 모습만 볼 수 있다.

2) 결 론

파머는 현재 우리가 겪는 교육 문제는 근본적으로 객관주의 지식론에 기인한다고 보았다. 그는 인식의 대상과 주체를 분리하여 마주보게 함으로써 객관적 지식을 확보하고자 한 근대의 이분법적인 객관주의 지식론을 극복하고, 인간 경험과 이성의 한계를 초월하는 새로운 대안적 지식론을 구축하고자 노력하였다. 그는 대안적 지식론을 기반으로 하여 전체적으로 정합적인 철학적 체계를 세우고 이에 따라 교육의 문제를 해결하고자 하였다. 그는 지식의 기원 문제에 관심을 가졌는데, 지식은 인간의 마음으로부터 시작되며 인간 마음이 가진 영적인 방향성에 따라 지식의 성격이 판이하게 달라질 수 있음을 인식하였다. 그런 인식을 토대로 그는 공동체적이고 관계적인 앎의 양식, 분열된 자아와 공동체를 회복시키는 교육에 관하여 자신만의 독특한 견해를 펼쳐내었다. 그는 자신의 관점에 근거하여 다양한 교육적 실천 프로그램을 만들었고 많은 이의 호응을 받았다.

그는 인간 존재, 세계, 앎의 초월적이고 영적인 차원을 재조명하고 이를 자신의 이론에 수용하여 객관주의 지식론에서처럼 주체와 대상이 소외되지 않는, 인격적이고 관계적인 만남 안에서 서로 알아가는 지식론을 주장하였다. 그런 지식론에 근거한 그의 교육론은 우리에게 매우 생소한 것들이다. 예를 들면, 침묵을 통한 교육, 교육내용이 말하는 것을 듣는 학습, 합의를 통한 학습, 감각과 지성을 넘어서 생명 공동체의 초월적 실재를 느끼는 기도를 통한 교육 등은 지금까지 우리가 경험해 보지 못했던 것들이다(홍은숙, 2002). 그렇지만 그의 주장을 통해 이런 것들이 대안적 지식론에 따른 교육적 방법으로 주목할 만한 가치가 있음을 인정하게 된다. 그의 교육론은 비록 이론적으로 완전한 체계를 갖추지 않았더라도 현대의 교육 문제를 근원적으로 해결하는데 중요한 시사점을 준다. 그가 제시한 대로 교육의 초월적 국면들에 대해서 우리가 눈을 열고 바라볼 때 우리 사회의 고질적인 교육 문제들을 새로운 차원에서 극복해 나갈 길을 찾을 수도 있을 것이다. 그의 지식론과 교육론을 우리 현실에 맞게 적용하고 더 정합적인 이론으로 발전시켜 우리 교육의 새로운 길을 찾는 것은 앞으로 우리에게 남겨진 과제다.

참고문헌

강영안(1996). 주체는 죽었는가: 현대 철학의 포스트모던 경향. 서울: 문예출판사.

김상환, 원석영(2003). "데까르뜨", 서양근대철학회 편. 서양근대철학. 서울: 창작과 비평사.

김안중(1994). "교사의 미덕으로서의 여가", 서울대학교사범대학교육학과, 교육이론, 제7, 8권 제1호, 60-80.

김정준(2011). "Parker J. Palmer 교육사상의 배경에 관한 연구". 한국기독교교육정보학회, 기독교교육정보, 제29집, 65-98.

김종훈(2013). "영혼을 새롭게 하는 '교사들의 교사'", 좋은교사운동출판부, 좋은교사, 2013년 1월호(통권149호), 112-128.

유명복(2007). "파커 팔머의 교육사상에 대한 고찰". 한국기독교교육정보학회, 기독교교육정보, 제16집, 89-108.

이진우(1998). 이성은 죽었는가: 포스트모더니즘의 철학. 서울: 문예출판사.

정연교, 하종호(2003). "로크", 서양근대철학회 편. 서양근대철학. 서울: 창작과 비평사. 211-236.

정윤경(2011). "Palmer의 영성 개념과 교육". 한국교육사상연구회, 교육사상연구, 제25권 제3호, 161-187.

한자경(2003). "칸트", 서양근대철학회 편. 서양근대철학. 서울: 창작과비평사. 356-383.

홍은숙(2002). "Parker Palmer의 지식교육론 연구". 한국교육개발원, 한국교육, 제29권 제2호, 573-594.

Copleston, F. (1994a). *A History of Philosophy*. Vol. 4. New York: Doubleday.

Copleston, F. (1994b). *A History of Philosophy*. Vol. 5. New York: Doubleday.

Copleston, F. (1994c). *A History of Philosophy*. Vol. 6. New York: Doubleday.

Han, C. (2005). "A Spiritual Epistemology of Education in Parker J. Palmer's Pedagogy". *Journal of Christian Education & Information Technology*, No. 8, 175-195.

Palmer, P. (2000). 가르침과 배움의 영성. 서울: IVP.

Palmer, P. (2007). "A New Professional: The Aims of Education Revisited", *Change: The Magazine of Higher Learning*, Vol. 39, no. 6, 6-13.

Palmer, P. (2008). 가르칠 수 있는 용기. 서울: 한문화멀티미디어.

Palmer, P. (2010). "Toward a Philosophy of Integrative Education" in Palmer, P. & Zajone, A., *The Heart of Higher Education: A call to renewal.* San Francisco, CA: Jossey-Bass.

Palmer, P. (2012a). 삶이 내게 말을 걸어올 때. 서울: 한문화멀티미디어.

Palmer, P. (2012b). 비통한 자들을 위한 정치학: 왜 민주주의에서 마음이 중요한가. 파주: 글항아리.

Palmer, P. (2014). 다시 집으로 가는 길. 서울: 한언.

Pieper, J. (2011). 여가와 경신. 서울: 가톨릭대학교출판부.

Taljaard, J. (1976). *Polished Lenses: A philosophy that proclaims the sovereignty of God over creation and also over every aspect of human activity.* Potchefstroom: Pro Rege Press.

Wikipedia contributors, "Parker Palmer," *Wikipedia, The Free Encyclopedia*, https://en.wikipedia.org/w/index.php?title=Parker_Palmer&oldid=675533733 (accessed August 10, 2015).

찾아보기

[인 명]

[내 용]

저자 소개(가나다 순) ————————

김정래
서울대학교 사범대학 교육학과(문학사) 및 동 대학원(교육학석사)
영국 University of Keele 교육철학(철학박사)
한국교육개발원 연구위원
(현) 부산교육대학교 교수, 한국교육철학회장

저서: 민주시민교육비판, 진보의 굴레를 넘어서, 고혹 평준화 해부, 전교조 비평, 아
　　　동권리향연 등
역서: 암묵적 영역(폴라니), 교육과 개인(코헨), 초등교육문제론(디어든), 아동의 자
　　　유와 민주주의(챔벌린), 교육목적론(린지)

서용석
서울대학교 사범대학 교육학과(문학사) 및 동 대학원(교육학석사)
영국 University of London(Institute of Education) 교육철학 전공(철학박사)
(현) 전남대학교 교수

논문: 하이데거에서의 존재론과 교육론, What Lies between the Religious and the
　　　Secular?: Education beyond the Human, 자유교육과 교육의 잃어버린 차원, 불
　　　교와 실존주의 교육철학에서의 자아와 본래성의 문제 등

손종현
경북대학교 사범대학 교육학과(교육학사) 및 동 대학원(교육학석사, 교육학박사)
대통령자문 교육혁신위원회 상근전문위원, 경북대학교 전임연구원
(현) 대구가톨릭대학교 교수

저서: 한국교육론, 입학사정관제, 최초의 교육개혁 등
역서: 배움과 행복: 교양교육의 철학적 탐색(드니콜라, 공역), 교실을 위한 프레이리
　　　(아이러 쇼어, 공역)

이현민

부산교육대학교(교육학사)

계명대학교대학원 교육철학(교육학석사)

남아프리카공화국 North-West University Potchefstroom 교육철학(철학박사)

(현) 부경대학교 교육대학원 겸임교수, 부산신호초등학교 교사

역서: 샬롬을 위한 교육(니콜라스 월터스토프)

장사형

경북대학교 사범대학 교육학과(교육학사) 및 동 대학원(교육학석사, 교육학박사)

미국 University of Wisconsin-Madison 연구원

대신대학교 교수

(현) 경남대학교 교수

저서: 학교폭력의 예방 및 대책, 교육의 역사와 철학 탐구, 교직실무의 이론과 실제 등

역서: 내러티브 학교 교육을 다시 디자인하다, 내러티브 탐구를 위한 연구방법론, 최신 교사교육론 등

논문: 학교폭력 문제 대응에 대한 교육적 고찰, 내러티브 탐구와 인간경험의 이해, 어린이 철학교육을 위한 어린이 '철학함'의 본질 탐색 등

조용기

경북대학교 사범대학 교육학과(교육학사) 및 동 대학원(교육학석사)

미국 University of Illinois at Urbana-Champaign(박사과정수료)

(현) 대구교육대학교 교수

저서: 교육의 쓸모, 포괄적 문제해결학습 등

역서: 흥미와 노력, 그 교육적 의의(듀이), 교육의 도덕적 원리(듀이) 등

차미란

서울대학교 사범대학 교육학과(문학사) 및 동 대학원(교육학석사, 교육학박사)

서울대학교, 서울교육대학교 등 강사

(현) 춘천교육대학교 교수

저서: 오우크쇼트의 교육이론, Oakeshott: 자유교육과 도덕교육

역서: 경험과 이해의 성장(함린, 공역)

논문: 성리학과 덕윤리학: '수기'(修己)와 '사적(私的) 윤리'의 대비를 중심으로, 도덕교육의 내용으로서의 관용, 지식과 도덕: 아리스토텔레스 '실천지' (*phronesis*) 개념의 성격과 한계, 민주주의와 교육: 듀이의 교육이론과 그 대안, 유학의 경권론(經權論)과 현대 도덕교육의 방향 등

홍윤경

이화여자대학교 사범대학 교육학과(문학사)

서울대학교 대학원 교육학과 교육학(교육학석사) 및 동 대학원(교육학박사)

서울대학교 BK 21 역량기반 교육혁신 연구사업단 BK 조교수

(현) 영남대학교 교수

역서: 플라톤의 국가론 강의(공역)

논문: '덕'과 '기술'의 유비(類比)가 교육이론에 주는 시사점, 플라톤의 이데아론에 함의된 '초월성'의 교육학적 시사점: 칸트의 '선험적 이념'을 중심으로 등

홍은숙
서울대학교 사범대학 교육학과(문학사) 및 동 대학원(교육학석사)
미국 Syracuse University 교육철학 전공(철학박사)
한국교육철학학회 회장
(현) 성결대학교 교수

저서: 지식과 교육, 교육의 개념: 실천전통에의 입문으로서의 교육, 현대사회와
　　교육의 이해(공저), 교육학에의 초대(공저), 학교교육에 대한 기독교적 이
　　해(공저) 등
역서: 교육연구의 철학(프링, 공역), 교사와 교육과정(코넬리와 클란디닌, 공
　　역), 내러티브, 인문과학을 만나다(폴킹혼, 공역), 내러티브, 학교교육을
　　다시 디자인하다(홉킨스, 공역) 등
논문: 과학기술 시대에 윤리교육의 방향과 과제, 국가 교육과정의 교육적 인간
　　상 진술에 대한 비판적 고찰, 행복한 학교를 위한 교육적 성찰, 실천전통
　　교육관을 위한 내러티브적 인식론의 활용방안 연구, 실천전통 교육관을
　　위한 교육과정 설계: 교육의 목적에 관한 연구 등

교육과 지식
Education and Knowledge

2017년 3월 10일 1판 1쇄 인쇄
2017년 3월 20일 1판 1쇄 발행

지은이 • 한국교육철학회
　　　　김정래 · 서용석 · 손종현 · 이현민 · 장사형
　　　　조용기 · 차미란 · 홍윤경 · 홍은숙
펴낸이 • 김진환
펴낸곳 • (주) **학지사**
　　　　04031 서울특별시 마포구 양화로 15길 20 마인드월드빌딩
대표전화 • 02)330-5114　　　팩스 • 02)324-2345
등록번호 • 제313-2006-000265호

홈페이지 • http://www.hakjisa.co.kr
페이스북 • https://www.facebook.com/hakjisabook

ISBN 978-89-997-1138-1 93370

정가 20,000원

이 도서의 국립중앙도서관 출판시도서목록(CIP)은 서지정보유통지
원시스템 홈페이지(http://seoji.nl.go.kr)와 국가자료공동목록시스템
(http://www.nl.go.kr/kolisnet)에서 이용하실 수 있습니다.
(CIP제어번호: CIP2017000659)

교육문화출판미디어그룹 **학지사**

심리검사연구소 **인싸이트** www.inpsyt.co.kr
원격교육연수원 **카운피아** www.counpia.com
학술논문서비스 **뉴논문** www.newnonmun.com